경비지도사 2차 [일반]

달달달 외우는
관계법령 암기노트

SD에듀
(주)시대고시기획

도서의 구성 및 특징

❶

01 경비업법

[시행 2024.8.14.] [법률 제20266호, 2024.2.13., 일부개정]

제1장 총칙

제1조 목적 ★

이 법은 경비업의 육성 및 발전과 그 체계적 관리에 관하여 필요한 사항을 정함으로써 경비업의 건전한 운영에 이바지함을 목적으로 한다.

❷

제2조 정의 ★★★

이 법에서 사용하는 용어의 정의는 다음과 같다.
1. "경비업"이라 함은 다음 각목의 1에 해당하는 업무(이하 "경비업무"라 한다)의 전부 또는 일부를 도급받아 행하는 영업을 말한다.

> 경비업이란 경비업무의 전부 또는 일부를 도급받아 행하는 영업을 말한다.
> (O) 기출 13

가. 시설경비업무 : 경비를 필요로 하는 시설 및 장소(이하 "경비대상시설"이라 한다)에서의 도난·화재 그 밖의 혼잡 등으로 인한 위험발생을 방지하는 업무

❸

> 시설경비업무란 경비대상시설에 설치한 기기에 의하여 감지·송신된 정보를 수신하여 도난·화재 등 위험발생을 방지하는 업무를 말한다.
> ( ) 기출 21
> 시설경비업무는 경비를 필요로 하는 시설 및 장소에서의 도난 등으로 인한 위험발생을 방지하는 업무이다.
> ( ) 기출 17

나. 호송경비업무 : 운반 중에 있는 현금·유가증권·귀금속·상품 그 밖의 물건에 대하여 도난·화재 등 위험발생을 방지하는 업무

> 호송경비업무는 운반 중에 있는 현금 등 물건에 대하여 도난 등 위험발생을 방지하는 업무이다.
> ( ) 기출 17·14·13

❶ 제2차 시험 관계법령 총망라 : 경비업법·경호학 관련 18개 법령을 한권에 모두 담았습니다.
❷ 최신 개정 법조문 : 관계법령별로 최신 개정사항을 완벽하게 반영하였습니다.
❸ 학습용 셀로판지 : 간편한 반복학습이 가능하도록 OX·빈칸문제에 셀로판지 필터를 적용하였습니다.

제21조 과태료의 부과기준 등 ★★★ ❶

① 법 제12조 제1항에 따른 과태료의 부과기준은 별표 2와 같다.

② **시·도 경찰청장**은 위반행위의 동기, 내용 및 위반의 정도 등을 고려하여 별표 2에 따른 과태료 금액의 **100분의 50**의 범위에서 그 금액을 줄이거나 늘릴 수 있다. 다만, 늘리는 경우에는 법 제12조 제1항에 따른 과태료 금액의 **상한**을 초과할 수 없다. 〈개정 2020.12.31.〉

[별표 2] 과태료의 부과기준(제21조 제1항 관련) 〈개정 2020.12.31.〉

위반행위	해당 법조문	과태료 금액
1. 법 제4조 제2항에 따른 시·도 경찰청장의 배치결정을 받지 않고 다음 각목의 시설에 청원경찰을 배치한 경우 가. 국가중요시설(국가정보원장이 지정하는 국가보안목표시설을 말한다)인 경우	법 제12조 제1항 제1호	500만원
나. 가목에 따른 국가중요시설 외의 시설인 경우		400만원
2. 법 제5조 제1항에 따른 시·도 경찰청장의 승인을 받지 않고 다음 각목의 청원경찰을 임용한 경우 가. 법 제5조 제2항에 따른 임용결격사유에 해당하는 청원경찰	법 제12조 제1항 제1호	500만원
나. 법 제5조 제2항에 따른 임용결격사유에 해당하지 않는 청원경찰		300만원
3. 정당한 사유 없이 법 제6조 제3항에 따라 경찰청장이 고시한 최저부담기준액 이상의 보수를 지급하지 않은 경우	법 제12조 제1항 제2호	500만원
4. 법 제9조의3 제2항에 따른 시·도 경찰청장의 감독상 필요한 다음 각목의 명령을 정당한 사유 없이 이행하지 않은 경우 가. 총기·실탄 및 분사기에 관한 명령	법 제12조 제1항 제3호	500만원
나. 가목에 따른 명령 외의 명령		300만원

❷

시·도 경찰청장은 위반행위의 동기, 내용 및 위반의 정도 등을 고려하여 과태료 금액의 100분의 50의 범위에서 그 금액을 줄이거나 늘릴 수 있다. (O) 기출 23

시·도 경찰청장의 감독상 필요한 복무규율과 근무상황에 관한 명령을 정당한 사유 없이 이행하지 않은 경우 300만원의 과태료가 부과된다. (O) 기출 21

경찰서장은 위반행위의 동기, 내용 및 위반의 정도 등을 고려하여 과태료 금액의 3분의 1의 범위에서 그 금액을 줄이거나 늘릴 수 있다. (X) 기출 20

시·도 경찰청장은 위반행위의 동기, 내용 및 위반의 정도 등을 고려하여 대통령령에서 정한 과태료 금액의 100분의 50의 범위에서 그 금액을 줄일 수 있다. (O) 기출 19

❸

❶ **기출 중요도**

❷ **별표 및 관계조문** : 보다 입체적인 학습이 가능하도록 법조문과 관계된 별표 및 관계조문을 함께 수록하였습니다.

❸ **Level UP 13개년 기출지문** : 각 조문별로 최근 13년간 출제된 기출문제의 보기 지문을 OX · 빈칸문제로 수록하였습니다.

경비지도사 소개 및 시험안내

○ 경비지도사란?

경비원을 지도 · 감독 및 교육하는 자를 말하며, 일반경비지도사와 기계경비지도사로 구분한다.

○ 주요업무

경비업자가 대통령령이 정하는 바에 따라 선임한 경비지도사의 직무는 다음과 같다(경비업법 제12조 제2항, 동법 시행령 제17조 제1항).

1. 경비원의 지도 · 감독 · 교육에 관한 계획의 수립 · 실시 및 그 기록의 유지
2. 경비현장에 배치된 경비원에 대한 순회점검 및 감독
3. 경찰기관 및 소방기관과의 연락방법에 대한 지도
4. 집단민원현장에 배치된 경비원에 대한 지도 · 감독
5. 그 밖에 대통령령이 정하는 직무
   [1] 기계경비업무를 위한 기계장치의 운용 · 감독(기계경비지도사의 경우에 한한다)
   [2] 오경보방지 등을 위한 기기관리의 감독(기계경비지도사의 경우에 한한다)

○ 응시자격 및 결격사유

응시자격	제한 없음
결격사유	경비업법 제10조 제1항 각호의 1에 해당하는 자

※ 결격사유에 해당하는 자는 시험 합격 여부와 관계없이 시험을 무효처리한다.

○ 2024년 일반 · 기계경비지도사 시험 일정(사전공고 기준)

회차	응시원서 접수기간	제1차 · 제2차 시험 동시 실시	합격자 발표일
26	9.23.~9.27./10.31.~11.1.(추가)	11.9.(토)	12.26.(목)

○ 합격기준

구분	합격기준
제1차 시험	매 과목 100점을 만점으로 하여 매 과목 40점 이상, 전 과목 평균 60점 이상 득점한 자
제2차 시험	• 선발예정인원의 범위 안에서 전 과목 평균 60점 이상을 득점한 자 중에서 고득점순으로 결정 • 동점자로 인하여 선발예정인원이 초과되는 때에는 동점자 모두를 합격자로 결정

※ 제1차 시험 불합격자는 제2차 시험을 무효로 한다.

경비지도사 자격시험

구 분	과목구분	일반경비지도사	기계경비지도사	문항수	시험시간	시험방법
제1차 시험	필 수	1. 법학개론 2. 민간경비론		과목당 40문항 (총 80문항)	80분 (09:30~10:50)	객관식 4지택일형
제2차 시험	필 수	1. 경비업법(청원경찰법 포함)		과목당 40문항 (총 80문항)	80분 (11:30~12:50)	객관식 4지택일형
	선택(택1)	1. 소방학 2. 범죄학 3. 경호학	1. 기계경비개론 2. 기계경비기획 및 설계			

일반경비지도사 제2차 시험 검정현황

❖ 제2차 시험 응시인원 및 합격률

구 분	대상자	응시자	합격자	합격률
2019년(제21회)	12,956	7,626	640	8.39%
2020년(제22회)	12,578	7,700	791	10.27%
2021년(제23회)	12,418	7,677	659	8.58%
2022년(제24회)	11,919	7,325	573	7.82%
2023년(제25회)	10,325	6,462	574	8.88%

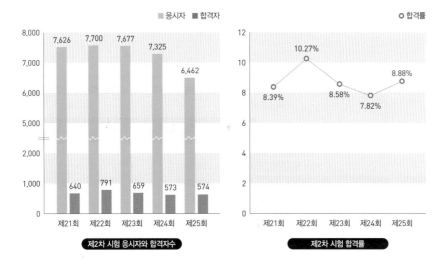

최근 5년간 출제경향 분석

○ 제1과목 경비업법(청원경찰법 포함)

❖ **경비업법 회당 평균 출제횟수** : 경비지도사 및 경비원(9.6문제), 행정처분 등(3.8문제), 보칙(3.6문제) 순이다.

	출제영역		2019 (제21회)	2020 (제22회)	2021 (제23회)	2022 (제24회)	2023 (제25회)	총계 (문항수)	회별출제 (평균)
1.5%	제1장	총칙	–	–	1	1	1	3	0.6
8.0%	제2장	경비업의 허가 등	5	3	3	2	3	16	3.2
2.5%	제3장	기계경비업무	1	1	1	1	1	5	1
24.0%	제4장	경비지도사 및 경비원	9	10	9	11	9	48	9.6
9.5%	제5장	행정처분 등	4	4	4	3	4	19	3.8
4.5%	제6장	경비협회	2	2	1	2	2	9	1.8
9.0%	제7장	보칙	2	4	4	4	4	18	3.6
8.5%	제8장	벌칙	4	3	4	3	3	17	3.4
		합계(문항수)	27	27	27	27	27	135	27

❖ **청원경찰법 회당 평균 출제횟수** : 배치·임용·교육·징계(3.4문제), 제복착용과 무기휴대·비치부책(2.4문제), 보칙(2.4문제) 순이다.

	출제영역		2019 (제21회)	2020 (제22회)	2021 (제23회)	2022 (제24회)	2023 (제25회)	총계 (문항수)	회별출제 (평균)
5.5%	제1장	청원경찰의 배치장소와 직무	1	1	3	3	3	11	2.2
8.5%	제2장	청원경찰의 배치·임용·교육·징계	4	4	3	3	3	17	3.4
4.0%	제3장	청원경찰의 경비와 보상금 및 퇴직금	1	2	2	2	1	8	1.6
6.0%	제4장	청원경찰의 제복착용과 무기휴대·비치부책	4	1	3	2	2	12	2.4
6.0%	제5장	보칙(감독·권한위임·면직 및 퇴직 등)	2	4	1	2	3	12	2.4
2.5%	제6장	벌칙과 과태료	1	1	1	1	1	5	1
		합계(문항수)	13	13	13	13	13	65	13

○ 제2과목 경호학

❖ **경호학 회당 평균 출제횟수** : 경호업무 수행방법(18.8문제), 경호학과 경호(6.2문제), 경호의 조직(4.8문제) 순이다.

	출제영역		2019 (제21회)	2020 (제22회)	2021 (제23회)	2022 (제24회)	2023 (제25회)	총계 (문항수)	회별출제 (평균)
15.5%	제1장	경호학과 경호	7	6	7	6	5	31	6.2
12%	제2장	경호의 조직	6	5	5	3	5	24	4.8
47.0%	제3장	경호업무 수행방법	17	20	17	19	21	94	18.8
8.0%	제4장	경호복장과 장비	5	2	4	3	2	16	3.2
7.5%	제5장	경호의전과 구급법	3	3	3	4	2	15	3
10.0%	제6장	경호의 환경	2	4	4	5	5	20	4
		합계(문항수)	40	40	40	40	40	200	40

최신 개정법령 소개

◯ 경비지도사 제2차 시험 관련 법령

본 도서에 반영된 주요 최신 개정법령은 아래와 같다(적색 : 2023년 이후 개정법령).

구 분	법 령	시행일
경비업법	경비업법	24.08.14
	경비업법 시행령	23.05.16
	경비업법 시행규칙	24.01.01
청원경찰법	청원경찰법	22.11.15
	청원경찰법 시행령	23.04.25
	청원경찰법 시행규칙	22.11.10
경호학 관계법령	대통령 등의 경호에 관한 법률	17.07.26
	대통령 등의 경호에 관한 법률 시행령	23.06.05
	대통령경호처와 그 소속기관 직제	23.12.29
	전직대통령 예우에 관한 법률	17.09.22
	전직대통령 예우에 관한 법률 시행령	21.01.05
	대통령경호안전대책위원회규정	22.11.01
	국민보호와 공공안전을 위한 테러방지법	24.02.09
	국민보호와 공공안전을 위한 테러방지법 시행령	22.11.01
	국민보호와 공공안전을 위한 테러방지법 시행규칙	16.06.04
	국가테러대책위원회 및 테러대책실무위원회 운영규정	17.08.23
	다자간 정상회의의 경호 및 안전관리 업무에 관한 규정	14.07.04
	보안업무규정	21.01.01
	보안업무규정 시행규칙	22.11.28

※ 경비지도사 자격시험에서 법률 등을 적용하여 정답을 구하여야 하는 문제는 시험 시행일 현재 시행 중인 법률 등을 적용하여 정답을 구하여야 한다.

◯ 개정법령 관련 대처법

❶ 최신 개정사항은 당해 연도 시험에 출제될 확률이 높으므로, 시험 시행일 전까지 최신 개정법령 및 개정사항을 필히 확인해야 한다.

❷ 최신 개정법령은 아래 법제처의 국가법령정보센터 홈페이지 등을 통해 확인이 가능하다.

법제처 국가법령정보센터	www.law.go.kr

❸ 도서 출간 이후의 최신 개정법령 및 개정사항에 대한 도서 업데이트(추록)는 아래의 SD에듀 홈페이지 및 서비스를 통해 제공받을 수 있다.

SD에듀 홈페이지	www.sdedu.co.kr / www.edusd.co.kr
SD에듀 경비지도사 독자지원카페	cafe.naver.com/sdsi
시대북 통합서비스 앱	구글 플레이 또는 앱스토어에서 SD에듀로 검색

PART 1
경비업법 관계법령

합격의 공식
SD에듀

노력하는 자는 방금 본 자를 이기지 못한다. (O)

01 경비업법

[시행 2024.8.14.] [법률 제20266호, 2024.2.13., 일부개정]

제1장 | 총칙

제1조 목적 ★

이 법은 경비업의 육성 및 발전과 그 체계적 관리에 관하여 필요한 사항을 정함으로써 경비업의 건전한 운영에 이바지함을 목적으로 한다.

제2조 정의 ★★★

이 법에서 사용하는 용어의 정의는 다음과 같다.

1. "경비업"이라 함은 다음 각목의 1에 해당하는 업무(이하 "경비업무"라 한다)의 전부 또는 일부를 도급받아 행하는 영업을 말한다.

> 경비업이란 경비업무의 전부 또는 일부를 도급받아 행하는 영업을 말한다.
> (○) 기출 13

가. 시설경비업무 : 경비를 필요로 하는 시설 및 장소(이하 "경비대상시설"이라 한다)에서의 도난·화재 그 밖의 혼잡 등으로 인한 위험발생을 방지하는 업무

> 시설경비업무란 경비대상시설에 설치한 기기에 의하여 감지·송신된 정보를 수신하여 도난·화재 등 위험발생을 방지하는 업무를 말한다.
> (×) 기출 21
> 시설경비업무는 경비를 필요로 하는 시설 및 장소에서의 도난 등으로 인한 위험발생을 방지하는 업무이다.
> (○) 기출 17

나. 호송경비업무 : 운반 중에 있는 현금·유가증권·귀금속·상품 그 밖의 물건에 대하여 도난·화재 등 위험발생을 방지하는 업무

> 호송경비업무는 운반 중에 있는 현금 등 물건에 대하여 도난 등 위험발생을 방지하는 업무이다.
> (○) 기출 17·14·13

다. 신변보호업무 : <u>사람의 생명이나 신체</u>에 대한 위해의 발생을 방지하고 그
　신변을 보호하는 업무

> 신변보호업무는 사람의 생명이나 신체에 대한 (위해)의 발생을 방지하고 그 신변을 보호
> 하는 업무이다. 　　　　　　　　　　　　　　　　　　　　　　　**기출** 23
>
> 신변보호업무는 사람의 생명이나 신체에 대한 위해발생을 방지하고 그 신변을 보호하는
> 업무이다. 　　　　　　　　　　　　　　　　　　　(○) **기출** 17 · 14

라. 기계경비업무 : 경비대상시설에 설치한 기기에 의하여 <u>감지 · 송신된 정보</u>를
　그 <u>경비대상시설 외의 장소</u>에 설치한 <u>관제시설의 기기</u>로 <u>수신</u>하여 도난 · 화
　재 등 위험발생을 방지하는 업무

> 기계경비업무는 경비대상시설에 설치한 기기에 의하여 감지 · 송신된 정보를 그 경비대
> 상시설 외의 장소에 설치한 (관제시설)의 기기로 수신하여 도난 · 화재 등 위험발생을
> 방지하는 업무이다. 　　　　　　　　　　　　　　　　　　　**기출** 23
>
> 기계경비업무는 경비를 필요로 하는 시설 및 장소에서의 도난 · 화재 그 밖의 혼잡 등으로
> 인한 위험발생을 방지하는 업무이다. 　　　　　　　　　　　(×) **기출** 14
>
> 기계경비업무란 경비대상시설에 설치한 기기에 의하여 감지 · 송신된 정보를 그 경비대
> 상시설 외의 장소에 설치한 관제시설의 기기로 수신하여 도난 · 화재 등 위험발생을 방지
> 하는 업무를 말한다. 　　　　　　　　　　　　　　(○) **기출** 13 · 12 · 11

마. 특수경비업무 : 공항(항공기를 포함한다) 등 <u>대통령령이 정하는 국가중요시설</u>
　(이하 "<u>국가중요시설</u>"이라 한다)의 <u>경비</u> 및 <u>도난 · 화재</u> 그 밖의 위험발생을
　방지하는 업무

> 특수경비업무는 공항(항공기를 포함) 등 대통령령이 정하는 국가중요시설의 (경비) 및
> 도난 · 화재 그 밖의 위험발생을 방지하는 업무이다. 　　　　　　**기출** 23
>
> 특수경비업무는 경비대상시설에 설치한 기기에 의하여 감지 · 송신된 정보를 그 경비
> 대상시설 외의 장소에 설치한 관제시설의 기기로 수신하여 도난 등 위험발생을 방지하는
> 업무이다. 　　　　　　　　　　　　　　　　　　　　(×) **기출** 17
>
> 특수경비업무는 공항 등 대통령령이 정하는 국가중요시설의 경비 및 도난 · 화재 그 밖의
> 위험발생을 방지하는 업무이다. 　　　　　　　　　　　(○) **기출** 14

2. "<u>경비지도사</u>"라 함은 경비원을 지도 · 감독 및 교육하는 자를 말하며 일반경비지
　도사와 <u>기계경비지도사</u>로 구분한다.

> 경비지도사란 경비원을 지도 · 감독 및 교육하는 자를 말하며, 일반경비지도사와 특수경비지
> 도사로 구분한다. 　　　　　　　　　　　　　　　　　(×) **기출** 21
>
> 경비지도사는 일반경비지도사와 특수경비지도사로 구분한다. 　　(×) **기출** 18

3. "경비원"이라 함은 제4조 제1항의 규정에 의하여 경비업의 허가를 받은 법인(이하 "경비업자"라 한다)이 채용한 고용인으로서 다음 각목의 1에 해당하는 자를 말한다.

　가. 일반경비원 : 제1호 가목 내지 라목의 경비업무를 수행하는 자

> 기계경비업무를 수행하는 경비원은 일반경비원에 해당한다.　　　(○) 기출 15
>
> 일반경비원은 공항 등 국가중요시설의 특수경비업무를 수행할 수 없다.
> 　　　　　　　　　　　　　　　　　　　　　　　　　　　　　(○) 기출 11

　나. 특수경비원 : 제1호 마목의 경비업무를 수행하는 자

> 특수경비원은 공항(항공기 포함) 등 대통령령이 정하는 국가중요시설의 경비 및 도난·
> 화재 그 밖의 위험발생을 방지하는 경비업무를 수행하는 자이다.　(○) 기출 21
>
> 특수경비원은 시설경비, 호송경비, 신변보안, 특수경비업무를 수행하는 자이다.
> 　　　　　　　　　　　　　　　　　　　　　　　　　　　　　(×) 기출 18
>
> 특수경비원이란 신변보호업무를 수행하는 자를 말한다.　　　(×) 기출 13

4. "무기"라 함은 인명 또는 신체에 위해를 가할 수 있도록 제작된 권총·소총 등을 말한다.

> 무기라 함은 인명을 살상할 수 있도록 제작·판매된 권총·소총·분사기를 말한다.
> 　　　　　　　　　　　　　　　　　　　　　　　　　　　　　(×) 기출 18
>
> 무기라 함은 인명 또는 신체에 위해를 가할 수 있도록 제작된 권총·소총 등을 말한다.
> 　　　　　　　　　　　　　　　　　　　　　　　　　　　　　(○) 기출 13
>
> 인명이나 신체에 위해를 가할 수 없는 모형 플라스틱 권총은 무기로 볼 수 없다.
> 　　　　　　　　　　　　　　　　　　　　　　　　　　　　　(○) 기출 11

5. "집단민원현장"이란 다음 각목의 장소를 말한다.

　가. 「노동조합 및 노동관계조정법」에 따라 노동관계 당사자가 노동쟁의 조정신청을 한 사업장 또는 쟁의행위가 발생한 사업장

> 「노동조합 및 노동관계조정법」에 따라 노동관계 당사자가 노동쟁의 조정신청을 한 사업장
> 또는 쟁의행위가 발생한 사업장　　　　　　　　　　　　　　　(○) 기출 22
>
> 「노동조합 및 노동관계조정법」에 따라 노동관계 당사자가 노동쟁의 조정신청을 한 사업장
> 　　　　　　　　　　　　　　　　　　　　　　　　　　　　　(○) 기출 17·14

　나. 「도시 및 주거환경정비법」에 따른 정비사업과 관련하여 이해대립이 있어 다툼이 있는 장소

「도시 및 주거환경정비법」에 따른 정비사업과 관련하여 이해대립이 있어 다툼이 있는 장소 (O) 기출 22

「도시개발법」에 따라 도시개발사업을 시행하기 위하여 지정·고시된 도시개발구역 (×) 기출 14

다. 특정 시설물의 설치와 관련하여 민원이 있는 장소

특정 시설물의 설치와 관련하여 민원이 있는 장소 (O) 기출 15

라. 주주총회와 관련하여 이해대립이 있어 다툼이 있는 장소

대기업의 주주총회가 개최되고 있는 장소 (×) 기출 17

주주총회와 관련하여 이해대립이 있어 다툼이 있는 장소 (O) 기출 15

마. 건물·토지 등 부동산 및 동산에 대한 소유권·운영권·관리권·점유권 등 법적 권리에 대한 이해대립이 있어 다툼이 있는 장소

「공유토지분할에 관한 특례법」에 따라 공유토지에 대한 소유권행사와 토지의 이용에 문제가 있는 장소 (×) 기출 22

바. 100명 이상의 사람이 모이는 국제·문화·예술·체육 행사장

110명의 사람이 모이는 문화 행사장 (O) 기출 21

100명 이상의 사람이 모이는 문화 행사장 (O) 기출 17

120명의 사람이 모이는 국제 행사장 (O) 기출 16

70명의 사람이 모여 있는 국제·문화·예술·체육 행사장 (×) 기출 15

50명 이상의 사람이 모이는 국제·문화·예술·체육 행사장 (×) 기출 14

사. 「행정대집행법」에 따라 대집행을 하는 장소

「행정절차법」에 따라 대집행을 하는 장소 (×) 기출 18

「행정대집행법」에 따라 대집행을 하는 장소 (O) 기출 22·17·15

「건축법」에 따라 철거명령이 내려진 장소 (×) 기출 14

제3조 법인 ★

경비업은 법인이 아니면 이를 영위할 수 없다.

경비업은 법인이 아니면 이를 영위할 수 없다. (O) 기출 11

제2장 | 경비업의 허가 등

제4조 경비업의 허가 ★★★

① 경비업을 영위하고자 하는 법인은 도급받아 행하고자 하는 **경비업무를 특정하여** 그 법인의 주사무소의 소재지를 관할하는 **시·도 경찰청장의 허가**를 받아야 한다. 도급받아 행하고자 하는 경비업무를 **변경**하는 경우에도 또한 같다. 〈개정 2020.12.22.〉

> 경비업의 허가를 받은 법인이 경비업무를 변경하는 경우 그 법인의 주사무소의 소재지를 관할하는 시·도 경찰청장의 허가를 받아야 한다. (○) **기출** 15
>
> 법인이 도급받아 행하고자 하는 경비업무를 변경하는 경우에는 관할 경찰관서장에게 신고하면 된다. (×) **기출** 13

② 제1항에 따른 허가를 받으려는 법인은 다음 각호의 요건을 갖추어야 한다. 〈개정 2022.11.15.〉

  1. **대통령령으로 정하는 1억원 이상의 자본금의 보유**

  > 경비업의 허가를 받고자 하는 법인은 대통령령으로 정하는 1억원 이상의 자본금을 보유해야 한다. (○) **기출수정** 14

  2. 다음 각목의 경비인력 요건
     가. 시설경비업무 : 경비원 **10명** 이상 및 경비지도사 **1명** 이상

     > 시설경비업무의 경비업을 영위하기 위해서는 경비원 (10)명 이상 및 경비지도사 (1)명 이상을 두어야 한다. **기출수정** 17 · 14

     나. 시설경비업무 외의 경비업무 : 대통령령으로 정하는 경비인력
  3. 제2호의 경비인력을 교육할 수 있는 교육장을 포함하여 대통령령으로 정하는 시설과 장비의 보유
  4. 그 밖에 경비업무 수행을 위하여 대통령령으로 정하는 사항

③ 제1항의 규정에 의하여 경비업의 허가를 받은 법인은 다음 각호의 어느 하나에 해당하는 때에는 **시·도 경찰청장**에게 **신고**하여야 한다. 〈개정 2020.12.22., 2024.2.13.〉

  1. 영업을 **폐업**하거나 **휴업**한 때

  > 영업을 폐업(휴업)한 때에는 시·도 경찰청장에게 신고하여야 한다. (○) **기출** 21 · 16 · 15 · 14

  2. 법인의 명칭이나 **대표자·임원**을 변경한 때

  > 법인의 명칭을 변경할 때에는 그 법인의 주사무소의 소재지를 관할하는 시·도 경찰청장의 허가를 받아야 한다. (×) **기출** 18

경비업의 허가를 받은 법인이 임원을 변경한 때 그 법인의 주사무소의 소재지를 관할하는
시·도 경찰청장의 허가를 받아야 한다. (×) 기출 15

경비업의 허가를 받은 법인은 임원을 변경한 때 그 법인의 주사무소의 소재지를 관할하는
시·도 경찰청장에게 신고하여야 한다. (○) 기출 11

3. 법인의 주사무소나 출장소를 신설·이전 또는 폐지한 때

경비업자는 법인의 출장소를 신설·이전한 경우 시·도 경찰청장에게 신고하여야 한다.
(○) 기출 21

경비업자는 법인의 주사무소를 이전한 때에는 시·도 경찰청장에게 신고하여야 한다.
(○) 기출 16

4. 기계경비업무의 수행을 위한 관제시설을 신설·이전 또는 폐지한 때

경비업의 허가를 받은 법인은 기계경비업무 수행을 위한 관제시설을 이전한 때에는 관할
경찰서장에게 신고하여야 한다. (×) 기출 20

경비업의 허가를 받은 법인은 기계경비업무의 수행을 위한 관제시설의 이전에 관해서는
시·도 경찰청장의 허가를 받아야 한다. (×) 기출 18·14

경비업의 허가를 받은 법인은 기계경비업무의 수행을 위한 관제시설을 이전한 때에는 시·
도 경찰청장에게 신고하여야 한다. (○) 기출 11

경비업의 허가를 받은 법인은 기계경비업무의 수행을 위한 관제시설을 이전한 때에는 이전한
날로부터 30일 이내에 관할 경찰서장에게 신고하여야 한다. (×) 기출 17

5. 특수경비업무를 개시하거나 종료한 때

경비업자는 시설경비업무를 개시하거나 종료한 경우 시·도 경찰청장에게 신고하여야 한다.
(×) 기출 21

경비업자는 특수경비업무를 개시한 때에는 시·도 경찰청장에게 신고하여야 한다.
(○) 기출 16

6. 그 밖에 대통령령이 정하는 중요사항을 변경한 때

경비업자는 정관의 목적을 변경한 경우 시·도 경찰청장에게 신고하여야 한다.
(○) 기출 21

경비업자는 도급받아 행하고자 하는 경비업무를 변경하는 때에는 시·도 경찰청장에게 신고
하여야 한다. (×) 기출 16

경비업의 허가를 받은 법인은 정관의 목적을 변경한 때 시·도 경찰청장에게 신고하여야
한다. (○) 기출 11

> 경비업의 허가를 받은 법인은 경비업의 허가증을 분실한 때 시·도 경찰청장에게 신고하여
> 야 한다. (×) 기출 11

④ 제1항 및 제3항의 규정에 의한 허가 또는 신고의 절차, 신고의 기한 등 허가 및
신고에 관하여 필요한 사항은 대통령령으로 정한다.

제4조의2 허가의 제한 ★

① 누구든지 제4조 제1항에 따른 허가를 받은 경비업체와 동일한 명칭으로 경비업
허가를 받을 수 없다.

> 누구든지 허가를 받은 경비업체와 동일한 명칭으로 경비업 허가를 받을 수 없다.
> (○) 기출 20

② 제19조 제1항 제2호 및 제7호의 사유로 경비업체의 허가가 취소된 경우 허가가
취소된 날부터 10년이 지나지 아니한 때에는 누구든지 허가가 취소된 경비업체와
동일한 명칭으로 제4조 제1항에 따른 허가를 받을 수 없다.

③ 제19조 제1항 제2호 및 제7호의 사유로 허가가 취소된 법인은 법인명 또는 임원의
변경에도 불구하고 허가가 취소된 날부터 5년이 지나지 아니한 때에는 제4조 제1항
에 따른 허가를 받을 수 없다.

제5조 임원의 결격사유 ★★★

다음 각호의 어느 하나에 해당하는 자는 경비업을 영위하는 법인(제4호에 해당하는
자의 경우에는 특수경비업무를 수행하는 법인을 말하고, 제5호에 해당하는 자의 경우
에는 허가취소사유에 해당하는 경비업무와 동종의 경비업무를 수행하는 법인을 말한
다)의 임원이 될 수 없다. 〈개정 2021.1.12.〉

1. 피성년후견인

> 경비업법령상 피한정후견인은 경비업을 영위하는 법인의 임원 결격사유에 해당하지 않는다.
> (○) 기출 22
> 성년후견인은 임원이 될 수 없다. (×) 기출 20
> 피성년후견인은 법인의 임원이 될 수 없다. (○) 기출 16·15
> 피한정후견인은 신변보호업무를 수행하는 법인의 임원이 될 수 있다.
> (○) 기출수정 12

2. 파산선고를 받고 복권되지 아니한 자

> 파산선고를 받고 복권된 자는 법인의 임원이 될 수 있다. (O) **기출** 21 · 17
>
> 파산선고를 받고 복권된 지 3년이 지나지 아니한 갑(甲)은 경비업법령상 경비업을 영위하는 법인의 임원이 될 수 있다. (O) **기출** 19
>
> 2015년 11월 14일 파산선고를 받고 2018년 11월 14일 복권된 자는 2018년 11월 16일 기준으로 특수경비업무를 수행하는 법인의 임원이 될 수 있다. (O) **기출** 18
>
> 파산선고를 받고 복권되지 아니한 자는 법인의 임원이 될 수 없다. (O) **기출** 16 · 15
>
> 파산선고를 받고 복권되지 아니한 자는 시설경비업무를 수행하는 법인의 임원이 될 수 있다. (×) **기출** 12

3. 금고 이상의 형의 선고를 받고 그 형이 실효되지 아니한 자

> 금고 이상의 형의 선고를 받고 그 형이 실효되지 아니한 자는 경비업법령상 특수경비업을 영위하는 법인의 임원이 될 수 없다. (O) **기출** 23
>
> 징역형의 선고를 받고 형이 실효된 자는 경비업법령상 경비업을 영위하는 법인의 임원이 될 수 있다. (O) **기출** 21
>
> 금고 이상의 형의 선고를 받고 그 형이 실효된 후 3년이 지난 을(乙)은 경비업법령상 경비업을 영위하는 법인의 임원이 될 수 있다. (O) **기출** 19
>
> 2015년 11월 14일 상해죄로 징역 1년에 집행유예 3년의 형을 선고받고 그 형이 실효되지 아니한 자는 2018년 11월 16일 기준으로 특수경비업무를 수행하는 법인의 임원이 될 수 없다. (O) **기출** 18
>
> 금고 이상의 형의 선고를 받고 그 형이 실효된 자는 법인의 임원이 될 수 있다. (O) **기출** 17
>
> 금고 이상의 형의 선고를 받고 그 형이 실효되지 아니한 자는 법인의 임원이 될 수 없다. (O) **기출** 16 · 15
>
> 내란죄로 징역 1년에 집행유예 3년의 형의 선고를 받고 그 형이 실효된 자는 특수경비업무를 수행하는 법인의 임원이 될 수 없다. (×) **기출** 12

4. 이 법 또는 「대통령 등의 경호에 관한 법률」에 위반하여 벌금형의 선고를 받고 3년이 지나지 아니한 자

> 「경비업법」에 위반하여 벌금형의 선고를 받고 3년이 지나지 아니한 자는 경비업법령상 특수경비업을 영위하는 법인의 임원이 될 수 없다. (O) **기출** 23
>
> 「경비업법」에 위반하여 벌금형의 선고를 받고 5년이 지나지 아니한 자는 임원이 될 수 없다. (×) **기출** 20
>
> 「대통령 등의 경호에 관한 법률」에 위반하여 벌금형의 선고를 받고 3년이 지나지 아니한 자는 특수경비업무를 수행하는 법인의 임원이 될 수 없다. (O) **기출** 23 · 20

「대통령 등의 경호에 관한 법률」에 위반하여 벌금형의 선고를 받은 후 1년이 지나지 않고 특수경비업무를 수행하는 법인의 임원이 되려는 병(丙)은 경비업법령상 경비업을 영위하는 법인의 임원이 될 수 있다. (×) **기출** 19

「경비업법」을 위반하여 벌금형의 선고를 받고 3년이 지난 후 특수경비업무를 수행하는 법인의 임원이 되려는 정(丁)은 경비업법령상 경비업을 영위하는 법인의 임원이 될 수 있다. (○) **기출** 19

「대통령 등의 경호에 관한 법률」을 위반하여 2015년 11월 14일에 벌금형의 선고를 받은 자는 2018년 11월 16일 기준으로 특수경비업무를 수행하는 법인의 임원이 될 수 있다. (○) **기출** 18

「대통령 등의 경호에 관한 법률」에 위반하여 벌금형의 선고를 받고 3년이 경과된 자는 법인의 임원이 될 수 있다. (○) **기출** 17

시설경비업무를 수행하는 법인의 경우, 「경비업법」에 위반하여 벌금형의 선고를 받고 3년이 지나지 아니한 자는 법인의 임원이 될 수 있다. (○) **기출** 15

「집회 및 시위에 관한 법률」에 위반하여 200만원의 벌금형의 선고를 받고 그 형이 실효되지 아니한 자는 호송경비업무를 수행하는 법인의 임원이 될 수 있다. (○) **기출** 12

「경비업법」에 위반하여 벌금형의 선고를 받고 (3)년이 지나지 아니한 자는 특수경비업무를 수행하는 법인의 임원이 될 수 없다. **기출** 11

5. 이 법(제19조 제1항 제2호 및 제7호는 제외한다) 또는 이 법에 의한 명령에 위반하여 허가가 취소된 법인의 허가취소 당시의 임원이었던 자로서 그 취소 후 3년이 지나지 아니한 자

허위의 방법으로 허가를 받아 허가가 취소된 법인의 허가취소 당시의 임원이었던 자로서 그 취소 후 3년이 지난 자는 경비업법령상 경비업을 영위하는 법인의 임원이 될 수 있다. (○) **기출** 21

관할 경찰관서장의 배치폐지명령에 따르지 아니하여 허가가 취소된 법인의 허가취소 당시의 임원이었던 자로서 허가가 취소된 날부터 5년이 지나지 아니한 자는 특수경비업무를 수행하는 법인의 임원이 될 수 없다. (×) **기출** 20

호송경비업무를 수행하던 법인이 「경비업법」에 의한 명령에 위반하여 2015년 11월 14일 허가가 취소된 경우 해당 법인의 허가취소 당시의 임원이었던 자는 2018년 11월 16일 기준으로 특수경비업무를 수행하는 법인의 임원이 될 수 있다. (○) **기출** 18

「경비업법」에 의한 명령에 위반하여 허가가 취소된 법인의 허가취소 당시 임원이었던 자로서 그 허가취소 후 3년이 경과되지 아니한 자는 법인의 임원이 될 수 없다. (○) **기출** 17

6. 제19조 제1항 제2호 및 제7호의 사유로 허가가 취소된 법인의 허가취소 당시의 임원이었던 자로서 허가가 취소된 날부터 5년이 지나지 아니한 자

> 허가받은 경비업무 외의 업무에 경비원을 종사하게 하여 허가가 취소된 법인의 허가취소 당시의 임원이었던 자로서 그 취소 후 3년이 지난 자는 경비업법령상 경비업을 영위하는 법인의 임원이 될 수 없다. (O) **기출** 21

제6조 허가의 유효기간 등 ★★

① 제4조 제1항의 규정에 의한 경비업 허가의 유효기간은 허가받은 날부터 5년으로 한다.

> 경비업 허가의 유효기간은 허가받은 날부터 5년으로 한다. (O) **기출** 18 · 17 · 13 · 11

② 제1항의 규정에 의한 유효기간이 만료된 후 계속하여 경비업을 하고자 하는 법인은 행정안전부령으로 정하는 바에 따라 갱신허가를 받아야 한다.

> 경비업 허가의 유효기간이 만료된 후 계속하여 경비업을 하고자 하는 법인은 행정안전부령이 정하는 바에 따라 갱신허가를 받아야 한다. (O) **기출** 18 · 13

제7조 경비업자의 의무 ★★★

① 경비업자는 경비대상시설의 소유자 또는 관리자(이하 "시설주"라 한다)의 관리권의 범위 안에서 경비업무를 수행하여야 하며, 다른 사람의 자유와 권리를 침해하거나 그의 정당한 활동에 간섭하여서는 아니 된다.

> 경비업자는 경비대상시설의 소유자 또는 관리자의 관리권의 범위 안에서 경비업무를 수행하여야 한다. (O) **기출** 23
>
> 경비업자는 경비대상시설의 소유자 또는 관리자의 관리권의 범위와 상관없이 독립적으로 경비업무를 수행하여야 한다. (×) **기출** 19
>
> 경비업자는 경비업무에 해당하는 한, 시설주의 관리권의 범위를 넘어 경비업무를 수행할 수 있다. (×) **기출** 14

② 경비업자는 경비업무를 성실하게 수행하여야 하고, 도급을 의뢰받은 경비업무가 위법 또는 부당한 것일 때에는 이를 거부하여야 한다.

> 경비업자는 도급을 의뢰받은 경비업무가 위법 또는 부당한 것일 때에는 시 · 도 경찰청장에게 보고하여야 한다. (×) **기출** 23
>
> 경비업자는 도급을 의뢰받은 경비업무가 부당하더라도 위법하지 않는 한, 이를 거부할 수 없다. (×) **기출** 14
>
> 특수경비원은 도급을 의뢰받은 경비업무가 위법 또는 부당한 것일 때에는 이를 거부해야 한다. (×) **기출** 13

> 경비업자는 도급을 의뢰받은 경비업무가 위법 또는 부당한 것일 때에는 거부하여야 한다.
>
> (○) **기출** 19·11

③ 경비업자는 **불공정한** 계약으로 경비원의 권익을 침해하거나 경비업의 건전한 육성과 발전을 해치는 행위를 하여서는 아니 된다.

> 경비업자는 불공정한 계약으로 경비원의 권익을 침해하는 행위를 하여서는 아니 된다.
>
> (○) **기출** 11

④ 경비업자의 임·직원이거나 임·직원이었던 자는 다른 법률에 특별한 규정이 있는 경우를 제외하고는 그 직무상 알게 된 비밀을 누설하거나 다른 사람에게 제공하여 이용하도록 하는 등 부당한 목적을 위하여 사용하여서는 아니 된다.

> 경비업자의 임·직원이거나 임·직원이었던 자는 다른 법률에 특별한 규정이 있는 경우를 제외하고는 그 직무상 알게 된 비밀을 누설하거나 다른 사람에게 제공하여 이용하도록 하는 등 부당한 목적을 위하여 사용하여서는 아니 된다.
>
> (○) **기출** 23

⑤ 경비업자는 허가받은 경비업무 외의 업무에 경비원을 종사하게 하여서는 아니 된다.

[헌법불합치, 2020헌가19, 2023.3.23., 1. **경비업법**(2001.4.7. 법률 제6467호로 전부개정된 것) 제7조 제5항 중 '시설경비업무'에 관한 부분과 경비업법(2013.6.7. 법률 제11872호로 개정된 것) 제19조 제1항 제2호 중 '시설경비업무'에 관한 부분은 헌법에 합치되지 아니한다. 2. 법원 기타 국가기관 및 지방자치단체는 입법자가 개정할 때까지 위 법률조항의 적용을 중지하여야 한다. 3. 입법자는 2024.12.31.까지 위 법률조항들을 개정하여야 한다.]

⑥ 경비업자는 **집단민원현장**에 경비원을 배치하는 때에는 경비지도사를 선임하고 그 장소에 배치하여 **행정안전부령**으로 정하는 바에 따라 경비원을 지도·감독하게 하여야 한다.

⑦ 특수경비업무를 수행하는 경비업자(이하 "특수경비업자"라 한다)는 제4조 제3항 제5호의 규정에 의한 특수경비업무의 개시신고를 하는 때에는 국가중요시설에 대한 특수경비업무의 수행이 중단되는 경우 **시설주**의 동의를 얻어 다른 **특수경비업자** 중에서 경비업무를 대행할 자(이하 "경비대행업자"라 한다)를 **지정**하여 허가관청에 **신고**하여야 한다. 경비대행업자의 지정을 **변경**하는 경우에도 또한 같다.

> 특수경비업자는 국가중요시설에 대한 특수경비업무의 수행이 중단되는 경우 시설주의 동의를 얻어 다른 특수경비업자 중에서 경비업무를 대행할 자를 지정하여 관할 시·도 경찰청의 허가를 받아야 한다.
>
> (✕) **기출** 11

⑧ 특수경비업자는 국가중요시설에 대한 특수경비업무를 **중단**하게 되는 경우에는 **미리** 이를 제7항의 규정에 의한 경비대행업자에게 **통보**하여야 하며, 경비대행업자는 통보받은 **즉시** 그 경비업무를 **인수**하여야 한다. 이 경우 제7항의 규정은 경비대행업자에 대하여 이를 준용한다.

> 특수경비업자는 국가중요시설에 대한 특수경비업무를 중단하게 되는 경우에는 미리 이를 경비대
> 행업자에게 통보해야 한다. (O) **기출** 14

⑨ 특수경비업자는 이 법에 의한 경비업과 경비장비의 제조·설비·판매업, 네트워크를
활용한 정보산업, 시설물 유지관리업 및 경비원 교육업 등 대통령령이 정하는 경비관
련업 외의 영업을 하여서는 아니 된다.

> 기계경비업자는 경비업과 경비장비의 제조·설비·판매업 등 대통령령이 정하는 경비관련업
> 외의 영업을 하여서는 안 된다. (×) **기출** 17

제7조의2 경비업무 도급인 등의 의무 ★★

① 누구든지 제4조 제1항에 따른 허가를 받지 아니한 자에게 경비업무를 도급하여서는
아니 된다.
② 누구든지 집단민원현장에 경비인력을 20명 이상 배치하려고 할 때에는 그 경비인력
을 직접 고용하여서는 아니 되고, 경비업자에게 경비업무를 도급하여야 한다. 다만,
시설주 등이 집단민원현장 발생 3개월 전까지 직접 고용하여 경비업무를 수행하는
피고용인의 경우에는 그러하지 아니하다.

> 집단민원현장에 경비인력을 (20)명 이상 배치하려고 할 때에는 그 경비인력을 직접 고용하여서는
> 아니 되고, 경비업자에게 경비업무를 도급하여야 한다. 다만, 시설주 등이 집단민원현장 발생
> (3)개월 전까지 직접 고용하여 경비업무를 수행하는 피고용인의 경우에는 그러하지 아니한다.
> **기출** 17
>
> 누구든지 집단민원현장에 경비인력을 10명 이상 배치하려고 할 때에는 경비업자에게 경비업무를
> 도급해야 한다. (×) **기출** 14

③ 제1항 및 제2항에 따라 경비업무를 도급하는 자는 그 경비업무를 수급한 경비업자의
경비원 채용 시 무자격자나 부적격자 등을 채용하도록 관여하거나 영향력을 행사해
서는 아니 된다.
④ 제3항에 따른 무자격자 및 부적격자의 구체적인 범위 등은 대통령령으로 정한다.

제3장 | 기계경비업무

제8조 대응체제 ★★

기계경비업무를 수행하는 경비업자(이하 "기계경비업자"라 한다)는 경비대상시설에 관한 경보를 수신한 때에는 신속하게 그 사실을 확인하는 등 필요한 대응조치를 취하여야 하며, 이를 위한 대응체제를 갖추어야 한다.

> 기계경비업자는 경비대상시설에 관한 경보를 수신한 때에는 신속하게 그 사실을 확인하는 등 필요한 대응조치를 취하여야 한다. (○) 기출 17
>
> 기계경비업자는 경비대상시설에 관한 경보를 수신한 때에는 신속하게 그 사실을 확인하는 등 필요한 대응조치를 취하여야 하며, 이를 위한 대응체제를 갖추어야 한다. (○) 기출 12

제9조 오경보의 방지 등

① 기계경비업자는 경비계약을 체결하는 때에는 오경보를 막기 위하여 계약상대방에게 기기사용요령 및 기계경비운영체계 등에 관하여 설명하여야 하며, 각종 기기가 오작동되지 아니하도록 관리하여야 한다.

> 기계경비업자는 경비계약을 체결하는 때에는 오경보를 막기 위하여 계약상대방에게 기기사용요령 및 기계경비운영체계 등에 관하여 설명해야 한다. (○) 기출 13 · 11
>
> 기계경비업자는 경비계약을 체결하는 때에는 오경보를 막기 위하여 각종 기기가 오작동되지 아니하도록 관리하여야 한다. (○) 기출 12

② 기계경비업자는 대응조치 등 업무의 원활한 운영과 개선을 위하여 대통령령이 정하는 바에 따라 관련 서류를 작성 · 비치하여야 한다.

> 기계경비업자는 대응조치 등 업무의 원활한 운영과 개선을 위하여 대통령령이 정하는 바에 따라 관련 서류를 작성 · 비치하여야 한다. (○) 기출 17 · 16

| 제10조 | 경비지도사 및 경비원의 결격사유 ★★★ |

① 다음 각호의 어느 하나에 해당하는 자는 경비지도사 또는 일반경비원이 될 수 없다.
〈개정 2021.1.12.〉

1. 18세 미만인 사람 또는 피성년후견인

18세 미만 또는 60세 이상인 사람은 일반경비원이 될 수 없다.	(×) 기출 19
18세인 사람은 일반경비원 결격사유에 해당하지 않는다.	(○) 기출 15
18세인 사람은 경비지도사 결격사유에 해당하지 않는다.	(○) 기출 12
피성년후견인은 일반경비원 결격사유에 해당한다.	(○) 기출 15
60세 이상인 사람은 경비지도사가 될 수 있다.	(○) 기출 11
피성년후견인은 경비지도사가 될 수 있다.	(×) 기출수정 11

2. 파산선고를 받고 복권되지 아니한 자

파산선고를 받고 복권되지 아니한 자는 일반경비원 결격사유에 해당한다.	(○) 기출 15 · 11
파산선고를 받고 복권된 자는 경비지도사 결격사유에 해당하지 않는다.	(○) 기출 12

3. 금고 이상의 실형의 선고를 받고 그 집행이 종료(집행이 종료된 것으로 보는 경우를 포함한다)되거나 집행이 면제된 날부터 5년이 지나지 아니한 자

징역 3년의 실형의 선고를 받고 그 집행이 면제된 날부터 5년이 지나지 아니한 자는 경비업 법령상 경비지도사 및 경비원의 결격사유에 해당한다.	(○) 기출 21
징역 3년형의 선고를 받아 형의 집행이 종료된 날부터 5년이 지나지 아니한 자는 경비업법령 상 경비지도사 결격사유에 해당한다.	(○) 기출 12
금고 이상의 실형을 선고받고 그 집행이 면제된 날로부터 5년이 지나지 아니한 자는 경비업 법령상 경비지도사 결격사유에 해당한다.	(○) 기출 11

4. 금고 이상의 형의 집행유예선고를 받고 그 유예기간 중에 있는 자

금고 이상의 형의 집행유예선고를 받고 그 유예기간 중에 있는 자는 일반경비원이 될 수 없다.	(○) 기출 19
금고 이상의 형의 선고유예를 받고 그 유예기간 중에 있는 자는 경비지도사가 될 수 있다.	(○) 기출 18

5. 다음 각목의 어느 하나에 해당하는 죄를 범하여 벌금형을 선고받은 날부터 10년
   이 지나지 아니하거나 금고 이상의 형을 선고받고 그 집행이 종료된(종료된 것으
   로 보는 경우를 포함한다) 날 또는 집행이 유예·면제된 날부터 10년이 지나지
   아니한 자
   가. 「형법」 제114조의 죄

   나. 「폭력행위 등 처벌에 관한 법률」 제4조의 죄
   다. 「형법」 제297조, 제297조의2, 제298조부터 제301조까지, 제301조의2, 제
       302조, 제303조, 제305조, 제305조의2의 죄

   라. 「성폭력범죄의 처벌 등에 관한 특례법」 제3조부터 제11조까지 및 제15조(제
       3조부터 제9조까지의 미수범만 해당한다)의 죄

   마. 「아동·청소년의 성보호에 관한 법률」 제7조 및 제8조의 죄
   바. 다목부터 마목까지의 죄로서 다른 법률에 따라 가중처벌되는 죄

6. 다음 각목의 어느 하나에 해당하는 죄를 범하여 **벌금형**을 선고받은 날부터 **5년**이 지나지 아니하거나 금고 이상의 형을 선고받고 그 집행이 유예된 날부터 **5년**이 지나지 아니한 자

가. 「형법」제329조부터 제331조까지, 제331조의2 및 제332조부터 제343조까지의 죄

> 「형법」제330조(야간주거침입절도)의 죄를 범하여 벌금형을 선고받은 날부터 5년이 지나지 아니하거나 금고 이상의 형을 선고받고 그 집행이 유예된 날부터 5년이 지나지 아니한 자는 경비업법령상 경비지도사 및 경비원의 결격사유에 해당한다.
> (○) **기출** 22

나. 가목의 죄로서 다른 법률에 따라 가중처벌되는 죄
다. 삭제 〈2014.12.30.〉
라. 삭제 〈2014.12.30.〉

7. 제5호 다목부터 바목까지의 어느 하나에 해당하는 죄를 범하여 **치료감호**를 선고받고 그 집행이 종료된 날 또는 집행이 면제된 날부터 **10년**이 지나지 아니한 자 또는 제6호 각목의 어느 하나에 해당하는 죄를 범하여 **치료감호**를 선고받고 그 집행이 면제된 날부터 **5년**이 지나지 아니한 자

> 「아동·청소년의 성보호에 관한 법률」제7조(아동·청소년에 대한 강간·강제추행 등)의 죄를 범하여 치료감호를 선고받고 그 집행이 종료된 날 또는 집행이 면제된 날부터 10년이 지나지 아니한 자는 경비업법령상 경비지도사 및 경비원의 결격사유에 해당한다.
> (○) **기출** 22

> 「형법」제297조(강간)의 죄를 범하여 치료감호를 선고받고 그 집행이 종료된 날 또는 집행이 면제된 날부터 5년이 지나지 아니한 자는 경비업법령상 경비지도사 및 경비원의 결격사유에 해당한다.
> (○) **기출** 21

8. 이 법이나 이 법에 따른 명령을 위반하여 **벌금형**을 선고받은 날부터 **5년**이 지나지 아니하거나 금고 이상의 형을 선고받고 그 집행이 유예된 날부터 **5년**이 지나지 아니한 자

② 다음 각호의 어느 하나에 해당하는 자는 **특수경비원**이 될 수 없다. 〈개정 2021.1.12.〉

1. 18세 미만이거나 **60세** 이상인 사람 또는 피성년후견인

> 18세로서 음주운전이 적발되어 운전면허 정지기간 중에 있는 자는 특수경비원이 될 수 있다.
> (○) **기출** 13

> 17세인 사람은 특수경비원이 될 수 없다.
> (○) **기출** 11

2. 심신상실자, 알코올 중독자 등 대통령령으로 정하는 정신적 제약이 있는 자

> 심신미약자는 경비업법령상 특수경비원의 결격사유에 해당하지 않는다. (○) **기출** 23

3. 제1항 제2호부터 제8호까지의 어느 하나에 해당하는 자

> 경비업법에 따른 명령을 위반하여 벌금형을 선고받은 날부터 5년이 지나지 아니한 자와
> 인질강도죄(「형법」 제336조)를 범하여 벌금형을 선고받은 날부터 5년이 지나지 아니한 자는
> 모두 경비업법령상 특수경비원의 결격사유에 해당한다. (O) 기출 23
>
> 금고 이상의 형의 집행유예선고를 받고 그 유예기간 중에 있는 자는 특수경비원과 경비지도
> 사의 공통되는 결격사유이다. (O) 기출 15
>
> 20세로서 징역 1년의 실형을 선고받고 그 집행이 종료된 날로부터 4년이 된 자는 특수경비원
> 이 될 수 없다. (O) 기출 13
>
> 금고 이상의 실형의 선고를 받고 집행이 면제된 날부터 3년이 경과한 자는 특수경비원이
> 될 수 없다. (O) 기출 11

4. 금고 이상의 형의 <u>선고유예</u>를 받고 그 <u>유예기간 중</u>에 있는 자

> 벌금형의 선고유예를 받고 그 유예기간이 끝난 날부터 5년이 지나지 아니한 자는 경비업법령
> 상 경비지도사 및 경비원의 결격사유에 해당한다. (X) 기출 21
>
> 금고 이상의 형의 선고유예를 받고 그 유예기간 중에 있는 자는 경비업법령상 특수경비원이
> 될 수 없다. (O) 기출 19
>
> 금고 이상의 형의 선고유예를 받고 그 유예기간 중에 있는 자는 경비업법령상 특수경비원은
> 될 수 없으나 경비지도사는 될 수 있다. (O) 기출 15
>
> 22세로서 금고 1년 형의 선고유예를 받고 그 유예기간 중에 있는 자는 경비업법령상 특수경비
> 원이 될 수 없다. (O) 기출 13
>
> 금고 이상의 형의 선고유예를 받고 그 유예기간이 종료된 날로부터 6개월이 경과한 자는
> 경비업법령상 특수경비원이 될 수 있다. (O) 기출 11

5. 행정안전부령으로 정하는 신체조건에 미달되는 자

> 60세로서 두 눈의 교정시력이 각각 0.6인 자는 특수경비원이 될 수 없다.
> (O) 기출 13
>
> 팔과 다리가 완전하고 두 눈의 교정시력이 각각 0.2인 자는 특수경비원이 될 수 없다.
> (O) 기출 11

③ 경비업자는 제1항 각호 또는 제2항 각호의 결격사유에 해당하는 자를 경비지도사
또는 경비원으로 채용 또는 근무하게 하여서는 아니 된다.

제10조의2 **특수경비원의 당연 퇴직** ★★

특수경비원이 제10조 제2항에 따른 결격사유에 해당하게 될 때에는 당연 퇴직된다. 다만, 제10조 제2항 제1호는 나이가 60세가 되어 퇴직하는 경우에는 60세가 된 날이 1월부터 6월 사이에 있으면 6월 30일에, 7월부터 12월 사이에 있으면 12월 31일에 각각 당연 퇴직되고, 제10조 제2항 제3호 중 제10조 제1항 제2호는 파산선고를 받은 사람으로서 「채무자 회생 및 파산에 관한 법률」에 따라 신청기한 내에 면책신청을 하지 아니하였거나 면책불허가 결정 또는 면책 취소가 확정된 경우만 해당하며, 제10조 제2항 제4호는 「성폭력범죄의 처벌 등에 관한 특례법」 제2조, 「아동·청소년의 성보호에 관한 법률」 제2조 제2호 및 직무와 관련하여 「형법」 제355조 또는 제356조에 규정된 죄를 범한 사람으로서 금고 이상의 형의 선고유예를 받은 경우만 해당한다.

[본조신설 2022.11.15.]

제11조 **경비지도사의 시험 등** ★

① 경비지도사는 제10조 제1항 각호의 어느 하나에 해당하지 아니하는 자로서 경찰청장이 시행하는 경비지도사 시험에 합격하고 대통령령으로 정하는 바에 따라 경찰청장이 실시하는 기본교육(이하 "기본교육"이라 한다)을 받은 자이어야 한다. 〈개정 2024.2.13.〉

> 경비지도사는 경비지도사의 결격사유가 없는 자로서 경찰청장이 시행하는 경비지도사 시험에 합격하고 대통령령으로 정하는 바에 따라 경찰청장이 실시하는 기본교육을 받은 자이어야 한다.
> (O) **기출수정** 21

② 경찰청장은 제1항의 규정에 의한 교육을 받은 자에게 행정안전부령으로 정하는 바에 따라 경비지도사자격증을 교부하여야 한다.
③ 경비지도사 시험은 매년 1회 이상 시행하며, 시험과목, 시험공고, 시험의 일부가 면제되는 자의 범위 그 밖에 경비지도사 시험에 관하여 필요한 사항은 대통령령으로 정한다.

> 경비업법령상 경비지도사 시험은 매년 1회 이상 시행한다. (O) **기출** 22
> 경비업법령상 경비지도사 시험에 관하여 필요한 사항은 행정안전부령으로 정한다.
> (×) **기출** 22

제11조의2 **경비지도사의 보수교육**

제12조 제1항에 따라 선임된 경비지도사는 대통령령으로 정하는 바에 따라 경찰청장이 실시하는 보수교육(이하 "보수교육"이라 한다)을 받아야 한다.

[본조신설 2024.2.13.]

경비지도사 교육기관의 지정 및 교육의 위탁 등

① 경찰청장은 경비지도사에 대한 기본교육 및 보수교육에 관한 업무를 전문인력 및 시설 등을 갖춘 법인으로서 경찰청장이 지정하는 기관 또는 단체(이하 "경비지도사 교육기관"이라 한다)에 위탁할 수 있다.
② 경찰청장은 경비지도사에 대한 기본교육 및 보수교육의 전국적 균형을 유지하기 위하여 교육수준 및 교육방법 등에 필요한 지침을 마련하여 시행할 수 있다.
③ 경찰청장은 경비지도사 교육기관이 제2항에 따른 교육지침을 위반한 경우에는 기간을 정하여 시정을 명할 수 있다.
④ 그 밖에 경비지도사 교육기관의 지정기준 및 절차 등에 필요한 사항은 대통령령으로 정한다.
[본조신설 2024.2.13.]

제11조의4 **경비지도사 교육기관의 지정취소 등**

① 경찰청장은 경비지도사 교육기관이 다음 각호의 어느 하나에 해당하는 경우에는 그 지정을 취소하거나 1년의 범위에서 기간을 정하여 업무의 전부 또는 일부를 정지할 수 있다. 다만, 제1호의 경우에는 그 지정을 취소하여야 한다.
  1. 거짓이나 그 밖의 부정한 방법으로 경비지도사 교육기관의 지정을 받은 경우
  2. 지정받은 사항을 위반하여 업무를 행한 경우
  3. 제11조의3 제3항에 따른 시정명령을 받고도 정당한 사유 없이 정하여진 기간 이내에 시정하지 아니한 경우
  4. 제11조의3 제4항에 따른 지정기준에 적합하지 아니하게 된 경우
② 그 밖에 경비지도사 교육기관의 지정취소 및 업무정지에 관한 세부기준 및 절차는 그 위반행위의 유형과 위반의 정도 등을 고려하여 행정안전부령으로 정한다.
[본조신설 2024.2.13.]

제12조 **경비지도사의 선임 등** ★★

① 경비업자는 대통령령이 정하는 바에 따라 경비지도사를 선임하여야 한다.
② 제1항의 규정에 의하여 선임된 경비지도사의 직무는 다음과 같다.
  1. 경비원의 지도·감독·교육에 관한 계획의 수립·실시 및 그 기록의 유지

> 경비원의 지도·감독·교육에 관한 계획의 수립·실시 및 그 기록의 유지는 경비업법령상 경비지도사의 직무로 규정되어 있다. (○) 기출 22
>
> 경비원의 지도·감독·교육에 관한 계획의 수립은 일반경비지도사의 직무이다. (○) 기출 17·12

2. 경비현장에 배치된 경비원에 대한 순회점검 및 감독

> 경비현장에 배치된 경비원에 대한 순회점검 및 감독의 직무는 선임된 경비지도사의 직무에 해당한다. (○) 기출 22 · 21
>
> 경비현장에 배치된 경비원에 대한 순회점검 및 감독은 일반경비지도사의 직무이다. (○) 기출 17 · 12

3. 경찰기관 및 소방기관과의 연락방법에 대한 지도

> 경비업체와의 연락방법에 대한 지도는 경비업법령상 경비지도사의 직무로 규정되어 있지 않다. (○) 기출 22
>
> 경비지도사는 소방기관과의 연락방법에 대한 지도를 월 1회 이상 수행하여야 한다. (×) 기출 19
>
> 경찰기관 및 의료기관과의 연락방법에 대한 지도는 경비지도사의 직무이다. (×) 기출 12

4. 집단민원현장에 배치된 경비원에 대한 지도·감독

> 집단민원현장에 배치된 경비원에 대한 지도·감독은 경비업법령상 경비지도사의 직무로 규정되어 있다. (○) 기출 22
>
> 경비지도사는 집단민원현장에 배치된 경비원에 대한 지도·감독을 성실하게 수행하여야 한다. (○) 기출 19
>
> 집단민원현장에 배치된 경비원에 대한 지도·감독은 일반경비지도사의 직무이다. (○) 기출 17

5. 그 밖에 대통령령이 정하는 직무

> 오경보방지 등을 위한 기기관리의 감독은 기계경비지도사의 직무이다. (○) 기출 12

③ 선임된 경비지도사는 제2항 각호의 규정에 의한 직무를 대통령령이 정하는 바에 따라 성실하게 수행하여야 한다.

제12조의2 경비지도사의 선임·해임 신고의 의무

경비업자는 경비지도사를 선임하거나 해임하는 때에는 행정안전부령으로 정하는 바에 따라 해당 경비현장을 관할하는 시·도 경찰청장 또는 경찰서장에게 신고하여야 한다.
[본조신설 2024.2.13.]

제13조 경비원의 교육 등 ★★

① 경비업자는 경비업무를 적정하게 실시하기 위하여 경비원으로 하여금 대통령령으로 정하는 바에 따라 경비원 신임교육 및 직무교육을 받게 하여야 한다. 다만, 경비업자는 대통령령으로 정하는 경력 또는 자격을 갖춘 일반경비원을 신임교육대상에서 제외할 수 있다.

② 경비원이 되려는 사람은 대통령령으로 정하는 교육기관에서 미리 일반경비원 신임교육을 받을 수 있다.

> 경비원이 되려는 사람은 경비협회[법 제22조 제1항에 따른 경비협회(註)]에서 미리 일반경비원 신임교육을 받을 수 없다. (×) **기출** 21
>
> 경비원이 되려는 사람은 대통령령으로 정하는 교육기관에서 미리 일반경비원 신임교육을 받을 수 있다. (○) **기출** 20

③ 특수경비업자는 대통령령으로 정하는 바에 따라 특수경비원으로 하여금 특수경비원 신임교육과 정기적인 직무교육을 받게 하여야 하고, 특수경비원 신임교육을 받지 아니한 자를 특수경비업무에 종사하게 하여서는 아니 된다.

④ 제3항에 의한 특수경비원의 교육 시 관할 경찰서 소속 경찰공무원이 교육기관에 입회하여 대통령령이 정하는 바에 따라 지도·감독하여야 한다.

> 특수경비원의 교육 시 경비업자가 교육기관에 입회하여 행정안전부령이 정하는 바에 따라 지도·감독하여야 한다. (×) **기출** 21
>
> 특수경비원의 교육 시 관할 경찰서 소속 경찰공무원이 교육기관에 입회하여 대통령령이 정하는 바에 따라 지도·감독하여야 한다. (○) **기출** 16
>
> 특수경비원의 교육 시에는 관할 경찰서 소속 경찰공무원의 입회 및 지도·감독을 요하지 아니한다. (×) **기출** 12

제13조의2 경비원 교육기관의 지정 등

① 경찰청장은 제13조 제1항부터 제3항까지에 따른 경비원에 대한 신임교육(이하 "신임교육"이라 한다)의 효율성을 제고하기 위하여 전문인력 및 시설 등을 갖춘 기관 또는 단체를 경비원 교육기관(이하 "경비원 교육기관"이라 한다)으로 지정할 수 있다.

② 경찰청장은 경비원에 대한 신임교육의 전국적 균형을 유지하기 위하여 교육수준 및 교육방법 등에 필요한 지침을 마련하여 시행할 수 있다.

③ 경찰청장은 경비원 교육기관이 제2항에 따른 교육지침을 위반한 경우에는 기간을 정하여 시정을 명할 수 있다.

④ 그 밖에 경비원 교육기관의 지정기준 및 절차 등에 필요한 사항은 대통령령으로 정한다.

[본조신설 2024.2.13.]

제13조의3 　경비원 교육기관의 지정취소 등

① 경찰청장은 경비원 교육기관이 다음 각호의 어느 하나에 해당하는 경우에는 그 지정을 취소하거나 1년 이내의 기간을 정하여 업무의 전부 또는 일부를 정지할 수 있다. 다만, 제1호의 경우에는 그 지정을 취소하여야 한다.
　1. 거짓이나 그 밖의 부정한 방법으로 경비원 교육기관의 지정을 받은 경우
　2. 지정받은 사항을 위반하여 업무를 행한 경우
　3. 제13조의2 제3항에 따른 시정명령을 받고도 정당한 사유 없이 정하여진 기간 이내에 시정하지 아니한 경우
　4. 제13조의2 제4항에 따른 지정기준에 적합하지 아니하게 된 경우
② 그 밖에 경비원 교육기관의 지정취소 및 업무정지에 관한 세부기준 및 절차는 그 위반행위의 유형과 위반의 정도 등을 고려하여 행정안전부령으로 정한다.

[본조신설 2024.2.13.]

제14조 　특수경비원의 직무 및 무기사용 등 ★★

① 특수경비업자는 특수경비원으로 하여금 배치된 경비구역 안에서 관할 경찰서장 및 공항경찰대장 등 국가중요시설의 경비책임자(이하 "관할 경찰관서장"이라 한다)와 국가중요시설의 시설주의 감독을 받아 시설을 경비하고 도난·화재 그 밖의 위험의 발생을 방지하는 업무를 수행하게 하여야 한다.

> 특수경비업자는 특수경비원으로 하여금 배치된 경비구역 안에서 관할 경찰관서장과 국가중요시설의 시설주의 감독을 받아 시설을 경비하게 하여야 한다. (O) **기출** 12
>
> 특수경비업자는 특수경비원으로 하여금 배치된 경비구역 안에서 시·도 경찰청장 및 공항경찰대장 등 국가중요시설의 경비책임자의 감독을 받아 경비하는 것이며, 국가중요시설 시설주의 감독은 받지 않는다. (×) **기출** 11

② 특수경비원은 국가중요시설에 대한 경비업무 수행 중 국가중요시설의 정상적인 운영을 해치는 장해를 일으켜서는 아니 된다.

> 특수경비원은 경비업무 수행 중 국가중요시설의 정상적인 운영을 해치는 장해를 일으켜서는 안 된다. (O) **기출** 17·16

③ 시·도 경찰청장은 국가중요시설에 대한 경비업무의 수행을 위하여 필요하다고 인정하는 때에는 시설주의 신청에 의하여 무기를 구입한다. 이 경우 시설주는 그 무기의 구입대금을 지불하고, 구입한 무기를 국가에 기부채납하여야 한다. 〈개정 2020.12.22.〉

> 시·도 경찰청장이 시설주의 신청에 의하여 무기를 구입한 경우, 시설주는 그 무기의 구입대금을 지불하고, 구입한 무기를 국가에 기부채납하여야 한다. (○) **기출** 23
>
> 시·도 경찰청장은 국가중요시설에 대한 경비업무의 수행을 위하여 필요하다고 인정하는 때에는 경비업자의 신청에 의하여 무기를 구입한다. (×) **기출** 21
>
> 국가중요시설에 대한 경비업무의 수행을 위하여 필요한 경우에 시설주는 경찰청장의 승인에 의하여 무기를 구입한다. (×) **기출** 18
>
> 시·도 경찰청장은 국가중요시설에 대한 경비업무의 수행을 위하여 필요하다고 인정하는 때에는 시설주의 신청에 의하여 무기를 구입한다. (○) **기출** 17
>
> 관할 경찰관서장은 국가중요시설에 대한 경비업무의 수행을 위하여 필요하다고 인정하는 때에는 시설주의 신청에 의하여 무기를 구입한다. (×) **기출** 13
>
> 시·도 경찰청장은 국가중요시설에 대한 경비업무의 수행을 위하여 필요하다고 인정하는 때에는 시설주의 신청에 의하여 무기를 구입하고, 그 구입대금은 시설주가 지불한다. (○) **기출** 12
>
> 경비업자의 신청에 의하여 시·도 경찰청장이 무기를 구입한 경우, 경비업자는 그 무기의 구입대금을 지불하고, 구입한 무기를 국가에 기부채납하여야 한다. (×) **기출** 12

④ 시·도 경찰청장은 국가중요시설에 대한 경비업무의 수행을 위하여 필요하다고 인정하는 때에는 관할 경찰관서장으로 하여금 시설주의 신청에 의하여 시설주로부터 국가에 기부채납된 무기를 대여하게 하고, 시설주는 이를 특수경비원으로 하여금 휴대하게 할 수 있다. 이 경우 특수경비원은 정당한 사유 없이 무기를 소지하고 배치된 경비구역을 벗어나서는 아니 된다. 〈개정 2020.12.22.〉

> 시·도 경찰청장은 필요한 경우에 관할 경찰관서장의 신청에 의하여 시설주로부터 국가에 기부채납된 무기를 대여하게 할 수 있다. (×) **기출** 18
>
> 시·도 경찰청장은 국가중요시설에 대한 경비업무의 수행을 위하여 필요하다고 인정하는 때에는 관할 경찰관서장으로 하여금 시설주의 신청에 의하여 시설주로부터 국가에 기부채납된 무기를 대여하게 할 수 있다. (○) **기출** 15

⑤ 시설주가 제4항의 규정에 의하여 대여받은 무기에 대하여 시설주 및 관할 경찰관서장은 무기의 관리책임을 지고, 관할 경찰관서장은 시설주 및 특수경비원의 무기관리상황을 대통령령이 정하는 바에 따라 지도·감독하여야 한다.

> 시설주가 대여받은 무기에 대하여 시설주 및 관할 경찰관서장은 무기의 관리책임을 지고, 관할 경찰관서장은 시설주 및 특수경비원의 무기관리상황을 대통령령이 정하는 바에 따라 지도·감독하여야 한다. (○) **기출** 21

⑥ 관할 경찰관서장은 무기의 적정한 관리를 위하여 제4항의 규정에 의하여 무기를 대여받은 시설주에 대하여 필요한 명령을 발할 수 있다.

> 시·도 경찰청장은 무기의 적정한 관리를 위하여 무기를 대여받은 시설주에 대하여 필요한 명령을 발할 수 있다.　　　　　　　　　　　　　　　　　　(×) **기출** 17
>
> 관할 경찰관서장은 무기의 적정한 관리를 위하여 무기를 대여받은 시설주에 대하여 필요한 명령을 발할 수 있다.　　　　　　　　　　　　　　　　(○) **기출** 15·13

⑦ 시설주로부터 무기의 관리를 위하여 지정받은 책임자(이하 "관리책임자"라 한다)는 다음 각호에 의하여 이를 관리하여야 한다.
   1. 무기출납부 및 무기장비운영카드를 비치·기록하여야 한다.
   2. 무기는 관리책임자가 직접 지급·회수하여야 한다.

> 무기는 관리책임자가 직접 지급·회수하여야 한다.　　　　　　(○) **기출** 18

⑧ 특수경비원은 국가중요시설의 경비를 위하여 무기를 사용하지 아니하고는 다른 수단이 없다고 인정되는 때에는 필요한 한도 안에서 무기를 사용할 수 있다. 다만, 다음 각호의 어느 하나에 해당하는 때를 제외하고는 사람에게 위해를 끼쳐서는 아니 된다. 〈개정 2024.2.13.〉
   1. 무기 또는 폭발물을 소지하고 국가중요시설에 침입한 자가 특수경비원으로부터 3회 이상 투기(投棄) 또는 투항(投降)을 요구받고도 이에 불응하면서 계속 항거하는 경우 이를 억제하기 위하여 무기를 사용하지 아니하고는 다른 수단이 없다고 인정되는 때
   2. 국가중요시설에 침입한 무장간첩이 특수경비원으로부터 투항(投降)을 요구받고도 이에 불응한 때

> 특수경비원은 국가중요시설에 침입한 무장간첩이 투항을 요구받고도 이에 불응한 때에는 무기를 사용하여 위해를 끼칠 수 있다.　　　　　(○) **기출** 19
>
> 특수경비원은 국가중요시설의 경비를 위하여 무기를 사용하지 아니하고는 다른 수단이 없다고 인정되는 때에는 필요한 한도 안에서 무기를 사용할 수 있다.　(○) **기출** 15

⑨ 특수경비원의 무기휴대, 무기종류, 그 사용기준 및 안전검사의 기준 등에 관하여 필요한 사항은 대통령령으로 정한다.

> 특수경비원의 무기휴대, 무기종류, 그 사용기준 등에 관하여 필요한 사항은 대통령령으로 정한다.　　　　　　　　　　　　　　　　　(○) **기출** 17

제15조 **특수경비원의 의무** ★★★

① 특수경비원은 직무를 수행함에 있어 <u>시설주</u> · 관할 경찰관서장 및 <u>소속 상사</u>의 직무 상 명령에 복종하여야 한다.

> 시 · 도 경찰청장은 경비업법령상 특수경비원이 직무상 복종하여야 하는 명령권자로 명시되지 않은 자이다. (O) **기출** 20
>
> 특수경비원은 직무를 수행함에 있어 시설주 · 관할 경찰관서장 및 소속 상사의 직무상 명령에 복종해야 한다. (O) **기출** 22 · 14 · 12
>
> 특수경비원은 직무를 수행함에 있어 시설주 등의 직무상 명령에 복종하여야 한다. (O) **기출** 13

② 특수경비원은 <u>소속 상사</u>의 허가 또는 정당한 사유 없이 경비구역을 벗어나서는 아니 된다.

> 특수경비원은 소속 상사의 허가 또는 정당한 사유 없이 경비구역을 벗어나서는 아니 된다. (O) **기출** 23 · 21 · 16 · 13 · 12
>
> 특수경비원은 시설주의 허가 또는 정당한 사유 없이 경비구역을 벗어나서는 아니 된다. (×) **기출** 22 · 15
>
> 특수경비원은 관할 경찰관서장의 허가 없이 경비구역을 벗어나서는 아니 된다. (×) **기출** 14

③ 특수경비원은 파업 · 태업 그 밖에 경비업무의 정상적인 운영을 저해하는 일체의 <u>쟁의행위</u>를 하여서는 아니 된다.

> 경비업법령상 특수경비원은 경비업무의 정상적인 운영을 저해한다 하더라도 파업 · 태업이 아닌 다른 방법에 의한 쟁의행위는 가능하다. (×) **기출** 22
>
> 특수경비원은 단결권을 행사할 수 없다. (×) **기출** 18
>
> 특수경비원은 파업 · 태업 그 밖에 경비업무의 정상적인 운영을 저해하는 일체의 쟁의행위를 하여서는 아니 된다. (O) **기출** 15 · 13 · 12
>
> 특수경비원은 쟁의행위 유형 중 태업은 할 수 있지만, 파업은 할 수 없다. (×) **기출** 23 · 14

④ 특수경비원이 무기를 휴대하고 경비업무를 수행하는 때에는 다음 각호의 어느 하나에 정하는 무기의 안전사용수칙을 지켜야 한다. 〈개정 2024.2.13.〉
  1. 특수경비원은 사람을 향하여 권총 또는 소총을 발사하고자 하는 때에는 <u>미리</u> 구두 또는 공포탄에 의한 사격으로 상대방에게 <u>경고</u>하여야 한다. 다만, 다음 각목의 1에 해당하는 경우로서 부득이한 때에는 경고하지 아니할 수 있다.

> 특수경비원이 사람을 향하여 권총을 발사하고자 하는 때에는 구두에 의한 경고가 아닌 공포탄 사격에 의한 경고가 선행되어야 한다. (×) 기출 14
>
> 특수경비원이 사람을 향하여 권총 또는 소총을 발사하고자 하는 때에는 미리 구두 또는 공포탄에 의한 사격으로 상대방에게 경고해야 함이 원칙이다. (○) 기출 23·13

　　가. 특수경비원을 급습하거나 타인의 생명·신체에 대한 중대한 위험을 야기하는 범행이 목전에 실행되고 있는 등 상황이 급박하여 경고할 <u>시간적 여유</u>가 없는 경우

> 특수경비원이 급습을 받아 상황이 급박하여 경고할 시간적 여유가 없는 경우에는 부득이하게 경고하지 아니할 수 있다. (○) 기출 19
>
> 특수경비원은 타인의 생명·신체에 대한 중대한 위험을 야기하는 범행이 목전에 실행되고 있는 등 상황이 급박하여 경고할 시간적 여유가 없는 경우에는 부득이하게 경고하지 아니할 수 있다. (○) 기출 19

　　나. 인질·간첩 또는 테러사건에 있어서 <u>은밀히</u> 작전을 수행하는 경우

> 특수경비원이 사람을 향하여 권총 또는 소총을 발사하고자 하는 때에는 인질사건에 있어서 은밀히 작전을 수행하는 경우로서 부득이한 때에도 공포탄에 의한 사격으로 상대방에게 경고하여야 한다. (×) 기출 21
>
> 특수경비원은 테러사건에 있어서 은밀히 작전을 수행하는 경우에는 부득이하게 경고하지 아니할 수 있다. (○) 기출 19
>
> 특수경비원은 경비업무 수행 중 절도범과 마주친 경우에도 부득이한 경우 경고하지 아니할 수 있다. (×) 기출 19
>
> 특수경비원이 테러사건에 있어서 은밀히 작전을 수행하는 경우에는 부득이한 때에도 미리 상대방에게 경고한 후 권총을 사용하여야 한다. (×) 기출 18
>
> 특수경비원은 테러사건에 있어서 은밀히 작전을 수행하는 경우로서 부득이한 때에는 경고 없이 사람을 향하여 권총 또는 소총을 발사할 수 있다. (○) 기출 13
>
> 특수경비원이 인질사건에 있어서 작전을 수행하는 경우라도 권총 또는 소총을 발사하고자 하는 때에는 반드시 미리 구두로 경고를 하여야 한다. (×) 기출 15

　2. 특수경비원은 무기를 사용하는 경우에 있어서 범죄와 <u>무관한</u> 다중의 생명·신체에 위해를 가할 우려가 있는 때에는 이를 사용하여서는 아니 된다. 다만, 무기를 사용하지 아니하고는 타인 또는 특수경비원의 생명·신체에 대한 중대한 위협을 방지할 수 없다고 인정되는 때에는 필요한 <u>최소한</u>의 범위 안에서 이를 사용할 수 있다.

> 특수경비원은 무기를 사용하지 아니하고는 타인의 생명·신체에 대한 중대한 위협을 방지할 수 없다고 인정되는 때에는 필요한 최대한의 범위 안에서 이를 사용하여야 한다. (×) 기출 21
>
> 특수경비원은 범죄와 무관한 다중의 생명·신체에 위해를 가할 우려가 있는 때에는 무기를 사용해서는 아니 됨이 원칙이다. (O) 기출 13

3. 특수경비원은 총기 또는 폭발물을 가지고 대항하는 경우를 <u>제외</u>하고는 <u>14세</u> 미만의 자 또는 <u>임산부</u>에 대하여는 권총 또는 소총을 발사하여서는 아니 된다.

> 특수경비원은 총기 또는 폭발물을 가지고 대항하는 경우를 제외하고는 14세 미만의 자 또는 임산부에 대하여는 권총 또는 소총을 발사하여서는 아니 된다. (O) 기출 23
>
> 특수경비원은 14세 미만의 자 또는 임산부에 대하여는 어떠한 경우라도 소총을 발사하여서는 아니 된다. (×) 기출 22
>
> 특수경비원은 임산부가 총기 또는 폭발물을 가지고 대항하는 경우에도 임산부에 대하여 소총을 발사하여서는 아니 된다. (×) 기출 21
>
> 특수경비원은 총기 또는 폭발물을 가지고 대항하는 경우를 제외하고는 18세 미만의 자에 대하여는 권총을 발사하여서는 아니 된다. (×) 기출 18·16
>
> 특수경비원은 총기 또는 폭발물을 가지고 대항하는 경우에도 14세 미만의 자 또는 임산부에 대하여는 권총 또는 소총을 발사하여서는 아니 된다. (×) 기출 15
>
> 특수경비원은 칼을 가지고 대항하는 14세 미만의 자에 대하여 권총 또는 소총을 발사할 수 있다. (×) 기출 13
>
> 특수경비원이 무기를 휴대하고 경비업무를 수행하는 때에는 14세 미만의 자가 총기를 가지고 대항하는 경우에도 그에 대하여 권총을 발사하여서는 아니 된다. (×) 기출 12

제15조의2 경비원 등의 의무 ★★

① 경비원은 직무를 수행함에 있어 타인에게 <u>위력</u>을 과시하거나 <u>물리력</u>을 행사하는 등 경비업무의 범위를 벗어난 행위를 하여서는 아니 된다.

> 경비원은 직무를 수행함에 있어 타인에게 위력을 과시하거나 물리력을 행사하는 등 경비업무의 범위를 벗어난 행위를 하여서는 아니 된다. (O) 기출 23
>
> 경비원은 직무를 수행함에 있어 타인에게 (위력)을 과시하거나 물리력을 행사하는 등 경비업무의 범위를 벗어난 행위를 하여서는 아니 된다. 기출 19

② 누구든지 경비원으로 하여금 경비업무의 범위를 벗어난 행위를 하게 하여서는 아니 된다.

제16조 　**경비원의 복장 등** ★★

① 경비업자는 경찰공무원 또는 군인의 제복과 색상 및 디자인 등이 명확히 **구별되는** 소속 경비원의 복장을 정하고 이를 확인할 수 있는 사진을 첨부하여 주된 사무소를 관할하는 시·도 경찰청장에게 행정안전부령으로 정하는 바에 따라 **신고하여야** 한다. 〈개정 2020.12.22.〉

> 경비업법령상 경비업자는 경찰공무원 또는 군인의 제복과 색상 및 디자인 등이 명확히 구별되는 소속 경비원의 복장을 정하여야 한다. (○) **기출** 22
>
> 경비업자는 경찰공무원 또는 군인의 제복과 색상 및 디자인 등이 명확히 구별되는 소속 경비원의 복장을 정하고 이를 확인할 수 있는 사진을 첨부하여 주된 사무소를 관할하는 (시·도 경찰청장) 에게 행정안전부령으로 정하는 바에 따라 신고하여야 한다. **기출** 19
>
> 경비업자는 경찰공무원 또는 군인의 제복과 색상 및 디자인 등이 명확히 구별되는 소속 경비원의 복장을 정하여 주된 사무소를 관할하는 경찰서장에게 신고하여야 한다. (×) **기출** 15
>
> 경비원의 복장은 경찰공무원과 유사해야 하며, 일반인과 비교하여 경비원임이 식별될 수 있는 복장이어야 한다. (×) **기출** 13
>
> 경비업자는 경찰공무원 또는 군인의 제복과 색상 및 디자인 등이 명확히 구별되는 소속 경비원의 복장을 정하고 이를 확인할 수 있는 사진을 첨부하여 주된 사무소를 관할하는 시·도 경찰청장에게 신고할 수 있다. (×) **기출** 12

② 경비업자는 경비업무 수행 시 경비원에게 소속 경비업체를 표시한 **이름표**를 부착하도록 하고, 제1항에 따라 신고된 동일한 복장을 착용하게 하여야 하며, 복장에 소속 회사를 **오인**할 수 있는 표시를 하거나 다른 회사의 복장을 **착용**하게 하여서는 아니 된다. 다만, 집단민원현장이 아닌 곳에서 **신변보호업무**를 수행하는 경우 또는 경비업무의 성격상 부득이한 사유가 있어 **관할 경찰관서장**이 허용하는 경우에는 그러하지 아니하다.

> 경비업법령상 경비업자는 집단민원현장이 아닌 곳에서 신변보호업무를 수행하는 경비원에게도 소속 경비업체를 표시한 이름표를 부착하도록 해야 한다. (×) **기출** 22
>
> 경비업자는 경비업무 수행 시 경비원에게 소속 경비업체를 표시한 이름표를 부착하도록 하여야 한다. (○) **기출** 21
>
> 집단민원현장에서 신변보호업무를 수행하는 경우에는 동일한 복장을 착용하지 아니할 수 있다. (×) **기출** 21
>
> 경비업자는 정해진 복장 외의 복장을 착용하는 시설경비원을 동일한 배치장소에 2인 이상을 배치할 경우 각각 다른 복장을 착용하게 하여 식별이 가능하도록 해야 한다. (×) **기출** 13
>
> 경비업자는 경비업무 수행 시 경비원에게 소속 경비업체를 표시한 이름표를 부착하도록 하고, 신고된 동일한 복장을 착용하게 하여야 하며, 복장에 소속 회사를 오인할 수 있는 표시를 하거나 다른 회사의 복장을 착용하게 하여서는 아니 된다. (○) **기출** 12

③ **시 · 도 경찰청장**은 제1항에 따라 제출받은 사진을 검토한 후 경비업자에게 복장 변경 등에 대한 **시정명령**을 할 수 있다. 〈개정 2020.12.22.〉

> (시 · 도 경찰청장)은 제출받은 사진을 검토한 후 경비업자에게 복장 변경 등에 대한 (시정명령)을 할 수 있다. **기출** 19

④ 제3항에 따른 시정명령을 받은 경비업자는 이를 이행하여야 하고, **시 · 도 경찰청장**에게 행정안전부령으로 정하는 바에 따라 **이행보고**를 하여야 한다. 〈개정 2020.12.22.〉
⑤ 그 밖에 경비원의 복장 등에 필요한 사항은 **행정안전부령**으로 정한다.

제16조의2   경비원의 장비 등 ★★

① 경비원이 휴대할 수 있는 장비의 종류는 경적 · 단봉 · 분사기 등 **행정안전부령**으로 정하되, **근무 중에만** 이를 휴대할 수 있다.

> 경비원은 근무 중 경적, 단봉, 분사기 등 장비를 휴대할 수 있다. (O) **기출** 21
>
> 경비원이 휴대할 수 있는 장비의 종류는 경적 · 단봉 · 분사기 등 대통령령으로 정하되, 근무시간 이외에도 이를 휴대할 수 있다. (×) **기출** 16
>
> 경비원의 장비 중 경적 · 단봉 · 분사기는 근무 중에만 이를 휴대할 수 있다. (O) **기출** 13
>
> 경비원이 휴대할 수 있는 장비는 근무 외에도 휴대할 수 있다. (×) **기출** 14
>
> 경비원이 휴대할 수 있는 장비의 종류는 경적 · 단봉 · 분사기 등 행정안전부령으로 정하되, 근무 중에만 이를 휴대할 수 있다. (O) **기출** 23 · 12
>
> 경비원이 휴대할 수 있는 장비의 종류는 경적, 단봉, 분사기, 안전모, 안전방패 등이며 근무 외에도 휴대할 수 있다. (×) **기출** 11

② 경비업자가 경비원으로 하여금 분사기를 휴대하여 직무를 수행하게 하는 경우에는 「**총포 · 도검 · 화약류 등 단속법**」에 따라 미리 분사기의 **소지허가**를 받아야 한다.

> 경비업자가 경비원으로 하여금 분사기를 휴대하여 직무를 수행하게 하는 경우에는 「총포 · 도검 · 화약류 등의 안전관리에 관한 법률(총포 · 도검 · 화약류 등 단속법)」에 따라 미리 분사기의 소지허가를 받아야 한다. **기출** 19 · 16 · 15 · 14

> **총포 · 도검 · 화약류 등의 안전관리에 관한 법률 부칙 제6조** [시행 2016.1.7.]
> 이 법 시행 당시 다른 법률에서 종전의 「총포 · 도검 · 화약류 등 단속법」 또는 그 규정을 인용한 경우 이 법 또는 이 법의 해당 규정을 각각 인용한 것으로 본다. 〈개정 2015.1.6.〉

③ 누구든지 제1항의 장비를 임의로 개조하여 통상의 용법과 달리 사용함으로써 다른 사람의 생명·신체에 위해를 가하여서는 아니 된다.

> 누구든지 경비원의 장비를 임의로 개조하여 통상의 용법과 달리 사용함으로써 다른 사람의 생명·신체에 위해를 가하여서는 아니 된다. (○) 기출 23·22·16·15
>
> 경비원은 시·도 경찰청장의 허가를 받아 장비를 임의로 개조하여 통상의 용법과 달리 사용할 수 있다. (×) 기출 14

④ 경비원은 경비업무를 위하여 필요하다고 인정되는 상당한 이유가 있을 때에는 필요한 최소한도에서 제1항의 장비를 사용할 수 있다.

> 경비원은 경비업무를 위하여 필요하다고 인정되는 상당한 이유가 있을 때에는 필요한 최소한도에서 경비원의 장비를 사용할 수 있다. (○) 기출 22·16

⑤ 그 밖에 경비원의 장비 등에 관하여 필요한 사항은 행정안전부령으로 정한다.

제16조의3 출동차량 등 ★

① 경비업자는 출동차량 등의 도색 및 표지를 경찰차량 및 군차량과 명확히 구별될 수 있게 하여야 한다.

> 경비업법령상 경비업자는 출동차량 등의 도색 및 표지를 (경찰)차량 및 (군)차량과 명확히 구별될 수 있게 하여야 한다. 기출 22
>
> 경비업자는 출동차량 등의 도색 및 표지를 경찰차량 및 군차량과 명확히 구별될 수 있게 하여야 한다. (○) 기출 21

② 경비업자는 출동차량 등의 도색 및 표지를 정하고 이를 확인할 수 있는 사진을 첨부하여 주된 사무소를 관할하는 시·도 경찰청장에게 행정안전부령으로 정하는 바에 따라 신고하여야 한다. 〈개정 2020.12.22.〉

> 경비업자는 출동차량 등의 도색 및 표지를 정하고 이를 확인할 수 있는 사진을 첨부하여 주된 사무소를 관할하는 시·도 경찰청장에게 행정안전부령으로 정하는 바에 따라 신고하여야 한다. (○) 기출 23
>
> 경비업자는 출동차량 등의 도색 및 표지를 정하고 이를 확인할 수 있는 사진을 첨부하여 운행하기 전에 주된 사무소를 관할하는 시·도 경찰청장에게 신고해야 한다. (○) 기출 14

③ 시·도 경찰청장은 제2항에 따라 제출받은 사진을 검토한 후 경비업자에게 도색 및 표지 변경 등에 대한 시정명령을 할 수 있다. 〈개정 2020.12.22.〉

> 시·도 경찰청장은 경비업자로부터 제출받은 출동차량 등의 사진을 검토한 후 경비업자에게 그 도색 및 표지 변경 등에 대한 시정명령을 할 수 있다. (○) 기출 14

④ 제3항에 따른 시정명령을 받은 경비업자는 이를 이행하여야 하고, **시·도 경찰청장**에게 행정안전부령으로 정하는 바에 따라 이행보고를 하여야 한다. 〈개정 2020.12.22.〉
⑤ 그 밖에 출동차량 등에 필요한 사항은 **행정안전부령**으로 정한다.

제17조   결격사유 확인을 위한 범죄경력조회 등 ★

① **경찰청장, 시·도 경찰청장** 또는 **관할 경찰관서장**은 **직권**으로 또는 제2항에 따른 범죄경력조회 **요청**이 있는 경우에는 경비업자의 임원, 경비지도사 또는 경비원이 제5조 제3호·제4호, 제10조 제1항 제3호부터 제8호까지 또는 같은 조 제2항 제3호·제4호에 따른 **결격사유**에 해당하는지를 확인하기 위하여 「형의 실효 등에 관한 법률」 제6조에 따른 범죄경력조회를 할 수 있다. 〈개정 2020.12.22., 2021.1.12.〉

> 관할 경찰관서장은 직권으로 경비업자의 임원, 경비지도사 또는 경비원이 결격사유에 해당하는지를 확인하기 위하여 「형의 실효 등에 관한 법률」에 따른 범죄경력조회를 할 수 있다.
> (O) **기출** 20
>
> 관할 경찰관서장은 범죄경력조회 요청이 있는 경우에만 범죄경력조회를 할 수 있다.
> (×) **기출** 22
>
> 경찰청장은 범죄경력조회 요청이 있는 경우에만 경비업자의 임원에 대한 범죄경력조회를 할 수 있다.
> (×) **기출** 18
>
> 시·도 경찰청장은 직권으로 경비지도사에 대한 범죄경력조회를 할 수 없다. (×) **기출** 18
>
> 경찰청장, 시·도 경찰청장, 또는 관할 경찰관서장은 직권으로 또는 경비업자의 범죄경력조회 요청이 있는 경우 경비업자의 임원, 경비지도사 또는 경비원이 경비업법상 결격사유에 해당하는지를 확인하기 위하여 범죄경력조회를 할 수 있다. (O) **기출** 16
>
> 시·도 경찰청장은 직권으로 경비업자의 임원이 결격사유에 해당하는지를 확인하기 위하여 형의 실효 등에 관한 법률에 따른 범죄경력조회를 할 수 있다. (O) **기출** 14

② **경비업자**는 선출·선임·채용 또는 배치하려는 임원, 경비지도사 또는 경비원이 제5조 제3호·제4호, 제10조 제1항 제3호부터 제8호까지 또는 같은 조 제2항 제3호·제4호에 따른 결격사유에 해당하는지를 확인하기 위하여 주된 사무소, 출장소 또는 배치장소를 관할하는 **시·도 경찰청장** 또는 **경찰관서장**에게 「형의 실효 등에 관한 법률」 제6조에 따른 범죄경력조회를 **요청할 수 있다**. 〈개정 2020.12.22., 2021.1.12.〉

> 경비업자는 선출하려는 임원, 경비지도사 또는 경비원이 결격사유에 해당하는지를 확인하기 위하여 주된 사무소, 출장소 또는 배치장소를 관할하는 시·도 경찰청장 또는 경찰관서장에게 「형의 실효 등에 관한 법률」 제6조에 따른 범죄경력조회를 요청할 수 있다. (O) **기출** 23
>
> 경비업자는 선출하려는 임원이 결격사유에 해당하는지를 확인하기 위하여 범죄경력조회를 요청할 수 있다. (O) **기출** 22·18
>
> 경비업자는 선임하려는 경비지도사가 결격사유에 해당하는지를 확인하기 위하여 시·도 경찰청장에게 「채무자회생 및 파산에 관한 법률」에 따른 채무내역을 요청할 수 있다. (×) **기출** 14

③ 제2항에 따른 범죄경력조회 요청을 받은 시·도 경찰청장 또는 관할 경찰관서장은 경비업자에게 그 결과를 통보할 때에는 경비업자의 임원, 경비지도사 또는 경비원이 제5조 제3호·제4호, 제10조 제1항 제3호부터 제8호까지 또는 같은 조 제2항 제3호·제4호에 따른 결격사유에 해당하는지 여부만을 통보하여야 한다. 〈개정 2020.12.22., 2021.1.12.〉

> 범죄경력조회 요청을 받은 관할 경찰관서장은 경비업자에게 그 결과를 통보할 때에는 경비업자의 임원, 경비지도사 또는 경비원이 결격사유에 해당하는지 여부만을 통보하여야 한다.
> (○) 기출 23·20
>
> 관할 경찰관서장이 경비업자에게 범죄경력조회 결과를 통보할 때에는 결격사유에 해당하는 일정한 범죄사실을 통보하여야 한다. (×) 기출 18
>
> 범죄경력조회 요청을 받은 시·도 경찰청장 또는 관할 경찰관서장은 경비업자에게 그 결과를 통보할 때에는 경비업자의 임원, 경비지도사 또는 경비원이 경비업법상의 결격사유에 해당하는지 여부만을 통보하여야 한다. (○) 기출 22·16
>
> 관할 경찰관서장은 경비업자로부터 요청받은 선임하려는 경비지도사의 범죄경력조회 결과를 경비업자에게 통보할 때에는, 결격사유에 관한 한 제한 없이 통보해야 한다. (×) 기출 14

④ 시·도 경찰청장 또는 관할 경찰관서장은 경비업자의 임원, 경비지도사 또는 경비원이 제5조 각호, 제10조 제1항 각호 또는 제2항 각호의 결격사유에 해당하는 사실을 알게 되거나 이 법 또는 이 법에 따른 명령을 위반한 때에는 경비업자에게 그 사실을 통보하여야 한다. 〈개정 2020.12.22.〉

> 관할 경찰관서장은 경비업자의 임원, 경비지도사 또는 경비원이 결격사유에 해당하는 사실을 알게 된 때에는 경비업자의 요청이 있는 경우에만 그 사실을 통보하여야 한다.
> (×) 기출 20
>
> 시·도 경찰청장 또는 관할 경찰관서장은 경비업자의 임원, 경비지도사 또는 경비원이 경비업법상의 결격사유에 해당하는 사실을 알게 된 때에는 경비업자에게 그 사실을 통보하여야 한다.
> (○) 기출 23·22·16·13
>
> 시·도 경찰청장은 경비업자의 임원이 결격사유에 해당하는 사실을 알게 된 때에는 경비업법에 따른 경비업자의 요청이 없는 한 그 사실을 통보해서는 아니 된다. (×) 기출 14

제18조 경비원의 명부와 배치허가 등 ★★

① 경비업자는 행정안전부령으로 정하는 바에 따라 경비원의 명부를 작성·비치하여야 한다. 다만, 집단민원현장에 배치되는 일반경비원의 명부는 그 경비원이 배치되는 장소에도 작성·비치하여야 한다.

> 경비업자는 배치되는 일반경비원의 명부를 그 경비원이 배치되는 모든 장소에 작성·비치하여야 한다. (×) **기출** 18
>
> 경비업자는 행정안전부령으로 정하는 바에 따라 경비원의 명부를 작성·비치하여야 한다. (○) **기출** 17
>
> 경비업자는 집단민원현장에 배치되는 일반경비원의 명부는 그 경비원이 배치되는 장소에도 작성·비치해야 한다. (○) **기출** 14

② 경비업자가 경비원을 배치하거나 배치를 폐지한 경우에는 <u>행정안전부령</u>으로 정하는 바에 따라 <u>관할 경찰관서장</u>에게 신고하여야 한다. 다만, 다음 제1호의 경우에는 경비원을 배치하기 <u>48시간</u> 전까지 행정안전부령으로 정하는 바에 따라 <u>배치허가</u>를 신청하고, 관할 경찰관서장의 <u>배치허가</u>를 받은 후에 경비원을 배치하여야 하며(제2호 및 제3호의 경우에는 경비원을 <u>배치하기</u> 전까지 신고하여야 한다), 이 경우 <u>관할 경찰관서장</u>은 배치허가를 함에 있어 필요한 조건을 붙일 수 있다.

1. 제2조 제1호 가목에 따른 시설경비업무 또는 같은 호 다목에 따른 신변보호업무 중 집단민원현장에 배치된 일반경비원
2. 집단민원현장이 아닌 곳에서 제2조 제1호 다목의 규정에 의한 신변보호업무를 수행하는 일반경비원
3. 특수경비원

> 경비업자는 시설경비업무 또는 신변보호업무 중 집단민원현장에 일반경비원을 배치하는 경우에는 경비원을 배치하기 24시간 전까지 행정안전부령으로 정하는 바에 따라 배치허가를 신청하여야 한다. (×) **기출** 22
>
> 경비업자는 시설경비업무 중 집단민원현장에 일반경비원을 배치하는 경우에는 배치하기 48시간 전까지 배치허가를 신청하여야 한다. (○) **기출** 21
>
> 경비업자는 신변보호업무 중 집단민원현장에 일반경비원을 배치하는 경우에는 배치하기 전까지 배치허가를 신청하여야 한다. (×) **기출** 21
>
> 경비업자가 집단민원현장이 아닌 곳에서 신변보호업무를 수행하는 일반경비원을 배치하는 경우에는 경비원을 배치하기 전까지 신고하여야 한다. (○) **기출** 22·21
>
> 경비업자가 특수경비원을 배치하는 경우에는 경비원을 배치하기 전까지 신고하여야 한다. (○) **기출** 22·21
>
> 경비업자는 시설경비업무에 배치되는 일반경비원의 경우에는 경비원을 배치하기 48시간 전까지 관할 경찰관서장에게 배치허가를 받아야 한다. (×) **기출** 20
>
> 시설경비업무 중 집단민원현장에 일반경비원을 배치하는 경우에는 경비업법령상 경비업자가 경비원 배치 48시간 전까지 행정안전부령에 따라 배치허가를 신청하고 관할 경찰관서장의 배치허가를 받은 후에 경비원을 배치하여야 하는 경우에 해당한다. (○) **기출** 19

경비업자가 경비원의 배치를 폐지한 경우에는 관할 경찰관서장에게 신고하여야 한다.
(○) **기출** 17

경비업자가 특수경비원을 배치한 경우에는 대통령령이 정하는 바에 따라 경비원을 배치하기 48시간 전까지 관할 경찰관서장에게 신고하여야 한다.
(×) **기출** 16

경비업자는 시설경비업무 또는 신변보호업무 중 집단민원현장에 일반경비원을 배치하는 경우 경비원을 배치하기 48시간 전까지 배치허가를 신청하고, 관할 경찰관서장의 배치허가를 받은 후에 경비원을 배치해야 한다.
(○) **기출** 14

관할 경찰관서장은 배치허가를 함에 있어 필요한 조건을 붙일 수 없다. (×) **기출** 14

③ 관할 경찰관서장은 제2항 각호 외의 부분 단서에 따른 배치허가 신청을 받은 경우 다음 각호의 사유에 해당하는 때에는 배치허가를 하여서는 아니 된다. 이 경우 관할 경찰관서장은 다음 각호의 사유를 확인하기 위하여 <u>소속 경찰관</u>으로 하여금 그 배치장소를 방문하여 조사하게 할 수 있다.

경비업무범위 위반 및 신임교육 유무 등을 확인하기 위해 관할 경찰관서장은 그 배치장소를 방문하여 조사하여야 한다.
(×) **기출** 20

관할 경찰관서장은 배치허가를 신청을 받은 경우, 불허가사유에 해당하는 때에는 이를 확인하기 위하여 소속 경찰관으로 하여금 그 배치장소를 방문하여 조사하게 할 수 있다.
(○) **기출** 14

1. 제15조의2 제1항 및 제2항을 위반하여 경비업무의 범위를 벗어난 행위를 할 우려가 있는 경우

관할 경찰관서장은 집단민원현장에 일반경비원 배치허가 신청을 받은 경우에 경비업무의 범위를 벗어난 행위를 할 우려가 있는 경우 배치허가를 하여서는 아니 된다.
(○) **기출** 21

2. 경비원 중 제10조 제1항 또는 제2항에 해당하는 <u>결격자</u>나 제13조에 따른 <u>신임교육</u>을 받지 아니한 사람이 대통령령으로 정하는 기준 이상으로 포함되어 있는 경우

관할 경찰관서장은 집단민원현장에 일반경비원 배치허가 신청을 받은 경우에 결격자가 100분의 21 이상 포함되어 있는 경우 배치허가를 하여서는 아니 된다.
(○) **기출** 21

관할 경찰관서장은 집단민원현장에 일반경비원 배치허가 신청을 받은 경우에 직무교육을 받지 아니한 사람이 대통령령으로 정하는 기준 이상으로 포함되어 있는 경우 배치허가를 하여서는 아니 된다.
(×) **기출** 21

관할 경찰관서장은 신임교육을 받지 아니한 경비원이 100분의 21 이상인 경우 배치허가를 하여서는 아니 된다.
(○) **기출** 16

3. 제24조에 따라 경비원의 복장·장비 등에 대하여 내려진 필요한 명령을 이행하지 아니하는 경우

④ 제2항 각호 외의 부분 단서에 따른 배치허가 신청을 받은 <u>관할 경찰관서장</u>은 배치되
는 경비원 중 제10조 제1항 또는 제2항에 해당하는 결격자가 있는 경우에는 그
사람을 <u>제외</u>하고 배치허가를 하여야 한다.

⑤ 경비업자는 경비원을 배치하여 경비업무를 수행하게 하는 때에는 <u>행정안전부령</u>으
로 정하는 바에 따라 배치된 경비원의 인적사항과 배치일시·배치장소 등 <u>근무상황</u>
을 기록하여 보관하여야 한다.

⑥ 경비업자는 다음 각호의 어느 하나에 해당하는 죄를 범하여 <u>벌금형</u>을 선고받고 5년
이 지나지 아니하거나 금고 이상의 형을 선고받고 그 집행이 유예된 날부터 5년이
지나지 아니한 자를 <u>집단민원현장</u>에 일반경비원으로 배치하여서는 아니 된다.

1. 「형법」 제257조부터 제262조[상해·존속상해, 중상해·존속중상해, 특수상
   해, 상해치사, 폭행·존속폭행, 특수폭행, 폭행치사상]까지, 제264조[상습범
   ; 상습으로 상해·존속상해, 중상해·존속중상해, 특수상해, 폭행·존속폭행,
   특수폭행죄를 범한 때], 제276조부터 제281조[체포·감금·존속체포·존속감
   금, 중체포·중감금·존속중체포·존속중감금, 특수체포·특수감금, 상습범
   (상습으로 체포·감금·존속체포·존속감금, 중체포·중감금·존속중체포·
   존속중감금죄를 범한 때), 미수범, 체포·감금 등의 치사상]까지의 죄, 제284조
   (특수협박)의 죄, 제285조[상습범 ; 상습으로 협박·존속협박, 특수협박죄를
   범한 때]의 죄, 제320조(특수주거침입)의 죄, 제324조 제2항(특수강요)의 죄,
   제350조의2(특수공갈)의 죄, 제351조[상습범 ; 제350조(공갈), 제350조의2(특
   수공갈)의 상습범으로 한정한다]의 죄, 제369조 제1항(특수손괴)의 죄

2. 「폭력행위 등 처벌에 관한 법률」 제2조 또는 제3조의 죄

⑦ 경비업자는 제1항에 따른 **경비원 명부**에 없는 자를 경비업무에 종사하게 하여서는 아니 되고, 제2항에 따라 경비원을 배치하는 경우에는 제13조에 따른 **신임교육**을 이수한 자를 배치하여야 한다.

⑧ **관할 경찰관서장**은 경비업자가 다음 각호의 어느 하나에 해당하는 때에는 **배치폐지**를 명할 수 있다.

> 관할 경찰관서장은 경비업자가 70세인 일반경비원을 경비업무에 종사하게 한 때에는 배치폐지를 명할 수 있다. (×) **기출** 23
>
> 경비업자가 '경비원의 복장·장비 등에 대하여 내려진 필요한 명령을 이행하지 아니한 때'에는 경비업법 제18조 제8항의 관할 경찰관서장의 명시적인 배치폐지사유에 해당하지 않는다. (○) **기출** 20

1. 제2항 각호 외의 부분 단서를 위반하여 **배치허가**를 받지 아니하고 경비원을 배치하거나 경비원 명단 및 배치일시·배치장소 등 **배치허가** 신청의 내용을 거짓으로 한 때

> 관할 경찰관서장은 경비업자가 경비원 명단 및 배치일시·배치장소 등 배치허가 신청의 내용을 거짓으로 한 경우에는 배치폐지를 명할 수 있다. (○) **기출** 23·20
>
> 관할 경찰관서장은 배치허가를 필요로 하는 경우 경비업자가 배치허가 신청의 내용을 거짓으로 한 경우 경비원의 배치폐지를 명할 수 있다. (○) **기출** 14

2. 제6항의 **결격사유**에 해당하는 자를 **집단민원현장**에 일반경비원으로 배치한 때

> 관할 경찰관서장은 경비업자가 상해죄(「형법」 제257조 제1항)로 벌금형을 선고받고 5년이 지나지 아니한 자를 집단민원현장에 일반경비원으로 배치한 때에는 배치폐지를 명할 수 있다. (○) **기출** 23
>
> 관할 경찰관서장은 경비업자가 결격사유에 해당하는 자를 집단민원현장에 일반경비원으로 배치한 경우에는 배치폐지를 명할 수 있다. (○) **기출** 20
>
> 경비업자가 형법상 사기죄로 기소된 자를 경비원으로 배치한 경우 관할 경찰관서장은 경비원의 배치폐지를 명할 수 있다. (×) **기출** 14

3. 제7항을 위반하여 **신임교육**을 이수하지 아니한 자를 제2항 각호의 경비원으로 배치한 때

> 경비업자가 경비원 신임교육을 이수하지 아니한 자를 경비원으로 배치한 경우 관할 경찰관서장은 경비원의 배치폐지를 명할 수 있다. (○) **기출** 14

4. 경비업자 또는 경비원이 위력이나 흉기 또는 그 밖의 위험한 물건을 사용하여 집단적 폭력사태를 일으킨 때

> 경비업자 또는 경비원이 위력이나 흉기 또는 그 밖의 위험한 물건을 사용하여 집단적 폭력사태를 일으킨 때에는 관할 경찰관서장은 배치폐지를 명할 수 있다.(○) 기출 23·20·16
>
> 관할 경찰관서장은 경비원이 위력이나 흉기 또는 그 밖의 위험한 물건을 사용하여 집단적 폭력사태를 일으킨 때에는 경비업의 허가를 취소해야 한다.   (×) 기출 14

5. 경비업자가 제2항 각호 외의 부분 본문을 위반하여 신고하지 아니하고 일반경비원을 배치한 때

> 경비업자가 경비업법을 위반하여 신고를 하지 아니하고 일반경비원을 배치한 경우 관할 경찰관서장은 경비원의 배치폐지를 명할 수 있다.   (○) 기출 14·13

제5장 행정처분 등

제19조 경비업 허가의 취소 등 ★★★

① 허가관청은 경비업자가 다음 각호의 어느 하나에 해당하는 때에는 그 허가를 취소하여야 한다.

1. 허위 그 밖의 부정한 방법으로 허가를 받은 때

> 허가관청은 경비업자가 허위 그 밖의 부정한 방법으로 허가를 받은 때에는 그 허가를 취소하여야 한다.   (○) 기출 15·11

2. 제7조 제5항의 규정에 위반하여 허가받은 경비업무 외의 업무에 경비원을 종사하게 한 때

> [헌법불합치, 2020헌가19, 2023.3.23., 1. 경비업법(2001.4.7. 법률 제6467호로 전부개정된 것) 제7조 제5항 중 '시설경비업무'에 관한 부분과 경비업법(2013.6.7. 법률 제11872호로 개정된 것) 제19조 제1항 제2호 중 '시설경비업무'에 관한 부분은 헌법에 합치되지 아니한다. 2. 법원 기타 국가기관 및 지방자치단체는 입법자가 개정할 때까지 위 법률조항의 적용을 중지하여야 한다. 3. 입법자는 2024.12.31.까지 위 법률조항들을 개정하여야 한다.]

3. 제7조 제9항의 규정에 위반하여 경비업 및 경비관련업 외의 영업을 한 때

> 허가관청은 특수경비업자가 경비업 및 경비관련업 외의 영업을 한 때 그 허가를 취소하여야
> 한다. (○) **기출** 22
>
> 허가관청은 특수경비업자가 경비관련업 외의 영업을 한 경우 그 허가를 취소하여야 한다.
> (○) **기출** 16

4. 정당한 사유 없이 허가를 받은 날부터 2년 이내에 경비 도급실적이 없거나 계속
하여 1년 이상 휴업한 때

> 경비업자가 정당한 사유 없이 계속하여 15개월 동안 휴업한 때에는 허가관청은 그 허가를
> 취소하여야 한다. (○) **기출** 20
>
> 경비업자가 정당한 사유 없이 허가를 받은 날부터 1년 이내에 경비 도급실적이 없거나 계속하
> 여 1년간 휴업한 때에는 허가관청은 그 허가를 취소하여야 한다. (×) **기출** 18
>
> 경비업자가 정당한 사유 없이 허가를 받은 날부터 2년 이내에 경비 도급실적이 없거나 계속하
> 여 1년 이상 휴업한 때에는 허가관청은 그 허가를 취소하여야 한다.
> (○) **기출** 23 · 21 · 12
>
> 정당한 사유 없이 허가를 받은 날부터 6개월 이내에 경비 도급실적이 없거나 계속하여 1년
> 이상 휴업한 때에는 허가관청은 그 허가를 취소하여야 한다. (×) **기출** 11

5. 정당한 사유 없이 최종 도급계약 종료일의 다음 날부터 2년 이내에 경비 도급실
적이 없을 때

> 경비업자가 정당한 사유 없이 최종 도급계약 체결일부터 2년 이내에 경비 도급실적이 없을
> 때에는 허가관청은 그 허가를 취소하여야 한다. (×) **기출** 20
>
> 허가관청은 경비업자가 정당한 사유 없이 최종 도급계약 종료일의 다음 날부터 1년 이내에
> 경비 도급실적이 없을 때 그 허가를 취소하여야 한다. (×) **기출** 23 · 22
>
> 경비업자가 정당한 사유 없이 최종 도급계약 종료일의 다음 날부터 1년 이내에 경비 도급
> 실적이 없을 때에는 허가관청은 그 허가를 취소하여야 한다. (×) **기출** 19 · 18
>
> 경비업자가 정당한 사유 없이 최종 도급계약 종료일의 다음 날부터 2년 이내에 경비 도급실적
> 이 없을 때에는 허가관청은 그 허가를 취소하여야 한다. (○) **기출** 15 · 11
>
> 정당한 사유 없이 최종 도급계약 종료일로부터 2년 이내에 경비 도급실적이 없을 때에는
> 허가관청은 그 허가를 취소하여야 한다. (×) **기출** 12

6. 영업정지처분을 받고 계속하여 영업을 한 때

> 허가관청은 경비업자가 영업정지처분을 받고 계속하여 영업을 한 때에는 경비업 허가를
> 취소하여야 한다. (○) **기출** 23 · 20 · 17 · 16 · 15 · 12

7. 제15조의2 제2항을 위반하여 소속 경비원으로 하여금 경비업무의 범위를 벗어
난 행위를 하게 한 때

> 허가관청은 경비업자가 소속 경비원으로 하여금 경비업무의 범위를 벗어난 행위를 하게
> 한 때에는 경비업 허가를 취소하여야 한다. (O) 기출 22 · 21 · 19 · 18

8. 제18조 제8항에 따른 관할 경찰관서장의 **배치폐지명령**에 따르지 아니한 때

> 허가관청은 경비업자가 관할 경찰관서장의 배치폐지명령에 따르지 아니한 때에는 경비업
> 허가를 취소하여야 한다. (O) 기출 23 · 21 · 19 · 17

② 허가관청은 경비업자가 다음 각호의 어느 하나에 해당하는 때에는 **대통령령**으로
  정하는 행정처분의 기준에 따라 그 허가를 **취소**하거나 **6개월** 이내의 기간을 정하여
  영업의 전부 또는 일부에 대하여 **영업정지**를 명할 수 있다. 〈개정 2020.12.22.〉
  1. 제4조 제1항 후단을 위반하여 **시·도 경찰청장의 허가 없이 경비업무를 변경**
     한 때
  2. 제7조 제2항을 위반하여 도급을 의뢰받은 경비업무가 **위법**한 것임에도 이를
     거부하지 아니한 때

> 허가관청은 경비업자가 도급을 의뢰받은 경비업무가 위법한 것임에도 이를 거부하지 아니한
> 때에는 그 허가를 취소하여야 한다. (X) 기출 21
>
> 특수경비업자가 도급을 의뢰받은 경비업무가 위법한 것임에도 이를 거부하지 아니한 경우
> 허가관청은 영업정지를 명할 수 있다. (O) 기출 16

  3. 제7조 제6항을 위반하여 경비지도사를 **집단민원현장**에 선임·배치하지 아니
     한 때
  4. 제8조를 위반하여 경비대상시설에 관한 **경보 대응체제**를 갖추지 아니한 때
  5. 제9조 제2항을 위반하여 관련 **서류**를 작성·비치하지 아니한 때
  6. 제10조 제3항을 위반하여 **결격사유**에 해당하는 경비원을 배치하거나 **결격사유**
     에 해당하는 경비지도사를 선임·배치한 때
  7. 제12조 제1항을 위반하여 경비지도사를 선임한 때
  8. 제13조를 위반하여 경비원으로 하여금 **교육**을 받게 하지 아니한 때

> 경비업자가 경비원으로 하여금 교육을 받게 하지 아니한 때에는 허가관청은 6개월 이내의
> 기간을 정하여 영업의 전부 또는 일부에 대하여 경비업자에게 영업정지를 명할 수 있다.
> (O) 기출 20
>
> 특수경비업자가 신임교육을 받지 않은 사람을 경비원으로 배치한 경우 허가관청은 영업정지
> 를 명할 수 있다. (O) 기출 16

9. 제16조에 따른 경비원의 **복장** 등에 관한 규정을 위반한 때

> 경비업자가 경비원의 복장·장비에 관한 규정을 위반한 때에는 허가관청은 6개월 이내의
> 기간을 정하여 영업의 전부 또는 일부에 대하여 경비업자에게 영업정지를 명할 수 있다.
> (O) 기출 20

10. 제16조의2에 따른 경비원의 **장비** 등에 관한 규정을 위반한 때

11. 제16조의3에 따른 경비원의 **출동차량** 등에 관한 규정을 위반한 때

> 경비업자가 경비원의 출동차량 등에 관한 규정을 위반한 때에는 허가관청은 6개월 이내의
> 기간을 정하여 영업의 전부 또는 일부에 대하여 경비업자에게 영업정지를 명할 수 있다.
> (○) **기출** 20

12. 제18조 제1항 단서를 위반하여 집단민원현장에 일반경비원 **명부**를 작성·비치
하지 아니한 때

13. 제18조 제2항 각호 외의 부분 단서를 위반하여 **배치허가**를 받지 아니하고 경비
원을 배치하거나 경비원 명단 및 배치일시·배치장소 등 **배치허가** 신청의 내용
을 거짓으로 한 때

> 허가관청은 경비업자가 배치경비원 인원 및 배치시간 등 배치허가 신청의 내용을 과실로
> 누락한 때에는 6개월 이내의 기간을 정하여 영업의 전부 또는 일부에 대하여 경비업자에게
> 영업정지를 명할 수 있다.
> (×) **기출** 20
>
> 경비업자가 경비원 명단 및 배치일시·장소 등 배치허가 신청의 내용을 거짓으로 한 때에는
> 허가관청은 그 허가를 취소하여야 한다.
> (×) **기출** 18

14. 제18조 제6항을 위반하여 **결격사유**에 해당하는 일반경비원을 집단민원현장에
배치한 때

15. 제24조에 따른 **감독상 명령**에 따르지 아니한 때

> 허가관청(시·도 경찰청장)은 특수경비업자가 시·도 경찰청장의 감독상 명령에 따르지 아
> 니한 경우 영업정지를 명할 수 있다.
> (○) **기출** 16

16. 제26조를 위반하여 **손해**를 배상하지 아니한 때

③ **허가관청**은 제1항 및 제2항에 의하여 허가취소 또는 영업정지처분을 하는 때에는
경비업자가 허가받은 경비업무 중 허가취소 또는 영업정지사유에 해당되는 경비업
무에 **한하여** 처분을 하여야 한다. 다만, 제1항 제2호 및 제7호에 해당하여 허가취소
를 하는 때에는 그러하지 아니하다.

> 허가관청은 영업정지처분을 하는 때에는 (원칙적으로) 경비업자가 허가받은 경비업무 중 영업정
> 지사유에 해당하는 경비업무에 한하여 처분을 하여야 한다.
> (○) **기출** 13

제20조 **경비지도사자격의 취소 등** ★★

① 경찰청장은 경비지도사가 다음 각호의 어느 하나에 해당하는 때에는 그 자격을 취소하여야 한다. 〈개정 2024.2.13.〉

1. 제10조 제1항 각호의 결격사유에 해당하게 된 때

> '파산선고를 받고 복권되지 아니한 자'는 경비업법령상 경비지도사자격의 취소사유에 해당한다. (○) 기출 23
>
> '금고 이상의 형의 집행유예선고를 받고 그 유예기간 중에 있는 자'는 경비업법령상 경비지도사자격의 취소사유에 해당한다. (○) 기출 23
>
> 경찰청장은 경비지도사가 경비지도사로서의 결격사유에 해당하게 된 때 그 자격을 취소하여야 한다. (○) 기출 14
>
> 경찰청장은 경비지도사가 성년후견개시의 심판을 받은 경우에는 그 자격을 취소하여야 한다. (○) 기출 12
>
> 경찰청장은 경비지도사가 벌금형을 선고받은 때에는 그 자격을 취소하여야 한다. (×) 기출 11

2. 허위 그 밖의 부정한 방법으로 경비지도사자격증을 교부받은 때

> 경찰청장은 경비지도사 을(乙)이 허위 그 밖의 부정한 방법으로 경비지도사자격증을 교부받았을 경우에는 그 자격을 취소하여야 한다. (○) 기출 21 · 20 · 19 · 17 · 16 · 14 · 13 · 12

3. 경비지도사자격증을 다른 사람에게 빌려주거나 양도한 때

> '경비지도사자격증을 다른 사람에게 양도한 때'에는 경비업법령상 경비지도사자격의 취소사유에 해당한다. (○) 기출 23
>
> 경찰청장은 경비지도사 정(丁)이 경비지도사자격증을 무(戊)에게 빌려주거나 양도하였을 경우에는 그 자격을 취소하여야 한다. (○) 기출 21 · 19 · 17 · 16 · 14 · 13 · 12 · 11

4. 자격정지 기간 중에 경비지도사로 선임되어 활동한 때

> '자격정지 기간 중에 경비지도사로 선임되어 활동한 때'에는 경비업법령상 경비지도사자격의 취소사유에 해당한다. (○) 기출 23
>
> 경찰청장은 경비지도사가 자격정지 기간 중에 경비지도사로 선임되어 활동한 때에는 1년의 범위 내에서 그 자격을 정지시킬 수 있다. (×) 기출 22
>
> 경찰청장은 경비지도사가 자격정지 기간 중에 경비지도사로 선임되어 활동한 때에는 1년의 범위 내에서 정지기간을 연장시킬 수 있다. (×) 기출 20
>
> 경찰청장은 경비지도사 갑(甲)이 자격정지 기간 중에 경비지도사로 선임되어 활동한 경우에는 그 자격을 취소하여야 한다. (○) 기출 21 · 19 · 17 · 16

② **경찰청장**은 경비지도사가 다음 각호의 어느 하나에 해당하는 때에는 **대통령령**이 정하는 바에 따라 **1년**의 범위 내에서 그 자격을 정지시킬 수 있다. 〈개정 2020.12.22., 2024.2.13.〉

　1. 제12조 제3항의 규정에 위반하여 직무를 성실하게 수행하지 아니한 때

> 경찰청장은 기계경비지도사가 오경보방지 등을 위한 기기관리 감독의 직무를 위반하여 직무를 성실하게 수행하지 아니한 때에는 1년의 범위 내에서 그 자격을 정지시킬 수 있다.
> (○) **기출** 22
>
> 경찰청장은 경비지도사가 집단민원현장에 배치된 경비원에 대한 지도·감독 직무를 성실하게 수행하지 아니한 때에는 자격을 정지시킬 수 있다.
> (○) **기출** 16
>
> 경찰기관 및 소방기관과의 연락방법에 대한 지도 등의 직무를 성실하게 수행하지 아니한 때에는 2년의 범위 내에서 그 자격을 정지시킬 수 있다.
> (×) **기출** 11

　2. 제24조의 규정에 의한 **경찰청장** 또는 **시·도 경찰청장**의 명령을 위반한 때

> 경찰청장은 경비지도사가 경찰청장 또는 시·도 경찰청장의 명령을 위반한 때에는 그 자격을 취소하여야 한다.
> (×) **기출** 21
>
> 경찰청장은 경비지도사가 경찰청장 또는 시·도 경찰청장의 명령을 위반한 때에는 1년의 범위 내에서 그 자격을 정지시킬 수 있다.
> (○) **기출** 22·20
>
> 경찰청장은 경비지도사 병(丙)이 시·도 경찰청장의 적정한 경비업무수행을 위하여 필요한 지도·감독상 명령을 위반한 경우 대통령령이 정하는 바에 따라 1년의 범위 내에서 그 자격을 정지시킬 수 있다.
> (○) **기출** 17
>
> 경찰청장이 경비업무의 적정한 수행을 위하여 경비지도사를 지도·감독하며 내린 필요한 명령을 경비지도사가 위반한 때 그 자격을 취소하여야 한다.
> (×) **기출** 14
>
> 경비지도사가 경비업무의 적절한 수행을 위한 경찰청장 또는 시·도 경찰청장의 감독상의 명령을 위반한 경우 경찰청장은 그 자격을 취소하여야 한다.
> (×) **기출** 19·12

③ **경찰청장**은 제1항의 규정에 의하여 경비지도사의 자격을 **취소**한 때에는 경비지도사 자격증을 회수하여야 하고, 제2항의 규정에 의하여 경비지도사의 자격을 정지한 때에는 그 **정지기간** 동안 경비지도사자격증을 **회수**하여 **보관**하여야 한다.

> 경찰청장이 경비지도사의 자격을 정지한 때에는 그 정지기간 동안 경비지도사자격증을 회수하여 보관하여야 한다.
> (○) **기출** 22·20·16
>
> 경찰청장은 경비지도사의 자격을 취소한 때에는 경비지도사자격증을 회수하여야 하고, 자격을 정지한 때에는 자격증을 회수하지 않는다.
> (×) **기출** 11

제21조 **청문** ★★

경찰청장 또는 시·도 경찰청장은 다음 각호의 어느 하나에 해당하는 처분을 하고자 하는 경우에는 청문을 실시하여야 한다. 〈개정 2020.12.22., 2024.2.13.〉

> 경찰청장 또는 시·도 경찰청장은 경비업자에 대한 과태료 부과처분을 하고자 하는 경우 청문을 실시하여야 한다. (×) **기출** 19 · 17
>
> 경찰청장 또는 시·도 경찰청장은 특수경비원을 징계를 하기 위해 청문을 실시하여야 한다. (×) **기출** 15
>
> 경찰청장 또는 시·도 경찰청장은 경비업 법인의 임원 선임을 취소하기 위해 청문을 실시하여야 한다. (×) **기출** 14
>
> 경찰청장 또는 시·도 경찰청장은 경비원의 업무수행 중 제3자에게 입힌 손해에 대한 경비업자의 배상 시 청문을 실시하여야 한다. (×) **기출** 13
>
> 경비업 허가의 취소·영업정지, 경비지도사자격의 취소·정지는 모두 경찰청장 또는 시·도 경찰청장이 청문을 실시하고 처분을 하여야 한다. (○) **기출** 22 · 19 · 11

1. 제11조의4에 따른 경비지도사 교육기관의 지정취소 또는 업무의 정지
2. 제13조의3에 따른 경비원 교육기관의 지정취소 또는 업무의 정지
3. 제19조의 규정에 의한 경비업 허가의 취소 또는 영업정지

> 경찰청장 또는 시·도 경찰청장은 경비업자가 허위 그 밖의 부정한 방법으로 허가를 받아 그 허가를 취소하는 경우 청문을 실시하여야 한다. (○) **기출** 23
>
> 경비업자가 집단민원현장에 특수경비원 명부를 작성·비치하지 않아 9개월 영업정지처분을 하고자 하는 경우 청문을 실시하여야 한다. (×) **기출** 18
>
> 경찰청장 또는 시·도 경찰청장은 경비업 허가취소처분 및 경비업 영업정지처분을 하고자 하는 경우에는 청문을 실시하여야 한다. (○) **기출** 17 · 14
>
> 시·도 경찰청장이 경비업 허가의 취소 또는 영업정지를 하고자 하는 경우에는 청문을 실시해야 한다. (○) **기출** 16 · 15
>
> 경찰청장 또는 시·도 경찰청장은 경비업자가 허가 없이 경비업무를 변경하여 경비업의 영업정지처분을 하는 경우 청문을 실시해야 한다. (○) **기출** 13
>
> 경찰청장 또는 시·도 경찰청장은 경비업자의 결격사유에 해당되는 경비원 채용이 적발되어 경비업 허가의 취소처분을 하는 경우 청문을 실시해야 한다. (○) **기출** 13
>
> 경비업의 영업허가는 경찰청장 또는 시·도 경찰청장이 처분 시 청문을 실시하여야만 하는 경우가 아니다. (○) **기출** 12

4. 제20조 제1항 또는 제2항의 규정에 의한 경비지도사자격의 취소 또는 정지

경찰청장 또는 시·도 경찰청장은 경비지도사가 허위 그 밖의 부정한 방법으로 경비지도사 자격증을 교부받아 그 자격을 취소하는 경우와 경비지도사가 경찰청장 또는 시·도 경찰청장의 명령을 위반하여 그 자격을 정지하는 경우 청문을 실시하여야 한다.

(O) 기출 23

경찰청장 또는 시·도 경찰청장은 경비지도사 자격정지처분을 하고자 하는 경우에는 청문을 실시하여야 한다. (O) 기출 17·15·14

시·도 경찰청장은 경비지도사의 자격을 정지하는 때에는 청문을 실시하지 않는다.

(×) 기출 16

경찰청장 또는 시·도 경찰청장은 현장배치 경비원에 대한 감독을 수행하지 않아 경비지도사의 자격정지처분을 하는 경우 청문을 실시해야 한다. (O) 기출 13

제6장 | 경비협회

제22조 경비협회 ★★★

① **경비업자**는 경비업무의 건전한 발전과 경비원의 자질향상 및 교육훈련 등을 위하여 **대통령령**이 정하는 바에 따라 **경비협회**를 설립할 수 있다.

경비업자는 행정안전부령이 정하는 바에 따라 경비협회를 설립할 수 있다. (×) 기출 23

경비업자는 경비업무의 건전한 발전과 경비원의 자질향상 및 교육훈련 등을 위하여 대통령령이 정하는 바에 따라 경비협회를 설립할 수 있다. (O) 기출 22·19

경비업자는 경비업무의 건전한 발전과 경비원의 자질향상 및 교육훈련 등을 위하여 행정안전부령이 정하는 바에 따라 경비협회를 설립할 수 있다. (×) 기출 16

경비협회를 설립하려면 경비업자 10인 이상으로 구성된 발기인을 필요로 한다.

(×) 기출 15

② 경비협회는 **법인**으로 한다.

경비협회는 법인으로 한다. (O) 기출 22·16

③ 경비협회의 업무는 다음과 같다.
  1. 경비업무의 연구
  2. 경비원 교육·훈련 및 그 연구
  3. 경비원의 후생·복지에 관한 사항
  4. 경비진단에 관한 사항

5. 그 밖에 경비업무의 건전한 운영과 육성에 관하여 필요한 사항

> 경비진단에 관한 사항은 경비협회의 업무가 아니다. (×) 기출 23
>
> 경비협회의 업무에는 경비업무의 연구도 포함된다. (○) 기출 19
>
> 경비지도사의 지도·감독은 경비협회의 업무에 해당한다 (×) 기출 17
>
> 경비협회의 업무에는 경비원의 후생·복지에 관한 사항이 포함된다. (○) 기출 22·16
>
> 경비협회의 업무에는 경비진단에 관한 사항도 포함된다. (○) 기출 15
>
> 경비협회의 업무에는 경비원의 후생·복지에 관한 사항 외에도 경비진단에 관한 사항도 포함된다. (○) 기출 14
>
> 경비협회의 업무에 경비지도사 및 경비원의 신분증명서 발급이 포함된다. (×) 기출 12

④ 경비협회에 관하여 이 법에 특별한 규정이 있는 것을 제외하고는 민법 중 **사단법인**에 관한 규정을 준용한다.

> 경비협회에 관하여 경비업법에 특별한 규정이 있는 것을 제외하고는 「민법」 중 조합에 관한 규정을 준용한다. (×) 기출 22
>
> 경비협회에 관하여 경비업법에 특별한 규정이 있는 것을 제외하고는 민법상 사단법인에 관한 규정을 준용한다. (○) 기출 23·17·16·11
>
> 경비협회에 관하여 경비업법에 특별한 규정이 있는 것을 제외하고는 「민법」 중 재단법인에 관한 규정을 준용한다. (×) 기출 19·15·14

제23조   공제사업 ★★★

① **경비협회**는 다음 각호의 공제사업을 할 수 있다.

1. 제26조에 따른 **경비업자**의 손해배상책임을 보장하기 위한 사업

> 경비업법령상 경비협회는 경비원의 손해배상책임을 보장하기 위한 공제사업을 할 수 있다. (×) 기출 20
>
> 경비협회는 경비업자의 손해배상책임을 보장하기 위한 사업의 공제사업을 할 수 있다. (○) 기출 23·22·17
>
> 경비협회는 경비지도사의 손해배상책임과 형사책임을 보장하기 위한 사업의 공제사업을 할 수 없다. (○) 기출 15
>
> 경비협회는 경비업자의 손해배상책임 보장과 소속 경비원의 고용안정 보장을 위하여 공제사업을 운영할 수 있다. (×) 기출 14
>
> 경비협회는 경비업자의 손해배상책임 보장과 소속 경비원의 고용안정을 보장하기 위하여 별도의 법인을 설립하여 공제사업을 할 수 있다. (×) 기출 11

2. 경비업자가 경비업을 운영할 때 필요한 입찰보증, 계약보증(이행보증을 포함한
   다), 하도급보증을 위한 사업

> 경비협회는 경비업자가 경비업을 운영할 때 필요한 입찰보증, 계약보증(이행보증을 포함한
> 다), 하도급보증을 위한 공제사업을 할 수 있다.　　　　　　　(○) 기출 23·22
>
> 경비협회는 경비업자가 경비업을 운영할 때 필요한 입찰보증을 위한 공제사업을 할 수 있다.
> 　　　　　　　　　　　　　　　　　　　　　　　　　　　　(○) 기출 21
>
> 경비업법령상 경비협회는 경비업자가 경비업을 운영할 때 필요한 하도급보증을 위한 공제사
> 업을 할 수 있다.　　　　　　　　　　　　　　　　　　　　(○) 기출 20
>
> 경비협회는 경비업자가 경비업을 운영할 때 필요한 이행보증을 포함한 계약보증을 위한
> 공제사업을 할 수 있다.　　　　　　　　　　　　　　　　　　(○) 기출 16
>
> 경비협회는 경비업자가 경비업을 운영할 때 필요한 입찰보증, 계약보증, 하도급보증을 위한
> 사업을 할 수 있다.　　　　　　　　　　　　　　　　　　　　(○) 기출 15

3. 경비원의 복지향상과 업무상 재해로 인한 손실을 보상하는 사업

> 경비협회는 경비원의 복지향상을 위한 공제사업을 할 수 없다.　　(×) 기출 22
>
> 경비협회는 경비원의 복지향상과 업무상 재해로 인한 손실을 보상하기 위한 공제사업을
> 할 수 있다.　　　　　　　　　　　　　　　　　　　(○) 기출 23·20·18·15
>
> 경비업자의 후생·복지를 위한 목적으로 공제사업을 운영할 수 있다.　(×) 기출 13

4. 경비업무와 관련한 연구 및 경비원 교육·훈련에 관한 사업

> 경비업법령상 경비협회는 경비원 교육·훈련에 관한 사업을 할 수 있다. (○) 기출 20
>
> 경비협회는 경비업무와 관련한 연구 및 경비원 교육·훈련에 관한 사업을 할 수 있다.
> 　　　　　　　　　　　　　　　　　　　　　　　　　　　　(○) 기출 15

② 경비협회는 제1항의 규정에 의한 공제사업을 하고자 하는 때에는 공제규정을 제정
   하여야 한다.

> 경비협회가 공제사업을 하고자 하는 때는 공제규정을 제정하여야 하고, 경찰청장이 이 공제규정
> 을 승인하는 경우는 미리 금융위원회와 협의를 하여야 한다.　　(○) 기출수정 17
>
> 경비협회는 공제사업을 하고자 하는 때에는 공제규정을 제정해야 한다.
> 　　　　　　　　　　　　　　　　　　　　　　　　　(○) 기출 22·20·13

③ 제2항의 공제규정에는 공제사업의 **범위**, 공제계약의 **내용**, 공제금, **공제료** 및 공제
금에 충당하기 위한 **책임준비금** 등 공제사업의 운영에 관하여 필요한 사항을 정하여
야 한다.

> 경비협회는 공제사업의 범위, 공제계약의 내용 및 공제금에 충당하기 위한 책임준비금 등을
> 공제규정의 내용으로 정해야 한다. (O) 기출 19
>
> 경비협회는 공제규정에는 공제사업의 범위와 공제계약의 내용 등 공제사업의 운영에 관하여
> 필요한 사항을 정하여야 한다. (O) 기출 21 · 13

④ **경찰청장**은 제1항에 따른 공제사업의 건전한 육성과 가입자의 보호를 위하여 공제
사업의 감독에 관한 기준을 정할 수 있다.

> 행정안전부장관은 가입자의 보호를 위하여 공제사업의 감독에 관한 기준을 정할 수 있다.
> (X) 기출 20
>
> 경비협회는 공제사업의 감독에 관한 기준을 공제규정의 내용으로 정할 수 없다.
> (O) 기출 19
>
> 경찰청장은 공제사업의 건전한 육성을 위하여 공제사업의 감독에 관한 기준을 경비협회와 협의
> 하여 정한다. (X) 기출 18
>
> 경찰청장은 경비업법에 따른 공제사업의 건전한 육성과 가입자의 보호를 위하여 공제사업의
> 감독에 관한 기준을 정할 수 있다. (O) 기출 16

⑤ **경찰청장**은 제2항에 따른 **공제규정**을 승인하거나 제4항에 따라 **공제사업의 감독**에
관한 기준을 정하는 경우에는 미리 **금융위원회**와 협의하여야 한다.

> 경찰청장은 공제규정을 승인하는 경우에는 미리 금융감독원과 협의하여야 한다.
> (X) 기출 21
>
> 경찰청장은 공제사업의 건전한 육성을 위하여 공제사업의 감독에 관한 기준을 경비협회와 협의
> 하여 정한다. (X) 기출 18
>
> 경찰청장은 경비협회의 공제규정을 승인하는 때에는 미리 금융위원회와 협의하여야 한다.
> (O) 기출 20 · 16

⑥ **경찰청장**은 제1항에 따른 공제사업에 대하여 「금융위원회의 설치 등에 관한 법률」
에 따른 **금융감독원의 원장**에게 검사를 요청할 수 있다.

> 경찰청장은 공제사업에 대하여 금융감독원의 원장에게 검사를 요청할 수 있다.
> (O) 기출 20
>
> 경찰청장은 공제사업에 대하여 금융감독위원회 위원장에게 감사를 요청할 수 있다.
> (X) 기출 18

제7장 보칙

제24조   감독 ★★★

① 경찰청장 또는 시·도 경찰청장은 경비업무의 적정한 수행을 위하여 경비업자 및 경비지도사를 지도·감독하며 필요한 명령을 할 수 있다. 〈개정 2020.12.22.〉

> 경찰청장은 경비업무의 적정한 수행을 위하여 경비업자 및 경비지도사를 지도·감독하며 필요한 명령을 할 수 있다. (○) **기출수정** 16
>
> 경찰청장 또는 시·도 경찰청장은 경비업무의 적정한 수행을 위하여 경비업자 및 경비지도사를 지도·감독하며 필요한 명령을 할 수 있다. (○) **기출** 22·21·15·11
>
> 시·도 경찰청장 또는 관할 경찰관서장은 경비업무의 적정한 수행을 위하여 경비업자 및 경비지도사를 지도·감독하며 필요한 명령을 할 수 있다. (×) **기출** 14

② 시·도 경찰청장 또는 관할 경찰관서장은 소속 경찰공무원으로 하여금 관할구역 안에 있는 경비업자의 주사무소 및 출장소와 경비원 배치장소에 출입하여 근무상황 및 교육훈련상황 등을 감독하며 필요한 명령을 하게 할 수 있다. 이 경우 출입하는 경찰공무원은 그 권한을 표시하는 증표를 관계인에게 내보여야 한다. 〈개정 2020.12.22.〉

> 관할 경찰관서장은 소속 경찰공무원으로 하여금 관할구역 안에 있는 경비업자의 주사무소 및 출장소와 경비원 배치장소에 출입하여 근무상황 및 교육훈련상황 등을 감독하며 필요한 명령을 하게 할 수 있다. (○) **기출** 17
>
> 시·도 경찰청장 또는 관할 경찰관서장은 소속 경찰공무원으로 하여금 관할구역 안에 있는 경비업자의 주사무소 및 출장소와 경비원 배치장소에 출입하여 근무상황 및 교육훈련상황 등을 감독하며 필요한 명령을 하게 할 수 있다. (○) **기출** 22·15·14·11

③ 시·도 경찰청장 또는 관할 경찰관서장은 경비업자 또는 배치된 경비원이 이 법이나 이 법에 따른 명령, 「폭력행위 등 처벌에 관한 법률」을 위반하는 행위를 하는 경우 그 위반행위의 중지를 명할 수 있다. 〈개정 2020.12.22.〉

> 시·도 경찰청장 또는 관할 경찰관서장은 경비업자 또는 배치된 경비원이 「폭력행위 등 처벌에 관한 법률」을 위반하는 행위를 하는 경우 그 위반행위의 중지를 명할 수 있다. (○) **기출** 22
>
> 시·도 경찰청장은 배치된 경비원이 「폭력행위 등 처벌에 관한 법률」을 위반하는 행위를 하는 경우 그 위반행위의 중지를 명할 수 있다. (○) **기출** 21
>
> 관할 경찰관서장은 경비업자가 경비업법을 위반하는 행위를 하는 경우 그 위반행위의 중지를 명할 수 있다. (○) **기출** 17

관할 경찰관서장은 배치된 경비원이 경비업법을 위반하는 행위를 하는 경우 그를 지도·감독하는 경비지도사의 자격을 취소하여야 한다. (×) 기출 15

시·도 경찰청장 또는 관할 경찰관서장은 경비업자 또는 배치된 경비원이 경비업법을 위반하는 행위를 하는 경우 그 위반행위의 중지를 명해야 한다. (×) 기출 14

④ 시·도 경찰청장 또는 관할 경찰관서장은 경비업무 장소가 집단민원현장으로 판단되는 경우에는 그때부터 48시간 이내에 경비업자에게 경비원 배치허가를 받을 것을 고지하여야야 한다. 〈개정 2020.12.22.〉

시·도 경찰청장은 경비업무 장소가 집단민원현장으로 판단되는 경우에는 그때부터 24시간 이내에 경비업자에게 경비원 배치허가를 받을 것을 고지하여야 한다. (×) 기출 21

시·도 경찰청장 또는 관할 경찰관서장은 경비업무 장소가 집단민원현장으로 판단되는 경우에는 그때부터 (48)시간 이내에 경비업자에게 경비원 배치허가를 받을 것을 고지하여야 한다. 기출 20

시·도 경찰청장은 경비업무 장소가 집단민원현장으로 판단되는 경우에는 그때부터 7일 이내에 경비업자에게 경비원 배치허가를 받을 것을 고지하여야 한다. (×) 기출 17

경비업법상 시·도 경찰청장은 경비업무 장소가 집단민원현장으로 판단되는 경우에는 그때부터 몇 시간 이내에 경비업자에게 경비원 배치허가를 받을 것을 고지하여야 하는가? (48)시간 기출 16

시·도 경찰청장 또는 관할 경찰관서장은 경비업무 장소가 집단민원현장으로 판단되는 경우에는 그때부터 48시간 이내에 경비업자에게 경비원 배치허가를 받을 것을 고지하여야 한다. (○) 기출 15

제25조 보안지도 · 점검 등 ★★

시·도 경찰청장은 대통령령이 정하는 바에 따라 특수경비업자에 대하여 보안지도·점검을 실시하여야 하고, 필요한 경우 관계기관에 보안측정을 요청하여야 한다. 〈개정 2020.12.22.〉

시·도 경찰청장은 특수경비업자에 대하여 연 2회 이상의 보안지도·점검을 실시하여야 한다. (○) 기출 21

시·도 경찰청장은 (특수경비업자)에 대하여 연 (2)회 이상의 보안지도·점검을 실시하여야 한다. 기출 20·15

시·도 경찰청장은 특수경비업자에 대하여 연 1회 이상의 보안지도·점검을 실시하고, 필요한 경우 관계기관에 보안측정을 요청해야 한다. (×) 기출 14

시·도 경찰청장은 특수경비업자에 대하여 필요한 경우 관계기관에 보안측정을 요청하여야 한다. (○) 기출 11

제26조 **손해배상 등** ★★

① **경비업자**는 경비원이 업무수행 중 **고의 또는 과실**로 **경비대상**에 손해가 발생하는 것을 방지하지 못한 때에는 그 손해를 배상하여야 한다.

> 경비업자는 경비원이 업무수행 중이 아닌 때에 고의로 경비대상에 손해가 발생하는 것을 방지하지 못한 경우 그 손해를 배상하여야 한다. (×) **기출** 22
>
> 경비업자는 경비원이 업무수행 중 고의로 경비대상에 손해가 발생하는 것을 방지하지 못한 경우 그 손해를 배상하여야 한다. (○) **기출** 20·18·17
>
> 경비업자는 경비원이 업무수행 중 과실로 경비대상에 손해가 발생하는 것을 방지하지 못한 경우 그 손해를 배상하여야 한다. (○) **기출** 20·18
>
> 경비업자는 경비원 갑(甲)이 업무수행 중 무과실로 경비대상에 손해가 발생하는 것을 방지하지 못한 경우 그 손해를 배상하여야 한다. (×) **기출** 22·17
>
> 경비업자는 경비원이 업무수행 중 고의 또는 과실로 경비대상에 손해가 발생하는 것을 방지하지 못한 때에는 그 손해를 배상하여야 한다. (○) **기출** 16

② **경비업자**는 경비원이 업무수행 중 **고의 또는 과실**로 **제3자**에게 손해를 입힌 경우에는 이를 배상하여야 한다.

> 경비업자는 경비원이 업무수행 중이 아닌 때에 과실로 제3자에게 손해를 입힌 경우 그 손해를 배상하여야 한다. (×) **기출** 22
>
> 경비업자는 경비원이 업무수행 중 과실로 제3자에게 손해를 입힌 경우에는 이를 배상할 책임이 없다. (×) **기출** 20
>
> 경비업자는 경비원이 업무수행 중 고의로 제3자에게 손해를 입힌 경우 그 손해를 배상하여야 한다. (○) **기출** 22·20·18·17·16
>
> 경비업자는 경비원이 업무수행 중 과실로 제3자에게 손해를 입힌 경우 그 손해를 배상하여야 한다. (○) **기출** 18·17
>
> 경비업자는 경비원이 업무수행 중 과실로 제3자에게 손해를 입힌 경우에는 배상책임이 면제된다. (×) **기출** 16
>
> 경비업자는 경비원이 업무수행 중 고의 또는 과실로 제3자에게 손해를 입힌 경우에는 이를 배상하여야 한다. (○) **기출** 13

제27조   위임 및 위탁 ★★

① 이 법에 의한 **경찰청장의 권한**은 **대통령령**이 정하는 바에 따라 그 일부를 **시·도 경찰청장**에게 위임할 수 있다. 〈개정 2020.12.22.〉

> 경비협회의 공제사업에 대한 금융감독원장의 검사요청권한과 경비지도사자격증의 교부권한은 경비업법령상 경찰청장이 시·도 경찰청장에게 위임하는 권한에 해당한다. (×) 기출 23
>
> 경비지도사자격의 취소에 관한 권한은 경비업법령상 경찰청장이 시·도 경찰청장에게 위임하는 권한에 해당한다. (○) 기출 23
>
> 경비업법에 의한 경찰청장의 권한은 대통령령이 정하는 바에 따라 그 일부를 (시·도 경찰청장)에게 위임할 수 있다고 하는데, 위임되는 권한에는 경비지도사자격의 (취소 및 정지)에 관한 권한이 포함된다. 기출 19
>
> 경비업법에 의한 경찰청장의 권한은 대통령령이 정하는 바에 따라 그 일부를 시·도 경찰청장에게 (위임)할 수 있다. 기출 16·13

② **경찰청장**은 제11조의 규정에 의한 경비지도사의 시험에 관한 업무를 **대통령령**이 정하는 바에 따라 관계전문기관 또는 단체에 **위탁**할 수 있다. 〈개정 2024.2.13.〉

> 경비지도사 시험의 관리에 관한 권한은 경비업법령상 경찰청장이 시·도 경찰청장에게 위임하는 권한에 해당한다. (×) 기출 23
>
> 경비지도사의 교육에 관한 업무는 경비업법령상 경찰청장이 시·도 경찰청장에게 위임할 수 있는 사항에 해당하지 않는다. (○) 기출 22
>
> 경찰청장은 경비지도사의 시험에 관한 업무를 대통령령이 정하는 바에 따라 관계전문기관 또는 단체에 (위탁)할 수 있다. 기출수정 16
>
> 경찰청장은 경비지도사 시험의 관리 및 자격증의 교부에 관한 권한을 시·도 경찰청장에게 위임할 수 있다. (×) 기출 15

제27조의2   수수료 ★★

이 법에 따른 경비업의 허가를 받거나 허가증을 재교부 받고자 하는 자는 **대통령령**이 정하는 바에 따라 수수료를 납부하여야 한다.

> 경비업의 허가를 받거나 허가증을 재교부 받고자 하는 자는 대통령령이 정하는 바에 따라 수수료를 납부하여야 한다. (○) 기출 17

제27조의3 **벌칙 적용에서 공무원 의제**

제27조 제2항에 따라 위탁받은 업무에 종사하는 관계전문기관 또는 단체의 임직원은 「형법」 제129조부터 제132조(수뢰·사전수뢰, 제3자뇌물제공, 수뢰후부정처사·사후수뢰, 알선수뢰)까지의 규정을 적용할 때에는 공무원으로 본다.
[본조신설 2019.4.16.]

> 형법 제127조(공무상 비밀의 누설), 형법 제129조(수뢰, 사전수뢰), 형법 제130조(제3자뇌물제공), 형법 제132조(알선수뢰) 중 경비업법령상 경찰청장으로부터 경비지도사의 시험 및 교육에 관한 업무를 위탁받은 단체의 임직원이 공무원으로 의제되어 적용받는 형법상의 규정에 해당하지 않는 것은 형법 제127조(공무상 비밀의 누설)이다.　　　　　　(○) 기출 21
>
> 형법 제129조(수뢰, 사전수뢰)는 경비업법령상 경찰청장으로부터 경비지도사의 시험 및 교육에 관한 업무를 위탁받은 단체의 임직원이 공무원으로 의제되는 규정에 해당한다.　　　　　　(○) 기출 19

제8장 **벌칙**

제28조 **벌칙** ★★★

① 제14조 제2항의 규정에 위반하여 국가중요시설의 정상적인 운영을 해치는 장해를 일으킨 특수경비원은 5년 이하의 징역 또는 5천만원 이하의 벌금에 처한다.

> 국가중요시설에 대한 경비업무 수행 중 특수경비원 갑(甲)이 고의로 국가중요시설의 정상적인 운영을 해치는 장해를 발생시킨 경우 그 처벌기준은 5년 이하의 징역 또는 5천만원 이하의 벌금이다.　　　　　　(○) 기출 19
>
> 국가중요시설에 대한 경비업무 수행 중 국가중요시설의 정상적인 운영을 해치는 장해를 일으킨 특수경비원은 5년 이하의 징역 또는 5천만원 이하의 벌금에 처한다.　　(○) 기출 21·14
>
> 고의로 국가중요시설의 정상적인 운영을 해치는 장해를 일으킨 특수경비원은 3년 이하의 징역 또는 3천만원 이하의 벌금에 처한다.　　　　　　(×) 기출 13

② 다음 각호의 어느 하나에 해당하는 자는 3년 이하의 징역 또는 3천만원 이하의 벌금에 처한다.
　1. 제4조 제1항의 규정에 의한 허가를 받지 아니하고 경비업을 영위한 자

> 경비업 허가를 받지 않고 경비업을 영위하는 자는 3년 이하의 징역 또는 3천만원 이하의 벌금에 처한다.　　　　　　(○) 기출 16·15·11
>
> 허가를 받지 아니하고 경비업을 영위한 자는 2년 이하의 징역 또는 2천만원 이하의 벌금에 처한다.　　　　　　(×) 기출 20·14

2. 제7조 제4항의 규정에 위반하여 직무상 알게 된 <u>비밀을 누설</u>하거나 <u>부당한 목적</u>을 위하여 사용한 자

> 법률에 근거 없이 직무상 알게 된 비밀을 누설한 경비업체의 임원은 1년 이하의 징역이나 1천만원 이하의 벌금에 처해진다. (×) **기출** 19
>
> 직무상 알게 된 비밀을 누설한 경비업자의 임·직원은 2년 이하의 징역 또는 2천만원 이하의 벌금에 처한다. (×) **기출** 13

3. 제7조 제8항의 규정에 위반하여 경비업무의 중단을 <u>통보</u>하지 아니하거나 경비업무를 <u>즉시</u> 인수하지 아니한 <u>특수경비업자</u> 또는 경비대행업자

> 특수경비업자가 국가중요시설에 대한 특수경비업무를 중단하게 되는 때에 미리 이를 경비대행업자에게 통보하지 아니하는 경우 500만원 이하의 과태료가 부과된다. (×) **기출** 12

4. <u>집단민원현장</u>에 경비원을 배치하면서 제7조의2 제1항을 위반하여 제4조 제1항에 따른 허가를 받지 아니한 자에게 경비업무를 <u>도급</u>한 자

> 집단민원현장에 경비원을 배치하면서 경비업 허가를 받지 아니한 자에게 경비업무를 도급한 자는 3년 이하의 징역 또는 3천만원 이하의 벌금에 처한다. (○) **기출** 16

5. 제7조의2 제2항을 위반하여 집단민원현장에 <u>20명</u> 이상의 경비인력을 배치하면서 그 경비인력을 <u>직접 고용</u>한 자
6. 제7조의2 제3항을 위반하여 경비업자의 경비원 채용 시 무자격자나 부적격자 등을 채용하도록 <u>관여</u>하거나 <u>영향력</u>을 행사한 도급인

> 경비업자의 경비원 채용 시 무자격자나 부적격자 등을 채용하도록 관여하거나 영향력을 행사한 도급인에게는 3년 이하의 징역 또는 3천만원 이하의 벌금에 처한다. (○) **기출** 17

7. <u>과실</u>로 인하여 제14조 제2항의 규정에 위반하여 <u>국가중요시설</u>의 정상적인 운영을 해치는 장해를 일으킨 <u>특수경비원</u>

> 국가중요시설에 대한 경비업무 수행 중 특수경비원 갑(甲)이 과실로 국가중요시설의 정상적인 운영을 해치는 장해를 발생시킨 경우 그 처벌기준은 1년 이하의 징역 또는 1천만원 이하의 벌금이다. (×) **기출** 19
>
> 경비업무 수행 중 과실로 인하여 국가중요시설의 정상적인 운영을 해치는 장해를 일으킨 특수경비원은 3년 이하의 징역 또는 3천만원 이하의 벌금에 처한다. (○) **기출** 20·15·11

8. **특수경비원**으로서 경비구역 안에서 시설물의 절도, 손괴, 위험물의 폭발 등의 사유로 인한 **위급사태**가 발생한 때에 제15조 제1항 또는 제2항의 규정에 위반한 자

9. 제15조의2 제2항의 규정을 위반하여 경비원에게 **경비업무의 범위를 벗어난 행위를 하게 한 자**

> 경비원으로 하여금 직무를 수행함에 있어 타인에게 위력을 과시하거나 물리력을 행사하는 등 경비업무의 범위를 벗어난 행위를 하게 한 자는 3년 이하의 징역 또는 3천만원 이하의 벌금에 처한다. (○) 기출 16
>
> 경비원에게 경비업무의 범위를 벗어난 행위를 하게 한 자는 3년 이하의 징역 또는 3천만원 이하의 벌금에 처한다. (○) 기출 21·11

③ 제14조 제4항 후단의 규정에 위반하여 정당한 사유 없이 **무기를 소지**하고 배치된 경비구역을 벗어난 **특수경비원**은 **2년** 이하의 징역 또는 **2천만원** 이하의 벌금에 처한다.

> 경비업법령상 국가중요시설에 대한 경비업무 중 정당한 사유 없이 무기를 소지하고 배치된 경비구역을 벗어난 특수경비원의 처벌기준은 2년 이하의 징역 또는 2천만원 이하의 벌금이다. (○) 기출 20·19·18·15
>
> 국가중요시설에 대한 경비업무의 수행 중 정당한 사유 없이 무기를 소지하고 배치된 경비구역을 벗어난 특수경비원은 3년 이하의 징역 또는 3천만원 이하의 벌금에 처한다. (×) 기출 14·13

④ 다음 각호의 어느 하나에 해당하는 자는 1년 이하의 징역 또는 1천만원 이하의 벌금에 처한다. 〈개정 2020.12.22.〉

1. 제14조 제7항의 규정에 위반한 **관리책임자**

2. 제15조 제3항의 규정에 위반하여 **쟁의행위**를 한 특수경비원

> 파업·태업 그 밖에 경비업무의 정상적인 운영을 저해하는 쟁의행위를 한 특수경비원은 3년 이하의 징역 또는 3천만원 이하의 벌금에 처한다. (×) 기출 16
>
> 경비업법 규정에 위반하여 쟁의행위를 한 특수경비원은 2년 이하의 징역 또는 2천만원 이하의 벌금에 처한다. (×) 기출 14
>
> 경비업무의 정상적인 운영을 저해하는 파업을 한 특수경비원은 1년 이하의 징역 또는 1천만원 이하의 벌금에 처한다. (○) 기출 13
>
> 파업·태업 그 밖에 경비업무의 정상적인 운영을 저해하는 쟁의행위를 한 특수경비원은 1년 이하의 징역 또는 1천만원 이하의 벌금에 처한다. (○) 기출 11

3. 제15조의2 제1항을 위반하여 경비업무의 **범위**를 벗어난 행위를 한 경비원

> 직무수행 중 경비업무의 범위를 벗어나 타인에게 물리력을 행사한 경비원은 1년 이하의 징역이나 1천만원 이하의 벌금에 처해진다. (○) 기출 22·19

4. 제16조의2 제1항에서 정한 장비 외에 **흉기** 또는 그 밖의 **위험한 물건**을 휴대하고 경비업무를 수행한 경비원 또는 경비원에게 이를 휴대하고 경비업무를 수행하 게 한 자

> 경비업법에서 정한 장비 외에 흉기를 휴대하고 경비업무를 수행한 경비원은 1년 이하의 징역 또는 1천만원 이하의 벌금에 처한다.　　　　　　　　　　(○) 기출 22·19·15

5. 제18조 제8항을 위반하여 경찰관서장의 **배치폐지명령**을 따르지 아니한 자

> 경찰관서장의 배치폐지명령을 따르지 아니한 자는 1년 이하의 징역 또는 1천만원 이하의 벌금에 처해진다.　　　　　　　　　　　　　　　　　　(○) 기출 22·21

6. 제24조 제3항에 따른 시·도 경찰청장 또는 관할 경찰관서장의 **중지명령**에 따르 지 아니한 자

⑤ 삭제 〈2013.6.7.〉

제29조　형의 가중처벌 ★★

① **특수경비원**이 무기를 휴대하고 경비업무를 수행 중에 제14조 제8항의 규정 및 제15조 제4항의 규정에 의한 **무기의 안전수칙**을 위반하여 「형법」 제258조의2(특수상해죄) 제1항(제257조 제1항의 상해죄로 한정한다)·제2항(제258조 제1항·제2항의 중상 해죄로 한정한다), 제259조 제1항(상해치사죄), 제260조 제1항(**폭행죄**), 제262조 (폭행치사상죄), 제268조(업무상과실·중과실치사상죄), 제276조 제1항(체포 또는 감금죄), 제277조 제1항(중체포 또는 감금죄), 제281조 제1항(체포·감금등의 치사 상죄), 제283조 제1항(협박죄), 제324조 제2항(특수강요죄), 제350조의2(특수공갈 죄) 및 제366조(재물손괴등)의 죄를 범한 때에는 그 죄에 정한 형의 2분의 1까지 가중처벌한다.

② **경비원**이 경비업무 수행 중에 제16조의2 제1항에서 정한 장비 외에 **흉기** 또는 그 밖의 **위험한 물건**을 휴대하고 「형법」 제258조의2(특수상해죄) 제1항(제257조 제1항 의 상해죄로 한정한다)·제2항(제258조 제1항·제2항의 중상해죄로 한정한다), 제 259조 제1항(상해치사죄), 제261조(**특수폭행죄**), 제262조(폭행치사상죄), 제268조 (업무상과실·중과실치사상죄), 제276조 제1항(체포 또는 감금죄), 제277조 제1항 (중체포 또는 중감금죄), 제281조 제1항(체포·감금등의 치사상죄), 제283조 제1항 (협박죄), 제324조 제2항(특수강요죄), 제350조의2(특수공갈죄) 및 제366조(재물손 괴등)의 죄를 범한 때에는 그 죄에 정한 형의 2분의 1까지 가중처벌한다.

특수상해죄(형법 제258조의2 제1항), 특수폭행죄(형법 제261조), 특수강요죄(형법 제324조 제2항), 특수공갈죄(형법 제350조의2) 중 경비업법령상 특수경비원이 무기를 휴대하고 경비업무 수행 중에 경비업법령의 규정에 의한 무기의 안전수칙을 위반하여 형법에 규정된 범죄를 범한 경우, 그 법정형의 2분의 1까지 가중처벌하는 범죄가 아닌 것은 특수폭행죄이다.

(〇) 기출 23

특수폭행죄(형법 제261조), 폭행치사상죄(형법 제262조), 특수협박죄(형법 제284조), 특수공갈죄(형법 제350조의2) 중 경비업법령상 경비원이 경비업무 수행 중에 경비업법령에서 정한 장비 외에 흉기 또는 그 밖의 위험한 물건을 휴대하고 죄를 범한 경우, 그 죄에 정한 형의 2분의 1까지 가중처벌되는 형법상의 범죄가 아닌 것은 특수협박죄(형법 제284조)이다.

(〇) 기출 22

형법 제261조(특수폭행죄), 형법 제268조(업무상과실·중과실치사상죄), 형법 제350조의2(특수공갈죄), 형법 제366조(재물손괴죄) 중 경비업법령상 특수경비원이 무기를 휴대하고 경비업무를 수행 중에 경비업법의 규정에 의한 무기의 안전수칙을 위반하여 범죄를 범한 경우 그 법정형의 2분의 1까지 가중처벌되는 형법상의 범죄가 아닌 것은 형법 제261조(특수폭행죄)이다.

(〇) 기출 21

형법 제314조(업무방해죄)는 경비업법령상 경비원이 경비업무 수행 중에 경비업법령에서 정한 장비 외에 흉기 또는 그 밖의 위험한 물건을 휴대하고 죄를 범한 경우, 그 죄에 정한 형의 2분의 1까지 가중처벌하는 형법상 범죄에 해당하지 않는다. (〇) 기출 20

형법 제268조(업무상과실치사상죄), 형법 제276조 제1항(체포·감금죄), 형법 제283조 제1항(협박죄)은 경비업법령상 경비원이 경비업무 수행 중에 경비업법령에서 정한 장비 외에 흉기 또는 그 밖의 위험한 물건을 휴대하고 죄를 범한 경우, 그 죄에 정한 형의 2분의 1까지 가중처벌하는 경비업법 제29조 제2항의 형법상 범죄에 해당한다. (〇) 기출 20

경비업법령상 폭행죄는 경비원이 경비업무 수행 중에 경비업법에서 정한 장비 외에 흉기 등을 휴대하고 범죄를 범한 경우 그 법정형의 2분의 1까지 가중처벌되는 대상범죄이다.

(✕) 기출 18·17

경비업법령상 주거침입죄는 경비원이 경비업무 수행 중에 경비업법에 규정된 장비 외에 흉기 또는 그 밖의 위험한 물건을 휴대하고 범죄를 범한 경우 그 법정형의 2분의 1까지 가중처벌되는 형법상의 범죄가 아니다. (〇) 기출 15

경비업법령상 경비원이 경비업무 수행 중에 경비업법에 규정된 장비 외에 흉기 그 밖의 위험한 물건을 휴대하고 형법 제261조(특수폭행죄)를 범한 경우 그 법정형의 2분의 1까지 가중처벌된다.

(〇) 기출 14

중체포죄는 특수경비원이 무기를 휴대하고 경비업무를 수행 중에 경비업법령상 무기의 안전수칙을 위반하여 죄를 범한 경우 그 법정형의 2분의 1까지 가중처벌되는 형법상 범죄이다.

(〇) 기출 13

특수경비원이 무기를 휴대하고 경비업무를 수행 중에 경비업법령상 무기의 안전수칙을 위반하여 형법 제266조(과실치상죄)를 범한 경우 그 죄에 정한 형의 2분의 1까지 가중처벌된다.

(✕) 기출 12

제30조 양벌규정 ★

법인의 대표자나 법인 또는 개인의 대리인, 사용인, 그 밖의 종업원이 그 법인 또는 개인의 업무에 관하여 제28조의 위반행위를 하면 그 행위자를 벌하는 외에 그 법인 또는 개인에게도 해당 조문의 벌금형을 과(科)한다. 다만, 법인 또는 개인이 그 위반행위를 방지하기 위하여 해당 업무에 관하여 상당한 주의와 감독을 게을리하지 아니한 경우에는 그러하지 아니하다.

> 법인의 대표자, 법인의 대리인, 사용인, 사용인의 배우자 중 경비업법령상 양벌규정이 적용될 수 없는 자는 사용인의 배우자이다. (O) **기출** 23
>
> 경비업자의 경비원 채용 시 부적격자 등을 채용하도록 관여한 도급인, 허가를 받지 아니하고 경비업을 영위한 자, 경비업무의 범위를 벗어난 행위를 한 경비원은 경비업법령상 양벌규정이 적용된다. (O) **기출** 21
>
> 배치허가를 받지 아니하고 경비원을 배치한 자는 경비업법령상 양벌규정이 적용되지 않는다. (O) **기출** 21
>
> 경비업법령상 특수경비원 갑(甲)이 국가중요시설에 대한 경비업무 수행 중 국가중요시설의 정상적인 운영을 해치는 장해를 발생시킨 경우, 양벌규정에 의하면 특수경비원 갑(甲)이 소속된 법인의 처벌기준은 1천만원 이하의 벌금이다. (×) **기출** 19
>
> 위 지문의 갑(甲)을 고용한 법인의 대표자에게는 3천만원 이하의 과태료가 부과된다. (×) **기출** 19
>
> 경비업법령상 직계비속은 양벌규정의 적용대상이 아니다. (O) **기출** 18·14
>
> 경비업법령상 특수경비원이 국가중요시설의 정상적인 운영을 해치는 장해를 일으킨 경우에는 행위자뿐만 아니라 법인과 개인에게도 동일한 법정형을 과한다. (×) **기출** 17
>
> 경비업법령상 법인 또는 개인이 국가중요시설의 정상적인 운영을 해치는 특수경비원의 행위를 방지하기 위하여 해당 업무에 관한 상당한 주의와 감독을 게을리하지 아니하였다면 벌금형이 면책된다. (O) **기출** 17
>
> 경비업법령상 경비업자가 집단민원현장에 일반경비원을 배치하면서 경비원의 명부를 배치장소에 작성·비치하지 않은 경우에 양벌규정이 적용되지 아니한다. (O) **기출** 17

제31조 과태료 ★★

① 다음 각호의 어느 하나에 해당하는 경비업자에게는 3천만원 이하의 과태료를 부과한다.

　1. 제16조 제1항을 위반하여 경비원의 복장에 관한 신고를 하지 아니하고 집단민원현장에 경비원을 배치한 자

> 경비업법령상 경비업자가 경비원의 복장에 관한 신고를 하지 않고 집단민원현장에 경비원을 배치한 경우 3천만원 이하의 과태료가 부과된다. (O) **기출** 21

2. 제16조 제2항을 위반하여 **이름표**를 부착하게 하지 아니하거나, 신고된 동일 복장을 착용하게 하지 아니하고 **집단민원현장**에 경비원을 배치한 자

> 경비업법령상 경비업자가 신고된 동일 복장을 착용하게 하지 아니하고 집단민원현장에 경비원을 배치한 경우 경비업자에게는 3천만원 이하의 과태료가 부과된다. (○) **기출** 20

3. 제18조 제1항 단서를 위반하여 **집단민원현장**에 일반경비원을 배치하면서 경비원의 **명부**를 배치장소에 작성·비치하지 아니한 자

> 경비업법령상 경비업자가 집단민원현장에 배치되는 일반경비원의 명부를 그 배치장소에 비치하지 않은 경우 3천만원 이하의 과태료가 부과된다. (○) **기출** 21

4. 제18조 제2항 각호 외의 부분 단서를 위반하여 **배치허가**를 받지 아니하고 경비원을 배치하거나 경비원 명단 및 배치일시·배치장소 등 **배치허가** 신청의 내용을 거짓으로 한 자

5. 제18조 제7항을 위반하여 제13조에 따른 **신임교육**을 이수하지 아니한 자를 제18조 제2항 각호의 경비원으로 배치한 자

> 경비업법령상 경비업자가 신임교육을 이수하지 않은 자를 특수경비원으로 배치한 경우 3천만원 이하의 과태료가 부과된다. (○) **기출** 21
>
> 경비업법령상 경비업자가 신임교육을 이수하지 않은 자를 집단민원현장이 아닌 곳에서 신변보호업무를 수행하는 일반경비원으로 배치한 경우에는 3천만원 이하의 과태료 처분대상이 된다. (○) **기출** 17

② 다음 각호의 어느 하나에 해당하는 **경비업자, 경비지도사 또는 시설주에게는 500만원** 이하의 과태료를 부과한다. 〈개정 2024.2.13.〉

1. 제4조 제3항 또는 제18조 제2항의 규정에 위반하여 **신고**를 하지 아니한 자

> 경비업법령상 경비업의 허가를 받은 법인이 영업을 폐업하거나 휴업한 때 시·도 경찰청장에게 신고하지 않은 경우 500만원 이하의 과태료가 부과된다. (○) **기출** 12
>
> 경비업법령상 경비업의 허가를 받은 법인이 기계경비업무의 수행을 위한 관제시설을 신설한 때 시·도 경찰청장에게 신고하지 않은 경우 500만원 이하의 과태료가 부과된다. (○) **기출** 12

2. 제7조 제7항의 규정에 위반하여 경비대행업자 **지정신고**를 하지 아니한 자
3. 제9조 제1항의 규정에 위반하여 **설명의무**를 이행하지 아니한 자

> 경비업법령상 경비업자가 기계경비업자의 계약자에 대한 오경보를 막기 위한 기기설명의무를 위반하여 설명의무를 이행하지 않은 경우 500만원 이하의 과태료가 부과된다. (○) **기출** 20

> 경비업법령상 기계경비업자가 경비계약을 체결하면서 계약상대방에게 기기사용요령 및 기계경비운영체계 등에 관한 설명의무를 이행하지 않은 경우 500만원 이하의 과태료가 부과된다.
> (O) 기출 17

> 경비업법령상 기계경비업자가 경비계약을 체결하는 때에 오경보를 막기 위하여 계약상대방에게 기기사용요령 및 기계경비운영체계 등에 관하여 설명하지 않은 경우 500만원 이하의 과태료가 부과된다.
> (O) 기출 12

3의2. 제11조의2를 위반하여 **정당한 사유** 없이 **보수교육**을 받지 아니한 **경비지도사**

4. 제12조 제1항의 규정에 위반하여 경비지도사를 **선임**하지 아니한 자

> 경비업법령상 경비업자가 대통령령이 정하는 바에 따라 경비지도사를 선임하지 않은 경우 경비업자에게는 500만원 이하의 과태료가 부과된다.
> (O) 기출 20

4의2. 제12조의2를 위반하여 경비지도사의 **선임** 또는 **해임**의 **신고**를 하지 아니한 자

5. 제14조 제6항의 규정에 의한 **감독상 필요한 명령**을 정당한 이유 없이 이행하지 아니한 자

6. 제10조 제3항을 위반하여 **결격사유**에 해당하는 경비원을 배치하거나 **결격사유**에 해당하는 경비지도사를 선임·배치한 자

> 경비업법령상 경비업자가 결격사유에 해당하는 경비지도사를 선임·배치한 경우 500만원 이하의 과태료가 부과된다.
> (O) 기출 21

> 경비업법령상 경비업자가 결격사유에 해당하는 경비원을 배치하거나 결격사유에 해당하는 경비지도사를 선임·배치한 경우 500만원 이하의 과태료가 부과된다.
> (O) 기출 17

7. 제16조 제1항의 **복장** 등에 관한 신고규정을 위반하여 **신고**를 하지 아니한 자

8. 제16조 제2항을 위반하여 **이름표**를 부착하게 하지 아니하거나, 신고된 동일 **복장**을 착용하게 하지 아니하고 경비원을 경비업무에 배치한 자

9. 제18조 제1항 본문을 위반하여 **명부**를 작성·비치하지 아니한 자

> 경비업법령상 경비업자가 행정안전부령에 따라 경비원 명부를 비치하지 않은 경우 경비업자에게는 500만원 이하의 과태료가 부과된다.
> (O) 기출 20

> 경비업법령상 경비업자가 행정안전부령에 따라 경비원명부를 작성·비치하지 않고 경비원을 경비업무에 배치한 경우에는 500만원 이하의 과태료가 부과된다.
> (O) 기출 17

10. 제18조 제5항을 위반하여 경비원의 **근무상황**을 기록하여 보관하지 아니한 자

③ 제1항 및 제2항의 규정에 의한 과태료는 **대통령령**이 정하는 바에 의하여 **시·도경찰청장** 또는 **경찰관서장**이 부과·징수한다. 〈개정 2020.12.22.〉

④ 삭제 〈2013.6.7.〉

⑤ 삭제 〈2013.6.7.〉

부칙 〈법률 제17689호, 2020.12.22.〉 (국가경찰과 자치경찰의 조직 및 운영에 관한 법률)

제1조(시행일) 이 법은 2021년 1월 1일부터 시행한다.

제2조부터 제6조까지 생략

제7조(다른 법률의 개정)
① 및 ② 생략
③ 경비업법 일부를 다음과 같이 개정한다.
  제4조 제1항 전단 및 같은 조 제3항 각호 외의 부분, 제14조 제3항 전단 및 같은 조 제4항 전단, 제16조 제1항, 같은 조 제3항 및 제4항, 제16조의3 제2항, 같은 조 제3항 및 제4항, 제17조 제1항부터 제4항까지, 제19조 제2항 제1호, 제20조 제2항 제2호, 제21조 각호 외의 부분, 제24조 제1항부터 제4항까지, 제25조, 제27조 제1항, 제28조 제4항 제6호, 제31조 제3항 중 "지방경찰청장"을 각각 "시·도경찰청장"으로 한다.
④부터 〈53〉까지 생략

제8조 생략

부칙 〈법률 제17894호, 2021.1.12.〉 (피후견인 결격조항 정비를 위한 경비업법 등 10개 법률의 일부개정에 관한 법률)

이 법은 공포한 날부터 시행한다. 다만, 다음 각호의 사항은 공포 후 6개월이 경과한 날부터 시행한다.
  1. 제1조 중 「경비업법」 제10조 제2항 제2호부터 제5호까지 및 제17조 제1항부터 제3항까지의 개정규정
  2. 생략

부칙 〈법률 제19021호, 2022.11.15.〉

제1조(시행일) 이 법은 공포 후 6개월이 경과한 날부터 시행한다. 다만, 제10조의2의 개정규정은 공포한 날부터 시행한다.

제2조(특수경비원의 당연 퇴직에 관한 적용례) 제10조의2의 개정규정은 이 법 시행 이후 60세가 되거나, 이 법 시행 이후 파산선고를 받거나, 이 법 시행 이후의 행위로 형의 선고유예를 받은 사람부터 적용한다.

부칙 〈법률 제20266호, 2024.2.13.〉

제1조(시행일) 이 법은 공포 후 6개월이 경과한 날부터 시행한다.

제2조(경비지도사의 보수교육에 관한 적용례) 제11조의2의 개정규정은 이 법 시행 당시 제12조 제1항에 따라 선임된 경비지도사에 대해서도 적용한다.

02 경비업법 시행령

[시행 2023.5.16.] [대통령령 제33464호, 2023.5.15., 일부개정]

제1조 목적

이 영은 경비업법에서 위임된 사항과 그 시행에 관하여 필요한 사항을 규정함을 목적으로 한다.

제2조 국가중요시설 ★★★

경비업법(이하 "법"이라 한다) 제2조 제1호 마목에서 "**대통령령이 정하는 국가중요시설**"이라 함은 공항·항만, 원자력발전소 등의 시설 중 **국가정보원장**이 지정하는 국가보안목표시설과 「**통합방위법**」 제21조 제4항의 규정에 의하여 **국방부장관**이 지정하는 국가중요시설을 말한다.

> 국가중요시설에는 공항·항만, 원자력발전소 등의 시설 중 국가정보원장이 지정하는 국가보안목표시설도 해당된다. (O) **기출** 18
>
> 국가중요시설은 공항·항만, 원자력발전소 등의 시설 중 국가정보원장이 지정하는 국가안보시설과 행정안전부장관이 지정하는 국가보안시설을 말한다. (×) **기출** 11

제3조 허가신청 등 ★★★

① 법 제4조 제1항에 따라 경비업의 허가를 받으려는 경우에는 **허가신청서**에, 경비업의 허가를 받은 법인(이하 "경비업자"라 한다)이 허가를 받은 경비업무를 **변경**하거나 새로운 경비업무를 **추가**하려는 경우에는 **변경허가신청서**에 **행정안전부령**으로 정하는 서류를 첨부하여 법인의 주사무소를 관할하는 **시·도 경찰청장** 또는 해당 **시·도 경찰청 소속의 경찰서장**에게 **제출**하여야 한다. 이 경우 신청서를 제출받은 **경찰서장**은 **지체 없이** 관할 시·도 경찰청장에게 보내야 한다. 〈개정 2020.12.31.〉

> 경비업자가 허가받은 경비업무를 변경하려는 경우에는 변경허가신청서를 경찰청장 또는 관할 시·도 경찰청장에게 제출하여야 한다. (×) **기출** 20
>
> 경비업 허가신청서는 법인의 주사무소를 관할하는 시·도 경찰청장 또는 해당 시·도 경찰청 소속의 경찰서장에게 제출하여야 한다. (O) **기출** 18

② 제1항의 규정에 의하여 허가 또는 변경허가신청서를 제출하는 법인은 [별표 1]의 규정에 의한 경비인력·자본금·시설 및 장비를 갖추어야 한다. 다만, 경비업의 허가 또는 변경허가를 신청하는 때에 [별표 1]의 규정에 의한 시설 등(자본금을 제외한다. 이하 이 항에서 같다)을 갖출 수 없는 경우에는 허가 또는 변경허가의 신청 시 시설 등의 **확보계획서**를 제출한 후 허가 또는 변경허가를 받은 날부터 **1월** 이내에 [별표 1]의 규정에 의한 시설 등을 갖추고 **시·도 경찰청장**의 확인을 받아야 한다. 〈개정 2020.12.31.〉

경비업 허가신청 시 시설을 갖출 수 없는 경우에는 시설 확보계획서를 제출한 후 허가를 받은 날부터 1월 이내에 법령 규정에 의한 시설을 갖추고 시·도 경찰청장의 확인을 받아야 한다.
(○) **기출** 20

경비업 변경허가신청 시 자본금을 갖출 수 없는 경우에는 자본금 확보계획서를 제출한 후 변경허가를 받은 날부터 1월 이내에 자본금을 갖추고 시·도 경찰청장의 확인을 받아야 한다.
(×) **기출** 20

경비업의 허가신청서를 제출하는 법인이 시행령 [별표 1]의 규정에 의한 시설 등(자본금을 제외한다)을 갖출 수 없는 경우에는 허가신청 시 시설 등의 확보계획서를 제출한 후 허가를 받은 날부터 (1월) 이내에 시설 등을 갖추고 법인의 주사무소 관할 (시·도 경찰청장)의 확인을 받아야 한다.
기출 13

[별표 1] 경비업의 시설 등의 기준(제3조 제2항 관련) 〈개정 2023.5.15.〉

시설 등 기준 〈br〉 업무별	경비인력	자본금	시 설	장비 등
1. 시설경비 업무	• 일반경비원 10명 이상 〈br〉 • 경비지도사 1명 이상	1억원 이상	기준 경비인력 수 이상을 동시에 교육할 수 있는 교육장	• 기준 경비인력 수 이상의 경비원 복장 및 경적, 단봉, 분사기
2. 호송경비 업무	• 무술유단자인 일반경비원 5명 이상 〈br〉 • 경비지도사 1명 이상	1억원 이상	기준 경비인력 수 이상을 동시에 교육할 수 있는 교육장	• 호송용 차량 1대 이상 〈br〉 • 현금호송백 1개 이상 〈br〉 • 기준 경비인력 수 이상의 경비원 복장 및 경적, 단봉, 분사기

3. 신변보호 업무	• 무술유단자인 일반경비원 5명 이상 • 경비지도사 1명 이상	1억원 이상	기준 경비인력 수 이상 을 동시에 교육할 수 있는 교육장	• 기준 경비인력 수 이상의 무전기 등 통신장비 • 기준 경비인력 수 이상의 경적, 단봉, 분사기
4. 기계경비 업무	• 전자·통신 분야 기술자격증소지자 5명을 포함한 일반경비원 10명 이상 • 경비지도사 1명 이상	1억원 이상	• 기준 경비인력 수 이상을 동시에 교육 할 수 있는 교육장 • 관제시설	• 감지장치·송신 장치 및 수신장치 • 출장소별로 출동 차량 2대 이상 • 기준 경비인력 수 이상의 경비원 복장 및 경적, 단봉, 분사기
5. 특수경비 업무	• 특수경비원 20명 이상 • 경비지도사 1명 이상	3억원 이상	기준 경비인력 수 이상 을 동시에 교육할 수 있는 교육장	• 기준 경비인력 수 이상의 경비원 복장 및 경적, 단봉, 분사기

[비고]
1. 자본금의 경우 하나의 경비업무에 대한 자본금을 갖춘 경비업자가 그 외의 경비업무를 추가로 하려는 경우 자본금을 갖춘 것으로 본다. 다만, 특수경비업자 외의 자가 특수경비 업무를 추가로 하려는 경우에는 이미 갖추고 있는 자본금을 포함하여 특수경비업무의 자본금 기준에 적합하여야 한다.
2. 교육장의 경우 하나의 경비업무에 대한 시설을 갖춘 경비업자가 그 외의 경비업무를 추가로 하려는 경우에는 경비인력이 더 많이 필요한 경비업무에 해당하는 교육장을 갖추어야 한다.
3. "무술유단자"란 「국민체육진흥법」 제33조에 따른 대한체육회에 가맹된 단체 또는 문화체육관광부에 등록된 무도 관련 단체가 무술유단자로 인정한 사람을 말한다.
4. "호송용 차량"이란 현금이나 그 밖의 귀중품의 운반에 필요한 견고성 및 안전성을 갖추고 무선통신시설 및 경보시설을 갖춘 자동차를 말한다.
5. "현금호송백"이란 현금이나 그 밖의 귀중품을 운반하기 위한 이동용 호송장비로서 경보시설을 갖춘 것을 말한다.
6. "전자·통신 분야 기술자격증소지자"란 「국가기술자격법」에 따라 전자 및 통신 분야에서 기술자격을 취득한 사람을 말한다.

경비업법령상 시설경비업의 허가를 받고자 하는 법인의 경비인력 요건은 일반경비원 10명 이상 및 경비지도사 1명 이상이다. (○) 기출수정 19

경비업법령상 호송경비업무의 장비 등의 기준은 호송용 차량 1대 이상, 현금호송백 1개 이상, 기준 경비인력 수 이상의 경비원 복장 및 경적, 단봉, 분사기가 구비되어야 한다. (○) 기출 17

"호송용 차량"이란 현금이나 그 밖의 귀중품의 운반에 필요한 (견고성) 및 (안정성)을 갖추고 (무선통신시설) 및 (경보시설)을 갖춘 자동차를 말한다. 기출 12

경비업법령상 호송경비원은 권총, 경적, 단봉, 분사기를 휴대할 수 있다. (×) 기출 19

경비업법령상 기계경비업무의 시설은 기준 경비인력 이상을 동시에 교육할 수 있는 교육장·관제시설이 있어야 한다. (○) 기출 17

경비업법령상 기계경비업무의 경비인력은 전자·통신 분야 기술자격증 소지자 3명을 포함한 일반경비원 10명 이상, 경비지도사 1명 이상이 있어야 한다. (×) 기출 17

경비업법령상 기계경비업무는 전자·통신분야 기술자격증소지자 5명을 포함한 10명 이상의 경비인력 및 경비지도사 1명과 1억원 이상의 자본금을 갖추어야 한다. (○) 기출 12

경비업법령상 경비업 허가를 받기 위한 기계경비업무의 경비인력 기준은 전자·통신 분야 기술자격증소지자 5명을 포함한 일반경비원 10명 이상과 경비지도사 1명 이상이다. (○) 기출 16·11

경비업법령상 특수경비업자 외의 자가 특수경비업무를 추가하려는 경우에는 이미 갖추고 있는 자본금을 포함하여 특수경비업무의 자본금 기준에 적합하여야 한다. (○) 기출 17

시설경비업무와 특수경비업무를 겸업하고자 하는 경우 자본금은 1억원 이상을 보유하여야 한다. (×) 기출 17

경비업법령상 경비업 허가를 받기 위한 기계경비업무의 자본금 보유 기준은 1억원 이상이다. (○) 기출 16

경비업법령상 기계경비업 허가신청서를 제출하는 법인이 출장소를 서울, 인천, 대전의 3곳에 두려고 하는 경우 최종적으로 갖추어야 할 출동차량은 최소 (6)대이다. 기출 15

경비업법령상 시설경비업무는 10명 이상의 경비인력 및 경비지도사 1명 이상과 1억원 이상의 자본금을 갖추어야 한다. (○) 기출수정 12

경비업법령상 호송경비업무는 무술유단자 10명 이상의 경비인력과 1억원 이상의 자본금을 갖추어야 한다. (×) 기출 12

경비업법령상 특수경비업무는 특수경비원 20명 이상의 경비인력 및 경비지도사 1명과 3억원 이상의 자본금을 갖추어야 한다. (○) 기출 21·12

경비업법령상 기계경비업 허가를 받고자 하는 법인은 자본금으로 5천만원 이상을 갖추어야 한다. (×) 기출 11

제4조 **허가절차 등** ★★

① **시 · 도 경찰청장**은 제3조 제1항의 규정에 의하여 허가 또는 변경허가의 신청을
받은 때에는 경비업을 영위하고자 하는 법인의 임원 중 법 제5조의 규정에 의한
결격사유에 해당하는 자가 있는지의 유무, 경비인력 · 시설 및 장비의 확보 또는
확보가능성의 여부, 자본금과 대표자 · 임원의 경력 및 신용 등을 검토하여 허가여
부를 결정**하여야 한다.** 〈개정 2020.12.31.〉

> 경비업법령상 시 · 도 경찰청장이 경비업 허가를 신청받아 허가여부를 결정할 때, 임원의 신용은
> 검토대상이 아니다. (×) 기출 20

② **시 · 도 경찰청장**은 제1항에 따른 검토를 한 후 경비업을 **허가**하거나 변경허가를
한 경우에는 해당 법인의 주사무소를 관할하는 **경찰서장**을 거쳐 신청인에게 허가증
을 발급하여야 한다. 〈개정 2020.12.31.〉

> 경비업법령상 시 · 도 경찰청장은 경비업 변경허가를 한 경우 해당 법인의 주사무소를 관할하는
> 지구대장을 거쳐 신청인에게 허가증을 발급하여야 한다. (×) 기출 20

③ **경비업자**는 경비업 허가증을 잃어버리거나 경비업 허가증이 못쓰게 된 경우에는
허가증 **재교부신청서**에 다음 각호의 구분에 따른 서류를 첨부하여 법인의 주사무소
를 관할하는 **시 · 도 경찰청장** 또는 해당 **시 · 도 경찰청 소속의 경찰서장**에게 재발급
을 신청하여야 하고, 신청서를 제출받은 경찰서장은 **지체 없이** 관할 시 · 도 경찰청
장에게 보내야 한다. 〈개정 2020.12.31.〉
1. 허가증을 잃어버린 경우에는 그 **사유서**
2. 허가증이 못쓰게 된 경우에는 그 **허가증**

> 경비업자는 경비업 허가증이 못쓰게 된 경우에는 그 사유서를 첨부하여 해당 시 · 도 경찰청
> 소속의 경찰서장에게 재발급을 신청하여야 한다. (×) 기출 20

제5조 **폐업 또는 휴업 등의 신고** ★★

① 경비업자는 폐업을 한 경우에는 법 제4조 제3항 제1호에 따라 폐업을 한 날부터
7일 이내에 폐업신고서에 **허가증**을 첨부하여 법인의 주사무소를 관할하는 **시 · 도**
경찰청장 또는 해당 **시 · 도 경찰청 소속의 경찰서장**에게 **제출**하여야 한다. 이 경우
폐업신고서를 제출받은 경찰서장은 **지체 없이** 관할 시 · 도 경찰청장에게 보내야
한다. 〈개정 2020.12.31.〉

경비업자는 폐업을 한 경우에는 폐업을 한 날부터 7일 이내에 신고하여야 한다.

(○) 기출 19

경비업을 폐업한 경우에는 폐업을 한 날부터 7일 이내에 폐업신고서에 허가증을 첨부하여 법인의 주사무소를 관할하는 시·도 경찰청 소속의 경찰서장에게 제출하여야 한다. (○) 기출 17

② 경비업자는 휴업을 한 경우에는 법 제4조 제3항 제1호에 따라 휴업한 날부터 **7일** 이내에 휴업신고서를 법인의 주사무소를 관할하는 **시·도 경찰청장** 또는 해당 **시·도 경찰청 소속의 경찰서장**에게 **제출**하여야 하고, 휴업신고서를 제출받은 경찰서장은 **지체 없이** 관할 시·도 경찰청장에게 보내야 한다. 이 경우 휴업신고를 한 경비업자가 신고한 휴업기간이 끝나기 전에 영업을 다시 시작하거나 신고한 휴업기간을 연장하려는 경우에는 **영업을 다시 시작한 후 7일** 이내에 또는 **신고한 휴업기간이 끝난 후 7일** 이내에 **영업재개신고서 또는 휴업기간연장신고서를 제출하여야 한다.** 〈개정 2020.12.31.〉

경비업자는 휴업을 한 경우에는 휴업한 날부터 7일 이내에 신고하여야 한다. (○) 기출 19

휴업신고를 한 경비업자가 신고한 휴업기간이 끝나기 전에 영업을 다시 시작하려는 경우에는 영업을 다시 시작하기 전 7일 이내에 영업재개신고서를 제출하여야 한다. (×) 기출 19

③ 법 제4조 제3항 제3호의 규정에 의하여 신설·이전 또는 폐지한 때에 신고를 하여야 하는 출장소는 주사무소 외의 장소로서 **일상적**으로 일정 지역 안의 경비업무를 **지휘·총괄**하는 영업거점인 지점·지사 또는 사업소 등의 장소로 한다.

④ 법 제4조 제3항 제6호에서 "그 밖에 대통령령이 정하는 중요사항"이라 함은 **정관의 목적**을 말한다.

경비업법령상 경비업의 허가를 받은 법인은 정관의 목적을 변경한 때 시·도 경찰청장에게 신고하여야 한다. (○) 기출 11

⑤ 법 제4조 제3항 제2호부터 제6호까지의 규정에 따른 신고는 그 사유가 발생한 날부터 **30일** 이내에 하여야 한다.

경비업법령상 경비업자는 특수경비업무를 개시하거나 종료한 때에는 개시 또는 종료한 날부터 30일 이내에 신고하여야 한다. (○) 기출 19

경비업법령상 특수경비업무를 개시한 때에는 개시한 날부터 30일 이내에 시·도 경찰청장에게 신고하여야 한다. (○) 기출 17

경비업법령상 법인의 대표자·임원을 변경한 때에는 변경한 날로부터 30일 이내에 시·도 경찰청장에게 신고하여야 한다. (○) 기출 17

경비업법령상 경비업의 허가를 받은 법인은 법인의 주사무소나 출장소를 신설·이전 또는 폐지한 때에는 그 사유가 발생한 날부터 (30)일 이내에 신고하여야 한다. 기출 15

특수경비업자의 업무개시 전의 조치 ★

① 법 제2조 제1호 마목의 규정에 의한 특수경비업무를 수행하는 경비업자(이하 "특수경비업자"라 한다)는 법 제4조 제3항 제5호의 규정에 의하여 첫 업무개시의 **신고**를 하기 전에 **시·도 경찰청장**의 비밀취급인가를 받아야 한다. 〈개정 2020.12.31.〉

② **시·도 경찰청장**은 제1항의 규정에 의하여 특수경비업자에게 **비밀취급인가**를 하고자 하는 때에는 법 제25조의 규정에 의하여 특수경비업자로 하여금 **경찰청장**을 거쳐 **국가정보원장**에게 **보안측정**을 요청하도록 하여야 한다. 〈개정 2020.12.31.〉

> 경비업법령상 (시·도 경찰청장)은 특수경비업자에게 비밀취급인가를 하고자 하는 때에는 특수경비업자로 하여금 (경찰청장)을 거쳐 국가정보원장에게 보안측정을 요청하도록 하여야 한다.
> 기출 19

제7조 **기계경비업자의 대응체제 ★★**

법 제2조 제1호 라목의 규정에 의한 기계경비업무를 수행하는 경비업자(이하 "기계경비업자"라 한다)는 법 제8조의 규정에 의하여 관제시설 등에서 경보를 수신한 때에는 경보를 **수신한 때부터** 늦어도 **25분** 이내에는 도착시킬 수 있는 **대응체제**를 갖추어야 한다.

> 기계경비업자는 관제시설 등에서 경보를 수신한 때에는 경보를 수신한 때부터 늦어도 30분 이내에는 도착시킬 수 있는 대응체제를 갖추어야 한다. (×) 기출 19
>
> 기계경비업자는 관제시설 등에서 경보를 수신한 때에는 경보를 수신한 때부터 늦어도 15분 이내에는 도착시킬 수 있는 대응체제를 갖추어야 한다. (×) 기출 13
>
> 기계경비업자는 관제시설 등에서 경보를 수신한 때에는 경보를 수신한 때부터 늦어도 (25)분 이내에는 도착시킬 수 있는 대응체제를 갖추어야 한다. 기출 16·15·12·11

제7조의2 **특수경비업자가 할 수 있는 영업 ★★**

① 법 제7조 제9항에서 "경비장비의 제조·설비·판매업, 네트워크를 활용한 정보산업, 시설물 유지관리업 및 경비원 교육업 등 **대통령령**이 정하는 경비관련업"이란 다음 각호의 영업을 말한다.

　1. [별표 1의2]에 따른 영업

　2. 제1호에 따른 영업에 부수되는 것으로서 **경찰청장**이 지정·고시하는 영업

② 제1항에 따른 영업의 범위에 관하여는 법 또는 이 영에 특별한 규정이 있는 경우를 제외하고는 「통계법」에 따라 **통계청장**이 고시하는 한국표준산업분류표에 따른다.

[별표 1의2] 특수경비업자가 할 수 있는 영업(제7조의2 제1항 관련)

분 야	해당 영업
금속가공제품 제조업 (기계 및 가구 제외)	• 일반철물 제조업(자물쇠제조 등 경비 관련 제조업에 한정한다) • 금고 제조업
그 밖의 기계 및 장비제조업	분사기 및 소화기 제조업
전기장비 제조업	전기경보 및 신호장치 제조업
전자부품, 컴퓨터, 영상, 음향 및 통신장비 제조업	• 전자카드 제조업 • 통신 및 방송장비 제조업 • 영상 및 음향기기 제조업
전문직별 공사업	• 소방시설 공사업 • 배관 및 냉·난방 공사업(소방시설 공사 등 방재 관련 공사에 한정한다) • 내부 전기배선 공사업 • 내부 통신배선 공사업
도매 및 상품중개업	통신장비 및 부품 도매업
통신업	전기통신업
부동산업	부동산 관리업
컴퓨터 프로그래밍, 시스템 통합 및 관리업	• 컴퓨터 프로그래밍 서비스업 • 컴퓨터시스템 통합 자문, 구축 및 관리업
건축기술, 엔지니어링 및 관련기술 서비스업	• 건축설계 및 관련 서비스업(소방시설 설계 등 방재 관련 건축 설계에 한정한다) • 건물 및 토목엔지니어링 서비스업(소방공사 감리 등 방재 관련 서비스업에 한정한다)
사업시설 관리 및 조경 서비스업	• 사업시설 유지관리 서비스업 • 건물 산업설비 청소 및 방제 서비스업
사업지원 서비스업	• 인력공급 및 고용알선업 • 경비, 경호 및 탐정업
교육서비스업	• 직원훈련기관 • 그 밖의 기술 및 직업훈련학원(경비 관련 교육에 한정한다)
수리업	• 일반 기계 수리업 • 전기, 전자, 통신 및 정밀기기 수리업
창고 및 운송 관련 서비스업	주차장 운영업

제7조의3 무자격자 및 부적격자 등의 범위 ★

다음 각호의 경비업무를 도급하려는 자는 법 제7조의2 제3항에 따라 다음 각호의 구분
에 해당하는 사람을 그 경비업무를 수급한 경비업자의 경비원으로 채용하도록 관여하
거나 영향력을 행사해서는 아니 된다.

1. **시설경비업무, 신변보호업무**(집단민원현장의 시설경비업무 또는 신변보호업무
   는 제외한다), **호송경비업무** 또는 **기계경비업무**
   가. 법 제10조 제1항에 따라 경비지도사 또는 일반경비원이 될 수 없는 사람
   나. 「아동·청소년의 성보호에 관한 법률」 제56조 제1항 제14호에 따라 경비업
   무에 종사할 수 없는 사람
2. **특수경비업무**
   가. 법 제10조 제2항에 따라 특수경비원이 될 수 없는 사람
   나. 「아동·청소년의 성보호에 관한 법률」 제56조 제1항 제14호에 따라 경비업
   무에 종사할 수 없는 사람
3. **집단민원현장의 시설경비업무 또는 신변보호업무**
   가. 법 제10조 제1항에 따라 경비지도사 또는 일반경비원이 될 수 없는 사람
   나. 법 제18조 제6항에 따라 집단민원현장에 일반경비원으로 배치할 수 없는
   사람
   다. 「아동·청소년의 성보호에 관한 법률」 제56조 제1항 제14호에 따라 경비업
   무에 종사할 수 없는 사람

오경보의 방지를 위한 설명 등 ★★

① 법 제9조 제1항의 규정에 의하여 기계경비업자가 계약상대방에게 하여야 하는 **설명**은 다음 각호의 사항을 기재한 **서면** 또는 **전자문서**(이하 "서면등"이라 하며, 이 조에서 **전자문서**는 계약상대방이 원하는 경우에 한한다)를 **교부하는 방법**에 의한다.

1. 당해 기계경비업무와 관련된 관제시설 및 출장소(제5조 제3항의 규정에 의한 출장소를 말한다. 이하 같다)의 **명칭·소재지**
2. 기계경비업자가 경비대상시설에서 발생한 경보를 수신한 경우에 취하는 **조치**
3. 기계경비업무용 기기의 설치장소 및 종류와 그 밖의 기계장치의 **개요**
4. 오경보의 **발생원인**과 송신기기의 **유지·관리방법**

> 당해 기계경비업무와 관련된 관제시설 및 출장소의 명칭·소재지, 기계경비업무용 기기의 설치장소 및 종류와 그 밖의 기계장치의 개요, 기계경비업자가 경비대상시설에서 발생한 경보를 수신한 경우에 취하는 조치는 모두 경비업법령상 기계경비업자가 오경보의 방지를 위해 계약상대방에게 설명하여야 하는 사항에 해당한다. (O) 기출 23
>
> 기계경비지도사의 명단·배치일자·배치장소와 출동차량의 대수는 경비업법령상 기계경비업자가 오경보의 방지를 위해 계약상대방에게 설명하여야 할 사항이다. (×) 기출 23·22
>
> 경비업법령상 기계경비업자가 오경보의 방지를 위하여 계약상대방에게 하여야 하는 설명은 서면등을 교부하는 방법에 의하는데 이때 서면등에 기재하는 사항에는 기계경비업무용 기기의 설치장소 및 종류, 오경보의 발생원인과 송신기기의 유지·관리방법, 당해 기계경비업무와 관련된 관제시설 및 출장소의 명칭·소재지가 포함된다. (O) 기출 22·20
>
> 기계경비업자가 경비계약을 체결하는 때에는 오경보를 막기 위하여 계약상대방에게 기기사용요령 및 기계경비운영체계 등에 관하여 구두 또는 서면에 의하여 설명해야 한다. (×) 기출 14
>
> 기계경비업자는 경비계약을 체결하는 때에 계약상대방에게 기기사용요령 및 기계경비운영체계 등에 관하여 서면 또는 구두로 설명하여야 한다. (×) 기출 12

② **기계경비업자**는 제1항 각호의 사항을 기재한 서면등과 함께 법 제26조의 규정에 의한 손해배상의 **범위**와 **손해배상액**에 관한 사항을 기재한 서면등을 계약상대방에게 **교부**하여야 한다.

> 기계경비업자가 경비계약을 체결하는 때에는 계약상대방의 요청이 없는 한 손해배상에 관한 사항을 기재한 서면을 교부할 의무는 없다. (×) 기출 14
>
> 기계경비업자는 경비원의 업무수행 중 고의 또는 과실로 경비대상에 손해가 발생하는 것을 방지하지 못한 때에 그 손해에 대한 배상 범위와 손해배상액에 관한 사항을 기재한 서면을 출장소별로 갖추어 두어야 한다. (×) 기출 11

제9조 **기계경비업자의 관리 서류** ★★

① 기계경비업자는 법 제9조 제2항의 규정에 의하여 **출장소별**로 다음 각호의 사항을 기재한 서류를 갖추어 두어야 한다.

1. 경비대상시설의 명칭·소재지 및 **경비계약기간**

> 기계경비업자는 경비대상시설의 명칭·소재지 및 경비계약기간을 기재한 서류를 주사무소에 갖추어 두어야 한다. (×) 기출 19
>
> 경비대상시설의 명칭·소재지 및 경비계약기간을 기재한 서류는 기계경비업자가 출장소별로 갖추어 두어야 할 서류에 해당한다. (○) 기출 16
>
> 기계경비업자는 업무의 원활한 운영과 개선을 위하여 경비대상시설의 명칭·소재지 및 경비계약 기간에 관한 서류를 주사무소에 비치한 경우, 이를 출장소에 비치할 필요는 없다. (×) 기출 14
>
> 경비대상시설의 명칭·소재지 및 경비계약기간에 관한 서류는 기계경비업자가 출장소별로 갖추어 두어야 할 서류에 해당한다. (○) 기출 11

2. 기계경비지도사의 명단·배치일자·배치장소와 **출동차량**의 대수

> 기계경비업자는 기계경비지도사의 명단·배치일자·배치장소와 출동차량의 대수를 기재한 서류를 출장소별로 갖추어 두어야 한다. (○) 기출 21
>
> 기계경비지도사의 명단·배치일자·배치장소와 출동차량의 대수를 기재한 서류는 기계경비업자가 출장소별로 갖추어 두어야 할 서류에 해당한다. (○) 기출 16 · 11

3. 경보의 수신 및 현장도착 일시와 조치의 결과

> 경보의 수신 및 현장도착 일시와 조치의 결과를 기재한 서류는 기계경비업자가 출장소별로 갖추어 두어야 할 서류에 해당한다. (○) 기출 21 · 16
>
> 경보의 수신 및 현장도착 일시와 가해자에 대한 심문기록에 관한 서류는 기계경비업자가 갖추어 두어야 할 서류에 해당한다. (×) 기출 11

4. 오경보인 경우 오경보가 발생한 경비대상시설 및 그 오경보에 대한 조치의 결과

> 가입고객의 주민등록번호 등 개인정보를 기재한 서류는 기계경비업자가 출장소별로 갖추어 두어야 하는 서류가 아니다. (○) 기출 16
>
> 오경보인 경우 오경보가 발생한 경비대상시설 및 그 오경보에 대한 조치의 결과는 기계경비업자가 출장소별로 갖추어 두어야 할 서류에 해당한다. (○) 기출 21 · 11

② 제1항 제3호 및 제4호의 규정에 의한 사항을 기재한 서류는 당해 경보를 **수신한 날**부터 **1년간** 이를 보관하여야 한다.

> 기계경비업자는 오경보에 대한 조치의 결과를 기재한 서류는 당해 경보를 수신한 날부터 2년간 이를 보관하여야 한다. (×) 기출 21
>
> 기계경비업자는 기계경비지도사의 명단·배치일자·배치장소와 출동차량의 대수를 기재한 서류를 1년간 보관하여야 한다. (×) 기출 19
>
> 기계경비업자는 오경보인 경우 오경보가 발생한 경비대상시설 및 그 오경보에 대한 조치의 결과를 기재한 서류는 당해 경보를 수신한 날부터 6개월간 이를 보관하여야 한다. (×) 기출 16
>
> 기계경비업자는 오경보인 경우 오경보가 발생한 경비대상시설 및 그 오경보에 대한 조치의 결과를 기재한 서류를 당해 경보를 수신한 날부터 1년간 이를 보관해야 한다. (○) 기출 19·13
>
> 기계경비업자는 경보의 수신 및 현장도착 일시와 조치의 결과를 기재한 서류를 당해 경보를 수신한 날부터 최소 2년간 이를 보관하여야 한다. (×) 기출 15
>
> 기계경비업자는 경보의 수신 및 현장도착 일시와 조치의 결과 사항을 기재한 서류는 당해 경보를 수신한 날부터 1년간 이를 보관해야 한다. (○) 기출 14·12

제10조   경비지도사의 구분 ★★

법 제10조 내지 제12조의 규정에 의한 경비지도사는 다음 각호와 같이 구분한다.

1. **일반경비지도사** : 다음 각목의 경비업무에 종사하는 경비원을 지도·감독 및 교육하는 경비지도사
   가. 시설경비업무
   나. 호송경비업무
   다. 신변보호업무
   라. 특수경비업무

> 일반경비지도사란 시설경비업무, 호송경비업무, 신변보호업무, 특수경비업무에 종사하는 경비원을 지도·감독 및 교육하는 경비지도사를 말한다. (○) 기출 16
>
> 기계경비업무는 일반경비지도사의 지도 및 감독을 받는 경비원의 업무에 해당하지 않는다. (○) 기출 11

2. **기계경비지도사** : 기계경비업무에 종사하는 경비원을 지도·감독 및 교육하는 경비지도사

> 기계경비지도사는 기계경비업과 시설경비업에 한하여 선임·배치한다. (×) 기출 13

법 제10조 제2항 제2호에서 "심신상실자, 알코올 중독자 등 대통령령으로 정하는 정신적 제약이 있는 자"란 다음 각호의 사람을 말한다.

1. 심신상실자
2. **마약·대마·향정신성의약품 또는 알코올 중독자**

> 마약·대마·향정신성의약품 또는 알코올 중독자는 경비업법령상 특수경비원의 결격사유에 해당한다.   (〇) 기출 23

3. 「**치매관리법**」 제2조 제1호에 따른 치매, 조현병·조현정동장애·양극성정동장애(조울병)·재발성우울장애 등의 정신질환이나 정신 발육지연, 뇌전증 등이 있는 사람. 다만, **해당 분야 전문의**가 특수경비원으로서 적합하다고 인정하는 사람은 제외한다.

[본조신설 2021.7.13.]

① **경찰청장**은 법 제11조 제1항에 따른 경비지도사 시험(이하 "시험"이라 한다)의 **실시계획**을 **매년** 수립해야 한다. 〈개정 2019.3.12.〉
② **경찰청장**은 제1항의 규정에 의한 시험의 실시계획에 따라 시험을 실시하고자 하는 때에는 응시자격·시험과목·시험일시·시험장소 및 선발예정인원 등을 시험시행일 **90일** 전까지 **공고**하여야 한다.

> 경비업법령상 경찰청장은 경비지도사 시험의 실시계획에 따라 시험을 실시하고자 하는 때에는 응시자격·시험과목·시험일시·시험장소 및 선발예정인원 등을 시험시행일 6개월 전까지 공고하여야 한다.   (✕) 기출 22
>
> 경비업법령상 경찰청장은 시험을 실시하고자 하는 때에는 시험일시 등을 시험시행일 60일 전까지 공고하여야 한다.   (✕) 기출 18

③ 제2항의 규정에 의한 **공고**는 관보게재와 각 시·도 경찰청 게시판 및 인터넷 홈페이지에 게시하는 방법에 의한다. 〈개정 2020.12.31.〉

> 경비업법령상 경비지도사 시험의 공고는 관보게재와 각 시·도 경찰청 게시판 및 인터넷 홈페이지에 게시하는 방법에 의한다.   (〇) 기출 23

제12조 　시험의 방법 및 과목 등 ★

① 시험은 필기시험의 방법에 의하되, 제1차 시험과 제2차 시험으로 구분하여 실시한다. 이 경우 **경찰청장**이 필요하다고 인정하는 때에는 제1차 시험과 제2차 시험을 **병합**하여 실시할 수 있다.

> 경비업법령상 경비지도사 시험은 필기시험의 방법에 의하되 제1차 시험과 제2차 시험으로 구분하여 실시한다. (○) **기출** 23

② 제1차 시험 및 제2차 시험은 각각 **선택형**으로 하되, 제2차 시험에 있어서는 선택형 외에 **단답형**을 추가할 수 있다.
③ 제1차 시험 및 제2차 시험의 과목은 [별표 2]와 같다.

[별표 2] 경비지도사의 시험과목(제12조 제3항 관련)

구 분	1차 시험	2차 시험
	선택형	선택형 또는 단답형
일반경비지도사	• 법학개론 • 민간경비론	• 경비업법(청원경찰법을 포함한다) • 소방학·범죄학 또는 경호학 중 1과목
기계경비지도사		• 경비업법(청원경찰법을 포함한다) • 기계경비개론 또는 기계경비기획 및 설계 중 1과목

④ 제2차 시험은 제1차 시험에 합격한 자에 대하여 실시한다. 다만, 제1항 후단의 규정에 의하여 제1차 시험과 제2차 시험을 병합하여 실시하는 경우에는 그러하지 아니하다.
⑤ 제1항 후단의 규정에 의하여 제1차 시험과 제2차 시험을 병합하여 실시하는 경우에는 제1차 시험에 불합격한 자가 치른 제2차 시험은 이를 **무효**로 한다.
⑥ 제1차 시험에 합격한 자에 대하여는 다음 회의 시험에 한하여 제1차 시험을 면제한다.

제13조 　시험의 일부면제 ★★★

법 제11조 제3항에 따라 다음 각호의 어느 하나에 해당하는 사람은 경비지도사 제1차 시험을 면제한다. 〈개정 2020.2.4.〉
　1. 「경찰공무원법」에 따른 경찰공무원으로 **7년** 이상 재직한 사람

> 「경찰공무원법」에 따른 경찰공무원으로 5년 이상 재직한 사람은 경비지도사 제1차 시험을 면제한다. (×) **기출** 16
>
> 「경찰공무원법」에 따른 경찰공무원으로 7년 재직한 사람은 경비지도사 제1차 시험을 면제한다. (○) **기출** 12

2. 「대통령 등의 경호에 관한 법률」에 따른 **경호공무원** 또는 **별정직** 공무원으로 7년 이상 재직한 사람

> 「대통령 등의 경호에 관한 법률」에 따른 경호공무원 또는 별정직공무원으로 7년 이상 재직한 사람은 경비지도사 제1차 시험을 면제한다. (O) **기출** 23
>
> 「대통령 등의 경호에 관한 법률」에 따른 경호공무원으로 7년 이상 재직한 사람은 경비지도사 1차 시험을 면제한다. (O) **기출** 20
>
> 「대통령 등의 경호에 관한 법률」에 따른 경호공무원 또는 별정직 공무원으로 8년 재직한 사람은 경비지도사 제1차 시험을 면제한다. (O) **기출** 12

3. 「군인사법」에 따른 각 군 전투병과 또는 **군사경찰병과 부사관** 이상 간부로 7년 이상 재직한 사람

> 「군인사법」에 따른 각 군 전투병과 또는 군사경찰병과 부사관 이상 간부로 6년 재직한 사람은 경비지도사 제1차 시험을 면제한다. (×) **기출** 21
>
> 「군인사법」에 따른 각 군 전투병과 또는 군사경찰병과 부사관 이상 간부로 5년 재직한 사람은 경비지도사 제1차 시험을 면제한다. (×) **기출수정** 12
>
> 「군인사법」에 따른 각 군 전투병과 또는 군사경찰병과 부사관 이상 간부로 7년 이상 재직한 사람은 경비지도사 제1차 시험을 면제한다. (O) **기출수정** 11

4. 「경비업법」에 따른 경비업무에 7년 이상(특수경비업무의 경우에는 3년 이상) 종사하고 **행정안전부령**으로 정하는 교육과정을 이수한 사람

> 「경비업법」에 따른 일반경비업무에 3년 이상 종사하고 행정안전부령으로 정하는 교육과정을 이수한 사람은 경비지도사 제1차 시험을 면제한다. (×) **기출** 23
>
> 「경비업법」에 따른 특수경비업무에 2년 이상 종사하고 행정안전부령으로 정하는 교육과정을 이수한 사람은 경비지도사 제1차 시험을 면제한다. (×) **기출** 22
>
> 특수경비업무에 3년 이상 종사하고 「고등교육법」에 의한 전문대학 이상의 교육기관(경비지도사의 시험과목 3과목 이상이 개설된 교육기관)에서 1년 이상의 경비업무관련 과정을 마친 사람은 경비지도사 1차 시험을 면제한다. (O) **기출** 20
>
> 「경비업법」에 따른 특수경비업무에 3년 이상 종사하고 행정안전부령으로 정하는 교육과정을 이수한 사람은 경비지도사 제1차 시험을 면제한다. (O) **기출** 16
>
> 「경비업법」에 따른 특수경비업무 분야에서 5년을 종사하고 행정안전부령으로 정하는 교육과정을 이수한 사람은 경비지도사 제1차 시험을 면제한다. (O) **기출** 13

5. 「고등교육법」에 따른 **대학** 이상의 학교를 졸업한 사람으로서 재학 중 제12조 제3항에 따른 경비지도사 시험과목을 3과목 이상을 이수하고 졸업한 후 경비업무에 종사한 경력이 3년 이상인 사람

> 「고등교육법」에 따른 대학 이상의 학교를 졸업한 사람으로서 재학 중 경비지도사 시험 과목을 3과목 이상 이수하고 졸업한 후 경비업무에 종사한 경력이 5년인 사람은 경비지도사 제1차 시험을 면제한다. (O) 기출 13

6. 「고등교육법」에 따른 <u>전문대학</u>을 졸업한 사람으로서 재학 중 제12조 제3항에 따른 경비지도사 시험과목을 3과목 이상을 이수하고 졸업한 후 경비업무에 종사한 경력이 <u>5년</u> 이상인 사람

> 「고등교육법」에 따른 전문대학을 졸업한 사람으로서 재학 중 경비지도사 시험과목을 3과목 이상을 이수하고 졸업한 후 경비업무에 6년 종사한 사람은 경비지도사 제1차 시험을 면제한다. (O) 기출 21
>
> 「고등교육법」에 따른 전문대학을 졸업한 사람으로서 재학 중 경비지도사 시험과목을 3과목 이상을 이수하고 졸업한 후 경비업무에 종사한 경력이 3년 이상인 사람은 경비지도사 제1차 시험을 면제한다. (X) 기출 16
>
> 「고등교육법」에 따른 전문대학을 졸업한 사람으로서 재학 중 경비지도사 시험과목을 3과목 이상 이수하고 졸업한 후 경비업무에 종사한 경력이 (5)년 이상인 사람은 경비지도사 제1차 시험을 면제한다. 기출 11

7. 일반경비지도사의 자격을 취득한 후 기계경비지도사의 시험에 응시하는 사람 또는 기계경비지도사의 자격을 취득한 후 일반경비지도사의 시험에 응시하는 사람

> 일반경비지도사의 자격을 취득한 후 기계경비지도사의 시험에 응시하는 사람은 경비지도사 제1차 시험을 면제한다. (O) 기출 21
>
> 기계경비지도사의 자격을 취득한 후 일반경비지도사의 시험에 응시하는 사람은 경비지도사 제1차 시험을 면제한다. (O) 기출 13

8. 「공무원임용령」에 따른 행정직군 <u>교정직렬</u> 공무원으로 <u>7년</u> 이상 재직한 사람

> 「공무원임용령」에 따른 행정직군 교정직렬 공무원으로 7년 이상 재직한 사람은 경비지도사 1차 시험을 면제한다. (O) 기출 20
>
> 「공무원임용령」에 따른 행정직군 소방직렬 공무원으로 7년 이상 재직한 사람은 1차 시험을 면제한다. (X) 기출 18
>
> 「공무원임용령」에 따른 행정직군 교정직렬 공무원으로 3년 이상 재직한 사람은 1차 시험을 면제한다. (X) 기출 16
>
> 「공무원임용령」에 따른 행정직군 교정직렬 공무원으로 5년 동안 재직한 사람은 1차 시험을 면제한다. (X) 기출 13
>
> 「공무원임용령」에 따른 행정직군 교정직렬 공무원으로 9년 재직한 사람은 1차 시험을 면제한다. (O) 기출 12

제14조 **시험합격자의 결정** ★

① 제1차 시험의 합격결정에 있어서는 매 과목 100점을 만점으로 하며, 매과목 40점 이상, 전과목 평균 60점 이상 득점한 자를 합격자로 결정한다.
② 제2차 시험의 합격결정에 있어서는 선발예정인원의 범위 안에서 60점 이상을 득점한 자 중에서 고득점 순으로 합격자를 결정한다. 이 경우 동점자로 인하여 선발예정인원이 초과되는 때에는 동점자 모두를 합격자로 한다.
③ 경찰청장은 제2차 시험에 합격한 자에 대하여 합격공고를 하고, 합격 및 교육소집통지서를 교부하여야 한다.

제15조 **시험출제위원의 임명 · 위촉 등** ★

① **경찰청장**은 시험문제의 출제를 위하여 다음 각호의 1에 해당하는 자 중에서 시험출제위원을 임명 또는 위촉한다.
　　1. 고등교육법에 의한 **전문대학** 이상의 교육기관에서 경찰행정학과 등 경비업무 관련학과 및 법학과의 **부교수**(전문대학의 경우에는 **교수**) 이상으로 재직하고 있는 자
　　2. **석사** 이상의 학위소지자로 **경찰청장**이 정하는 바에 의하여 경비업무에 관한 연구실적이나 전문경력이 인정되는 자
　　3. 방범 · 경비업무를 **3년** 이상 담당한 **경감** 이상 경찰공무원의 경력이 있는 자
② 제1항의 규정에 의한 시험출제위원의 수는 **시험과목별로 2인** 이상으로 한다.
③ 시험출제위원으로 임명 또는 위촉된 자는 **경찰청장**이 정하는 준수사항을 성실히 이행하여야 한다.
④ 시험출제위원과 시험관리업무에 종사하는 자에 대하여는 예산의 범위 안에서 수당과 여비를 지급할 수 있다. 다만, 공무원인 위원이 그 소관업무와 **직접적**으로 관련하여 시험관리업무에 종사하는 경우에는 그러하지 아니하다.

제16조 **경비지도사의 선임 · 배치** ★★

① 경비업자는 법 제12조 제1항의 규정에 의하여 [별표 3]의 기준에 따라 경비지도사를 선임 · 배치하여야 한다.
② **경비업자**는 제1항의 규정에 의하여 선임 · 배치된 경비지도사에 **결원**이 있거나 **자격정지** 등의 사유로 그 직무를 수행할 수 없는 때에는 **15일** 이내에 경비지도사를 새로이 충원하여야 한다.

> 경비업자는 선임 · 배치된 경비지도사에 결원이 있는 경우에는 15일 이내에 경비지도사를 새로이 충원하여야 한다. (○) **기출** 23

경비업자는 선임·배치된 경비지도사가 자격정지의 사유로 그 직무를 수행할 수 없는 때에는 7일 이내에 경비지도사를 새로이 충원하여야 한다. (×) 기출 21

경비업자는 선임·배치된 경비지도사에 결원이 있거나 자격정지 등의 사유로 그 직무를 수행할 수 없는 때에는 30일 이내에 경비지도사를 새로이 충원하여야 한다. (×) 기출 16

경비업자는 선임·배치된 경비지도사에 결원이 있거나 자격정지 등의 사유로 그 직무를 수행할 수 없는 때에는 (15)일 이내에 경비지도사를 새로이 충원하여야 한다. 기출 12

경비업자는 선임·배치된 경비지도사에 결원이 있거나 자격정지 등의 사유로 그 직무를 수행할 수 없는 때에는 20일 이내에 경비지도사를 새로이 충원하여야 한다. (×) 기출 11

[별표 3] 경비지도사의 선임·배치기준(제16조 제1항 관련) 〈개정 2023.5.15.〉

1. 경비업자는 경비원을 배치하여 영업활동을 하고 있는 지역을 관할하는 시·도 경찰청의 관할구역별로 경비원 200명까지는 경비지도사 1명을 선임·배치하고, 경비원이 200명을 초과하는 경우 200명을 초과하는 경비원 100명 단위로 경비지도사 1명씩을 추가로 선임·배치해야 한다.

경비업법령상 경비지도사는 관할하는 시·도 경찰청의 관할구역별로 경비원 200명까지는 1명을 선임·배치해야 한다. (○) 기출 14

경비업법령상 경비지도사는 관할하는 시·도 경찰청의 관할구역별로 경비원 200인을 초과하는 경우 200명을 초과하는 경비원 100명 단위로 경비지도사 1명씩을 추가로 선임·배치해야 한다. (○) 기출수정 14

경비업법령상 일반경비지도사는 경비원을 배치하여 영업활동을 하고 있는 지역을 관할하는 시·도 경찰청의 관할구역별로 경비원 100명까지는 일반경비지도사 1명을 선임·배치하되, 100명을 초과하는 경우 100명을 초과하는 경비원 200명 단위로 1명씩을 추가로 선임·배치하여야 한다. (×) 기출수정 11

2. 제1호에 따라 경비지도사가 선임·배치된 시·도 경찰청의 관할구역과 경계를 맞닿아 인접한 시·도 경찰청의 관할구역에 배치된 경비원이 30명 이하인 경우에는 제1호에도 불구하고 경비지도사를 따로 선임·배치하지 않을 수 있다. 이 경우 제주특별자치도경찰청과 전라남도경찰청은 경계를 맞닿아 인접한 것으로 본다.

경비지도사가 선임·배치된 시·도 경찰청의 관할구역과 경계를 맞닿아 인접한 시·도 경찰청의 관할구역에 배치된 경비원이 30명 이하인 경우에는 경비지도사를 따로 선임·배치하지 아니할 수 있다. (○) 기출수정 23 · 21

경비지도사가 선임·배치된 시·도 경찰청의 관할구역과 경계를 맞닿아 인접한 시·도 경찰청의 관할구역에 배치된 경비원이 100명 이하인 경우에는 경비지도사를 따로 선임·배치하지 아니할 수 있다. (×) 기출수정 11

3. 제2호에 따라 경비지도사를 따로 선임·배치하지 않는 경우 경비지도사 1명이 지도·감독 및 교육할 수 있는 경비원의 총수(경계를 맞닿아 인접한 시·도 경찰청의 관할구역에 배치된 경비원의 수를 합산한다)는 200명을 초과할 수 없다.

[비고]

1. 시설경비업무・호송경비업무・신변보호업무 또는 특수경비업무를 하는 경비업자는 일반
    경비지도사를 선임・배치하고, 시설경비업무・호송경비업무・신변보호업무 또는 특수경
    비업무 중 둘 이상의 경비업무를 하는 경우에는 각 경비업무에 종사하는 경비원의 수를
    합산한 인원을 기준으로 경비지도사를 선임・배치해야 한다. 다만, 특수경비업무를 수행
    하는 경비업자는 제19조 제1항에 따른 특수경비원 신임교육을 이수한 일반경비지도사를
    선임・배치해야 한다.

    > 경비업법령상 경비지도사는 특수경비의 경우 특수경비원 교육을 이수한 일반경비지도사
    > 를 선임・배치해야 한다.   (O) **기출** 14

    > 경비업법령상 시설경비업・호송경비업・신변보호업 및 특수경비업 가운데 2 이상의 경비업
    > 을 하는 경우 일반경비지도사의 배치는 각 경비업에 종사하는 경비원의 수를 합산한 인원을
    > 기준으로 한다.   (O) **기출** 11

2. 기계경비업무를 하는 경비업자는 기계경비지도사를 선임・배치해야 한다.

    > 경비업법령상 기계경비지도사는 기계경비업과 특수경비업에 한하여 선임・배치해야 한다.
    >   (×) **기출** 14

    > 경비업법령상 일반경비지도사를 선임・배치할 수 없는 경비업무는 기계경비업이다.
    >   (O) **기출** 12

> A회사가 다음과 같이 경비원을 배치할 경우 경비업법령상 선임・배치하여야 할 일반경비지도사
> 의 인원은 최소 5명이다.   (O) **기출** 18
>
> ・시설경비업무 : 서울 250명, 인천 35명, 대전 44명, 부산 150명
> ・기계경비업무 : 제주 30명

> A회사에서 다음과 같이 경비원을 배치할 경우 경비업법령상 선임・배치하여야 할 일반경비지도
> 사의 인원은 최소 3명이다.   (O) **기출** 17
>
> A회사는 부산지역에 소재하는 시설경비를 전문으로 하는 경비업체이다. 현재 A회사는 부산
> 지역에만 경비원 400명을 배치하여 경비업무를 수행하고 있다.

> 경비원의 수가 다음과 같을 때, 경비업법령상 경비업자가 선임・배치하여야 하는 경비지도사의
> 최소 인원은 7명이다.   (O) **기출** 13
>
> ・서울특별시 407명   ・인천광역시 15명
> ・강원도 120명   ・경상남도 20명
> ・제주특별자치도 30명

제17조 **경비지도사의 직무 및 준수사항 ★★**

① 법 제12조 제2항 제5호에서 "대통령령이 정하는 직무"란 다음 각호의 직무를 말한다.
  1. 기계경비업무를 위한 기계장치의 운용·감독(기계경비지도사의 경우에 한한다)
  2. 오경보방지 등을 위한 기기관리의 감독(기계경비지도사의 경우에 한한다)

  > 기계경비업자는 기계경비업무를 위한 기계장치의 운용·감독을 하여야 한다.
  > (○) **기출** 17
  >
  > 오경보방지 등을 위한 기기관리의 감독은 일반경비지도사의 직무이다. (×) **기출** 17
  >
  > 기계경비지도사의 직무에는 기계경비업무를 위한 기계장치의 운용·감독 및 오경보 방지
  > 등을 위한 기기관리의 감독이 포함된다. (○) **기출** 15

② 경비지도사는 법 제12조 제3항에 따라 같은 조 제2항 제1호·제2호의 직무 및 제1항
  각호의 직무를 월 1회 이상 수행하여야 한다.

  > 경비지도사는 경비원의 지도·감독·교육에 관한 계획의 수립·실시 및 그 기록의 유지를 월
  > 1회 이상 수행하여야 한다. (○) **기출** 23
  >
  > 기계경비지도사는 오경보방지 등을 위한 기기관리의 감독을 월 1회 이상 수행하여야 한다.
  > (○) **기출** 19
  >
  > 경비현장에 배치된 경비원에 대한 순회점검 및 감독, 기계경비지도사의 기계경비업무를 위한
  > 기계장치의 운용·감독, 기계경비지도사의 오경보방지 등을 위한 기기관리의 감독, 경찰기관
  > 및 소방기관과의 연락방법에 대한 지도에 대한 직무를 경비지도사는 월 1회 이상 수행하여야
  > 한다. (×) **기출** 11

③ 경비지도사는 법 제12조 제2항 제1호에 따라 경비원에 대한 교육을 실시하고, 행정
  안전부령으로 정하는 경비원 직무교육 실시대장에 그 내용을 기록하여 2년간 보존
  하여야 한다.

  > 경비지도사는 경비원에 대한 교육을 실시하고, 행정안전부령으로 정하는 경비원 직무교육 실시
  > 대장에 그 내용을 기록하여 1년간 보존하여야 한다. (×) **기출** 23
  >
  > 경비지도사는 경비원 직무교육 실시대장에 경비원 교육 내용을 기록하여 2년간 보존하여야 한다.
  > (○) **기출** 19
  >
  > 경비지도사는 경비원에 대한 직무교육을 실시하고, 행정안전부령으로 정하는 경비원 직무교육
  > 실시대장에 그 내용을 기록하여 2년간 보존하여야 한다. (○) **기출** 21·16

제18조 **일반경비원에 대한 교육** ★★★

① 경비업자는 일반경비원을 채용한 경우 법 제13조 제1항 본문에 따라 해당 일반경비원에게 **경비업자**의 부담으로 다음 각호의 기관 또는 단체에서 실시하는 일반경비원 신임교육을 받도록 하여야 한다.

1. 법 제22조 제1항에 따른 경비협회

> 경비업자는 일반경비원을 채용한 경우 해당 일반경비원에게 경비업자의 부담으로 일반경비원 신임교육을 받도록 하여야 한다. (O) 기출 19
>
> 경비업자는 일반경비원을 채용한 경우 해당 일반경비원에게 경비협회에서 실시하는 신임교육을 받도록 해야 한다. (O) 기출 17
>
> 경비업자는 일반경비원을 채용한 경우 일반경비원에게 경비원 스스로의 비용부담으로 신임교육을 받도록 하여야 한다. (✕) 기출 13
>
> 갑(甲)이 일반경비원으로 채용된 경우 자신의 부담으로 일반경비원 신임교육을 받아야 한다. (✕) 기출 11

2. 「경찰공무원 **교육훈련규정**」 제2조 제3호에 따른 경찰**교육**기관

> 「경찰공무원 교육훈련규정」에 따른 경찰교육기관에서도 일반경비원 신임교육이 가능하다. (O) 기출 23 · 18

3. 경비업무 관련 학과가 개설된 대학 등 경비원에 대한 교육을 전문적으로 수행할 수 있는 인력과 시설을 갖춘 기관 또는 단체 중 **경찰청장**이 지정하여 고시하는 기관 또는 단체

② 경비업자는 법 제13조 제1항 단서에 따라 다음 각호의 어느 하나에 해당하는 사람을 일반경비원으로 채용한 경우에는 해당 일반경비원을 일반경비원 신임교육대상에서 제외할 수 있다.

1. 법 제13조 제1항 본문 및 같은 조 제3항에 따른 일반경비원 또는 특수경비원 신임교육을 받은 사람으로서 채용 전 3년 이내에 경비업무에 종사한 경력이 있는 사람

> 경비업자는 일반경비원 신임교육을 받은 사람으로서 채용 전 3년 이내에 경비업무에 종사한 경력이 있는 사람을 일반경비원 신임교육대상에서 제외할 수 있다. (O) 기출 21
>
> 일반경비원 신임교육을 받은 사람으로서 채용 5년 전에 경비업무에 종사한 경력이 있는 사람은 일반경비원 신임교육대상에서 제외할 수 있다. (✕) 기출 14

2. 「경찰공무원법」에 따른 **경찰공무원**으로 근무한 경력이 있는 사람

> 「경찰공무원법」에 따른 경찰공무원으로 근무한 경력이 있는 사람은 일반경비원 신임교육대상에서 제외할 수 있다. (O) **기출** 22·14·12
>
> 「소방공무원법」에 의한 소방공무원 경력을 가진 사람은 일반경비원 신임교육대상에서 제외할 수 있다. (X) **기출** 22·12

3. 「대통령 등의 경호에 관한 법률」에 따른 **경호공무원** 또는 **별정직** 공무원으로 근무한 경력이 있는 사람

> 「대통령 등의 경호에 관한 법률」에 따른 경호공무원 또는 별정직공무원으로 근무한 경력이 있는 사람은 일반경비원 신임교육대상에서 제외할 수 있다. (O) **기출** 22
>
> 「대통령 등의 경호에 관한 법률」에 따른 경호공무원으로 근무한 경력이 있는 사람은 일반경비원 신임교육대상에서 제외할 수 있다. (O) **기출** 14·12

4. 「군인사법」에 따른 **부사관** 이상으로 근무한 경력이 있는 사람

> 「군인사법」에 따른 부사관 이상으로 근무한 경력이 있는 사람은 일반경비원 신임교육대상에서 제외할 수 있다. (O) **기출** 23·22·14·12

5. 경비지도사자격이 있는 사람

> 경비업자는 경비지도사자격이 있는 사람을 일반경비원으로 채용한 경우에는 해당 일반경비원을 일반경비원 신임교육대상에서 제외할 수 있다. (O) **기출** 19

6. 채용 당시 법 제13조 제2항에 따른 일반경비원 신임교육을 받은 지 **3년**이 지나지 아니한 사람

③ 경비업자는 법 제13조 제1항에 따라 소속 일반경비원에게 법 제12조에 따라 선임한 **경비지도사**가 수립한 교육계획에 따라 매월 **행정안전부령**으로 정하는 시간 이상의 **직무교육**을 받도록 하여야 한다.

> 경비업자는 소속 일반경비원에게 매월 4시간 이상의 직무교육을 받도록 하여야 한다. (O) **기출** 20

④ 법 제13조 제2항에서 "**대통령령**으로 정하는 교육기관"이란 제18조 제1항 각호의 기관 또는 단체를 말한다.

⑤ 제1항에 따른 신임교육의 과목 및 시간, 제3항에 따른 직무교육의 과목 등 일반경비원의 교육 실시에 필요한 사항은 **행정안전부령**으로 정한다.

> 일반경비원의 교육 실시에 필요한 사항은 대통령령으로 정한다. (X) **기출** 20

제19조 **특수경비원에 대한 교육** ★★

① 특수경비업자는 특수경비원을 채용한 경우 법 제13조 제3항에 따라 해당 특수경비원에게 **특수경비업자**의 부담으로 다음 각호의 기관 또는 단체에서 실시하는 특수경비원 신임교육을 받도록 하여야 한다.

> 특수경비업자는 특수경비원으로 하여금 특수경비원 신임교육을 받게 하여서는 아니 된다.
> (×) **기출** 21
>
> 특수경비업자는 특수경비원을 채용한 경우 해당 특수경비원에게 특수경비원의 부담으로 특수경비원 신임교육을 받도록 하여야 한다.
> (×) **기출** 12

1. 「경찰공무원 **교육훈련규정**」 제2조 제3호에 따른 **경찰교육기관**
2. 행정안전부령으로 정하는 기준에 적합한 기관 또는 단체 중 **경찰청장**이 지정하여 고시하는 기관 또는 단체

② 제1항에도 불구하고 특수경비업자는 채용 전 3년 이내에 **특수경비업무**에 **종사**하였던 경력이 있는 사람을 특수경비원으로 채용한 경우에는 해당 특수경비원을 특수경비원 **신임교육대상**에서 **제외**할 수 있다.

> 특수경비업자는 채용 전 5년 이내에 특수경비업무에 종사하였던 경력이 있는 사람을 특수경비원으로 채용한 경우에는 신임교육을 면제할 수 있다. (×) **기출** 23 · 16 · 11
>
> 특수경비업자는 채용 전 3년 이내에 특수경비업무에 종사하였던 경력이 있는 사람을 특수경비원으로 채용한 경우에는 해당 특수경비원을 특수경비원 신임교육대상에서 제외할 수 있다.
> (○) **기출** 13

③ 특수경비업자는 법 제13조 제3항에 따라 소속 특수경비원에게 법 제12조에 따라 선임한 **경비지도사**가 수립한 교육계획에 따라 매월 **행정안전부령**으로 정하는 시간 이상의 **직무교육**을 받도록 하여야 한다.

> 특수경비업자는 소속 특수경비원에게 관할 경찰관서장이 수립한 교육계획에 따라 매월 6시간 이상의 직무교육을 받도록 하여야 한다. (×) **기출** 19
>
> 특수경비업자는 소속 특수경비원에 대하여 매년 6시간의 직무교육을 실시하여야 한다.
> (×) **기출** 12

④ 제1항에 따른 신임교육의 과목 및 시간, 제3항에 따른 직무교육의 과목 등 특수경비원의 교육 실시에 필요한 사항은 **행정안전부령**으로 정한다.

특수경비원 무기휴대의 절차 등 ★★★

① **시설주**는 법 제14조 제4항의 규정에 의하여 특수경비원이 휴대할 무기를 대여받고
자 하는 때에는 무기대여신청서를 관할 경찰서장 및 공항경찰대장 등 국가중요시설
의 경비책임자(이하 "관할 경찰관서장"이라 한다)를 거쳐 **시 · 도 경찰청장**에게 제출
하여야 한다. 〈개정 2020.12.31.〉

> 시설주는 특수경비원이 휴대할 무기를 대여받고자 하는 때에는 무기대여신청서를 관할 경찰관서
> 장을 거쳐 경찰청장에게 제출하여야 한다.　　　　　　　　　　　(×) 기출 20

② **시설주**는 법 제14조 제4항의 규정에 의하여 관할 경찰관서장으로부터 대여받은
무기를 특수경비원에게 휴대하게 하는 경우에는 동조 제9항의 규정에 의하여 관할
경찰관서장의 **사전승인**을 얻어야 한다.

> 시설주는 관할 경찰관서장으로부터 대여받은 무기를 특수경비원에게 휴대하게 하는 경우에는
> 관할 경찰관서장의 사전승인을 얻어야 한다.　　　　　　　　　　　(O) 기출 23

> 관할 경찰관서장으로부터 대여받은 무기를 특수경비원에게 휴대하게 하는 경우 시설주는 관할
> 경찰관서장의 사후승인을 얻어야 한다.　　　　　　　　　　　(×) 기출 12

③ 제2항의 규정에 의한 사전승인을 함에 있어서 **관할 경찰관서장**은 국가중요시설에
총기 또는 폭발물의 소지자나 무장간첩 침입의 우려가 있는지의 여부 등을 고려하는
등 특수경비원에게 무기를 지급하여야 할 필요성이 있는지의 여부에 관하여 **판단하
여야** 한다.

④ **시설주**는 제3항의 규정에 의한 무기지급의 필요성이 해소되었다고 인정되는 때에는
특수경비원으로부터 **즉시** 무기를 회수하여야 한다.

> 시설주는 무기지급의 필요성이 해소되었다고 인정되는 때에는 특수경비원으로부터 24시간 이내
> 에 무기를 회수하여야 한다.　　　　　　　　　　　(×) 기출 21

> 관할 경찰관서장은 무기지급의 필요성이 해소되었다고 인정되는 때에는 특수경비원으로부터
> 즉시 무기를 회수하여야 한다.　　　　　　　　　　　(×) 기출 18 · 13

⑤ 법 제14조 제9항의 규정에 의하여 **특수경비원**이 휴대할 수 있는 무기종류는 **권총**
및 **소총**으로 한다.

> 특수경비원이 휴대할 수 있는 무기종류는 권총에 한한다.　　　　　(×) 기출 20

> 일반경비원과 특수경비원은 권총을 휴대할 수 있다.　　　　　(×) 기출 12

> 특수경비원이 휴대할 수 있는 무기종류는 권총 및 소총으로 한다.　　　(O) 기출 12

⑥ 「위해성 경찰장비의 사용기준 등에 관한 규정」제18조 및 [별표 2]의 규정은 법 제14조 제9항의 규정에 의한 안전검사의 기준에 관하여 이를 준용한다.

⑦ 시설주, 법 제14조 제7항의 규정에 의한 관리책임자와 특수경비원은 **행정안전부령**이 정하는 무기관리수칙을 준수하여야 한다.

제21조 무기관리에 대한 지도·감독 ★★

관할 경찰관서장은 법 제14조 제5항의 규정에 의하여 시설주 및 특수경비원의 **무기관리상황을 매월 1회 이상** 점검하여야 한다.

> 관할 경찰관서장은 시설주 및 특수경비원의 무기관리상황을 매주 1회 이상 점검하여야 한다.
> (×) 기출 21
>
> 관할 경찰서장은 경비업자 및 특수경비원의 무기관리상황을 수시로 점검하여야 한다.
> (×) 기출 15
>
> 관할 경찰관서장은 시설주 및 특수경비원의 무기관리상황을 매월 1회 이상 점검하여야 한다.
> (○) 기출 19·12
>
> 시·도 경찰청장은 시설주 및 특수경비원의 무기관리상황을 매분기 1회 이상 점검하여야 한다.
> (×) 기출 11

제22조 집단민원현장 배치 불허가 기준 ★

법 제18조 제3항 제2호에서 "대통령령으로 정하는 기준"이란 100분의 21을 말한다.

제23조 위반행위의 보고·통보 ★

① 경비업자의 출장소 또는 경비대상시설을 관할하는 **시·도 경찰청장** 또는 **경찰관서장**은 출장소의 임·직원이나 경비원이 법 또는 법에 의한 명령에 위반한 사실을 안 때에는 **지체 없이** 그 사실을 서면등으로 당해 경비업을 허가한 **시·도 경찰청장**에게 **통보**하거나 **보고**하여야 한다. 〈개정 2020.12.31.〉

② 제1항의 규정에 의하여 **통보** 또는 **보고**를 받은 시·도 경찰청장은 그 위반행위에 대하여 행정처분을 한 때에는 이를 해당 **시·도 경찰청장** 또는 **경찰관서장**에게 통보하여야 한다. 〈개정 2020.12.31.〉

제24조 행정처분의 기준 ★★★

법 제19조 제2항에 따른 행정처분의 기준은 [별표 4]와 같다.

[별표 4] 행정처분 기준(제24조 관련) 〈개정 2020.12.31.〉

1. 일반기준

　가. 제2호에 따른 행정처분이 영업정지인 경우에는 위반행위의 동기, 내용 및 위반의 정도 등을 고려하여 가중하거나 감경할 수 있다.

　　행정처분이 영업정지인 경우에는 가중하거나 감경할 수 없다.　　　　　(×) **기출** 21

　　행정처분이 영업정지인 경우에는 위반행위의 동기, 내용 및 위반의 정도 등을 고려하여 가중하거나 감경할 수 있다.　　　　　(○) **기출** 16

　나. 위반행위가 2 이상인 경우로서 그에 해당하는 각각의 처분기준이 다른 경우에는 그중 중한 처분기준에 따르며, 2 이상의 처분기준이 동일한 영업정지인 경우에는 중한 처분기준의 2분의 1까지 가중할 수 있다. 다만, 가중하는 경우에도 각 처분기준을 합산한 기간을 초과할 수 없다.

　　위반행위가 2 이상인 경우로서 그에 해당하는 각각의 처분기준이 다른 경우에는 그중 중한 처분기준에 따른다.　　　　　(○) **기출** 16

　　위반행위가 2 이상인 경우로서 그에 해당하는 각각의 처분기준이 다른 경우에는 그중 경한 처분기준에 따른다.　　　　　(×) **기출** 21 · 14

　　위반행위가 2 이상인 경우로서 2 이상의 처분기준이 동일한 영업정지인 경우에는 각 처분기준을 합산한 기간으로 한다.　　　　　(×) **기출** 16

　　2 이상의 처분기준이 동일한 영업정지인 경우에는 중한 처분기준의 3분의 1까지 가중할 수 있다.　　　　　(×) **기출** 14

　다. 위반행위의 횟수에 따른 행정처분 기준은 최근 2년간 같은 위반행위로 행정처분을 받은 경우에 적용한다. 이 경우 기준 적용일은 위반행위에 대한 행정처분일과 그 처분 후의 위반행위가 다시 적발된 날을 기준으로 한다.

　　위반행위의 횟수에 따른 행정처분 기준 적용일은 위반행위에 대한 행정처분일과 그 처분 후의 위반행위가 다시 적발된 날을 기준으로 한다.　　　　　(○) **기출** 21

　　위반행위의 횟수에 따른 행정처분 기준은 최근 1년간 같은 위반행위로 행정처분을 받은 경우에 적용한다.　　　　　(×) **기출** 14

　라. 영업정지처분에 해당하는 위반행위가 적발된 날 이전 최근 2년간 같은 위반행위로 2회 영업정지처분을 받은 경우에는 제2호의 기준에도 불구하고 그 위반행위에 대한 행정처분 기준은 허가취소로 한다.

　　영업정지처분에 해당하는 위반행위가 적발된 날 이전 최근 2년간 같은 위반행위로 3회 이상 영업정지처분을 받은 경우에는 그 위반행위에 대한 행정처분 기준은 허가취소로 한다.　　　　　(×) **기출** 21

영업정지처분에 해당하는 위반행위가 적발된 날 이전 최근 2년간 같은 위반행위로 2회 영업정지처분을 받은 경우에는 개별기준에도 불구하고 그 위반행위에 대한 행정처분 기준은 허가취소로 한다. (O) **기출** 16 · 14

2. 개별기준

위반행위	해당 법조문	행정처분 기준		
		1차 위반	2차 위반	3차 이상 위반
가. 법 제4조 제1항 후단을 위반하여 시·도 경찰청장의 허가 없이 경비업무를 변경한 때	법 제19조 제2항 제1호	경고	영업정지 6개월	허가취소
나. 법 제7조 제2항을 위반하여 도급을 의뢰받은 경비업무가 위법한 것임에도 이를 거부하지 않은 때	법 제19조 제2항 제2호	영업정지 1개월	영업정지 3개월	허가취소
다. 법 제7조 제6항을 위반하여 경비지도사를 집단민원현장에 선임·배치하지 않은 때	법 제19조 제2항 제3호	영업정지 1개월	영업정지 3개월	허가취소
라. 법 제8조를 위반하여 경비대상 시설에 관한 경보 대응체제를 갖추지 않은 때	법 제19조 제2항 제4호	경고	경고	영업정지 1개월
마. 법 제9조 제2항을 위반하여 관련서류를 작성·비치하지 않은 때	법 제19조 제2항 제5호	경고	경고	영업정지 1개월
바. 법 제10조 제3항을 위반하여 결격사유에 해당하는 경비원을 배치하거나 결격사유에 해당하는 경비지도사를 선임·배치한 때	법 제19조 제2항 제6호	영업정지 1개월	영업정지 3개월	허가취소
사. 법 제12조 제1항을 위반하여 경비지도사를 선임한 때	법 제19조 제2항 제7호	영업정지 1개월	영업정지 3개월	허가취소
아. 법 제13조를 위반하여 경비원으로 하여금 교육을 받게 하지 않은 때	법 제19조 제2항 제8호	경고	경고	영업정지 1개월
자. 법 제16조에 따른 경비원의 복장 등에 관한 규정을 위반한 때	법 제19조 제2항 제9호	경고	영업정지 1개월	영업정지 3개월
차. 법 제16조의2에 따른 경비원의 장비 등에 관한 규정을 위반한 때	법 제19조 제2항 제10호	경고	영업정지 1개월	영업정지 3개월
카. 법 제16조의3에 따른 경비원의 출동차량 등에 관한 규정을 위반한 때	법 제19조 제2항 제11호	경고	영업정지 1개월	영업정지 3개월
타. 법 제18조 제1항 단서를 위반하여 집단민원현장에 일반경비원 명부를 작성·비치하지 않은 때	법 제19조 제2항 제12호	영업정지 1개월	영업정지 3개월	허가취소

파. 법 제18조 제2항 각호 외의 부분 단서를 위반하여 배치허가를 받지 아니하고 경비원을 배치하거나 경비원 명단 및 배치일시·배치장소 등 배치허가 신청의 내용을 거짓으로 한 때	법 제19조 제2항 제13호	영업정지 1개월	영업정지 3개월	허가취소
하. 법 제18조 제6항을 위반하여 결격사유에 해당하는 일반경비원을 집단민원현장에 배치한 때	법 제19조 제2항 제14호	영업정지 1개월	영업정지 3개월	허가취소
거. 법 제24조에 따른 감독상 명령에 따르지 않은 때	법 제19조 제2항 제15호	경 고	영업정지 3개월	허가취소
너. 법 제26조를 위반하여 손해를 배상하지 않은 때	법 제19조 제2항 제16호	경 고	영업정지 3개월	영업정지 6개월

경비업자가 경비원의 복장·출동차량 등에 관한 규정을 2회 위반한 경우 행정처분은 '1개월 영업정지'이다. (O) 기출 23

기계경비업자가 관련서류를 2회 작성·비치하지 않은 경우 행정처분은 '경고'이다. (O) 기출 23

경비업자가 결격사유에 해당하는 일반경비원을 집단민원현장에 2회 배치한 경우 행정처분은 '3개월 영업정지'이다. (O) 기출 23

집단민원현장에 일반경비원 명부를 3회 이상 작성·비치하지 않은 경우 그 행정처분 기준은 허가취소이다. (O) 기출 21

경비대상시설에 관한 경보 대응체제를 3회 이상 갖추지 않은 경우 그 행정처분 기준은 영업정지 1개월이다. (O) 기출 21

경비업자가 집단민원현장에 경비지도사를 선임·배치하여야 함에도 불구하고 이를 3차례 위반한 때에는 경비업 허가취소처분 사유에 해당한다. (O) 기출 17

경비업자가 특수폭행죄를 범하여 벌금형을 선고받고 5년이 지나지 아니한 자를 일반경비원으로 집단민원현장에 배치해서는 아니 됨에도 불구하고 이를 2차례 위반한 때에는 경비업 허가취소처분 사유에 해당한다. (×) 기출 17

다음은 경비업법 시행령 별표에서 정한 행정처분의 개별기준이다. ( ) 안에 들어갈 내용은? 기출 15

위반행위	1차 위반	2차 위반	3차 이상 위반
경비업법 제4조 제1항 후단을 위반하여 시·도 경찰청장의 허가 없이 경비업무를 변경한 때	(경고)	(영업정지 6개월)	(허가취소)

시·도 경찰청장의 허가 없이 2차례 경비업무를 변경한 경우 그 행정처분 기준은 영업정지 3월이다. (×) 기출 13

경비원이 업무수행 중 고의로 발생한 손해를 경비업자가 3차례 배상하지 아니한 경우 그 행정처분 기준은 영업정지 6월이다. (O) 기출 21 · 13

경비원의 복장 등에 관한 규정을 3차례 위반한 경우 그 행정처분 기준은 영업정지 3월이다. (O) 기출 21 · 13

경비원으로 하여금 법 제13조를 위반하여 3차례 교육을 받게 하지 아니한 경우 그 행정처분 기준은 영업정지 1월이다. (O) 기출 13

경비업법령상 행정처분 기준 중 개별기준에 관한 다음 표의 (   ) 안에 들어갈 내용은? 기출 12

위반행위	1차 위반	2차 위반	3차 이상 위반
경비업법 제24조에 따른 감독상 명령에 따르지 않은 때	(경고)	영업정지 3개월	(허가취소)
경비업법 제26조를 위반하여 손해를 배상하지 않은 때			(영업정지 6개월)

제25조   경비지도사의 자격정지처분의 기준 ★★★

법 제20조 제2항의 규정에 의한 경비지도사에 대한 자격정지처분의 기준은 [별표 5]와 같다.

[별표 5] 경비지도사 자격정지처분 기준(제25조 관련) 〈개정 2020.12.31.〉

위반행위	해당 법조문	행정처분 기준		
		1차	2차	3차 이상
1. 법 제12조 제3항의 규정에 위반하여 직무를 성실하게 수행하지 아니한 때	법 제20조 제2항 제1호	자격정지 3월	자격정지 6월	자격정지 12월
2. 법 제24조의 규정에 의한 경찰청장, 시·도 경찰청장의 명령을 위반한 때	법 제20조 제2항 제2호	자격정지 1월	자격정지 6월	자격정지 9월

[비고]
위반행위의 횟수에 따른 행정처분의 기준은 당해 위반행위가 있은 이전 최근 2년간 같은 위반행위로 행정처분을 받은 경우에 적용한다.

경비업법령상 위반행위의 횟수에 따른 행정처분의 기준은 당해 위반행위가 있은 이전 최근 1년간 같은 위반행위로 행정처분을 받은 경우에 적용된다. (×) 기출 20

경비업법령상 위반행위의 횟수에 따른 행정처분의 기준은 당해 위반행위가 있은 이전 최근 2년간 동일성 여부와 관계없이 위반행위로 행정처분을 받은 누적 횟수에 적용한다. (×) 기출 20

경비업법령상 경찰청장의 명령을 1차 위반한 때 행정처분 기준은 자격정지 6월이다. (×) 기출 20

경비업법령상 시·도 경찰청장의 명령을 2차 위반한 때 행정처분 기준은 자격정지 6월이다. (○) 기출 20

경비업법령상 경비지도사가 경찰청장의 명령을 위반한 때 부과되는 자격정지처분은 1차 위반은 1월, 2차 위반은 6월의 자격정지처분이다. (○) 기출 18

경비업법령상 경비지도사가 경찰청장, 시·도 경찰청장의 명령을 1차 위반할 때의 행정처분 기준은 자격정지 1월이다. (○) 기출 16

경비업법령상 경비지도사가 경비현장에 배치된 경비원에 대한 순회점검 및 감독의무 등 직무를 성실하게 수행하지 아니하여 1차 적발된 경우 3월의 자격정지처분을 받을 수 있다. (○) 기출 19·13

경비업법령상 경비지도사가 경비업법 제24조의 명령의 위반행위가 있기 이전 최근 2년간 같은 위반행위로 또다시 명령위반으로 적발된 경우 12월의 자격정지처분을 받을 수 있다. (×) 기출 13

다음 표는 경비업법 시행령 [별표 5]에서 정한 경비지도사 자격정지처분 기준이다. (   ) 안에 들어갈 내용은? 기출 14

위반행위	해당 법조문	행정처분 기준		
		1차	2차	3차 이상
법 제12조 제3항의 규정에 위반하여 직무를 성실하게 수행하지 아니한 때	법 제20조 제2항 제1호	자격정지 3월	자격정지 (6)월	자격정지 (12)월
법 제24조의 규정에 의한 경찰청장·시·도 경찰청장의 명령을 위반한 때	법 제20조 제2항 제2호	자격정지 (1)월	자격정지 6월	자격정지 9월

제26조　경비협회 ★★

① 경비업자가 법 제22조 제1항에 따라 경비협회(이하 "협회"라 한다)를 설립하려는
경우에는 정관을 작성하여야 한다.

> 경비업자가 경비협회를 설립하려는 경우에는 정관을 작성하지 않아도 된다. (×) 기출 14
>
> 경비업자가 경비협회를 설립하려는 경우에는 정관을 작성하여야 한다. (○) 기출 11

② 협회는 정관이 정하는 바에 의하여 회원으로부터 회비를 징수할 수 있다.

> 경비협회는 회원으로부터 회비를 징수할 수 없다. (×) 기출 23
>
> 경비업자가 경비협회를 설립하려는 경우에는 정관을 작성하여야 하며, 협회는 행정안전부령에
> 따라 회비를 징수할 수 있다. (×) 기출 18
>
> 경비협회는 행정안전부령이 정하는 바에 의하여 회원으로부터 회비를 징수할 수 있다.
> (×) 기출 17
>
> 경비협회는 정관이 정하는 바에 의하여 회원으로부터 회비를 징수할 수 있다.
> (○) 기출 19 · 16
>
> 경비협회는 공익법인이므로 회원으로부터 회비를 징수하여서는 아니 된다. (×) 기출 15

제27조　공제사업 ★★

① 협회는 법 제23조 제1항의 규정에 의하여 공제사업을 하는 경우 공제사업의 회계는
다른 사업의 회계와 구분하여 경리하여야 한다.

> 경비협회는 공제사업을 하는 경우 공제사업의 회계는 다른 사업의 회계와 통합하여 경리하여야
> 한다. (×) 기출 23
>
> 공제사업의 회계는 다른 사업의 회계와 구분하여 경리해야 한다. (○) 기출 21 · 13 · 11

② 삭제 〈2015.10.20.〉

제28조　허가증 등의 수수료 ★★

① 법에 의한 경비업의 허가를 받거나 허가증을 재교부 받고자 하는 자는 다음 각호의
수수료를 납부하여야 한다.
  1. 법 제4조 제1항 및 법 제6조 제2항의 규정에 의한 경비업의 허가(추가 · 변경 ·
     갱신허가를 포함한다)의 경우에는 1만원

> 경비업의 변경·추가허가의 경우에는 1만원의 수수료를 납부하여야 한다.
>
> (O) **기출** 17
>
> 경비업의 갱신허가를 받고자 하는 경우에는 2천원의 수수료를 납부하여야 한다.
>
> (×) **기출** 22
>
> 경비업의 갱신허가를 받고자 하는 자는 2만원의 수수료를 납부하여야 한다.
>
> (×) **기출** 15

2. 허가사항의 <u>변경신고</u>로 인한 허가증 <u>재교부</u>의 경우에는 <u>2천원</u>

> 경비업 허가사항의 변경신고로 인한 허가증 재교부의 경우에는 1만원의 수수료를 납부하여야 한다.
>
> (×) **기출** 23·22
>
> 허가사항의 변경신고로 인한 허가증 재교부의 경우에는 2천원의 수수료를 납부하여야 한다.
>
> (O) **기출** 20·15

② 제1항의 규정에 의한 수수료는 허가 등의 신청서에 수입인지를 첨부하여 납부한다.

③ 시험에 응시하고자 하는 자는 <u>경찰청장</u>이 정하여 고시하는 수수료를 납부하여야 한다.

> 경비지도사 시험에 응시하고자 하는 자는 경찰청장이 정하여 고시하는 수수료를 납부하여야 한다.
>
> (O) **기출** 23·20·17

④ 경찰청장은 다음 각호의 어느 하나에 해당하는 경우에는 제3항에 따라 받은 응시수수료의 전부 또는 일부를 다음 각호의 구분에 따라 반환하여야 한다.

1. 응시수수료를 과오납한 경우 : <u>과오납한 금액 전액</u>

> 경비지도사 시험 응시수수료를 과오납한 경우에는 경찰청장은 과오납한 금액의 100분의 50을 반환하여야 한다.
>
> (×) **기출** 22
>
> 시험에 응시하고자 하는 자가 응시수수료를 과오납한 경우 납부한 응시수수료 전액을 반환받는다.
>
> (×) **기출** 13

2. <u>시험시행기관의 귀책사유</u>로 시험에 응시하지 못한 경우 : 응시수수료 전액

> 경찰청장은 시험 시행기관의 귀책사유로 시험에 응시하지 못한 경우 납부한 응시수수료 전액을 반환하여야 한다.
>
> (O) **기출** 23
>
> 시험에 응시하고자 하는 자의 귀책사유로 시험에 응시하지 못한 경우 납부한 응시수수료 전액을 반환받는다.
>
> (×) **기출** 15·13

3. 시험시행일 **20일** 전까지 접수를 취소하는 경우 : 응시수수료 전액

> 경비지도사 시험시행일 20일 전까지 접수를 취소하는 경우에는 경찰청장은 응시수수료 전액을 반환하여야 한다. (O) **기출** 22
>
> 시·도 경찰청장은 경비지도사 시험시행일 20일 전까지 접수를 취소하는 경우 응시수수료 전액을 반환하여야 한다. (×) **기출** 20
>
> 경찰청장은 시험응시자가 시험시행일 20일 전까지 접수를 취소하는 경우 응시수수료의 100분의 50을 반환하여야 한다. (×) **기출** 15
>
> 시험에 응시하고자 하는 자가 시험시행일 20일 전에 접수를 취소한 경우 납부한 응시수수료 전액을 반환받는다. (O) **기출** 13

4. 시험시행일 **10일** 전까지 접수를 취소하는 경우 : 응시수수료의 100분의 50

⑤ **경찰청장** 및 **시·도 경찰청장**은 제2항 및 제3항의 규정에 불구하고 정보통신망을 이용하여 전자화폐·전자결제 등의 방법으로 수수료를 납부하게 **할 수 있다.** 〈개정 2020.12.31.〉

> 경찰청장 및 시·도 경찰청장은 정보통신망을 이용하여 전자화폐·전자결제 등의 방법으로 수수료를 납부하게 할 수 있다. (O) **기출** 23·20
>
> 경찰서장은 정보통신망을 이용하여 전자화폐·전자결제 등의 방법으로 수수료를 납부하게 할 수 있다. (×) **기출** 17
>
> 관할 경찰관서장은 정보통신망을 이용하여 전자화폐·전자결제 등의 방법으로 수수료를 납부하게 할 수 있다. (×) **기출** 13

제29조 **보안지도점검** ★★

시·도 경찰청장은 법 제25조의 규정에 의하여 **특수경비업자**에 대하여 연 **2회** 이상의 보안지도·점검을 실시하여야 한다. 〈개정 2020.12.31.〉

> 관할 경찰서장은 특수경비업자에 대하여 연 2회 이상의 보안지도·점검을 실시하여야 한다. (×) **기출** 22
>
> 시·도 경찰청장은 특수경비업자에 대하여 보안지도·점검을 연 1회 이상 실시하여야 한다. (×) **기출** 18·11
>
> 시·도 경찰청장은 특수경비업자에 대하여 보안지도·점검을 연 2회 이상 실시하여야 한다. (O) **기출** 17·16

제30조 경비가 필요한 시설 등에 대한 경비의 요청 ★

시·도 경찰청장은 행사장 그 밖에 많은 사람이 모이는 시설 또는 장소에서 혼잡 등으로 인한 위험의 발생을 방지하기 위하여 법 제2조 제3호의 규정에 의한 경비원에 의한 경비가 필요하다고 인정되는 때에는 행사개최일 전에 **당해 행사의 주최자에게** 경비원에 의한 경비를 실시하거나 부득이한 사유로 그것을 실시할 수 없는 경우에는 행사개최 **24시간** 전까지 **시·도 경찰청장**에게 그 사실을 **통지**하여 줄 것을 **요청**할 수 있다. 〈개정 2020.12.31.〉

제31조 권한의 위임 및 위탁 ★★

① **경찰청장**은 법 제27조 제1항의 규정에 의하여 다음 각호의 권한을 **시·도 경찰청장**에게 **위임한다.** 〈개정 2020.12.31.〉
  1. 법 제20조의 규정에 의한 경비지도사자격의 **취소** 및 **정지**에 관한 권한
  2. 법 제21조 제2호의 규정에 의한 경비지도사자격의 **취소** 및 **정지**에 관한 **청문**의 권한

> 경비업법령상 경비지도사 시험 및 교육은 경찰청장이 시·도 경찰청장에게 위임한 사항에 해당한다. (×) 기출 20
>
> 경비업법령상 경찰청장은 경비지도사자격증의 교부에 관한 권한을 시·도 경찰청장에게 위임한다. (×) 기출 18
>
> 경비업법령상 경비지도사자격의 취소·정지에 관한 청문의 권한은 경찰청장이 시·도 경찰청장에게 위임한 권한에 해당한다. (O) 기출 21·20·17·15·13
>
> 경비업법령상 경비업의 허가권한, 경비지도사자격증의 교부권한, 경비협회의 공제사업에 대한 금융감독원장의 검사요청권한은 경찰청장이 시·도 경찰청장에게 위임한 권한에 해당하지 않는다. (O) 기출 17
>
> 경비업법령상 경비지도사자격의 취소·정지에 관한 권한은 경찰청장이 시·도 경찰청장에게 위임한 권한에 해당한다. (O) 기출 21·20·15·14·13
>
> 경비업법령상 경비지도사 시험의 관리 및 자격증의 교부에 관한 권한은 경찰청장이 시·도 경찰청장에게 위임할 수 있는 권한에 해당한다. (×) 기출 15
>
> 경비업법령상 경비업 허가의 취소 및 영업정지에 관한 권한은 경찰청장이 시·도 경찰청장에게 위임할 수 있는 권한에 해당한다. (×) 기출 14
>
> 경비업법령상 경찰청장은 경비지도사자격의 취소 및 정지에 관한 권한을 시·도 경찰청장에게 위임할 수 있다. (×) 기출 13

② **경찰청장** 또는 **경찰관서장**은 법 제27조 제2항의 규정에 의하여 법 제11조 제1항의 규정에 의한 **경비지도사 시험의 관리**와 **경비지도사의 교육**에 관한 업무를 경비업무에 관한 인력과 전문성을 갖춘 기관으로서 **경찰청장**이 지정하여 고시하는 기관 또는 단체에 **위탁**한다.

> 경비업법령상 경찰청장은 경비지도사 시험 관리 및 교육에 관한 업무를 경비업무에 관한 인력과 전문성을 갖추고 경찰관서장이 지정하여 고시한 기관 또는 단체에 위임할 수 있다.
>
> (×) **기출** 13

제31조의2 민감정보 및 고유식별정보의 처리 ★★

경찰청장, 시·도 경찰청장, 경찰서장 및 **경찰관서장**(제31조에 따라 경찰청장 및 경찰관서장의 권한을 위임·위탁받은 자를 **포함**한다)은 다음 각호의 사무를 수행하기 위하여 불가피한 경우 「개인정보보호법」 제23조에 따른 **건강에 관한 정보**(제1호의2 및 제4호의 사무로 한정한다), 같은 법 시행령 제18조 제2호에 따른 **범죄경력자료에 해당하는 정보**(제1호의2 및 제9호의 사무로 한정한다), 같은 영 제19조 제1호 또는 제4호에 따른 **주민등록번호 또는 외국인등록번호가 포함된 자료**를 처리할 수 있다. 〈개정 2020.12.31., 2021.7.13., 2022.12.20.〉

> 경비업자의 손해배상책임에 관한 사무는 경비업법령상 경찰청장 등이 불가피한 경우 민감정보 및 고유식별정보를 처리할 수 있는 사무에 해당하지 않는다.
>
> (○) **기출** 23

> 건강에 관한 정보, 범죄경력자료에 해당하는 정보, 주민등록번호 또는 외국인등록번호가 포함된 자료는 경비업법령상 경찰청장 등이 처리할 수 있는 민감정보 및 고유식별정보에 해당한다.
>
> (○) **기출** 21

> 신용카드사용내역이 포함된 자료는 경비업법령상 경찰청장 등이 처리할 수 있는 민감정보 및 고유식별정보에 해당하지 않는다.
>
> (○) **기출** 21

> 기계경비운영체계의 오작동여부 확인에 관한 사무는 경비업법령상 경찰청장 등이 처리할 수 있는 민감정보 및 고유식별정보를 처리할 수 있는 사무에 해당하지 않는다. (○) **기출** 15

> 경비협회의 설립에 관한 사무는 경비업법령상 경찰청장 등이 처리할 수 있는 민감정보 및 고유식별정보의 처리에 관한 사무에 해당하지 않는다.
>
> (○) **기출** 13

1. 법 제4조 및 제6조에 따른 **경비업의 허가 및 갱신허가 등**에 관한 사무
1의2. 법 제5조 및 제10조에 따른 **임원, 경비지도사 및 경비원의 결격사유 확인**에 관한 사무

> 경비업법령상 임원, 경비지도사 및 경비원의 결격사유 확인에 관한 사무는 민감정보 및 고유식별정보를 처리할 수 있는 사무에 해당된다. (○) **기출수정** 15

2. 법 제11조에 따른 **경비지도사 시험 등**에 관한 사무

> 경비지도사 시험 등에 관한 사무는 경비업법령상 경찰청장 등이 불가피한 경우 민감정보 및 고유식별정보를 처리할 수 있는 사무에 해당한다. (○) **기출** 23

3. 법 제13조에 따른 **경비원의 교육 등**에 관한 사무

4. 법 제14조에 따른 **특수경비원의 직무 및 무기사용 등**에 관한 사무

> 특수경비원의 직무 및 무기사용 등에 관한 사무는 경비업법령상 경찰청장 등이 불가피한 경우 민감정보 및 고유식별정보를 처리할 수 있는 사무에 해당한다. (O) 기출 23

5. 삭제 〈2021.7.13.〉

6. 법 제18조에 따른 **경비원 배치허가 등**에 관한 사무

7. 법 제19조 및 제20조에 따른 **행정처분**에 관한 사무

> 경비업법령상 경비업 허가의 취소에 따른 행정처분에 관한 사무는 민감정보 및 고유식별정보를 처리할 수 있는 사무에 해당된다. (O) 기출 15

8. 법 제24조에 따른 **경비업자 및 경비지도사의 지도 · 감독**에 관한 사무

> 경비업자 및 경비지도사의 지도 · 감독에 관한 사무는 경비업법령상 경찰청장 등이 불가피한 경우 민감정보 및 고유식별정보를 처리할 수 있는 사무에 해당한다. (O) 기출 23

9. 법 제25조에 따른 **보안지도 · 점검 및 보안측정**에 관한 사무

> 경비업법령상 특수경비업자에 대한 보안지도 · 점검 및 보안측정에 관한 사무는 민감정보 및 고유식별정보를 처리할 수 있는 사무에 해당된다. (O) 기출 15

10. 삭제 〈2022.12.20.〉

제31조의3 규제의 재검토

경찰청장은 다음 각호의 사항에 대하여 다음 각호의 기준일을 기준으로 **3년마다**(매 3년이 되는 해의 기준일과 같은 날 전까지를 말한다) 그 타당성을 검토하여 개선 등의 조치를 해야 한다. 〈개정 2021.3.2.〉

1. 제3조 제2항 및 [별표 1]에 따른 **경비업의 시설 등의 기준** : 2014년 6월 8일

> 경비원이 휴대하는 장비는 경비업법령상 경찰청장이 3년마다 타당성을 검토하여 개선 등의 조치를 해야 하는 규제사항에 해당한다. (O) 기출수정 19

2. 제22조에 따른 **집단민원현장 배치 불허가 기준** : 2014년 6월 8일

> 경비업법령상 경찰청장은 집단민원현장 배치 불허가 기준에 대하여 5년마다 그 타당성을 검토하여 개선 등의 조치를 하여야 한다. (×) 기출 16

3. 삭제 〈2021.3.2.〉

4. 삭제 〈2021.3.2.〉

> 경비업의 시설 등의 기준(ㄱ), 집단민원현장 배치 불허가 기준(ㄴ), 행정처분 기준(ㄷ), 과태료 부과기준(ㄹ) 중 경비업법령상 경찰청장이 3년마다 타당성을 검토하여 개선 등의 조치를 해야 하는 것은 ㄱ과 ㄴ이다. (O) 기출 23
>
> 벌금형 부과기준은 경비업법령상 경찰청장이 3년마다 타당성을 검토하여 개선 등의 조치를 해야 하는 규제사항이 아니다. (O) 기출 19
>
> 행정처분 기준, 과태료 부과기준은 경비업법령상 경찰청장이 3년마다 타당성을 검토하여 개선 등의 조치를 해야 하는 규제사항에 해당하지 않는다. (O) 기출수정 19

제32조 과태료의 부과기준 등 ★★★

① 법 제31조 제1항 및 제2항에 따른 과태료의 부과기준은 [별표 6]과 같다.

② **시·도 경찰청장** 또는 **경찰관서장**은 「**질서위반행위규제법**」 제14조 각호의 사항을 고려하여 [별표 6]에 따른 금액의 100분의 50의 범위에서 **경감**하거나 **가중**할 수 있다. 다만, 가중하는 때에는 법 제31조 제1항 및 제2항에 따른 과태료 금액의 **상한**을 초과할 수 없다. 〈개정 2020.12.31.〉

> 경비업법령상 경찰청장 또는 시·도 경찰청장은 과태료 금액을 100분의 50의 범위에서 경감하거나 가중할 수 있다. (×) 기출 13

③ 삭제 〈2014.6.3.〉

④ 삭제 〈2014.6.3.〉

[별표 6] 과태료의 부과기준(제32조 제1항 관련)

위반행위	해당 법조문	과태료 금액 (단위 : 만원)		
		1회 위반	2회 위반	3회 이상
1. 법 제4조 제3항 또는 제18조 제2항을 위반하여 신고를 하지 않은 경우 　가. 1개월 이내의 기간 경과 　나. 1개월 초과 6개월 이내의 기간 경과 　다. 6개월 초과 12개월 이내의 기간 경과 　라. 12개월 초과의 기간 경과	법 제31조 제2항 제1호	50 100 200 400		
2. 법 제7조 제7항을 위반하여 경비대행업자 지정신고를 하지 않은 경우 　가. 허위로 신고한 경우 　나. 그 밖의 사유로 신고하지 않은 경우	법 제31조 제2항 제2호	400 300		

3. 법 제9조 제1항을 위반하여 설명의무를 이행하지 않은 경우	법 제31조 제2항 제3호	100	200	400
4. 법 제10조 제3항을 위반하여 결격사유에 해당하는 경비원을 배치하거나 결격사유에 해당하는 경비지도사를 선임·배치한 경우	법 제31조 제2항 제6호	100	200	400
5. 법 제12조 제1항을 위반하여 경비지도사를 선임하지 않은 경우	법 제31조 제2항 제4호	100	200	400
6. 법 제14조 제6항에 따른 감독상 필요한 명령을 정당한 이유 없이 이행하지 않은 경우	법 제31조 제2항 제5호	500		
7. 법 제16조 제1항을 위반하여 복장 등에 관한 신고규정을 위반하여 신고를 하지 않은 경우	법 제31조 제2항 제7호	100	200	400
8. 법 제16조 제1항을 위반하여 경비원의 복장에 관한 신고를 하지 않고 집단민원현장에 경비원을 배치한 경우	법 제31조 제1항 제1호	600	1200	2400
9. 법 제16조 제2항을 위반하여 이름표를 부착하게 하지 않거나, 신고된 동일 복장을 착용하게 하지 않고 경비원을 경비업무에 배치한 경우	법 제31조 제2항 제8호	100	200	400
10. 법 제16조 제2항을 위반하여 이름표를 부착하게 하지 않거나, 신고된 동일 복장을 착용하게 하지 않고 집단민원현장에 경비원을 배치한 경우	법 제31조 제1항 제2호	600	1200	2400
11. 법 제18조 제1항 본문을 위반하여 명부를 작성·비치하지 않은 경우 가. 경비원 명부를 비치하지 않은 경우 나. 경비원 명부를 작성하지 않은 경우	법 제31조 제2항 제9호	100 50	200 100	400 200
12. 법 제18조 제1항 단서를 위반하여 집단민원현장에 배치되는 일반경비원의 명부를 그 배치 장소에 작성·비치하지 않은 경우 가. 경비원 명부를 비치하지 않은 경우 나. 경비원 명부를 작성하지 않은 경우	법 제31조 제1항 제3호	600 300	1200 600	2400 1200
13. 법 제18조 제2항 각호 외의 부분 단서를 위반하여 배치허가를 받지 않고 경비원을 배치하거나, 경비원 명단 및 배치일시·배치장소 등 배치허가 신청의 내용을 거짓으로 한 경우	법 제31조 제1항 제4호	1000	2000	3000

14. 법 제18조 제5항을 위반하여 경비원의 근무상황을 기록하여 보관하지 않은 경우	법 제31조 제2항 제10호	50	100	200
15. 법 제18조 제7항을 위반하여 법 제13조에 따른 신임교육을 이수하지 않은 자를 법 제18조 제2항 각 호의 경비원으로 배치한 경우	법 제31조 제1항 제5호	600	1200	2400

[비고]

위반행위의 횟수에 따른 과태료의 부과기준은 최근 2년간 같은 위반행위로 과태료 부과처분을 받은 경우에 적용한다. 이 경우 기준 적용일은 위반행위에 대한 과태료 부과처분일과 그 처분 후의 위반행위가 다시 적발된 날을 기준으로 한다.

경비업법령상 경비업자가 결격사유에 해당하는 경비원을 2회 배치한 경우 과태료 금액은 200만원이다. (○) 기출 19

경비업법령상 경비업자가 경비지도사를 2회 선임하지 않은 경우 과태료 금액은 200만원이다. (○) 기출 19

경비업법령상 특수경비업무를 수행하는 경비업자가 경비대행업자 지정신고를 허위로 2회 한 경우 과태료 금액은 200만원이다. (×) 기출 19

경비업법령상 과태료 부과기준에서 경비원 명단 및 배치일시·배치장소 등 배치허가 신청의 내용을 1회 거짓으로 한 경우 부과되는 과태료 금액은 1천만원이다. (○) 기출 16

경비업법령상 과태료 부과기준에서 경비지도사를 1회 선임하지 않은 경우, 경비원 명부를 1회 비치하지 않은 경우, 결격사유에 해당하는 경비지도사를 1회 선임·배치한 경우 부과되는 과태료 금액은 100만원이다. (○) 기출 16

경비업법령상 집단민원현장에 배치되는 일반경비원의 명부를 그 배치장소에 비치하지 않은 경우에는 위반 횟수가 3회 이상이면 부과되는 과태료 금액은 1200만원이다. (×) 기출 22

경비업법령상 집단민원현장에 일반경비원을 배치하면서 일반경비원 명부를 그 배치장소에 1회 비치하지 아니한 경우의 과태료는 600만원이다. (○) 기출 15

경비업법령상 경비원의 복장에 관한 신고를 하지 않고 집단민원현장에 경비원을 배치한 경우에는 위반 횟수가 2회이면 부과되는 과태료 금액은 600만원이다. (×) 기출 22

경비업법령상 경비업자가 복장 등에 관한 신고규정을 위반하여 2회 신고를 하지 않은 경우 과태료 금액은 200만원이다. (○) 기출 23·19

경비업법령상 경비업법상 복장 등에 관한 신고규정을 위반하여 1회 신고를 하지 않은 경우의 과태료는 100만원이다. (○) 기출 15

경비업법령상 이름표를 부착하게 하지 않거나, 신고된 동일 복장을 착용하게 하지 않고 집단민원현장에 경비원을 배치한 경우에는 위반 횟수가 1회이면 부과되는 과태료 금액은 300만원이다. (×) 기출 22

경비업법령상 경비원 명단 및 배치일시·배치장소 등 배치허가 신청의 내용을 1회 거짓으로 한 경우의 과태료는 1천만원이다. (O) `기출` 15

경비업법령상 기계경비업자가 경비계약을 체결하면서, 오경보를 막기 위하여 계약상대방에게 기기사용요령 및 기계경비운영체계 등에 관한 설명의무를 1회 이행하지 아니한 경우의 과태료는 100만원이다. (O) `기출` 15

경비업법령상 경비업법 위반 횟수에 관계 없이 과태료 금액이 동일한 것은 무기의 적정관리를 위해 관할 경찰관서장이 감독상 필요한 명령을 발하였으나 무기를 대여받은 시설주가 정당한 이유 없이 이를 이행하지 않은 경우이다. (O) `기출` 14

경비업법령상 위반행위의 횟수에 따른 과태료의 부과기준은 최근 (2년)간 같은 위반행위로 과태료 부과처분을 받은 경우에 적용한다. 이 경우 기준 적용일은 위반행위에 대한 과태료 부과처분일과 그 처분 후의 위반행위가 다시 적발된 날을 기준으로 한다. `기출` 11

경비업자가 결격사유에 해당하는 경비지도사를 2회 선임·배치한 경우 부과되는 과태료는 200만원이다. (O) `기출` 23

경비업법령상 결격사유에 해당하는 경비지도사를 1회 선임·배치한 경우 과태료는 100만원이다. (O) `기출` 11

기계경비업자가 계약상대방에게 설명의무를 2회 이행하지 않은 경우 부과되는 과태료는 200만원이다. (O) `기출` 23

경비업법령상 기계경비업자가 계약상대방에게 설명의무를 1회 이행하지 아니한 경우의 과태료는 100만원이다. (O) `기출` 11

경비업법령상 법 제12조 제1항을 위반하여 경비지도사를 1회 선임하지 않는 경우 과태료는 100만원이다. (O) `기출` 11

경비업법령상 관할 경찰관서장이 무기의 적정 관리를 위하여 무기를 대여받은 시설주에 대하여 감독상 필요한 명령을 하였으나 정당한 이유 없이 이행하지 않은 경우에는 위반 횟수에 관계없이 부과되는 과태료 금액은 500만원이다. (O) `기출` 22

경비업법령상 무기를 대여받은 시설주가 관할 경찰관서장의 감독상 필요한 명령을 정당한 이유 없이 1회 이행하지 아니한 경우의 과태료는 500만원이다. (O) `기출` 11

경비업법령상 (   ) 안에 들어갈 과태료 금액은? `기출` 18

위반행위	과태료 금액(단위 : 만원)		
	1회 위반	2회 위반	3회 이상
경비업자가 경비원의 복장 등에 관한 신고규정을 위반하여 신고를 하지 않은 경우	100	200	(400)
경비업자가 경비원의 복장에 관한 신고를 하지 않고 집단민원현장에 경비원을 배치한 경우	(600)	1,200	2,400

경비업자가 경비원의 근무상황을 2회 기록하여 보관하지 않은 경우 부과되는 과태료는 100만원이다. (O) `기출` 23

부칙 〈대통령령 제31349호, 2020.12.31.〉 (자치경찰사무와 시·도자치경찰위원회의 조직 및 운영 등에 관한 규정)

제1조(시행일) 이 영은 2021년 1월 1일부터 시행한다.

제2조 및 제3조 생략

제4조(다른 법령의 개정)
① 경비업법 시행령 일부를 다음과 같이 개정한다.
　제3조 제1항 전단 및 후단, 같은 조 제2항 단서, 제4조 제1항·제2항, 같은 조 제3항 각호 외의 부분, 제5조 제1항 전단·후단, 같은 조 제2항 전단, 제6조 제1항·제2항, 제20조 제1항, 제23조 제1항·제2항, 제28조 제5항, 제29조, 제30조, 제31조 제1항 각호 외의 부분, 제31조의2 각호 외의 부분, 제32조 제2항 본문, [별표 4] 제2호 가목 및 [별표 5] 제2호 중 "지방경찰청장"을 각각 "시·도 경찰청장"으로 한다.
　제3조 제1항 전단, 제4조 제3항 각호 외의 부분 및 제5조 제1항 전단·제2항 전단 중 "해당 지방경찰청"을 각각 "해당 시·도 경찰청"으로 한다.
　제11조 제3항, [별표 3] 제1호 가목 본문 및 같은 표 제3호 전단 중 "지방경찰청"을 "시·도 경찰청"으로 한다.
　[별표 3] 제3호 후단 중 "인천지방경찰청"을 "인천광역시경찰청"으로, "서울지방경찰청"을 "서울특별시경찰청"으로 한다.
②부터 ㊾까지 생략

부칙 〈대통령령 제31516호, 2021.3.2.〉 (규제 재검토기한 설정 해제 등을 위한 46개 법령의 일부개정에 관한 대통령령)

이 영은 공포한 날부터 시행한다.

부칙 〈대통령령 제31884호, 2021.7.13.〉

이 영은 2021년 7월 13일부터 시행한다.

부칙 〈대통령령 제33112호, 2022.12.20.〉(개인정보 침해요인 개선을 위한 49개 법령의 일부개정에 관한 대통령령)

　이 영은 공포한 날부터 시행한다.

부칙 〈대통령령 제33464호, 2023.5.15.〉

　이 영은 2023년 5월 16일부터 시행한다.

03 경비업법 시행규칙

[시행 2024.1.1.] [행정안전부령 제418호, 2023.7.17., 일부개정]

제1조　목적

이 규칙은 경비업법 및 동법 시행령에서 위임된 사항과 그 시행에 관하여 필요한 사항을 규정함을 목적으로 한다.

제2조　호송경비의 통지 ★★

경비업법(이하 "법"이라 한다) 제4조 제1항의 규정에 의하여 경비업의 허가를 받은 법인(이하 "경비업자"라 한다)은 법 제2조 제1호 나목의 규정에 의한 호송경비업무를 수행하기 위하여 관할 경찰서의 협조를 얻고자 하는 때에는 현금 등의 운반을 위한 출발 **전일**까지 **출발지의 경찰서장**에게 별지 제1호 서식의 호송경비통지서(전자문서로 된 통지서를 포함한다)를 제출하여야 한다.

제3조　허가신청 등 ★★

① 법 제4조 제1항 및 「경비업법 시행령」(이하 "영"이라 한다) 제3조 제1항에 따라 경비업의 **허가**를 받으려는 경우 또는 경비업자가 허가를 받은 경비업무를 **변경**하거나 새로운 경비업무를 **추가**하려는 경우에는 별지 제2호 서식의 경비업 **허가신청서** 또는 변경허가신청서(전자문서로 된 신청서를 포함한다)에 다음 각호의 서류(전자문서를 포함한다)를 첨부하여 법인의 주사무소를 관할하는 **시·도 경찰청장** 또는 해당 **시·도 경찰청 소속의 경찰서장**에게 **제출**하여야 한다. 이 경우 신청서를 제출받은 경찰서장은 **지체 없이** 관할 시·도 경찰청장에게 보내야 한다. 〈개정 2020.12.31.〉

1. 법인의 **정관** 1부
2. 법인 **임원**의 이력서 1부
3. 경비인력·시설 및 장비의 **확보계획서** 1부(경비업 허가의 신청 시 이를 갖출 수 없는 경우에 한한다)

> 다음의 내용은 모두 경비업법령상 경비업 허가를 받으려는 자가 신청서에 첨부하여야 하는 서류에 해당한다.　　　　　　　　　　　　　　　　(×) 기출 23

ㄱ. 법인의 정관 1부
ㄴ. 법인 임원의 이력서 1부
ㄷ. 법인 임원의 인감증명서 1부

② 제1항에 따른 신청서를 제출받은 **시·도 경찰청장**은 「**전자정부법**」 제36조 제1항에 따른 행정정보의 공동이용을 통하여 법인의 **등기사항증명서**를 확인하여야 한다. 〈개정 2020.12.31.〉

제4조   허가증 등

① 영 제4조 제2항의 규정에 의한 허가증은 별지 제3호 서식에 의한다.
② 영 제4조 제3항의 규정에 의한 허가증 재교부신청서는 별지 제4호 서식에 의한다.

제5조   폐업 또는 휴업 등의 신고

① 영 제5조 제1항의 규정에 의한 폐업신고서와 동조 제2항의 규정에 의한 휴업신고서 ·영업재개신고서 및 휴업기간연장신고서는 별지 제5호 서식에 의한다.
② 법 제4조 제3항 제2호에 따른 법인의 명칭·대표자·임원, 같은 항 제3호에 따른 주사무소·출장소나 영 제5조 제4항에 따른 정관의 목적이 변경되어 법 제4조 제3항에 따른 신고를 하는 경우에는 별지 제6호 서식의 경비업 허가사항 등의 **변경신고서** (전자문서로 된 신고서를 포함한다)에 다음 각호의 서류(전자문서를 포함한다)를 첨부하여 법인의 주사무소를 관할하는 **시·도 경찰청장** 또는 해당 **시·도 경찰청 소속의 경찰서장**에게 **제출**하여야 한다. 변경신고서를 제출받은 경찰서장은 이를 **지체 없이** 관할 시·도 경찰청장에게 보내야 한다. 〈개정 2020.12.31.〉
1. 명칭 변경의 경우 : 허가증 **원본**
2. 대표자 변경의 경우
   가. 삭제 〈2006.9.7.〉
   나. 법인 대표자의 **이력서** 1부
   다. 허가증 **원본**
3. 임원 변경의 경우 : 법인 **임원**의 이력서 1부

> 경비업법령상 법인의 임원 변경의 경우 경비업자는 경비업 허가사항 등의 변경신고서 제출 시 허가증 원본을 첨부하지 않아도 된다.　　　　　　　　(○) 기출 22·13

4. 주사무소 또는 출장소 변경의 경우 : 허가증 **원본**
5. 정관의 목적 변경의 경우 : 법인의 **정관** 1부

③ 제2항에 따른 신고서를 제출받은 **시·도 경찰청장**은 「**전자정부법**」 제36조 제1항에 따른 행정정보의 공동이용을 통하여 법인의 **등기사항증명서**를 확인하여야 한다. 〈개정 2020.12.31.〉

④ 법 제4조 제3항 제5호의 규정에 의한 특수경비업무의 개시 또는 종료의 신고는 별지 제7호 서식에 의한다.

제6조 　허가갱신 ★★★

① 법 제6조 제2항에 따라 경비업의 **갱신허가**를 받으려는 자는 허가의 **유효기간 만료일 30일 전**까지 별지 제2호 서식의 경비업 **갱신허가신청서**(전자문서로 된 신청서를 포함한다)에 허가증 **원본** 및 **정관**(변경사항이 있는 경우만 해당한다)을 첨부하여 법인의 주사무소를 관할하는 **시·도 경찰청장** 또는 해당 **시·도 경찰청 소속의 경찰서장**에게 **제출**하여야 한다. 경비업 갱신허가신청서를 제출받은 경찰서장은 이를 **지체 없이** 관할 시·도 경찰청장에게 보내야 한다. 〈개정 2020.12.31.〉

② 제1항에 따른 신청서를 제출받은 **시·도 경찰청장**은 「**전자정부법**」 제36조 제1항에 따른 행정정보의 공동이용을 통하여 법인의 **등기사항증명서**를 확인하여야 한다. 〈개정 2020.12.31.〉

③ **시·도 경찰청장**은 법 제6조 제2항의 규정에 의하여 **갱신허가**를 하는 때에는 유효기간이 **만료**되는 허가증을 **회수**한 후 별지 제3호 서식의 **허가증**을 **교부**하여야 한다. 〈개정 2020.12.31.〉

제6조의2 　집단민원현장에 선임·배치된 경비지도사의 직무 ★★

법 제7조 제6항에 따라 경비업자는 **집단민원현장**에 선임·배치된 경비지도사로 하여금 다음 각호의 직무를 수행하도록 하여야 한다.
　1. 법 제15조의2에 따른 경비원 등의 **의무 위반행위** 예방 및 제지
　2. 법 제16조에 따른 경비원의 **복장 착용** 등에 대한 지도·감독
　3. 법 제16조의2에 따른 경비원의 **장비 휴대 및 사용**에 대한 지도·감독
　4. 법 제18조 제1항 단서에 따라 집단민원현장에 비치된 **경비원 명부의 관리**

제7조 　특수경비원의 신체조건 ★★

법 제10조 제2항 제5호에서 "**행정안전부령**이 정하는 신체조건"이라 함은 팔과 다리가 **완전**하고 두 눈의 맨눈시력 각각 0.2 이상 또는 교정시력 각각 0.8 이상을 말한다. 〈개정 2023.7.17.〉

제8조 응시원서 등 ★

① 법 제11조의 규정에 의한 경비지도사 시험에 **응시**하고자 하는 자는 별지 제8호 서식의 응시원서(전자문서로 된 원서를 포함한다)를 영 제31조 제2항에 따라 경비지도사 시험의 관리를 위탁받은 기관 또는 단체(이하 이 조에서 "**시험관리기관**"이라 한다)에 **제출**해야 한다. 〈개정 2019.4.23.〉

② 영 제13조에 따라 경비지도사 제1차 시험을 **면제**받으려는 사람은 같은 조 각호의 면제 사유를 증명할 수 있는 서류로서 영 제11조 제2항에 따른 공고에서 정하는 서류를 **시험관리기관**에 제출해야 한다. 〈신설 2019.4.23.〉

③ **시험관리기관**은 제2항에 따른 서류 중 **재직증명서** 또는 **경력증명서**를 제출받은 경우에는 「**전자정부법**」 제36조 제1항에 따른 행정정보의 공동이용을 통하여 제출인의 **국민연금가입자가입증명** 또는 **건강보험자격득실확인서**를 확인해야 한다. 다만, 제출인이 확인에 동의하지 않는 경우에는 해당 서류를 **제출**하도록 해야 한다. 〈신설 2019.4.23.〉

[제목개정 2019.4.23.]

제9조 경비지도사에 대한 교육 ★★★

① 법 제11조 제1항에서 "**행정안전부령이 정하는 교육**"이라 함은 경비지도사에 대한 [별표 1]의 규정에 의한 과목 및 시간의 교육을 말한다.

② 제1항의 규정에 의한 교육에 소요되는 비용은 **경비지도사의 교육을 받는 자**의 부담으로 한다.

> 경비지도사의 교육에 소요되는 비용은 경비업자의 부담으로 한다. (×) 기출 17

[별표 1] 경비지도사 교육의 과목 및 시간(제9조 제1항 관련) 〈개정 2023.7.17.〉

구분 (교육시간)	과 목		시 간
공통교육 <u>(24시간)</u>	「경비업법」, 「경찰관직무집행법」 등 관계법령 및 「개인정보보호법」에 따른 개인정보 보호지침 등		4
	실무 Ⅰ		4
	실무 Ⅱ		3
	장비사용법		2
	범죄·테러·재난 대응요령 및 화재대처법		2
	응급처치법		2
	직업윤리 및 인권보호		2
	체포·호신술		2
	입교식, 평가 및 수료식		3
자격의 종류별 교육(16시간)	일반경비지도사	시설경비	3
		호송경비	2
		신변보호	2
		특수경비	2
		기계경비개론	2
		일반경비 현장실습	5
	기계경비지도사	기계경비 운용관리	4
		기계경비 기획 및 설계	4
		인력경비개론	3
		기계경비 현장실습	5
계			<u>40</u>

[비고]
일반경비지도사자격증 취득자 또는 기계경비지도사자격증 취득자가 자격증 취득일부터 <u>3년 이내</u>에 기계경비지도사 또는 일반경비지도사 시험에 합격하여 교육을 받은 경우에는 <u>공통교육</u>은 면제한다.

일반경비지도사자격증 취득자가 자격증 취득일부터 3년 이내에 기계경비지도사 시험에 합격하여 교육을 받은 경우 공통교육은 면제된다.　　　　　(○)　기출 17·16

경비업법령상 기계경비지도사자격증 취득자가 자격증 취득일로부터 3년 이내에 일반경비지도사 시험에 합격하여 교육을 받을 경우, 체포·호신술은 받아야 하는 교육과목에 해당하지 않는다.　　　　　(○)　기출 15

일반경비지도사자격증을 취득하기 위하여 받아야 할 교육의 과목으로 직업윤리 및 인권보호, 호송경비, 경찰관직무집행법 등 관계법령, 인력경비개론 등이 있다.　(×)　기출수정 14

제10조 경비지도사 시험의 일부면제 ★★

영 제13조 제4호에서 **"행정안전부령으로 정하는 교육과정을 이수한 사람"**이란 다음 각호의 어느 하나에 해당하는 사람을 말한다.

1. 고등교육법에 의한 **전문대학** 이상의 교육기관(경비지도사의 시험과목 3과목 이상 이 개설된 교육기관에 한한다)에서 **1년** 이상의 경비업무관련 과정을 마친 사람

> 경비업법에 따른 경비업무에 7년 이상(특수경비업무의 경우에는 3년 이상) 종사하고 고등교육법에 의한 전문대학 이상의 교육기관에서 (1)년 이상의 경비업무관련 과정을 마친 사람은 1차 시험을 면제한다. **기출** 17

2. **경찰청장**이 지정하는 기관 또는 단체에서 실시하는 **64시간** 이상의 경비지도사 양성과정을 마치고 수료시험에 합격한 사람

> 경비업무에 7년 이상 종사하고 경찰청장이 지정하는 기관에서 실시하는 44시간의 경비지도사 양성과정을 마치고 수료시험에 합격한 사람은 경비지도사 1차 시험을 면제한다. (×) **기출** 20 · 18

> 경비업법에 따른 경비업무에 7년 이상(특수경비업무의 경우에는 3년 이상) 종사하고 경찰청장이 지정하는 기관 또는 단체에서 실시하는 (64)시간 이상의 경비지도사 양성과정을 마치고 수료시험에 합격한 사람은 1차 시험을 면제한다. **기출** 17

제11조 경비지도사자격증의 교부 ★

경찰청장은 법 제11조에 따른 경비지도사 시험에 **합격**하고 제9조에 따른 경비지도사 **교육**을 받은 사람에게는 별지 제9호 서식의 **경비지도사자격증 교부대장**에 정해진 사항을 **기재한 후**, 별지 제10호 서식의 경비지도사자격증을 교부해야 한다. 〈개정 2021.12.31.〉

제11조의2 경비원 직무교육 실시대장 ★

영 제17조 제3항에 따른 경비원 직무교육 실시대장은 별지 제10호의2 서식에 따른다.

제12조 일반경비원에 대한 신임교육의 실시 등 ★★★

① 영 제18조 제1항에 따른 일반경비원 신임교육의 과목 및 시간은 [별표 2]와 같다.
② **경찰청장**은 일반경비원에 대한 신임교육의 실시를 위하여 **연도별** 교육계획을 수립하고, 영 제18조 제1항에 따른 일반경비원 신임교육 기관 또는 단체가 교육계획에 따라 교육을 실시하도록 하여야 한다.
③ 삭제 〈2014.6.5.〉

> 경비업자는 경비원을 새로이 채용한 때에는 근무배치 후 3개월이 경과하기 전까지 신임교육을 받게 하여야 한다. (×) **기출수정** 11

④ 영 제18조 제1항에 따른 **일반경비원 신임교육 기관 또는 단체의 장은** 제1항에 따른 **일반경비원** 신임교육과정을 마친 사람에게 별지 제11호 서식의 신임교육이수증을 교부하고 그 사실을 별지 제12호 서식의 신임교육이수증 교부대장에 기록해야 하며, 교육기관, 교육일, 교육이수증 교부번호 등을 포함한 **신임교육 이수자 현황을 경찰청장에게 통보**해야 한다. 〈개정 2019.4.23.〉

⑤ **경비업자는 일반경비원**이 제1항의 규정에 의한 **신임교육을** 받은 때에는 제23조 제1항의 규정에 의한 경비원의 **명부**에 그 사실을 **기재**하여야 한다.

⑥ **시·도 경찰청장** 또는 **경찰서장은** 제1항에 따른 **일반경비원 신임교육을 받은 사람**이 **요청**하는 경우에는 별지 제12호의2 서식의 **신임교육 이수 확인증을** 발급할 수 있다. 〈신설 2019.4.23., 2020.12.31.〉

[별표 2] 일반경비원 신임교육의 과목 및 시간(제12조 제1항 관련) 〈개정 2023.7.17.〉

구분(교육시간)	과 목	시 간
이론교육 (4시간)	「경비업법」 등 관계법령	2
	범죄예방론	2
실무교육 (19시간)	시설경비실무	4
	호송경비실무	2
	신변보호실무	2
	기계경비실무	2
	사고 예방대책	3
	체포·호신술	2
	장비사용법	2
	직업윤리 및 서비스	2
기타(1시간)	입교식, 평가 및 수료식	1
계		24

일반경비원의 신임교육에서 이론교육은 4시간이고 실무교육은 19시간이다. (O) 기출 17

일반경비원의 신임교육에서 이론교육은 6시간이고 과목은 경비업법, 범죄예방론, 형사법이다. (×) 기출 16

신임교육 시간은 일반경비원이 28시간이고, 특수경비원은 88시간이다. (×) 기출 13

제13조 **일반경비원에 대한 직무교육의 시간 등** ★★

① 영 제18조 제3항에서 "행정안전부령으로 정하는 시간"이란 2시간을 말한다. 〈개정 2023.7.17.〉

> 경비업자는 소속 일반경비원에게 매월 2시간 이상의 직무교육을 받도록 하여야 한다.
> (○) **기출수정** 20 · 16
>
> 직무교육 시간은 일반경비원이 월 3시간 이상이고, 특수경비원은 월 8시간 이상이다.
> (×) **기출** 13

② 영 제18조 제3항에 따른 일반경비원에 대한 직무교육의 과목은 일반경비원의 직무수행에 필요한 이론·실무과목 및 직업윤리 등으로 한다. 〈개정 2023.7.17.〉

> 일반경비원에 대한 직무교육의 과목은 일반경비원의 직무수행에 필요한 이론·실무과목 및 직업윤리 등으로 한다.
> (○) **기출수정** 20

제14조 **특수경비원 신임교육 기관 또는 단체의 지정 등** ★★

① 영 제19조 제1항에 의한 특수경비원 신임교육의 과정을 개설하고자 하는 기관 또는 단체는 [별표 3]의 규정에 의한 시설 등을 갖추고 **경찰청장에게 지정을 요청하여야 한다.**

② **경찰청장**은 제1항의 규정에 의한 교육과정을 개설하고자 하는 기관 또는 단체가 동항의 규정에 의한 지정을 요청한 때에는 [별표 3]의 규정에 의한 기준에 적합한지의 여부를 확인한 후 그 기준에 적합한 경우 이를 특수경비원 신임교육을 실시할 수 있는 기관 또는 단체로 지정**할 수 있다.**

③ 제2항의 규정에 의하여 **지정을 받은 기관 또는 단체**는 신임교육의 과정에서 필요한 경우에는 **관할 경찰관서장**에게 경찰관서 시설물의 이용이나 전문적인 소양을 갖춘 **경찰관의 파견을 요청할 수 있다.**

[별표 3] 특수경비원 교육기관 시설 및 강사의 기준(제14조 제1항 관련) 〈개정 2022.12.19.〉

구 분	기 준
1. 시설 기준	• 100인 이상 수용이 가능한 <u>165m²</u> 이상의 강의실 100인 이상 수용이 가능한 165m² 이상의 강의실　　(○) **기출** 17 100인 이상 수용이 가능한 132m² 이상의 강의실　　(×) **기출** 11 • 감지장치·수신장치 및 관제시설을 갖춘 <u>132m²</u> 이상의 기계경비실습실 감지장치·수신장치 및 관제시설을 갖춘 123m² 이상의 기계경비실습실 　　(×) **기출** 17 감지장치·수신장치 및 관제시설을 갖춘 99m² 이상의 기계경비실습실 　　(×) **기출** 11 • <u>100인</u> 이상이 동시에 사용할 수 있는 <u>330m²</u> 이상의 체육관 또는 운동장 100인 이상이 동시에 사용할 수 있는 330m² 이상의 체육관 또는 운동장 　　(○) **기출** 17 100인 이상이 동시에 사용할 수 있는 132m² 이상의 체육관 또는 운동장 　　(×) **기출** 11 • <u>소총</u>에 의한 실탄사격이 가능하고 <u>10개</u> 사로 이상을 갖춘 사격장 소총에 의한 실탄사격이 가능하고 10개 사로 이상을 갖춘 사격장 　　(○) **기출** 17·11
2. 강사 기준	• 고등교육법에 의한 <u>대학</u> 이상의 교육기관에서 교육과목 관련학과의 <u>전임강사</u> (전문대학의 경우에는 <u>조교수</u>) 이상의 직에 <u>1년</u> 이상 종사한 경력이 있는 사람 • <u>박사학위</u>를 소지한 사람으로서 교육과목 관련 분야의 <u>연구 실적</u>이 있는 사람 • <u>석사학위</u>를 소지한 사람으로서 교육과목 관련 분야의 <u>실무업무</u>에 <u>3년</u> 이상 종사 한 경력(학위 취득 전의 경력을 포함한다)이 있는 사람 • 교육과목 관련 분야에서 공무원으로 <u>5년</u> 이상 근무한 경력이 있는 사람 • 교육과목 관련 분야의 <u>실무업무</u>에 <u>10년</u> 이상 종사한 경력이 있는 사람 • 체포·호신술 과목의 경우 무도사범의 자격이 있는 사람으로서 교육과목 관련 분야에서 <u>2년</u> 이상 실무 경력(자격 취득 전의 경력을 포함한다)이 있는 사람 • 폭발물 처리요령 및 예절교육 과목의 경우 교육과목 관련 분야에서 <u>2년</u> 이상 실무 경력이 있는 사람

[비고]
교육시설이 교육기관의 소유가 아닌 경우에는 <u>임대</u> 등을 통하여 교육기간 동안 이용할 수 있도록 <u>하여야 한다.</u>

제15조 특수경비원에 대한 신임교육의 실시 등 ★★

① 영 제19조 제1항에 따른 특수경비원 신임교육의 과목 및 시간은 [별표 4]와 같다.

② 영 제19조 제1항에 따른 **특수경비원 신임교육 기관 또는 단체의 장**은 제1항에 따른 특수경비원 신임교육과정을 마친 사람에게 별지 제11호 서식의 **신임교육이수증을 교부**하고 그 사실을 별지 제12호 서식의 신임교육이수증 **교부대장에 기록**해야 하며, 교육기관, 교육일, 교육이수증 교부번호 등을 포함한 **신임교육 이수자 현황**을 **경찰청장에게 통보**해야 한다. 〈개정 2019.4.23.〉

③ **경비업자**는 특수경비원이 제1항의 규정에 의한 **신임교육**을 받은 때에는 제23조 제1항의 규정에 의한 경비원의 **명부**에 그 사실을 **기재**하여야 한다.

> 경비업자는 특수경비원이 신임교육을 받은 때에는 경비원의 명부에 그 사실을 기재하여야 한다.
> (○) **기출** 23

④ **시·도 경찰청장** 또는 **경찰서장**은 제1항에 따른 **특수경비원 신임교육**을 받은 사람이 **요청하는 경우**에는 별지 제12호의2 서식의 **신임교육 이수 확인증**을 **발급할 수 있다.** 〈신설 2019.4.23., 2020.12.31.〉

[제목개정 2019.4.23.]

> 경비업자는 특수경비원 신임교육을 받은 사람이 요청하는 경우에는 신임교육 이수 확인증을 발급할 수 있다.
> (×) **기출** 19

[별표 4] 특수경비원 신임교육의 과목 및 시간(제15조 제1항 관련) 〈개정 2023.7.17.〉

구분(교육시간)	과 목	시 간
이론교육 (15시간)	「경비업법」 및 「경찰관직무집행법」 등 관계법령	8
	「헌법」 및 형사법	4
	범죄예방론	3
실무교육 (61시간)	테러 및 재난 대응요령	4
	폭발물 처리요령	6
	화재대처법	3
	응급처치법	3
	장비사용법	3
	출입통제요령	3
	직업윤리 및 서비스	4
	기계경비실무	3
	정보보호 및 보안업무	6
	시설경비요령	4

	민방공	4
	총기조작	3
	사 격	8
	체포 · 호신술	4
	관찰 · 기록기법	3
기타(4시간)	입교식, 평가 및 수료식	4
계		80

제16조 　특수경비원에 대한 직무교육의 시간 등 ★★

① 영 제19조 제3항에서 "**행정안전부령**으로 정하는 시간"이란 **3**시간을 말한다. 〈개정 2023.7.17.〉

> 특수경비업자는 소속 특수경비원에게 매월 8시간 이상의 직무교육을 받도록 하여야 한다.
> (×) 기출 16
>
> 특수경비업자는 소속 특수경비원에 대하여 매년 6시간의 직무교육을 실시하여야 한다.
> (×) 기출 12
>
> A 특수경비업체에서 5개월 동안 근무한 甲이 경비업법령상 특수경비원으로서 받아야 할 신임교육과 직무교육의 시간을 합하면 최소 (95)시간이다.
> 기출수정 15
>
> 특수경비원인 병(丙)은 매월 3시간 이상의 직무교육을 받아야 한다. (○) 기출수정 11

② 관할 경찰서장 및 공항경찰대장 등 국가중요시설의 경비책임자(이하 "**관할 경찰관서장**"이라 한다)는 필요하다고 인정하는 경우에는 **특수경비원**이 배치된 경비대상시설에 **소속 공무원**을 파견하여 직무집행에 필요한 교육을 실시할 수 **있다**.

> 관할 경찰관서장은 필요하다고 인정하는 경우에는 특수경비원이 배치된 경비대상시설에 소속 공무원을 파견하여 직무집행에 필요한 교육을 실시할 수 있다. (○) 기출 12

③ 영 제19조 제3항에 따른 특수경비원에 대한 직무교육의 과목은 특수경비원의 직무수행에 필요한 이론 · 실무과목 및 직업윤리 등으로 한다. 〈개정 2023.7.17.〉

제17조 　무기대여신청서

영 제20조 제1항의 규정에 의한 무기대여신청서는 별지 제13호 서식에 의한다.

① 법 제14조 제4항에 따라 무기를 대여받은 국가중요시설의 시설주(이하 "**시설주**"라 한다) 또는 같은 조 제7항에 따른 관리책임자(이하 "**관리책임자**"라 한다)는 다음 각호의 관리수칙에 따라 무기(탄약을 포함한다. 이하 같다)를 관리해야 한다. 〈개정 2015.9.24., 2020.12.31., 2021.12.31.〉

1. 무기의 관리를 위한 **책임자**를 **지정**하고 **관할 경찰관서장**에게 이를 **통보**할 것

> 무기를 대여받은 국가중요시설의 시설주는 무기의 관리를 위한 책임자를 지정하고 관할 경찰관서장에게 이를 통보하여야 한다. (O) 기출 20·18
>
> 무기를 대여받은 국가중요시설의 시설주는 무기의 관리를 위한 책임자를 지정하고 시·도 경찰청장에게 이를 통보하여야 한다. (X) 기출 11

2. 무기고 및 탄약고는 **단층**에 설치하고 환기·방습·방화 및 총받침대 등의 시설을 할 것

> 무기를 대여받은 시설주 또는 관리책임자는 무기고 및 탄약고는 단층으로 설치하고 환기, 방습, 방화 등의 시설을 하여야 한다. (O) 기출 19

3. **탄약고**는 무기고와 사무실 등 많은 사람을 수용하거나 많은 사람이 오고 가는 시설과 **떨어진 곳**에 설치할 것

4. 무기고 및 탄약고에는 **이중 잠금장치**를 하여야 하며, 열쇠는 **관리책임자**가 보관하되, 근무시간 이후에는 열쇠를 **당직책임자**에게 인계하여 보관시킬 것

> 무기고 및 탄약고의 열쇠는 관리책임자가 보관하되, 근무시간 이후에는 당직책임자에게 인계하여 보관시켜야 한다. (O) 기출 18

5. **관할 경찰관서장**이 정하는 바에 의하여 무기의 관리실태를 **매월** 파악하여 다음 달 3일까지 관할 경찰관서장에게 **통보**할 것

> 무기를 대여받은 시설주는 관할 경찰관서장이 정하는 바에 의하여 무기의 관리실태를 매월 파악하여 다음 달 5일까지 관할 경찰관서장에게 통보하여야 한다. (X) 기출 23
>
> 시설주 또는 관리책임자는 무기의 관리실태를 매월 파악하여 다음 달 3일까지 관할 경찰관서장에게 통보하여야 한다. (O) 기출 19·18
>
> 무기를 대여받은 국가중요시설의 시설주는 무기의 관리실태를 매월 파악하여 다음 달 5일까지 관할 경찰관서장에게 통보해야 한다. (X) 기출 13

6. 대여받은 무기를 빼앗기거나 대여받은 무기가 분실·도난 또는 훼손되는 등의 사고가 발생한 때에는 **관할 경찰관서장**에게 그 사유를 **지체 없이 통보**할 것

7. 대여받은 무기를 빼앗기거나 대여받은 무기가 분실·도난 또는 훼손된 때에는 **경찰청장**이 정하는 바에 의하여 그 **전액**을 배상할 것. 다만, 전시·사변, 천재·지변 그 밖의 **불가항력**의 사유가 있다고 **시·도 경찰청장**이 인정한 때에는 그러하지 아니하다.

> 무기를 대여받은 국가중요시설의 시설주 또는 관리책임자는 대여받은 무기를 빼앗긴 때에는 시·도 경찰청장이 정하는 바에 의하여 그 전액을 배상하여야 한다.　　(×) **기출** 18

8. **시설주**는 자체계획을 수립하여 보관하고 있는 무기를 매주 1회 이상 손질할 수 있게 할 것

> 시설주는 자체계획을 수립하여 보관하고 있는 무기를 매월 1회 이상 손질할 수 있게 하여야 한다.　　(×) **기출** 20
>
> 무기를 대여받은 국가중요시설의 시설주는 자체계획을 수립하여 보관하고 있는 무기를 매주 1회 이상 손질할 수 있게 하여야 한다.　　(○) **기출** 19·11

② **시설주 또는 관리책임자**는 고의 또는 과실로 무기(부속품을 포함한다)를 빼앗기거나 무기가 분실·도난 또는 훼손되도록 한 **특수경비원**에 대하여 **특수경비업자**에게 교체 또는 징계 등의 조치를 **요청할 수 있다**. 이 경우 특수경비업자는 특별한 사유가 없는 한 이에 응하여야 한다.

> 경비업법령상 무기를 대여받은 국가중요시설의 시설주는 고의 또는 과실로 무기(부속품을 포함한다)를 빼앗기거나 무기가 분실·도난 또는 훼손되도록 한 특수경비원에 대하여 특수경비업자에게 교체 또는 징계 등의 조치를 요청하여야 한다.　　(×) **기출** 22
>
> 시설주는 고의 또는 과실로 무기를 분실한 특수경비원에 대하여 특수경비업자에게 징계 등의 조치를 요청할 수 있다.　　(○) **기출** 18

③ 법 제14조 제4항의 규정에 의하여 무기를 대여받은 **시설주 또는 관리책임자**가 특수경비원에게 무기를 출납하고자 하는 때에는 다음 각호의 관리수칙에 따라 무기를 관리하여야 한다.

1. **관할 경찰관서장**이 무기를 회수하여 집중적으로 관리하도록 지시하는 경우 또는 출납하는 탄약의 수를 증감하거나 출납을 중지하도록 지시하는 경우에는 이에 따를 것
2. 탄약의 출납은 **소총**에 있어서는 1정당 **15발** 이내, **권총**에 있어서는 1정당 **7발** 이내로 하되, 생산된 후 오래된 탄약을 우선적으로 출납할 것

3. 무기를 지급받은 특수경비원으로 하여금 무기를 **매주** 1회 이상 손질하게 할 것

4. 수리가 필요한 무기가 있는 때에는 그 **목록**과 **무기장비운영카드**를 첨부하여
   관할 경찰관서장에게 수리를 요청할 것

④ 법 제14조 제4항의 규정에 의하여 시설주로부터 무기를 지급받은 **특수경비원**은
   다음 각호의 관리수칙에 따라 무기를 관리하여야 한다.
   1. 무기를 지급받거나 반납하는 때 또는 무기의 인계인수를 하는 때에는 반드시
      "**앞에 총**"의 자세에서 "**검사 총**"을 할 것
   2. 무기를 지급받은 때에는 별도의 지시가 없는 한 **탄약**은 무기로부터 **분리**하여 **휴대**
      하여야 하며, 소총은 "**우로 어깨걸어 총**"의 자세를 유지하고, 권총은 "**권총집에
      넣어 총**"의 자세를 유지할 것
   3. 지급받은 무기를 다른 사람에게 보관 · 휴대 또는 손질시키지 아니할 것
   4. 무기를 손질 또는 조작하는 때에는 총구를 반드시 **공중**으로 향하게 할 것
   5. 무기를 반납하는 때에는 손질을 철저히 한 후 반납하도록 할 것
   6. 근무시간 이후에는 무기를 **시설주**에게 반납하거나 **교대근무자**에게 인계할 것

⑤ **시설주**는 다음 각호의 **특수경비원**에 대하여 무기를 지급해서는 안 되며, 지급된 무기가 있는 경우 이를 **즉시** 회수해야 한다. 〈개정 2021.12.31.〉

1. **형사사건**으로 인하여 **조사**를 받고 있는 사람
2. **사직** 의사를 표명한 사람
3. **정신질환자**
4. 그 밖에 **무기**를 지급하기에 부적합하다고 인정되는 사람

> 시설주는 형사사건으로 인하여 조사를 받고 있는 특수경비원, 사직 의사를 표명한 특수경비원, 정신질환자인 특수경비원에 대하여 무기를 지급하여서는 아니 된다. (O) **기출** 16
>
> 시설주는 민사재판에 증인으로 출석 예정인 특수경비원에 대하여 무기를 지급하여서는 아니 된다. (×) **기출** 16
>
> 국가중요시설의 시설주는 형사사건으로 인하여 조사를 받고 있는 특수경비원에 대해서는 무기를 지급할 수 있으나, 형사사건으로 기소된 특수경비원에 대하여는 무기를 지급해서는 아니 된다. (×) **기출** 11

⑥ **시설주**는 무기를 수송하는 때에는 출발하기 **전**에 **관할 경찰서장**에게 그 사실을 통보하여야 하며, 통보를 받은 관할 경찰서장은 **1인** 이상의 무장경찰관을 무기를 수송하는 자동차 등에 함께 타도록 하여야 한다.

> 경비업법령상 무기를 대여받은 국가중요시설의 시설주는 무기를 수송하는 때에는 출발하기 전에 관할 경찰서장에게 그 사실을 통보하여야 하며, 통보를 받은 관할 경찰서장은 2인 이상의 무장경찰관을 무기를 수송하는 자동차 등에 함께 타도록 하여야 한다. (×) **기출** 22
>
> 경비원으로부터 무기 수송의 통보를 받은 관할 경찰서장은 2인 이상의 무장경찰관을 무기를 수송하는 자동차 등에 함께 타도록 해야 한다. (×) **기출** 13
>
> 시설주는 무기를 수송하는 때에는 출발하기 전에 관할 경찰서장에게 그 사실을 통보하여야 한다. (O) **기출** 12
>
> 무기를 대여받은 국가중요시설의 시설주는 무기를 수송하는 경우 출발 전 시·도 경찰청장에게 그 사실을 통보하여야 한다. (×) **기출** 11

제19조 경비원의 복장 등 신고 등 ★★

① 법 제16조 제1항에 따라 경비원의 복장 신고(변경신고를 포함한다)를 하려는 **경비업자**는 소속 경비원에게 복장을 착용하도록 하기 전에 별지 제13호의2 서식의 **경비원 복장 등 신고서**(전자문서로 된 신고서를 포함한다. 이하 같다)를 경비업자의 주된 사무소를 관할하는 **시·도 경찰청장**에게 **제출**하여야 한다. 〈개정 2020.12.31.〉

> 경비원의 복장 신고를 하려는 경비업자는 소속 경비원에게 복장을 착용하도록 하기 전에 경비원 복장 등 신고서를 경비업자의 주된 사무소를 관할하는 시·도 경찰청장에게 제출하여야 한다. (O) **기출** 11

② 법 제16조 제4항에 따라 경비원 복장 시정명령에 대한 이행보고를 하려는 **경비업자**는 별지 제13호의3 서식의 **시정명령 이행보고서**(전자문서로 된 보고서를 포함한다. 이하 같다)에 이행사실을 입증할 수 있는 사진 등의 서류를 첨부하여 시정명령을 한 **시·도 경찰청장**에게 제출하여야 한다. 〈개정 2020.12.31.〉

③ **경비업자**는 제1항에 따른 신고서 또는 제2항에 따른 이행보고서를 경비업자의 주된 사무소를 관할하는 **시·도 경찰청장 소속 경찰서장**을 거쳐 제출할 수 있다. 이 경우 신고서 또는 이행보고서를 받은 경찰서장은 **지체 없이** 경비업자의 주된 사무소를 관할하는 **시·도 경찰청장**에게 해당 신고서 또는 이행보고서를 보내야 한다. 〈개정 2020.12.31.〉

> 경비원 복장 등 신고서를 받은 경찰서장은 지체 없이 경비업자의 주된 사무소를 관할하는 시·도 경찰청장에게 해당 신고서를 보내야 한다. (O) **기출** 11

④ 경비원은 경비업무 수행 시 **이름표**를 경비원 복장의 **상의 가슴 부위**에 부착하여 경비원의 이름을 외부에서 알아볼 수 있도록 하여야 한다.

> 경비원은 경비업무 수행 시 이름표를 경비원 복장의 상의 가슴 부위에 부착하여 경비원의 이름을 외부에서 알아볼 수 있도록 해야 한다. (O) **기출** 14
>
> 경비원의 이름표는 경비원 복장 상의 가슴 부위에 부착하되, 식별 가능하도록 외부로 드러나야 한다. (O) **기출** 11

제20조 **경비원의 휴대장비** ★★★

① 법 제16조의2 제1항에 따라 경비원은 근무 중 경적, 단봉, 분사기, **안전방패**, **무전기** 및 그 밖에 경비업무 수행에 필요한 것으로서 **공격적인 용도로 제작되지 아니하는** 장비를 휴대할 수 있으며, **안전모** 및 **방검복** 등 안전장비를 착용할 수 있다.

> 경비원은 근무 중 경비업무 수행에 필요한 것으로서 공격적인 용도로 제작되지 아니하는 장비를 휴대할 수 있다. (O) **기출** 18
>
> 경비원은 근무 중 경적, 단봉, 분사기, 안전방패, 무전기 및 그 밖에 경비업무 수행에 필요한 것으로서 공격적인 용도로 제작되지 아니한 장비를 휴대할 수 있다. (O) **기출** 15
>
> 경비원은 근무 중 경비업무 수행에 필요한 것으로서 공격적인 용도로 제작된 장비를 휴대할 수 있다. (×) **기출** 23·14
>
> 경비원이 휴대할 수 있는 장비의 종류는 경적, 단봉, 분사기, 안전모, 안전방패 등이며 근무 외에도 휴대할 수 있다. (×) **기출** 11

② 제1항에 따른 경비원 장비의 구체적인 기준은 [별표 5]에 따른다.

[별표 5] 경비원 휴대장비의 구체적인 기준(제20조 제2항 관련) 〈개정 2023.7.17.〉

장 비	장비기준
1. 경 적	금속이나 플라스틱 재질의 호루라기
2. 단 봉	금속(합금 포함)이나 플라스틱 재질의 전장 700mm 이하의 호신용 봉
3. 분사기	「총포·도검·화약류 등의 안전관리에 관한 법률」에 따른 분사기
4. 안전방패	플라스틱 재질의 폭 500mm 이하, 길이 1,000mm 이하의 방패로 경찰공무원이 사용하는 안전방패와 색상 및 디자인이 명확히 구분되어야 함
5. 무전기	무전기 송신 시 실시간으로 수신이 가능한 것
6. 안전모	얼굴을 가리지 아니하면서, 머리를 보호하는 장비로 경찰공무원이 사용하는 방석모와 색상 및 디자인이 명확히 구분되어야 함
7. 방검복	경찰공무원이 사용하는 방검복과 색상 및 디자인이 명확히 구분되어야 함

경비업법령상 경비원이 휴대하는 분사기는 「경찰관직무집행법」에 따른 분사기를 기준으로 한다.
(×) **기출** 20

경비업법령상 경비원이 휴대하는 경적은 금속이나 플라스틱 재질의 호루라기를 기준으로 한다.
(○) **기출** 20

경비업법령상 경비원이 휴대하는 단봉은 금속(합금 포함)이나 플라스틱 재질의 전장 700mm 이하의 호신용 봉을 기준으로 한다. (○) **기출** 20

경비업법령상 경비원이 휴대하는 안전방패는 플라스틱 재질의 폭 500mm 이하, 길이 1,000mm 이하의 방패로 경찰공무원이 사용하는 안전방패와 색상 및 디자인이 명확히 구분되어야 한다. (○) **기출** 20

경비업법령상 경비원이 사용하는 방검복의 경우는 경찰공무원이 사용하는 방검복과 그 디자인이 구분될 필요가 없다. (×) **기출** 14

제21조 출동차량 등의 신고 등 ★

① 법 제16조의3 제2항에 따라 출동차량 등에 대한 신고(변경신고를 포함한다)를 하려는 **경비업자**는 출동차량 등을 운행하기 전에 별지 제13호의4 서식의 **출동차량 등 신고서**(전자문서로 된 신고서를 포함한다. 이하 같다)를 경비업자의 주된 사무소를 관할하는 **시·도 경찰청장**에게 **제출**하여야 한다. 〈개정 2020.12.31.〉

출동차량 등에 대한 신고를 하려는 경비업자는 출동차량 등을 운행하기 전에 출동차량 등 신고서를 경비업자의 주된 사무소를 관할하는 경찰관서장에게 제출하여야 한다. (×) **기출** 13

② 법 제16조의3 제4항에 따라 출동차량 등의 시정명령에 대한 이행보고를 하려는 **경비업자**는 별지 제13호의3 서식의 **시정명령 이행보고서**에 이행사실을 입증할 수 있는 사진 등의 서류를 첨부하여 시정명령을 한 **시·도 경찰청장**에게 **제출**하여야 한다. 〈개정 2020.12.31.〉

③ **경비업자**는 제1항에 따른 신고서 및 제2항에 따른 이행보고서를 경비업자의 주된 사무소를 관할하는 **시·도 경찰청장 소속의 경찰서장**을 거쳐 제출할 수 있다. 이 경우 신고서 또는 이행보고서를 받은 **경찰서장**은 **지체 없이** 경비업자의 주된 사무소를 관할하는 **시·도 경찰청장**에게 해당 신고서 또는 이행보고서를 보내야 한다. 〈개정 2020.12.31.〉

제22조   결격사유 확인을 위한 범죄경력조회 요청 ★

① 법 제17조 제2항에 따른 **범죄경력조회** 요청은 별지 제13호의5 서식의 범죄경력조회 신청서(전자문서로 된 신청서를 포함한다)에 따른다.

> 범죄경력조회 요청은 범죄경력조회 신청서(전자문서 포함) 또는 구두로 한다.
> (×) **기출** 16

② **경비업자**는 제1항에 따라 **범죄경력조회**를 요청하는 경우 다음 각호의 서류를 **첨부**하여야 한다.
1. 경비업 허가증 **사본**
2. 별지 제13호의6 서식의 취업자 또는 취업예정자 **범죄경력조회** 동의서

> 경비업자는 범죄경력조회를 요청하는 경우 취업자 또는 취업예정자 범죄경력조회 동의서와 주민등록초본을 첨부하여야 한다. (×) **기출** 23
>
> 경비업자는 범죄경력조회를 요청하는 경우 경비업 허가증 사본과 취업자 또는 취업예정자 범죄경력조회 동의서를 첨부하여야 한다. (○) **기출** 20

제23조   경비원의 명부 ★★

경비업자는 법 제18조 제1항에 따라 다음 각호의 장소에 별지 제14호 서식의 **경비원 명부**(제2호 및 제3호의 경우에는 해당 장소에 배치된 경비원의 명부를 말한다)를 **작성·비치**하여 두고, 이를 항상 **정리**하여야 한다.
1. 주된 **사무소**
2. 영 제5조 제3항에 따른 **출장소**
3. **집단민원현장**

제24조 경비원의 배치 및 배치폐지의 신고 ★★★

① **경비업자는 법 제18조 제2항에 따라 경비업무를 수행하기 위하여 20일 이상 경비원을 배치하거나 그 기간을 연장하려는 때에는 경비원을 배치한 후 7일** 이내에 별지 제15호 서식의 **경비원 배치신고서**(전자문서로 된 신고서를 포함하며, 이하 "배치신고서"라 한다)를 **배치지를 관할하는 경찰관서장**에게 **제출해야 한다. 다만, 법 제18조 제2항 제2호 및 제3호에 해당하는 경비원을 배치하는 경우에는 경비원을 배치하는 기간과 관계없이 경비원을 배치하기 전까지 제출해야 한다.** 〈개정 2014.6.5., 2021.7.13.〉

② 법 제18조 제2항 제3호에 해당하는 **특수경비원**을 배치하는 경비업자는 배치신고서에 특수경비원 전원의 별지 제15호의2 서식의 **병력(病歷)신고 및 개인정보 이용 동의서**(이하 이 조에서 "동의서"라 한다)를 첨부하여 **관할 경찰관서장**에게 **제출해야 한다.** 〈신설 2021.7.13.〉

③ 제2항에 따른 동의서를 제출받은 **관할 경찰관서장**은 국민건강보험공단 등 관계기관에 **치료경력의 조회**를 요청할 수 있다. 〈신설 2021.7.13.〉

④ **관할 경찰관서장**은 제2항에 따른 동의서의 기재내용 또는 관계기관의 조회결과를 확인하여 필요한 경우 **경비업자**에게 다음 각호의 서류를 제출하도록 요청할 수 있다. 이 경우 경비업자는 해당 특수경비원의 서류(제출일 기준 **6개월** 이내에 발급된 서류에 한정한다)를 관할 경찰관서장에게 **제출해야 한다.** 〈신설 2021.7.13.〉

1. 영 제10조의2 각호에 해당하지 않음을 증명하는 해당 분야 전문의의 진단서 1부
2. 영 제10조의2 제3호 단서에 해당하는 경우 이를 증명하는 해당 분야 전문의의 진단서 1부

⑤ 제1항의 규정에 의하여 경비원의 배치신고를 한 경비업자가 경비원의 배치를 폐지한 때에는 **배치폐지를 한 날부터 7일 이내**에 별지 제15호 서식의 **경비원 배치폐지신고서**(전자문서로 된 신고서를 포함한다)를 배치지의 **관할 경찰관서장**에게 **제출하여야 한다.** 다만, 경비원 배치신고 시에 기재한 **배치폐지 예정일에 경비원의 배치를 폐지한 경우에는 그러하지 아니하다.** 〈개정 2004.12.10., 2009.7.1., 2021.7.13.〉

⑥ **시·도 경찰청장 또는 경찰서장**은 일반경비원 또는 특수경비원이나 일반경비원 또는 특수경비원으로 근무했던 사람이 **요청하는 경우**에는 별지 제12호의2 서식의 **배치폐지 또는 현재 배치여부 확인증을 발급할 수 있다.** 〈신설 2019.4.23., 2020.12.31., 2021.7.13., 2023.7.17.〉

제24조의2 집단민원현장에의 일반경비원 배치허가 신청 등 ★★★

① 법 제18조 제2항 각호 외의 부분 단서에 따라 집단민원현장에 일반경비원 배치허가를 신청하려는 **경비업자**는 별지 제15호의3 서식의 **집단민원현장 일반경비원 배치허가 신청서**(전자문서에 의한 신청서를 포함하며, 이하 "배치허가 신청서"라 한다)에 집단민원현장에 배치될 **일반경비원의 신임교육 이수증**(영 제18조 제2항에 따른 일반경비원 신임교육 면제 대상의 경우 신임교육 면제 대상에 해당함을 입증할 수 있는 서류를 말한다) **각 1부**를 첨부하여 **관할 경찰관서장**에게 **제출해야 한다.** 〈개정 2021.7.13.〉

② 제1항에 따른 배치허가 신청서를 받은 **관할 경찰관서장**은 경비원 **배치예정 일시 전**까지 배치허가 여부를 결정하여 **경비업자**에게 **통보하여야 한다.**

③ 제2항에 따라 일반경비원 배치허가를 받은 경비업자가 **경비원 배치기간을 연장하려는 경우**에는 **배치기간이 만료되기 48시간 전까지 배치허가 신청서를 관할 경찰관서장**에게 **제출하여 허가를 받아야 한다.**

④ 제2항에 따라 일반경비원 배치허가를 받은 경비업자가 **집단민원현장에 새로운 경비원을 배치하려는 경우**에는 새로운 경비원을 배치하기 48시간 전까지 **배치허가 신청서를 관할 경찰관서장**에게 **제출하여 허가를 받아야 한다.**

⑤ 제2항에 따라 일반경비원 배치허가를 받은 경비업자가 **경비원의 배치를 폐지한** 때에는 **배치폐지를 한 날부터 48시간 이내**에 별지 제15호의4 서식의 **집단민원현장 일반경비원 배치폐지 신고서**(전자문서로 된 신고서를 포함한다)를 **관할 경찰관서장**에게 **제출해야 한다.** 〈개정 2021.7.13.〉

⑥ 제2항에 따라 일반경비원 배치허가를 받은 경비업자가 **집단민원현장에 배치된 경비지도사를 변경한 경우**에는 변경된 내용을 **관할 경찰관서장**에게 **통보하여야 한다.**

제24조의3 **경비원 근무상황 기록부** ★★

① **경비업자**는 법 제18조 제5항에 따라 경비업무를 수행하는 경비원의 인적사항, 배치일시, 배치장소, 배차폐지일시 및 근무여부 등 근무상황을 기록한 **근무상황 기록부**(전자문서로 된 근무상황 기록부를 포함한다. 이하 같다)를 작성하여 주된 **사무소** 및 **출장소**에 갖추어 두어야 한다.

② **경비업자**는 제1항에 따른 근무상황 기록부를 1년 동안 보관하여야 한다.

> 경비업자는 경비원을 배치하여 경비업무를 수행하게 하는 때에는 근무상황 기록부를 작성하여
> 2년 동안 보관해야 한다.　　　　　　　　　　　　　　　　　　　　　(×) 기출 14

제25조 **경비전화의 가설** ★★

① **관할 경찰관서장**은 **시설주**의 신청에 의하여 **특수경비원**이 배치된 국가중요시설 등에 경비전화를 가설할 수 있다.

> 관할 경찰관서장은 시설주의 신청에 의하여 특수경비원이 배치된 국가중요시설 등에 경비전화를
> 가설할 수 있다.　　　　　　　　　　　　　　　　　　　　　　(○) 기출 16·13

② 제1항의 규정에 의하여 경비전화를 가설하는 경우의 소요경비는 **시설주**의 부담으로 한다.

제26조 **갖추어 두어야 하는 장부 또는 서류** ★★

① **특수경비원**을 배치한 **시설주**는 다음 각호의 장부 및 서류를 갖추어 두어야 한다.
  1. 근무일지
  2. 근무상황카드
  3. 경비구역배치도
  4. 순찰표철
  5. 무기탄약**출납부**
  6. 무기장비**운영카드**
② 특수경비원을 배치한 국가중요시설의 **관할 경찰관서장**은 다음 각호의 장부 및 서류를 갖추어 두어야 한다.
  1. 감독**순시부**
  2. 특수경비원 전·출입관계철
  3. 특수경비원 **교육훈련실시부**
  4. 무기·탄약대여대장
  5. 그 밖에 특수경비원의 관리 등을 위하여 필요한 장부 또는 서류

③ 제1항 및 제2항의 규정에 의한 장부 또는 서류의 서식은 경찰관서에서 사용하는
서식을 준용한다.

제27조   삭제

제27조의2   규제의 재검토 ★

경찰청장은 제20조에 따른 경비원이 휴대하는 장비 등에 대하여 2014년 6월 8일을
기준으로 3년마다(매 3년이 되는 해의 6월 8일 전까지를 말한다) 그 타당성을 검토하여
개선 등의 조치를 하여야 한다.

제28조   과태료 부과 고지서 등

① 법 제31조 제1항 및 제2항에 따른 과태료 부과의 사전 통지는 별지 제16호 서식의
과태료 부과 사전 통지서에 따른다.
② 법 제31조 제1항 및 제2항에 따른 과태료의 부과는 별지 제17호 서식의 과태료
부과 고지서에 따른다.

부칙 〈행정안전부령 제363호, 2022.12.19.〉 (자격 취득 등에 요구되는 실무경력의 인정범위 확대 등을 위한 3개 법령의 일부개정에 관한 행정안전부령)

이 규칙은 공포한 날부터 시행한다.

부칙 〈행정안전부령 제418호, 2023.7.17.〉

이 규칙은 공포한 날부터 시행한다. 다만, 다음 각호의 개정규정은 해당 호에서 정하는 날부터 시행한다.

    1. 제13조 제1항 및 제16조 제1항의 개정규정 : 2023년 8월 1일

    2. [별표 1], [별표 2] 및 [별표 4]의 개정규정 : 2024년 1월 1일

CHAPTER

04 청원경찰법

[시행 2022.11.15.] [법률 제19033호, 2022.11.15., 일부개정]

제1조 목적 ★

이 법은 청원경찰의 직무·임용·배치·**보수**·**사회보장** 및 그 밖에 필요한 사항을 규정함으로써 청원경찰의 **원활한 운영**을 목적으로 한다.

> 청원경찰법은 청원경찰의 직무·임용·배치·보수·사회보장 및 그 밖의 필요한 사항을 규정함으로써 청원경찰의 원활한 운영을 목적으로 한다. (O) 기출 23·20
>
> 청원경찰법은 청원경찰의 원활한 운영을 목적으로 제정되었다. (O) 기출 17
>
> 청원경찰법은 청원경찰의 직무·임용·배치·보수·(사회보장) 및 그 밖에 필요한 사항을 규정함으로써 청원경찰의 원활한 운영을 목적으로 한다. 기출 14

제2조 정의 ★★★

이 법에서 "청원경찰"이란 다음 각호의 어느 하나에 해당하는 기관의 장 또는 시설·사업장 등의 **경영자**가 경비(이하 "청원경찰경비"(請願警察經費)라 한다)를 **부담**할 것을 조건으로 경찰의 배치를 신청하는 경우 그 기관·시설 또는 사업장 등의 경비(警備)를 담당하게 하기 위하여 배치하는 경찰을 말한다.

> 청원경찰은 청원주 등이 경비(經費)를 부담할 것을 조건으로 사업장 등의 경비(警備)를 담당하게 하기 위하여 배치하는 경찰을 말한다. (O) 기출 23·21·17
>
> 청원경찰의 경비는 시·도 경찰청에서 부담한다. (×) 기출 12

1. 국가기관 또는 공공단체와 그 관리하에 있는 중요시설 또는 사업장
2. 국내 주재(駐在) 외국기관
3. 그 밖에 **행정안전부령**으로 정하는 중요시설, 사업장 또는 장소

> 청원경찰법령상 청원경찰의 배치대상으로 명시된 기관 또는 시설·사업장 해당 여부
>
> • 대통령령으로 정하는 중요시설, 사업장 또는 장소 (×) 기출 22·20
> • 국가기관 또는 공공단체와 그 관리하에 있는 중요시설 또는 사업장 (O) 기출 20·11
> • 국내 주재 외국기관 (O) 기출 22·20·18·17·14
> • 국외 주재 국내기관 (×) 기출 11

제3조   청원경찰의 직무 ★★

청원경찰은 제4조 제2항에 따라 청원경찰의 배치결정을 받은 자(이하 "**청원주**"(請願主)라 한다)와 배치된 기관·시설 또는 사업장 등의 구역을 관할하는 **경찰서장**의 감독을 받아 그 경비구역만의 경비를 목적으로 필요한 범위에서 「**경찰관직무집행법**」에 따른 경찰관의 직무를 수행한다.

> 청원경찰은 청원주와 관할 경찰서장의 감독을 받아 그 경비구역만의 경비를 목적으로 필요한 범위에서 「경찰관직무집행법」에 따른 경찰관의 직무를 수행한다.   (O) **기출** 23
>
> 청원경찰법령상 청원경찰은 청원경찰의 배치결정을 받은 자와 배치된 기관·시설 또는 사업장 등의 구역을 관할하는 시·도 경찰청장의 감독을 받는다.   (X) **기출** 22
>
> 청원경찰법령상 청원경찰은 배치된 경비구역만의 경비를 목적으로 필요한 범위에서 「경찰관직무집행법」에 따른 경찰관의 직무를 수행한다.   (O) **기출** 22·21
>
> 청원경찰법령상 청원경찰은 청원주와 배치된 사업장 등의 구역을 관할하는 시·도지사 및 시·도 경찰청장의 감독을 받는다.   (X) **기출** 21
>
> 청원경찰법령상 청원경찰은 청원주와 관할 시·도 경찰청장의 감독을 받아 그 경비구역만의 경비를 목적으로 필요한 범위에서 경찰공무원법에 따른 경찰관의 직무를 수행한다.   (X) **기출** 17
>
> 청원경찰법령상 청원경찰은 청원경찰의 배치결정을 받은 자의 지시와 감독에 의해서만 직무를 수행해야 한다.   (X) **기출** 14
>
> 청원경찰법령상 청원경찰은 청원주와 배치된 기관·시설 또는 사업장 등의 구역을 관할하는 경찰서장의 감독을 받는다.   (O) **기출** 12

제4조   청원경찰의 배치 ★★★

① 청원경찰을 배치받으려는 자는 **대통령령**으로 정하는 바에 따라 관할 **시·도 경찰청장**에게 청원경찰 배치를 신청하여야 한다. 〈개정 2020.12.22.〉

> 청원경찰을 배치받으려는 자는 대통령령으로 정하는 바에 따라 경찰청장에게 청원경찰 배치를 신청하여야 한다.   (X) **기출** 23
>
> 청원경찰을 배치받으려는 자는 대통령령으로 정하는 바에 따라 관할 시·도 경찰청장에게 청원경찰 배치를 신청하여야 한다.   (O) **기출** 22·21·20
>
> 청원경찰을 배치받으려는 자는 행정안전부령으로 정하는 바에 따라 경찰청장에게 청원경찰 배치를 신청하여야 한다.   (X) **기출** 16
>
> 청원경찰을 배치받으려는 자는 관할 시·도 경찰청장에게 청원경찰 배치를 신청해야 한다.   (O) **기출** 13

② **시 · 도 경찰청장**은 제1항의 청원경찰 배치신청을 받으면 **지체 없이** 그 배치 여부를 결정하여 신청인에게 알려야 한다. 〈개정 2020.12.22.〉

시 · 도 경찰청장은 청원경찰 배치신청을 받으면 30일 이내에 그 배치 여부를 결정하여 신청인에게 알려야 한다. (×) **기출** 19

시 · 도 경찰청장은 청원경찰 배치신청을 받으면 15일 이내에 그 배치 여부를 결정하여 신청인에게 알려야 한다. (×) **기출** 18

시 · 도 경찰청장은 청원경찰 배치신청을 받으면 지체 없이 그 배치 여부를 결정하여 신청인에게 알려야 한다. (O) **기출** 22 · 13

③ **시 · 도 경찰청장**은 청원경찰 배치가 필요하다고 인정하는 기관의 장 또는 시설 · 사업장의 경영자에게 청원경찰을 배치할 것을 요청할 **수 있다.** 〈개정 2020.12.22.〉

시 · 도 경찰청장은 청원경찰 배치가 필요하다고 인정하는 기관의 장 또는 시설 · 사업장의 경영자에게 청원경찰을 배치할 수 있다. (O) **기출** 22 · 21 · 20

경찰청장은 청원경찰 배치가 필요하다고 인정하는 기관의 장에게 청원경찰을 배치할 것을 요청하여야 한다. (×) **기출** 19

시 · 도 경찰청장은 청원경찰 배치가 필요하다고 인정하는 기관의 장에게 청원경찰을 배치할 것을 요청할 수 있다. (×) **기출** 13

경찰청장은 청원경찰 배치가 필요하다고 인정하는 기관의 장 또는 시설 · 사업장의 경영자에게 청원경찰을 배치할 것을 요청할 수 있다. (×) **기출** 12

제5조 **청원경찰의 임용 등** ★★★

① 청원경찰은 **청원주**가 임용하되, 임용을 할 때에는 미리 **시 · 도 경찰청장**의 **승인**을 받아야 한다. 〈개정 2020.12.22.〉

청원경찰법령상 청원경찰의 임용권자는 청원주이다. (O) **기출** 22

청원경찰은 청원주가 임용하되, 임용을 할 때에는 「경찰공무원법」이 정하는 특별한 경우를 제외하고는 미리 경찰청장의 승인을 받아야 한다. (×) **기출** 18

청원경찰은 청원주가 임용하되, 임용을 할 때에는 미리 시 · 도 경찰청장의 승인을 받아야 한다. (O) **기출** 16 · 13

청원경찰은 시 · 도 경찰청장이 임용하며 미리 시설 · 사업장의 경영자의 승인을 받아야 한다. (×) **기출** 12

청원경찰은 (청원주)가(이) 임용하되, 임용을 할 때에는 미리 (시 · 도 경찰청장)의 승인을 받아야 한다. **기출** 11

② 「국가공무원법」 제33조 각호의 어느 하나의 결격사유에 해당하는 사람은 청원경찰로 임용될 수 없다.

국가공무원법 제33조(결격사유)

다음 각호의 어느 하나에 해당하는 자는 공무원으로 임용될 수 없다. 〈개정 2022.12.27., 2023.4.11.〉

1. 피성년후견인
2. 파산선고를 받고 복권되지 아니한 자
3. 금고 이상의 실형을 선고받고 그 집행이 끝나거나(집행이 끝난 것으로 보는 경우를 포함한다) 집행이 면제된 날부터 5년이 지나지 아니한 자
4. 금고 이상의 형의 집행유예를 선고받고 그 유예기간이 끝난 날부터 2년이 지나지 아니한 자
5. 금고 이상의 형의 선고유예를 받은 경우에 그 선고유예 기간 중에 있는 자
6. 법원의 판결 또는 다른 법률에 따라 자격이 상실되거나 정지된 자
6의2. 공무원으로 재직기간 중 직무와 관련하여 「형법」 제355조 및 제356조에 규정된 죄를 범한 자로서 300만원 이상의 벌금형을 선고받고 그 형이 확정된 후 2년이 지나지 아니한 자
6의3. 다음 각목의 어느 하나에 해당하는 죄를 범한 사람으로서 100만원 이상의 벌금형을 선고받고 그 형이 확정된 후 3년이 지나지 아니한 사람
    가. 「성폭력범죄의 처벌 등에 관한 특례법」 제2조에 따른 성폭력범죄
    나. 「정보통신망 이용촉진 및 정보보호 등에 관한 법률」 제74조 제1항 제2호 및 제3호에 규정된 죄
    다. 「스토킹범죄의 처벌 등에 관한 법률」 제2조 제2호에 따른 스토킹범죄
6의4. 미성년자에 대한 다음 각목의 어느 하나에 해당하는 죄를 저질러 파면·해임되거나 형 또는 치료감호를 선고받아 그 형 또는 치료감호가 확정된 사람(집행유예를 선고받은 후 그 집행유예 기간이 경과한 사람을 포함한다)
    가. 「성폭력범죄의 처벌 등에 관한 특례법」 제2조에 따른 성폭력범죄
    나. 「아동·청소년의 성보호에 관한 법률」 제2조 제2호에 따른 아동·청소년대상 성범죄
7. 징계로 파면처분을 받은 때부터 5년이 지나지 아니한 자
8. 징계로 해임처분을 받은 때부터 3년이 지나지 아니한 자

[헌법불합치, 2020헌마1181, 2022.11.24., 국가공무원법(2018.10.16. 법률 제15857호로 개정된 것) 제33조 제6호의4 나목 중 아동복지법(2017.10.24. 법률 제14925호로 개정된 것) 제17조 제2호 가운데 '아동에게 성적 수치심을 주는 성희롱 등의 성적 학대행위로 형을 선고받아 그 형이 확정된 사람은 국가공무원법 제2조 제2항 제1호의 일반직공무원으로 임용될 수 없도록 한 것'에 관한 부분은 헌법에 합치되지 아니한다. 위 법률조항들은 2024.5.31.을 시한으로 입법자가 개정할 때까지 계속 적용된다.]

[헌법불합치, 2020헌마605 · 2022헌마276(병합), 2023.6.29., 국가공무원법(2018.10.16. 법률 제15857호로 개정된 것) 제33조 제6호의4 나목 중 구 아동 · 청소년의 성보호에 관한 법률(2014.1.21. 법률 제12329호로 개정되고, 2020.6.2. 법률 제17338호로 개정되기 전의 것) 제11조 제5항 가운데 '아동 · 청소년이용음란물임을 알면서 이를 소지한 죄로 형을 선고받아 그 형이 확정된 사람은 국가공무원법 제2조 제2항 제1호의 일반직공무원으로 임용될 수 없도록 한 것'에 관한 부분 및 지방공무원법(2018.10.16. 법률 제15801호로 개정된 것) 제31조 제6호의4 나목 중 구 아동 · 청소년의 성보호에 관한 법률(2014.1.21. 법률 제12329호로 개정되고, 2020.6.2. 법률 제17338호로 개정되기 전의 것) 제11조 제5항 가운데 '아동 · 청소년이용음란물임을 알면서 이를 소지한 죄로 형을 선고받아 그 형이 확정된 사람은 지방공무원법 제2조 제2항 제1호의 일반직공무원으로 임용될 수 없도록 한 것'에 관한 부분은 모두 헌법에 합치되지 아니한다. 위 법률조항들은 2024.5.31.을 시한으로 입법자가 개정할 때까지 계속 적용된다.]

피한정후견인은 청원경찰로 임용될 수 있다. (O) 기출수정 13

법원의 판결 또는 다른 법률에 따라 자격이 정지된 자는 청원경찰로 임용될 수 없다. (O) 기출 12

금고 이상의 형을 선고받고 그 집행유예 기간이 끝난 날부터 2년이 지나지 아니한 자는 청원경찰로 임용될 수 없다. (O) 기출 11

③ 청원경찰의 임용자격 · 임용방법 · 교육 및 보수에 관하여는 **대통령령**으로 정한다.

청원경찰의 임용자격 · 임용방법 · 교육 및 보수에 관하여는 행정안전부령으로 정한다. (X) 기출 20

④ 청원경찰의 **복무**에 관하여는 「**국가공무원법**」 제57조, 제58조 제1항, 제60조 및 「**경찰공무원법**」 제24조를 준용한다. 〈개정 2018.9.18., 2020.12.22.〉
[2018.9.18. 법률 제15765호에 의하여 2017.9.28. 헌법재판소에서 헌법불합치 결정된 이 조 제4항을 개정함.]

청원경찰의 복무에 관하여는 「국가공무원법」 및 「경찰법」을 준용한다. (X) 기출 20

청원경찰의 복무에 관하여는 「경찰관직무집행법」을 준용한다. (X) 기출 18

청원경찰의 복무에 관하여 준용되는 경찰공무원법 규정은 거짓보고 등의 금지규정이다. (O) 기출 15

국가공무원법상 청원경찰의 정치운동금지규정은 청원경찰의 복무에 관하여 준용되는 규정에 해당하지 않는다. (O) 기출 13

청원경찰은 재직 중은 물론 퇴직 후에도 직무상 알게 된 비밀을 엄수하여야 한다. (O) 기출 12

청원경찰의 복무와 관련하여 경찰공무원법상의 교육훈련에 관한 규정이 준용된다. (X) 기출 11

① **청원주**는 청원경찰이 다음 각호의 어느 하나에 해당하는 때에는 **대통령령**으로 정하는 **징계절차**를 거쳐 징계처분을 하여야 한다.

1. 직무상의 **의무**를 **위반**하거나 **직무**를 **태만**히 한 때
2. **품위**를 손상하는 행위를 한 때

> 청원주는 청원경찰이 품위를 손상하는 행위를 한 때 행정안전부령으로 정하는 징계절차를 거쳐 징계처분을 할 수 있다.   (×) 기출 23
>
> 청원경찰법령상 시·도 경찰청장은 청원경찰이 품위를 손상하는 행위를 한 때에는 대통령령으로 정하는 징계절차를 거쳐 징계처분을 할 수 있다.   (×) 기출 21
>
> 청원경찰법령상 청원주는 청원경찰이 직무상의 의무를 위반하거나 직무를 태만히 한 때, 품위를 손상하는 행위를 한 때에는 대통령령으로 정하는 징계절차를 거쳐 징계처분을 하여야 한다.   (○) 기출 15
>
> 청원경찰법령상 징계처분권자는 청원주이다.   (○) 기출 13
>
> 청원경찰법령상 청원경찰이 품위를 손상하는 행위를 하는 경우 청원주는 징계절차에 따라 징계처분을 하여야 한다.   (○) 기출 19·12

② 청원경찰에 대한 징계의 종류는 파면, 해임, **정직**, **감봉** 및 **견책**으로 구분한다.

> 청원경찰에 대한 징계의 종류는 파면, 해임, 정직, 감봉 및 경고로 구분한다.(×) 기출 23
>
> 강등, 견책, 면직, 직위해제 중 청원경찰법령상 청원경찰에 대한 징계의 종류로 옳은 것은 견책이다.   (○) 기출 22
>
> 청원경찰법령상 징계의 종류는 파면, 해임, 강등, 정직, 감봉 및 견책으로 구분한다.   (×) 기출 21·18·14
>
> 직위해제는 청원경찰법령상 청원경찰에 대한 징계의 종류에 해당하지 않는다.   (○) 기출 16·13
>
> 강등은 청원경찰법령상 청원경찰에 대한 징계의 종류에 해당하지 않는다.   (○) 기출 12
>
> 경고는 청원경찰법령상 청원경찰에 대한 징계의 종류에 해당하지 않는다.   (○) 기출 11

③ 청원경찰의 **징계**에 관하여 그 밖에 필요한 사항은 **대통령령**으로 정한다.

제6조 **청원경찰경비** ★★★

① **청원주**는 다음 각호의 청원경찰경비를 부담하여야 한다.
  1. 청원경찰에게 지급할 **봉급**과 각종 **수당**
  2. 청원경찰의 **피복비**
  3. 청원경찰의 **교육비**
  4. 제7조에 따른 **보상금** 및 제7조의2에 따른 **퇴직금**

> 청원경찰의 업무추진비는 청원경찰법령상 청원주가 부담하여야 하는 청원경찰경비에 해당하지 않는다. (O) 기출 22
>
> 청원경찰법령상 청원경찰의 피복비는 청원주가 부담하여야 하는 청원경찰경비에 해당하지 않는다. (×) 기출 21
>
> 청원경찰의 경조사비는 청원경찰법령상 청원주가 부담하여야 할 경비에 해당하지 않는다. (O) 기출 20
>
> 청원경찰법령상 청원경찰경비는 봉급과 각종 수당, 피복비, 교육비, 보상금 및 퇴직금을 말한다. (O) 기출 18
>
> 청원경찰법령상 청원주가 부담해야 하는 청원경찰경비는 청원경찰의 교통비·피복비·교육비·청원경찰 본인 또는 유족의 보상금 등이다. (×) 기출 14
>
> 청원경찰법령상 청원주는 대통령령이 정하는 바에 따라 청원경찰에게 봉급과 각종 수당 등을 지급하여야 한다. (×) 기출 17
>
> 청원경찰법령상 청원주가 부담하는 청원경찰경비에는 청원경찰에게 지급할 봉급과 각종 수당, 청원경찰의 피복비 및 교육비, 청원경찰법의 규정에 따른 보상금 및 퇴직금이 있다. (O) 기출 13
>
> 청원경찰법령상 청원경찰의 봉급과 각종 수당은 청원주가 부담한다. (O) 기출 20·13
>
> 청원경찰법령상 청원주는 청원경찰의 피복비·교육비를 부담하여야 한다. (O) 기출 20·11

② 국가기관 또는 지방자치단체에 **근무하는** 청원경찰의 보수는 다음 각호의 구분에 따라 같은 재직기간에 해당하는 경찰공무원의 보수를 감안하여 **대통령령**으로 정한다.
  1. 재직기간 **15년** 미만 : 순경
  2. 재직기간 **15년** 이상 **23년** 미만 : 경장
  3. 재직기간 **23년** 이상 **30년** 미만 : 경사
  4. 재직기간 **30년** 이상 : 경위

청원경찰법령상 국가기관 또는 지방자치단체에 근무하는 청원경찰의 보수는 재직기간 15년 이상 23년 미만인 경우 같은 재직기간에 해당하는 경찰공무원 '경장'의 보수를 감안하여 대통령령으로 정한다. (O) 기출 21

청원경찰법령상 국가기관 또는 지방자치단체에 근무하는 청원경찰의 보수는 청원경찰법에서 정한 구분에 따라 같은 재직기간에 해당하는 경찰공무원의 보수를 감안하여 대통령령으로 정한다. (O) 기출 20

청원경찰법령상 국가기관에 근무하는 청원경찰의 보수는 재직기간이 16년, 20년인 경우 경장, 25년인 경우 경사, 32년인 경우 경위에 해당하는 경찰공무원의 보수를 감안하여 대통령령으로 정한다. (O) 기출 18

청원경찰법령상 지방자치단체에 근무하는 재직기간이 22년인 청원경찰의 보수는 같은 재직기간에 해당하는 경찰공무원 중 경장의 보수를 감안하여 대통령령으로 정한다. (O) 기출 16

청원경찰법령상 국가기관에 근무하는 청원경찰의 보수는 그 재직기간이 25년인 경우, 경찰공무원 경사의 보수를 감안하여 대통령령으로 정한다. (O) 기출 15

청원경찰법령상 국가기관에 근무하는 청원경찰의 보수는 재직기간 15년 이상 23년 미만인 경우, 경장에 해당하는 경찰공무원의 보수를 감안하여 대통령령으로 정한다. (O) 기출 14

③ 청원주의 제1항 제1호에 따른 봉급·수당의 **최저**부담기준액(국가기관 또는 지방자치단체에 근무하는 청원경찰의 봉급·수당은 **제외**한다)과 같은 항 제2호 및 제3호에 따른 비용의 부담기준액은 **경찰청장**이 정하여 고시(告示)한다.

청원경찰법령상 청원주의 청원경찰에 대한 봉급·수당의 최저부담기준액(국가기관 또는 지방자치단체에 근무하는 청원경찰의 봉급·수당은 제외한다)은 경찰청장이 정하여 고시(告示)한다. (O) 기출 20

청원경찰법령상 청원경찰의 피복비 및 교육비의 부담기준액은 시·도 경찰청장이 정하여 고시한다. (X) 기출 19

청원경찰법령상 봉급·수당의 최저부담기준액(국가기관 또는 지방자치단체에 근무하는 청원경찰의 봉급·수당은 제외)은 경찰청장이 정하여 고시한다. (O) 기출 18

청원경찰법령상 청원경찰에게 지급할 봉급과 각종 수당의 최저부담기준액과 청원경찰의 피복비 및 교육비의 부담기준액은 경찰청장이 정하여 고시(告示)한다. (O) 기출 13

청원경찰법령상 국가기관 또는 지방자치단체에 근무하는 청원경찰의 봉급·수당에 관한 청원주의 최저부담기준액은 경찰청장이 정하여 고시한다. (X) 기출 15

청원경찰법령상 지방자치단체에 근무하는 청원경찰의 봉급·수당의 최저부담기준액은 경찰청장이 정하여 고시한다. (X) 기출 14

청원경찰에게 지급할 봉급·수당의 최저부담기준액 결정에 관한 권한은 청원경찰법령상 관할 경찰서장에게 위임된 권한이 아니다. (O) 기출 11

제7조 　보상금 ★★

청원주는 청원경찰이 다음 각호의 어느 하나에 해당하게 되면 **대통령령**으로 정하는 바에 따라 청원경찰 본인 또는 그 **유족**에게 보상금을 지급**하여야 한다.**

　1. **직무수행**으로 인하여 **부상**을 입거나, **질병**에 걸리거나 또는 **사망**한 경우

> 청원주는 청원경찰이 직무수행으로 인하여 부상을 입거나, 질병에 걸리거나 또는 사망한 경우 대통령령으로 정하는 바에 따라 청원경찰 본인 또는 그 유족에게 보상금을 지급하여야 한다. 　　　　　　　　　　　　　　　　　　(O) 기출 23·20
>
> 청원주는 대통령령이 정하는 바에 따라 청원경찰이 직무수행 중 부상을 당한 경우에 본인에게 보상금을 지급하여야 한다. 　　　　　　　　　　　　　　　(O) 기출 17
>
> 청원경찰이 직무수행으로 인하여 부상을 입은 경우 또는 사망한 경우에는 청원주는 대통령령이 정하는 바에 따라 청원경찰 본인 또는 그 유족에게 보상금을 지급하여야 한다. 　　　　　　　　　　　　　　　　　　　　　　　　(O) 기출 16

　2. **직무상의 부상·질병**으로 인하여 **퇴직**하거나, 퇴직 후 **2년 이내**에 **사망**한 경우

> 청원경찰이 직무상의 부상·질병으로 인하여 퇴직 후 3년 이내에 사망한 경우 청원주는 대통령령으로 정하는 바에 따라 그 유족에게 보상금을 지급하여야 한다. (×) 기출 23·21
>
> 청원경찰이 직무상의 부상·질병으로 인하여 퇴직한 경우에는 청원주는 본인에게 보상금을 지급하여야 한다. 　　　　　　　　　　　　　　　　　　(O) 기출 19·16
>
> 청원경찰이 고의·과실에 의한 위법행위로 타인에게 손해를 가한 경우 청원주는 본인에게 보상금을 지급하여야 한다. 　　　　　　　　　　　　　(×) 기출 16
>
> 청원주는 청원경찰이 직무상의 부상·질병으로 인하여 퇴직하거나, 퇴직 후 2년 이내에 사망한 경우 청원경찰 본인 또는 그 유족에게 보상금을 지급하여야 한다. (O) 기출 15
>
> 청원주는 직무상의 부상·질병으로 인하여 퇴직하거나, 퇴직 후 3년 이내에 사망한 경우 보상금을 지급하여야 한다. 　　　　　　　　　　　　　　　(×) 기출 11

제7조의2 　퇴직금 ★★

청원주는 청원경찰이 퇴직할 때에는 「**근로자퇴직급여보장법**」에 따른 퇴직금을 지급하여야 한다. 다만, 국가기관이나 지방자치단체에 **근무**하는 청원경찰의 퇴직금에 관하여는 따로 **대통령령**으로 정한다.

> 국가기관이나 지방자치단체에 근무하는 청원경찰의 퇴직금에 관하여는 행정안전부령으로 정한다. 　　　　　　　　　　　　　　　　　　　(×) 기출 20
>
> 청원주는 청원경찰이 퇴직할 때에는 행정안전부령이 정하는 바에 따라 근로자퇴직급여보장법에 따른 퇴직금을 지급하여야 한다. 　　　　　　　(×) 기출 17

지방자치단체에 근무하는 청원경찰의 퇴직금에 관하여는 따로 행정안전부령으로 정한다.
                                                            (×) **기출** 14

청원주는 청원경찰이 퇴직할 때에는 고용보험법에 따른 퇴직금을 지급하여야 한다.
                                                           (×) **기출** 11

제8조 제복 착용과 무기 휴대 ★★

① 청원경찰은 근무 중 제복을 착용하여야 한다.

> 청원경찰은 근무 중에는 행정안전부령이 정하는 제복을 착용하여야 한다. (○) **기출** 17

② **시·도 경찰청장**은 청원경찰이 직무를 수행하기 위하여 필요하다고 인정하면 **청원주**의 신청을 받아 **관할 경찰서장**으로 하여금 청원경찰에게 무기를 대여하여 지니게 할 수 있다. 〈개정 2020.12.22.〉

> 시·도 경찰청장은 직무수행에 필요하면 청원주의 신청을 받아 관할 경찰서장으로 하여금 청원경찰에게 무기를 대여하여 지니게 할 수 있다. (○) **기출** 19·17·13·12
>
> 청원주는 청원경찰이 직무를 수행하기 위하여 필요하다고 인정하면 관할 경찰서장으로 하여금 청원경찰에게 무기를 대여하여 지니게 할 수 있다. (×) **기출** 14

③ 청원경찰의 **복제(服制)**와 무기 휴대에 필요한 사항은 **대통령령**으로 정한다.

제9조 삭제

제9조의2 삭제

제9조의3 감독 ★★

① **청원주**는 항상 소속 청원경찰의 근무 상황을 감독하고, 근무 수행에 필요한 교육을 하여야 한다.

> 청원주는 항상 소속 청원경찰의 근무 상황을 감독하고, 근무 수행에 필요한 교육을 하여야 한다. (○) **기출** 23·19

② **시·도 경찰청장**은 청원경찰의 효율적인 운영을 위하여 **청원주**를 지도하며 감독상 필요한 명령을 할 수 있다. 〈개정 2020.12.22.〉

> 청원경찰법령상 시·도 경찰청장은 청원경찰의 효율적인 운영을 위하여 청원주를 지도하며 감독
> 상 필요한 명령을 할 수 있다. (O) 기출 23
>
> 청원경찰법상 청원경찰의 효율적인 운영을 위하여 청원주를 지도하며 감독상 필요한 명령을
> 할 수 있는 자는 시·도 경찰청장이다. (O) 기출수정 22

제9조의4　쟁의행위의 금지 ★

청원경찰은 **파업**, **태업** 또는 그 밖에 업무의 정상적인 운영을 방해하는 일체의 **쟁의행위**를 하여서는 아니 된다.

[본조신설 2018.9.18.]

> 청원경찰은 파업, 태업 또는 그 밖에 업무의 정상적인 운영을 방해하는 일체의 쟁의행위를 하여서
> 는 아니 된다. (O) 기출 20·18

제10조　직권남용금지 등 ★★★

① 청원경찰이 직무를 수행할 때 **직권을 남용**하여 국민에게 해를 끼친 경우에는 **6개월** 이하의 **징역**이나 **금고**에 처한다.

> 청원경찰이 직무를 수행할 때 직권을 남용하여 국민에게 해를 끼친 경우에는 6개월 이하의 금고
> 나 구류에 처한다. (×) 기출 19
>
> 청원경찰이 직무를 수행할 때 직권을 남용하여 국민에게 해를 끼친 경우에는 6개월 이하의 징역
> 이나 금고에 처한다. (O) 기출 18·17·16·15·14·12
>
> 청원경찰이 직무를 수행할 때 직권을 남용하여 국민에게 해를 끼친 경우에는 1년 이하의 징역이나
> 금고에 처한다. (×) 기출 23·11

② 청원경찰 업무에 종사하는 사람은 「**형법**」이나 그 밖의 법령에 따른 **벌칙**을 적용할 때에는 공무원으로 **본다**.

> 청원경찰 업무에 종사하는 사람은 「형법」이나 그 밖의 법령에 따른 벌칙을 적용할 때에는 공무원
> 으로 본다. (O) 기출 18·16·12·11
>
> 청원경찰은 「형법」에 따른 벌칙을 적용할 때에는 공무원으로 간주하지 않는다.
> (×) 기출 19·17

청원경찰의 불법행위에 대한 배상책임 ★★★

청원경찰(국가기관이나 지방자치단체에 근무하는 청원경찰은 **제외**한다)의 직무상 불법행위에 대한 배상책임에 관하여는 「**민법**」의 규정을 따른다.

> 청원경찰의 직무상 불법행위에 대한 배상책임에 관하여는 「경찰관직무집행법」의 규정을 따른다.
> (✕) 기출 23
>
> 청원경찰(국가기관이나 지방자치단체에 근무하는 청원경찰은 제외)의 직무상 불법행위에 대한 배상책임에 관하여는 「국가배상법」의 규정을 따른다. (✕) 기출 19
>
> 공기업에 근무하는 청원경찰의 직무상 불법행위로 인한 배상책임은 「국가배상법」에 의한다.
> (✕) 기출 17
>
> 국가기관에 근무하는 청원경찰의 직무상 불법행위로 인한 배상책임에 관해서는 「민법」의 규정에 의한다. (✕) 기출 18 · 17 · 14
>
> 국가기관이나 지방자치단체에 근무하는 청원경찰의 직무상 불법행위에 대한 배상책임에 관하여는 「민법」의 규정을 따른다. (✕) 기출 16 · 15
>
> 지방자치단체에 근무하는 청원경찰의 직무상 불법행위에 대한 배상책임에 관하여는 「민법」의 규정을 따른다. (✕) 기출 20 · 11

권한의 위임 ★★

이 법에 따른 시 · 도 경찰청장의 권한은 그 일부를 **대통령령**으로 정하는 바에 따라 관할 경찰서장에게 **위임할 수 있다.** 〈개정 2020.12.22.〉

> 청원경찰법에 따른 시 · 도 경찰청장의 권한은 그 일부를 대통령령으로 정하는 바에 따라 관할 경찰서장에게 위임할 수 있다. (〇) 기출 16
>
> 시 · 도 경찰청장은 청원경찰 배치의 결정 및 요청에 관한 권한을 대통령령으로 관할 경찰서장에게 위임할 수 있다. (〇) 기출 12 · 11
>
> 시 · 도 경찰청장은 청원경찰의 임용승인에 관한 권한을 대통령령으로 관할 경찰서장에게 위임할 수 있다. (〇) 기출 17 · 12 · 11
>
> 청원경찰법령상 시 · 도 경찰청장은 청원경찰 배치의 결정 및 요청에 관한 권한, 청원경찰의 임용승인에 관한 권한, 청원주에 대한 지도 및 감독상 필요한 명령에 관한 권한을 관할 경찰서장에게 위임할 수 있다. (〇) 기출 17 · 11
>
> 청원경찰법령상 시 · 도 경찰청장은 청원경찰의 무기 대여 및 휴대에 관한 권한을 관할 경찰서장에게 위임할 수 있다. (✕) 기출 17
>
> 청원경찰의 징계처분 요청권한은 청원경찰법령상 관할 경찰관서장에게 위임할 수 있는 시 · 도 경찰청장의 권한에 해당한다. (✕) 기출 12
>
> 청원경찰법령상 시 · 도 경찰청장은 과태료 부과 · 징수에 관한 권한을 관할 경찰서장에게 위임할 수 있다. (〇) 기출 12

① 청원경찰은 형의 선고, **징계처분** 또는 **신체상·정신상**의 이상으로 직무를 감당하지 못할 때를 제외하고는 그 의사(意思)에 반하여 **면직(免職)**되지 아니한다.

> 청원경찰은 형의 선고, 징계처분 또는 신체상·정신상의 이상으로 직무를 감당하지 못할 때를 제외하고는 그 의사에 반하여 (면직)되지 아니한다.　　　　　　　　　　　기출 19
>
> 청원경찰은 형의 선고, 징계처분 또는 신체상·정신상의 이상으로 직무를 감당하지 못할 때를 제외하고는 그 의사에 반하여 면직되지 아니한다.　　　　　(O) 기출 23·18·14·11

② **청원주**가 청원경찰을 **면직**시켰을 때에는 그 사실을 **관할 경찰서장**을 거쳐 **시·도 경찰청장**에게 보고하여야 한다. 〈개정 2020.12.22.〉

> 청원주가 청원경찰을 면직시켰을 때에는 그 사실을 관할 시·도 경찰청장을 거쳐 경찰청장에게 보고하여야 한다.　　　　　　　　　　　　　　　　　　(✕) 기출 20
>
> 청원주가 청원경찰을 면직시켰을 때에는 그 사실을 관할 경찰서장을 거쳐 시·도 경찰청장에게 보고하여야 한다.　　　　　　　　　　　　　　　　　(O) 기출 16·11

① **청원주**는 청원경찰이 배치된 시설이 폐쇄되거나 축소되어 청원경찰의 배치를 폐지하거나 배치인원을 감축할 필요가 있다고 인정하면 청원경찰의 배치를 폐지하거나 배치인원을 감축할 수 있다. 다만, 청원주는 다음 각호의 어느 하나에 해당하는 경우에는 청원경찰의 배치를 폐지하거나 배치인원을 감축할 수 없다.

　　1. **청원경찰**을 대체할 목적으로 「경비업법」에 따른 **특수경비원**을 배치하는 경우

> 청원주는 청원경찰을 대체할 목적으로 특수경비원을 배치하는 경우에 청원경찰의 배치를 폐지하거나 배치인원을 감축할 수 없다.　　　　　　　　　(O) 기출 17

　　2. 청원경찰이 배치된 기관·시설 또는 사업장 등이 **배치인원**의 변동사유 없이 다른 곳으로 이전하는 경우

> 청원주는 청원경찰이 배치된 기관·시설 또는 사업장 등이 배치인원의 변동사유 없이 다른 곳으로 이전하는 경우에는 청원경찰의 배치인원을 감축할 수 없다.　　(O) 기출 21
>
> 관할 경찰서장은 청원경찰이 배치된 시설이 축소될 경우 배치인원을 감축할 수 있다.　　　　　　　　　　　　　　　　　　　　　　　(✕) 기출 18
>
> 청원주는 청원경찰이 배치된 사업장이 배치인원의 변동사유 없이 다른 곳으로 이전하는 경우에 배치인원을 감축할 수 없다.　　　　　　　(O) 기출 19·17

② 제1항에 따라 청원주가 청원경찰을 **폐지**하거나 **감축**하였을 때에는 청원경찰 배치 결정을 한 **경찰관서의 장**에게 알려야 하며, 그 사업장이 제4조 제3항에 따라 **시·도 경찰청장**이 청원경찰의 배치를 **요청**한 사업장일 때에는 그 폐지 또는 감축 사유를 **구체적으로** 밝혀야 한다. 〈개정 2020.12.22.〉

> 청원주가 청원경찰을 배치폐지하였을 때에는 청원경찰 배치결정을 한 경찰관서장에게 알려야 한다. (O) 기출 17

③ 제1항에 따라 청원경찰의 배치를 폐지하거나 배치인원을 감축하는 경우 해당 **청원주**는 배치폐지나 배치인원 감축으로 과원(過員)이 되는 청원경찰 인원을 그 기관·시설 또는 사업장 내의 유사 업무에 종사하게 하거나 다른 시설·사업장 등에 재배치하는 등 청원경찰의 고용이 **보장**될 수 있도록 **노력**하여야 한다.

> 청원주는 배치폐지나 배치인원 감축으로 과원(過員)이 되는 청원경찰 인원을 그 기관·시설 또는 사업장 내의 유사 업무에 종사하게 하거나 다른 시설·사업장 등에 재배치하는 등 청원경찰의 고용이 보장될 수 있도록 노력하여야 한다. (O) 기출 23
>
> 청원주는 배치폐지나 배치인원 감축으로 과원(過員)이 되는 청원경찰의 고용이 보장될 수 있도록 노력하여야 한다. (O) 기출 19
>
> 청원주가 청원경찰을 배치폐지하는 경우에는 배치폐지로 과원(過員)이 되는 그 사업장 내의 유사업무에 종사하게 하는 등 청원경찰의 고용을 보장하여야 한다. (×) 기출 17

제10조의6 당연 퇴직 ★★★

청원경찰이 다음 각호의 어느 하나에 해당할 때에는 당연 퇴직된다. 〈개정 2022.11.15.〉

1. 제5조 제2항에 따른 **임용결격사유**에 해당될 때. 다만, 「**국가공무원법**」 **제33조 제2호**는 파산선고를 받은 사람으로서 「채무자 회생 및 파산에 관한 법률」에 따라 신청기한 내에 면책신청을 하지 아니하였거나 면책불허가 결정 또는 면책 취소가 확정된 경우만 해당하고, 「**국가공무원법**」 **제33조 제5호**는 「형법」 제129조부터 제132조까지, 「성폭력범죄의 처벌 등에 관한 특례법」 제2조, 「아동·청소년의 성보호에 관한 법률」 제2조 제2호 및 직무와 관련하여 「형법」 제355조 또는 제356조에 규정된 죄를 범한 사람으로서 금고 이상의 형의 선고유예를 받은 경우만 해당한다.

> 청원경찰은 임용결격사유에 해당될 때 원칙적으로 당연 퇴직된다. (O) 기출수정 22

2. 제10조의5에 따라 청원경찰의 **배치가 폐지**되었을 때

> 청원경찰은 청원경찰의 배치가 폐지되었을 때 당연 퇴직된다. (O) 기출 22
>
> 청원경찰의 배치폐지는 당연 퇴직사유에 해당하지 않는다. (×) 기출 20

3. 나이가 **60세**가 되었을 때. 다만, 그 날이 1월부터 6월 사이에 있으면 6월 30일에, 7월부터 12월 사이에 있으면 12월 31일에 각각 당연 퇴직된다.

> 청원경찰은 나이가 60세가 되었을 때 당연 퇴직된다.　　　　　(○) 기출 22
>
> 청원경찰은 65세가 되었을 때 당연 퇴직된다.　　　　　　　　(×) 기출 20
>
> 청원경찰은 나이가 58세가 되었을 때 당연 퇴직된다.　　　　　(×) 기출 18

[단순위헌, 2017헌가26, 2018.1.25., 청원경찰법(2010.2.4. 법률 제10013호로 개정된 것) 제10조의6 제1호 중 제5조 제2항에 의한 국가공무원법 제33조 제5호에 관한 부분은 헌법에 위반된다.]

제10조의7　휴직 및 명예퇴직 ★

국가기관이나 지방자치단체에 **근무하는** 청원경찰의 휴직 및 명예퇴직에 관하여는 「**국가공무원법**」 제71조부터 제73조까지 및 제74조의2를 준용한다.

> 청원경찰법령상 국가기관이나 지방자치단체에 근무하는 청원경찰의 명예퇴직에 관하여는 「경찰공무원법」을 준용한다.　　　　　　　　　　　　　　　　　　　(×) 기출 22
>
> 청원경찰법령상 국가기관이나 지방자치단체에 근무하는 청원경찰의 휴직 및 명예퇴직에 관하여는 「국가공무원법」 관련규정을 준용한다.　　　　　　　　　　　　(○) 기출 20
>
> 청원경찰법령상 국가기관이나 지방자치단체에 근무하는 청원경찰이 국외유학을 하게 된 때에는 본인의 의사에도 불구하고 휴직을 명하여야 한다.　　　　　　　　(×) 기출 13
>
> 청원경찰법령상 국가기관이나 지방자치단체에 근무하는 청원경찰이 신체·정신상의 장애로 장기요양이 필요할 때, 병역법에 따른 병역 복무를 마치기 위하여 징집된 때, 천재지변 등의 사유로 생사가 불명확하게 된 때에는 청원경찰 본인의 의사에도 불구하고 휴직을 명하여야 한다.　　　　　　　　　　　　　　　　　　　　　　　　　　(○) 기출 13
>
> 청원경찰법령상 국가기관이나 지방자치단체에 근무하는 청원경찰의 명예퇴직에 관하여는 「국가공무원법」을 준용한다.　　　　　　　　　　　　　　　　　　(○) 기출 11

제11조　벌칙 ★★

제9조의4를 위반하여 **파업**, **태업** 또는 그 밖에 업무의 정상적인 운영을 방해하는 쟁의행위를 한 사람은 **1년** 이하의 징역 또는 **1천만원** 이하의 벌금에 처한다. 〈개정 2018.9.18.〉

> 청원경찰법령상 파업 등 업무의 정상적인 운영을 방해하는 쟁의행위를 한 청원경찰은 1년 이하의 징역 또는 1천만원 이하의 벌금에 처한다.　　　　　　(○) 기출수정 19
>
> 청원경찰법령상 청원경찰로서 청원경찰법 제9조의4를 위반하여 파업, 태업 또는 그 밖에 업무의 정상적인 운영을 방해하는 쟁의행위를 한 자는 1년 이하의 징역 또는 1,000만원 이하의 벌금에 처한다.　　　　　　　　　　　　　　　　　　　　(○) 기출 20·12

제12조 **과태료** ★★★

① 다음 각호의 어느 하나에 해당하는 자에게는 **500만원** 이하의 과태료를 부과한다.
〈개정 2020.12.22.〉

　1. 제4조 제2항에 따른 **시·도 경찰청장**의 **배치결정**을 받지 아니하고 청원경찰을 **배치**하거나 제5조 제1항에 따른 **시·도 경찰청장**의 **승인**을 받지 아니하고 청원경찰을 **임용**한 자

> 시·도 경찰청장의 배치결정을 받지 아니하고 청원경찰을 배치하거나 시·도 경찰청장의 승인을 받지 아니하고 청원경찰을 임용한 자에게는 500만원 이하의 과태료를 부과한다.
> (O) 기출 23
>
> 시·도 경찰청장의 배치결정을 받지 아니하고 청원경찰을 배치하거나 시·도 경찰청장의 승인을 받지 아니하고 청원경찰을 임용한 청원주는 1년 이하의 징역 또는 1천만원 이하의 벌금에 처한다.
> (X) 기출 22
>
> 시·도 경찰청장의 승인을 받지 아니하고 청원경찰을 임용한 자에게는 500만원 이하의 과태료를 부과한다.
> (O) 기출 19
>
> 시·도 경찰청장의 배치결정을 받지 아니하고 청원경찰을 배치한 자는 500만원 이하의 과태료 처분을 받게 된다.
> (O) 기출 20·15

　2. 정당한 사유 없이 제6조 제3항에 따라 **경찰청장**이 고시한 최저부담기준액 이상의 보수를 지급하지 아니한 자

> 정당한 사유 없이 경찰청장이 고시한 최저부담기준액 이상의 보수를 지급하지 아니한 자에게는 300만원 이하의 과태료를 부과한다.
> (X) 기출 23
>
> 정당한 사유 없이 경찰청장이 고시한 최저부담기준액 이상의 보수를 지급하지 아니한 청원주는 1년 이하의 징역 또는 1천만원 이하의 벌금에 처한다.
> (X) 기출 22
>
> 정당한 사유 없이 경찰청장이 고시한 최저부담기준액 이상의 보수를 지급하지 아니한 자는 500만원 이하의 과태료 처분을 받게 된다.
> (O) 기출 15·12

　3. 제9조의3 제2항에 따른 **감독상 필요한 명령**을 정당한 사유 없이 이행하지 아니한 자

> 시·도 경찰청장의 감독상 필요한 명령을 정당한 사유 없이 이행하지 아니한 청원주는 1년 이하의 징역 또는 1천만원 이하의 벌금에 처한다.
> (X) 기출 22
>
> 시·도 경찰청장의 감독상 필요한 명령을 정당한 사유 없이 이행하지 아니한 자는 500만원 이하의 과태료 처분을 받게 된다.
> (O) 기출 15
>
> 청원경찰로서 직무에 관하여 허위로 보고한 자는 500만원 이하의 과태료 처분을 받게 된다.
> (X) 기출 15
>
> 청원경찰로서 직무에 관하여 거짓으로 보고하거나 통보하는 자에게는 500만원 이하의 과태료를 부과한다.
> (X) 기출 12

② 제1항에 따른 과태료는 **대통령령**으로 정하는 바에 따라 **시·도 경찰청장**이 부과·징수한다. 〈개정 2020.12.22.〉

> 과태료는 대통령령으로 정하는 바에 따라 시·도 경찰청장이 부과·징수한다.
> (○) **기출** 23
>
> 과태료는 대통령령으로 정하는 바에 따라 (시·도 경찰청장)이(가) 부과·징수한다.
> **기출** 20·16

부칙 〈법률 제17687호, 2020.12.22.〉(경찰공무원법)

제1조(시행일) 이 법은 2021년 1월 1일부터 시행한다.

제2조부터 제7조까지 생략

제8조(다른 법률의 개정)
①부터 ③까지 생략
④ 청원경찰법 일부를 다음과 같이 개정한다.
　제5조 제4항 중 "「경찰공무원법」 제18조"를 "「경찰공무원법」 제24조"로 한다.

제9조 생략

부칙 〈법률 제17689호, 2020.12.22.〉(국가경찰과 자치경찰의 조직 및 운영에 관한 법률)

제1조(시행일) 이 법은 2021년 1월 1일부터 시행한다.

제2조부터 제6조까지 생략

제7조(다른 법률의 개정)
①부터 ㊻까지 생략
㊼ 청원경찰법 일부를 다음과 같이 개정한다.
　제4조 제1항, 제2항 및 제3항, 제5조 제1항, 제8조 제2항, 제9조의3 제2항, 제10조의3, 제10조의4 제2항, 제10조의5 제2항, 제12조 제1항 제1호 및 같은 조 제2항 중 "지방경찰청장"을 각각 "시·도 경찰청장"으로 한다.
㊽부터 〈53〉까지 생략

제8조 생략

부칙 〈법률 제19033호, 2022.11.15.〉

제1조(시행일) 이 법은 공포한 날부터 시행한다.

제2조(당연 퇴직에 관한 적용례) 제10조의6 제1호의 개정규정은 이 법 시행 이후 파산선고를 받거나 이 법 시행 이후의 행위로 형의 선고유예를 받은 사람부터 적용한다.

05 청원경찰법 시행령

[시행 2023.4.25.] [대통령령 제33428호, 2023.4.25., 일부개정]

제1조 목적

이 영은 「청원경찰법」에서 위임된 사항과 그 시행에 필요한 사항을 규정함을 목적으로 한다.

제2조 청원경찰의 배치신청 등 ★★

「청원경찰법」(이하 "법"이라 한다) 제4조 제1항에 따라 청원경찰의 배치를 받으려는 자는 청원경찰 배치신청서에 다음 각호의 서류를 첨부하여 법 제2조 각호의 기관·시설·사업장 또는 장소(이하 "사업장"이라 한다)의 소재지를 관할하는 경찰서장(이하 "관할 경찰서장"이라 한다)을 거쳐 시·도 경찰청장에게 제출하여야 한다. 이 경우 배치 장소가 둘 이상의 도(특별시, 광역시, 특별자치시 및 특별자치도를 포함한다. 이하 같다)일 때에는 주된 사업장의 관할 경찰서장을 거쳐 시·도 경찰청장에게 한꺼번에 신청할 수 있다.

1. 경비구역 평면도 1부
2. 배치계획서 1부

> 청원경찰의 배치를 받으려는 자는 청원경찰 배치신청서에 경비구역 평면도 1부와 청원경찰 명부 1부를 첨부하여야 한다.   (×) 기출 23
>
> 청원경찰 배치신청서 제출 시, 배치 장소가 둘 이상의 도(道)일 때에는 경찰청장에게 한꺼번에 신청할 수 있다.   (×) 기출 23
>
> 청원경찰의 배치를 받으려는 자는 청원경찰 배치신청서에 경비구역 평면도 1부 또는 배치계획서 1부를 첨부해야 한다.   (×) 기출 22
>
> 청원경찰 배치신청서에 첨부하여야 할 서류는 경비구역 평면도와 청원경찰 직무교육계획서이다.   (×) 기출 20
>
> 청원경찰 배치신청서에 첨부할 서류는 경비구역 평면도와 청원경찰 명부이다.   (×) 기출 19
>
> 청원경찰 배치신청서 제출 시, 배치 장소가 둘 이상의 도(道)일 때에는 주된 사업장의 관할 경찰서장을 거쳐 시·도 경찰청장에게 한꺼번에 신청할 수 있다. (○) 기출 20·19·18

제3조　**임용자격** ★★

법 제5조 제3항에 따른 청원경찰의 임용자격은 다음 각호와 같다. 〈개정 2021.8.24.〉
　1. 18세 이상인 사람

　2. 행정안전부령으로 정하는 신체조건에 해당하는 사람

제4조　**임용방법 등** ★★★

① 법 제4조 제2항에 따라 청원경찰의 배치결정을 받은 자(이하 "**청원주**"라 한다)는
　법 제5조 제1항에 따라 그 **배치결정**의 통지를 받은 날부터 **30일** 이내에 배치결정된
　인원수의 임용예정자에 대하여 청원경찰 **임용승인**을 **시·도 경찰청장**에게 **신청**하
　여야 한다. 〈개정 2020.12.31.〉

② 청원주가 법 제5조 제1항에 따라 청원경찰을 **임용**하였을 때에는 임용한 날부터
　10일 이내에 그 임용사항을 관할 **경찰서장**을 거쳐 **시·도 경찰청장**에게 **보고**하여야
　한다. 청원경찰이 **퇴직**하였을 때에도 또한 같다. 〈개정 2020.12.31.〉

청원주가 청원경찰을 임용하였을 때에는 임용한 날부터 15일 이내에 그 임용사항을 관할 경찰서 장을 거쳐 시·도 경찰청장에게 보고하여야 한다. (×) 기출 19

청원주가 청원경찰을 임용하였을 때에는 임용한 날부터 10일 이내에 그 임용사항을 관할 경찰서 장을 거쳐 시·도 경찰청장에게 보고하여야 한다. (○) 기출 20·18·16·13

청원주가 청원경찰을 임용하였을 때에는 임용한 날부터 (10)일 이내에 그 임용사항을 관할 경찰 서장을 거쳐 시·도 경찰청장에게 보고하여야 한다. 기출 15

청원주는 청원경찰이 퇴직하였을 때에는 그 퇴직한 날부터 14일 이내에 시·도 경찰청장에게 보고해야 한다. (×) 기출 13

제5조 교육 ★★★

① 청원주는 청원경찰로 임용된 사람으로 하여금 경비구역에 배치하기 **전**에 **경찰교육 기관**에서 직무수행에 필요한 교육을 받게 하여야 한다. 다만, **경찰교육기관**의 교육 계획상 부득이하다고 인정할 때에는 우선 배치하고 임용 후 1년 이내에 교육을 받게 할 수 있다.

경찰교육기관의 교육계획상 부득이하다고 인정할 때에는 청원주는 청원경찰로 임용된 사람을 경비구역에 우선 배치하고 임용 후 2년 이내에 교육을 받게 할 수 있다. (×) 기출 19

청원주는 청원경찰로 임용된 사람으로 하여금 경비구역에 배치하기 전에 경찰교육기관에서 직무 수행에 필요한 교육을 받게 하여야 한다. 다만, 경찰교육기관의 교육계획상 부득이하다고 인정할 때에는 우선 배치하고 임용 후 (1년) 이내에 교육을 받게 할 수 있다. 기출 20·16·14·13

② 경찰공무원(의무경찰을 포함한다) 또는 청원경찰에서 퇴직한 사람이 퇴직한 날부터 3년 이내에 청원경찰로 임용되었을 때에는 제1항에 따른 교육을 면제할 수 있다.

경비지도사자격증을 취득한 사람이 청원경찰로 임용되었을 때에는 경찰교육기관에서 직무 수행 에 필요한 교육을 면제할 수 있다. (×) 기출 20

경찰공무원(의무경찰을 포함한다)에서 퇴직한 사람이 퇴직한 날부터 3년 이내에 청원경찰로 임 용되었을 때에는 직무수행에 필요한 교육을 면제할 수 있다. (○) 기출 19·16

의무경찰을 포함한 경찰공무원 또는 청원경찰에서 퇴직한 사람이 퇴직한 날부터 3년 이내에 청원경찰로 임용되었을 때에는 신임교육을 면제할 수 있다. (○) 기출 15

경찰공무원으로 퇴직한 사람이 퇴직한 날부터 5년 이내에 청원경찰로 임용되었을 때에는 청원경 찰 교육을 면제해야 한다. (×) 기출 13

청원경찰에서 퇴직한 자가 퇴직한 날부터 3년 이내에 청원경찰로 임용되었을 때에는 경비구역에 배치하기 전에 경찰교육기관에서 시행하는 직무수행에 필요한 교육을 면제할 수 있다. (○) 기출 12

③ 제1항의 교육기간·교육과목·수업시간 및 그 밖에 교육의 시행에 필요한 사항은 **행정안전부령**으로 정한다.

> 청원경찰의 직무수행에 필요한 교육과목 및 수업시간표는 행정안전부령으로 정한다.
> (○) **기출** 20

제6조 배치 및 이동 ★★

① 청원주는 청원경찰을 **신규**로 배치하거나 **이동배치**하였을 때에는 **배치지**(이동배치의 경우에는 **종전의 배치지**)를 관할하는 **경찰서장**에게 그 사실을 **통보**하여야 한다.

> 청원주는 청원경찰을 신규로 배치하거나 이동배치하였을 때에는 배치지(이동배치의 경우에는 종전의 배치지)를 관할하는 경찰서장에게 그 사실을 통보하여야 한다. (○) **기출** 23
>
> 청원주는 청원경찰을 이동배치하였을 때에는 전입지를 관할하는 경찰서장에게 그 사실을 통보하여야 한다. (×) **기출** 21
>
> 청원주는 청원경찰을 신규로 배치하였을 때에는 배치지를 관할하는 경찰서장에게 그 사실을 통보하여야 한다. (○) **기출** 19

② 제1항의 통보를 받은 경찰서장은 이동배치지가 다른 관할구역에 속할 때에는 **전입지**를 관할하는 **경찰서장**에게 이동배치한 사실을 **통보**하여야 한다.

> 청원경찰의 이동배치의 통보를 받은 경찰서장은 이동배치지가 다른 관할구역에 속할 때에는 전입지를 관할하는 시·도 경찰청장에게 이동배치한 사실을 통보하여야 한다. (×) **기출** 19
>
> 청원경찰을 이동배치하여 이동배치지가 다른 관할 구역에 속할 때에는 청원주는 전입지를 관할하는 경찰서장에게 그 사실을 통보해야 한다. (×) **기출** 13

제7조 복무 ★

법 제5조 제4항에서 규정한 사항 외에 청원경찰의 **복무**에 관하여는 해당 사업장의 **취업규칙**에 따른다.

제8조 징계 ★★★

① 관할 **경찰서장**은 청원경찰이 법 제5조의2 제1항 각호의 어느 하나에 해당한다고 인정되면 **청원주**에게 해당 청원경찰에 대하여 징계처분을 하도록 요청할 수 **있다**.

> 관할 경찰서장은 청원경찰이 「청원경찰법」상의 징계사유에 해당한다고 인정되면 청원주에게 해당 청원경찰에 대하여 징계처분을 하도록 요청할 수 있다. (○) **기출** 19
>
> 관할 경찰서장은 청원경찰이 직무상 의무 위반에 해당한다고 인정되면 청원주에게 해당 청원경찰에 대하여 징계처분을 하도록 요청할 수 있다. (○) **기출** 23·12

② 법 제5조의2 제2항의 **정직(停職)**은 1개월 이상 3개월 이하로 하고, 그 기간에 청원 경찰의 **신분**은 보유하나 **직무**에 종사하지 못하며, 보수의 3분의 2를 줄인다.

> 정직은 1개월 이상 3개월 이하로 하고, 그 기간에 청원경찰의 신분은 보유하나 직무에 종사하지 못하며, 보수는 전액을 감한다. (×) **기출** 21
>
> 정직은 1개월 이상 3개월 이하로 하고, 보수의 3분의 1을 줄인다. (×) **기출** 18
>
> 청원경찰에 대한 징계처분 중 정직(停職)은 1개월 이상 3개월 이하로 하고, 그 기간에 청원경찰의 신분은 보유하나 직무에 종사하지 못하며, 보수의 3분의 2를 줄인다. (○) **기출** 15
>
> 정직은 1개월 이상 6개월 이하로 하고, 그 기간에 직무에 종사하지 못하며, 보수의 2분의 1을 줄인다. (×) **기출** 14
>
> 정직은 1개월 이상 3개월 이하로 하고, 그 기간에 청원경찰의 신분은 보유하나 직무에 종사하지 못하며, 보수의 3분의 1을 줄인다. (×) **기출** 12

③ 법 제5조의2 제2항의 **감봉**은 1개월 이상 3개월 이하로 하고, 그 기간에 보수의 3분의 1을 줄인다.

> 감봉은 1개월 이상 3개월 이하로 하고, 그 기간에 보수의 3분의 1을 줄인다.
> (○) **기출** 19 · 14 · 12

④ 법 제5조의2 제2항의 **견책(譴責)**은 전과(前過)에 대하여 **훈계**하고 **회개**하게 한다.

> 견책은 보수의 3분의 1을 줄인다. (×) **기출** 13

⑤ **청원주**는 청원경찰 배치결정의 통지를 받았을 때에는 통지를 받은 날부터 **15일** 이내에 청원경찰에 대한 **징계규정**을 제정하여 관할 **시·도 경찰청장**에게 **신고**하여야 한다. 징계규정을 **변경**할 때에도 또한 같다. 〈개정 2020.12.31.〉

> 청원주는 청원경찰 배치결정의 통지를 받았을 때에는 통지를 받은 날부터 15일 이내에 청원경찰에 대한 징계규정을 제정하여 관할 시·도 경찰청장에게 신고하여야 한다. (○) **기출** 21
>
> 청원주는 청원경찰 배치결정의 통지를 받은 날부터 15일 이내에 청원경찰에 대한 징계규정을 제정하여 관할 경찰서장에게 신고하여야 한다. (×) **기출** 19
>
> 청원주는 청원경찰 배치결정의 통지를 받았을 때에는 통지를 받은 날부터 10일 이내에 청원경찰에 대한 징계규정을 제정하여야 한다. (×) **기출** 18
>
> 청원주는 청원경찰 배치결정의 통지를 받았을 때에는 통지를 받은 날부터 30일 이내에 청원경찰에 대한 징계규정을 제정하여 관할 시·도 경찰청장에게 신고해야 한다. (×) **기출** 23 · 14

⑥ **시·도 경찰청장**은 제5항에 따른 징계규정의 **보완**이 필요하다고 인정할 때에는 **청원주**에게 그 **보완**을 요구할 수 있다. 〈개정 2020.12.31.〉

제9조 **국가기관 또는 지방자치단체에 근무하는 청원경찰의 보수**

① 법 제6조 제2항에 따른 국가기관 또는 지방자치단체에 근무하는 청원경찰의 봉급은
[별표 1]과 같다.

[별표 1] 국가기관 또는 지방자치단체에 근무하는 청원경찰의 봉급표(제9조 제1항 관련)
〈개정 2023.4.25.〉

(월 지급액, 단위 : 원)

재직기간 호봉	15년 미만	15년 이상 23년 미만	23년 이상 30년 미만	30년 이상
1	1,770,800	–	–	–
2	1,806,500	–	–	–
3	1,870,000	–	–	–
4	1,936,400	–	–	–
5	2,026,900	–	–	–
6	2,119,300	–	–	–
7	2,207,900	–	–	–
8	2,293,100	–	–	–
9	2,374,900	–	–	–
10	2,453,500	–	–	–
11	2,528,500	–	–	–
12	2,602,800	–	–	–
13	2,674,300	2,855,400	–	–
14	2,743,700	2,927,600	–	–
15	2,810,000	2,996,900	–	–
16	2,874,100	3,064,000	–	–
17	2,936,900	3,126,400	–	–
18	2,995,300	3,187,100	–	–
19	3,052,700	3,245,300	3,628,100	–
20	3,107,300	3,300,700	3,687,600	–

21	3,158,800	3,353,700	3,744,600	−
22	3,208,500	3,404,500	3,798,200	−
23	3,255,800	3,452,900	3,850,200	−
24	3,301,200	3,499,700	3,899,400	4,170,600
25	3,344,200	3,544,100	3,946,100	4,220,400
26	3,383,500	3,587,000	3,991,000	4,265,900
27	3,417,100	3,622,900	4,028,700	4,304,900
28	3,449,500	3,657,400	4,064,000	4,342,500
29	3,480,800	3,690,000	4,098,100	4,378,000
30	3,511,300	3,721,600	4,130,700	4,411,400
31	3,541,000	3,752,300	4,161,300	4,443,300

② 법 제6조 제2항에 따른 국가기관 또는 지방자치단체에 근무하는 청원경찰의 각종 수당은 「공무원수당 등에 관한 규정」에 따른 수당 중 가계보전수당, 실비변상 등으로 하며, 그 세부 항목은 경찰청장이 정하여 고시한다.

> 국가기관 또는 지방자치단체에 근무하는 청원경찰의 각종 수당은 「공무원수당 등에 관한 규정」에 따른 수당 중 가계보전수당, 실비변상 등으로 한다. (○) 기출 18
>
> 지방자치단체에 근무하는 청원경찰의 각종 수당은 「공무원수당 등에 관한 규정」에 따른 수당 중 가계보전수당, 실비변상 등으로 하며, 그 세부 항목은 대통령령으로 정하여 고시한다. (×) 기출 17
>
> 지방자치단체에 근무하는 청원경찰의 각종 수당에는 「공무원수당 등에 관한 규정」에 따른 수당 중 가계보전수당은 포함되지 않는다. (×) 기출 16
>
> 국가기관 또는 지방자치단체에 근무하는 청원경찰의 각종 수당은 「공무원수당 등에 관한 규정」에 따른 수당 중 가계보전수당, 실비변상 등으로 하며, 그 세부 항목은 경찰청장이 정하여 고시한다. (○) 기출 15 · 13

③ 법 제6조 제2항에 따른 재직기간은 청원경찰로서 근무한 기간으로 한다.

> 국가기관에 근무하는 청원경찰의 보수산정을 위한 재직기간은 청원경찰로서 근무한 기간으로 한다. (○) 기출 13

제10조 **국가기관 또는 지방자치단체에 근무하는 청원경찰 외의 청원경찰의 보수 ★**

국가기관 또는 지방자치단체에 근무하는 **청원경찰 외**의 청원경찰의 봉급과 각종 수당은 법 제6조 제3항에 따라 **경찰청장**이 고시한 최저부담기준액 이상으로 지급하여야 한다. 다만, 고시된 최저부담기준액이 배치된 사업장에서 같은 종류의 직무나 유사 직무에 종사하는 근로자에게 지급하는 임금보다 **적을** 때에는 그 사업장에서 같은 종류의 직무나 유사 직무에 종사하는 근로자에게 지급하는 임금에 상당하는 금액을 지급하여야 한다.

제11조 **보수 산정 시의 경력 인정 등 ★★**

① 청원경찰의 보수 산정에 관하여 그 배치된 사업장의 **취업규칙**에 특별한 규정이 없는 경우에는 다음 각호의 경력을 봉급 산정의 기준이 되는 경력에 산입(算入)하여야 한다.

1. 청원경찰로 근무한 경력

> 청원경찰로 임용되어 근무한 경력은 봉급 산정의 기준이 되는 경력에 산입하여야 한다.
> (O) **기출** 22·17

2. 군 또는 **의무**경찰에 복무한 경력

> 군복무한 경력·의무경찰에 복무한 경력은 봉급 산정의 기준이 되는 경력에 산입하여야 한다.
> (O) **기출** 22·17

3. 수위·경비원·감시원 또는 그 밖에 청원경찰과 비슷한 직무에 종사하던 사람이 **해당** 사업장의 **청원주**에 의하여 **청원경찰**로 임용된 경우에는 그 직무에 종사한 경력

> 수위·경비원·감시원 또는 그 밖에 청원경찰과 비슷한 직무에 종사하던 사람이 해당 사업장의 청원주에 의하여 청원경찰로 임용된 경우에는 그 직무에 종사한 경력은 봉급 산정의 기준이 되는 경력에 산입하여야 한다.
> (O) **기출** 22

4. 국가기관 또는 지방자치단체에서 근무하는 청원경찰에 대해서는 국가기관 또는 지방자치단체에서 **상근(常勤)**으로 근무한 경력

> 국가기관 또는 공공단체에서 근무하는 청원경찰에 대해서는 국가기관 또는 공공단체에서 비상근(非常勤)으로 근무한 경력은 청원경찰의 봉급 산정의 기준이 되는 경력에 산입되지 않는다.
> (O) **기출** 22
>
> 지방자치단체에 비상근으로 근무한 청원경찰의 경력은 봉급 산정의 기준이 되는 경력에 산입되어서는 안 된다.
> (O) **기출** 17

② 국가기관 또는 지방자치단체에 근무하는 **청원경찰** 보수의 호봉 간 승급기간은 **경찰**공무원의 승급기간에 관한 규정을 준용한다.

> 국가기관 또는 지방자치단체에 근무하는 청원경찰 보수의 호봉 간 승급기간은 경찰공무원의 승급 기간에 관한 규정을 준용한다.　　　　　　　　(O) 기출 16·15·13

③ 국가기관 또는 지방자치단체에 근무하는 **청원경찰 외**의 청원경찰 보수의 호봉 간 승급기간 및 승급액은 그 배치된 사업장의 **취업규칙**에 따르며, 이에 관한 **취업규칙**이 없을 때에는 **순경**의 승급에 관한 규정을 준용한다.

> 국가기관 또는 지방자치단체에 근무하는 청원경찰 외의 청원경찰 보수의 호봉 간 승급기간 및 승급액은 순경의 승급에 관한 규정을 사업장의 취업규칙보다 우선 준용한다.
> 　　　　　　　　　　　　　　　　　　(X) 기출 13

제12조　청원경찰경비의 고시 등 ★

① 법 제6조 제1항 제1호부터 제3호까지의 청원경찰경비의 **지급방법** 또는 **납부방법**은 **행정안전부령**으로 정한다.

> 청원경찰의 피복비의 지급방법은 행정안전부령으로 정한다.　　　(O) 기출 16

② 법 제6조 제3항에 따른 청원경찰경비의 최저부담기준액 및 부담기준액은 경찰공무원 중 순경의 것을 고려하여 다음 연도분을 매년 12월에 고시하여야 한다. 다만, **부득이한 사유**가 있을 때에는 **수시**로 고시할 수 있다.

> 부득이한 사유가 있는 경우를 제외하고, 청원경찰경비의 최저부담기준액 및 부담기준액은 순경의 것을 고려하여 다음 연도분을 매년 12월에 고시하여야 한다.　　(O) 기출 19
>
> 청원경찰에게 지급할 봉급과 각종 수당의 최저부담기준액은 순경의 것을 고려하여 다음 연도분을 매년 12월에 고시하여야 하며, 어떠한 경우에도 수시로 고시하는 것은 허용될 수 없다.
> 　　　　　　　　　　　　　　　　　　(X) 기출 13

제13조　보상금 ★

청원주는 법 제7조에 따른 보상금의 지급을 이행하기 위하여 「**산업재해상보험법**」에 따른 산업재해보상보험에 가입하거나, 「**근로기준법**」에 따라 보상금을 지급하기 위한 재원(財源)을 따로 마련하여야 한다.

> 청원주는 보상금의 지급을 이행하기 위하여 「산업재해보상보험법」에 따른 산업재해보상보험에 가입하거나, 「근로기준법」에 따라 보상금을 지급하기 위한 재원을 따로 마련하여야 한다.
> 　　　　　　　　　　　　　　　　　　(O) 기출 15·11

제14조　복제 ★★

① 청원경찰의 **복제(服制)**는 제복·장구(裝具) 및 **부속물**로 구분한다.
② 청원경찰의 제복·장구 및 **부속물**에 관하여 필요한 사항은 **행정안전부령**으로 정한다.

> 청원경찰의 복제는 제복·장구(裝具) 및 부속물로 구분하며 필요한 사항은 대통령령으로 정한다.
> (×) 기출 17

③ 청원경찰이 그 배치지의 특수성 등으로 특수복장을 착용할 필요가 있을 때에는 **청원주는 시·도 경찰청장의 승인**을 받아 특수복장을 착용하게 할 수 있다. 〈개정 2020.12.31.〉

> 청원경찰이 그 배치지의 특수성 등으로 특수복장을 착용할 필요가 있을 때에는 청원주는 관할 경찰서장의 승인을 받아 특수복장을 착용하게 할 수 있다.
> (×) 기출 21
>
> 청원경찰이 특수복장을 착용할 필요가 있을 때에는 청원주는 관할 경찰서장의 승인을 받아 특수복장을 착용하게 할 수 있다.
> (×) 기출 19
>
> 청원주는 청원경찰이 특수복장을 착용할 필요가 있을 때에는 관할 경찰서장에게 보고하고 특수복장을 착용하게 할 수 있다.
> (×) 기출 18
>
> 청원경찰이 특수복장을 착용할 필요가 있을 때 청원주는 시·도 경찰청장의 승인을 받아 착용하게 할 수 있다.
> (○) 기출 23·17·16

제15조　분사기 휴대 ★★

청원주는 「총포·도검·화약류 등의 안전관리에 관한 법률」에 따른 분사기의 **소지허가**를 받아 청원경찰로 하여금 그 분사기를 휴대하여 직무를 수행하게 할 수 있다.

> 청원주는 「위험물안전관리법」에 따른 분사기의 소지허가를 받아 청원경찰로 하여금 그 분사기를 휴대하여 직무를 수행하게 할 수 있다.
> (×) 기출 18
>
> 청원경찰로 하여금 분사기를 휴대하여 직무를 수행하게 하고자 하는 경우 청원주는 「총포·도검·화약류 등의 안전관리에 관한 법률」에 따라 관할 경찰서장에게 소지신고를 하여야 한다.
> (×) 기출 12

제16조 **무기 휴대** ★★

① **청원주**가 법 제8조 제2항에 따라 청원경찰이 휴대할 무기를 대여받으려는 경우에는 **관할 경찰서장**을 거쳐 **시 · 도 경찰청장**에게 무기대여를 **신청**하여야 한다. 〈개정 2020.12.31.〉

청원주가 청원경찰이 휴대할 무기를 대여받으려는 경우에는 관할 경찰서장을 거쳐 시 · 도 경찰청장에게 무기대여를 신청해야 한다. (O) 기출 13 · 11

② 제1항의 신청을 받은 **시 · 도 경찰청장**이 무기를 대여하여 휴대하게 하려는 경우에는 청원주로부터 국가에 **기부채납**된 무기에 한정하여 관할 **경찰서장**으로 하여금 무기를 대여하여 휴대하게 할 수 있다. 〈개정 2020.12.31.〉

관할 경찰서장은 청원경찰이 직무를 수행하기 위하여 필요하다고 인정하면 직권으로 청원경찰에게 무기를 대여하여 지니게 할 수 있다. (X) 기출 18

시 · 도 경찰청장이 무기를 대여하여 휴대하게 하려는 경우에는 청원주로부터 국가에 기부채납된 무기에 한정하여 관할 경찰서장으로 하여금 청원경찰에게 무기를 대여하여 휴대하게 할 수 있다. (O) 기출 17 · 14

관할 경찰서장이 대여할 수 있는 무기는 청원주가 국가에 기부채납한 무기에 한하지 않는다. (X) 기출 12

시 · 도 경찰청장은 청원경찰이 직무를 수행하기 위하여 필요하다고 인정하면 청원주의 신청을 받아 관할 경찰서장으로 하여금 청원경찰에게 무기를 대여하여 지니게 할 수 있다. (O) 기출 11

③ 제1항에 따라 **무기를 대여하였을 때**에는 관할 **경찰서장**은 청원경찰의 무기관리상황을 **수시**로 점검하여야 한다.

청원주에게 무기를 대여하였을 때에는 관할 경찰서장은 청원경찰의 무기관리상황을 수시로 점검하여야 한다. (O) 기출 19

관할 경찰서장은 대여한 청원경찰의 무기관리상황을 월 1회 이상 점검하여야 한다. (X) 기출 18

청원경찰에게 무기를 대여하였을 때에는 시 · 도 경찰청장은 청원경찰의 무기관리상황을 수시로 점검해야 한다. (X) 기출 14

관할 경찰서장은 무기를 대여하였을 경우에는 월 1회 정기적으로 무기관리상황을 점검하여야 한다. (X) 기출 11

④ 청원주 및 청원경찰은 **행정안전부령**으로 정하는 무기관리수칙을 준수하여야 한다.

청원주 및 청원경찰은 행정안전부령으로 정하는 무기관리수칙을 준수하여야 한다. (O) 기출 17

제17조 감독 ★★

관할 경찰서장은 매달 1회 이상 청원경찰을 배치한 경비구역에 대하여 다음 각호의 사항을 감독하여야 한다.

　　1. 복무규율과 근무상황
　　2. 무기의 관리 및 취급사항

> 관할 경찰서장은 매주 1회 이상 청원경찰을 배치한 경비구역에 대하여 복무규율과 근무상황, 무기의 관리 및 취급사항을 감독하여야 한다.　　(×) **기출** 23
>
> 관할 경찰서장은 매달 2회 이상 청원경찰의 복무규율과 근무상황을 감독하여야 한다.　　(×) **기출** 18
>
> 관할 경찰서장은 매달 1회 이상 청원경찰을 배치한 경비구역에 대하여 복무규율과 근무상황, 무기의 관리 및 취급사항을 감독하여야 한다.　　(○) **기출** 12

제18조 청원경찰의 신분 ★★★

청원경찰은 「형법」이나 그 밖의 법령에 따른 벌칙을 적용하는 경우와 법 및 이 영에서 특별히 규정한 경우를 제외하고는 공무원으로 보지 아니한다.

> 청원경찰은 「형법」이나 그 밖의 법령에 따른 벌칙을 적용하는 경우와 「청원경찰법」 및 같은 법 시행령에서 특별히 규정한 경우를 제외하고는 공무원으로 본다.　　(×) **기출** 23
>
> 청원경찰은 「형법」에 따른 벌칙을 적용할 때에는 공무원으로 간주하지 않는다.　　(×) **기출** 17
>
> 청원경찰은 「형법」이나 그 밖의 법령에 따른 벌칙을 적용하는 경우를 제외하고는 공무원으로 본다.　　(×) **기출** 15
>
> 청원경찰은 「형법」이나 그 밖의 법령에 따른 벌칙을 적용할 때에는 공무원으로 본다.　　(○) **기출** 14

제19조 근무 배치 등의 위임 ★

① 「경비업법」에 따른 경비업자(이하 이 조에서 "경비업자"라 한다)가 중요시설의 경비를 도급받았을 때에는 청원주는 그 사업장에 배치된 청원경찰의 근무 배치 및 감독에 관한 권한을 해당 경비업자에게 위임할 수 있다.

> 경비업자가 중요시설의 경비를 도급받았을 때에는 청원주는 그 사업장에 배치된 청원경찰의 근무 배치 및 감독에 관한 권한을 해당 경비업자에게 위임할 수 없다.　　(×) **기출** 17
>
> 경비업법에 따른 경비업자가 중요시설의 경비를 도급받았을 때에는 시·도 경찰청장은 그 사업장에 배치된 청원경찰의 근무 배치 및 감독에 관한 권한을 해당 경비업자에게 위임할 수 있다.　　(×) **기출** 12

② **청원주**는 제1항에 따라 경비업자에게 청원경찰의 **근무 배치** 및 **감독**에 관한 권한을 위임한 경우에 이를 이유로 청원경찰의 보수나 신분상의 불이익을 주어서는 아니 된다.

제20조   권한의 위임 ★★★

시 · 도 경찰청장은 법 제10조의3에 따라 다음 각호의 권한을 관할 **경찰서장**에게 위임한다. 다만, 청원경찰을 배치하고 있는 사업장이 하나의 경찰서의 관할구역에 있는 경우로 한정한다. 〈개정 2020.12.31.〉

1. 법 제4조 제2항 및 제3항에 따른 청원경찰 배치의 **결정** 및 **요청**에 관한 권한
2. 법 제5조 제1항에 따른 청원경찰의 **임용승인**에 관한 권한
3. 법 제9조의3 제2항에 따른 청원주에 대한 **지도** 및 감독상 필요한 명령에 관한 권한
4. 법 제12조에 따른 **과태료** 부과 · 징수에 관한 권한

청원경찰법령상 청원경찰을 배치하고 있는 사업장이 하나의 경찰서의 관할구역에 있는 경우, 시 · 도 경찰청장이 관할 경찰서장에게 명시적으로 위임하는 권한에 해당하는지 여부

- 청원경찰 배치의 결정 및 요청에 관한 권한   (○) **기출** 20
- 청원경찰의 임용승인에 관한 권한   (○) **기출** 20
- 무기의 관리 및 취급사항을 감독하는 권한   (×) **기출** 20
- 청원주에 대한 지도 및 감독상 필요한 명령에 관한 권한(○) **기출** 23 · 20 · 12 · 11

제20조의2   민감정보 및 고유식별정보의 처리 ★

시 · 도 경찰청장 또는 **경찰서장**은 다음 각호의 사무를 수행하기 위하여 불가피한 경우 「**개인정보보호법**」 제23조에 따른 **건강**에 관한 정보와 같은 법 시행령 제18조 제2호에 따른 **범죄경력자료**에 해당하는 정보, 같은 영 제19조 제1호 또는 제4호에 따른 **주민등록번호** 또는 **외국인등록번호**가 포함된 자료를 처리할 수 있다. 〈개정 2020.12.31.〉

1. 법 및 이 영에 따른 청원경찰의 임용, 배치 등 **인사관리**에 관한 사무
2. 법 제8조에 따른 청원경찰의 **제복 착용** 및 **무기 휴대**에 관한 사무
3. 법 제9조의3에 따른 **청원주**에 대한 **지도 · 감독**에 관한 사무
4. 제1호부터 제3호까지의 규정에 따른 사무를 수행하기 위하여 필요한 사무

제20조의3   삭제 〈2020.3.3.〉

제21조 과태료의 부과기준 등 ★★★

① 법 제12조 제1항에 따른 과태료의 부과기준은 [별표 2]와 같다.
② 시·도 경찰청장은 위반행위의 동기, 내용 및 위반의 정도 등을 고려하여 [별표 2]에 따른 과태료 금액의 **100분의 50**의 범위에서 그 금액을 줄이거나 늘릴 수 있다. 다만, 늘리는 경우에는 법 제12조 제1항에 따른 과태료 금액의 **상한**을 초과할 수 없다. 〈개정 2020.12.31.〉

[별표 2] 과태료의 부과기준(제21조 제1항 관련) 〈개정 2020.12.31.〉

위반행위	해당 법조문	과태료 금액
1. 법 제4조 제2항에 따른 시·도 경찰청장의 배치결정을 받지 않고 다음 각목의 시설에 청원경찰을 배치한 경우 가. 국가중요시설(국가정보원장이 지정하는 국가보안 목표시설을 말한다)인 경우 나. 가목에 따른 국가중요시설 외의 시설인 경우	법 제12조 제1항 제1호	500만원 400만원
2. 법 제5조 제1항에 따른 시·도 경찰청장의 승인을 받지 않고 다음 각목의 청원경찰을 임용한 경우 가. 법 제5조 제2항에 따른 임용결격사유에 해당하는 청원경찰 나. 법 제5조 제2항에 따른 임용결격사유에 해당하지 않는 청원경찰	법 제12조 제1항 제1호	500만원 300만원
3. 정당한 사유 없이 법 제6조 제3항에 따라 경찰청장이 고시한 최저부담기준액 이상의 보수를 지급하지 않은 경우	법 제12조 제1항 제2호	500만원
4. 법 제9조의3 제2항에 따른 시·도 경찰청장의 감독상 필요한 다음 각목의 명령을 정당한 사유 없이 이행하지 않은 경우 가. 총기·실탄 및 분사기에 관한 명령 나. 가목에 따른 명령 외의 명령	법 제12조 제1항 제3호	 500만원 300만원

시·도 경찰청장은 위반행위의 동기, 내용 및 위반의 정도 등을 고려하여 과태료 금액의 100분의 50의 범위에서 그 금액을 줄이거나 늘릴 수 있다. (O) 기출 23

시·도 경찰청장의 감독상 필요한 복무규율과 근무상황에 관한 명령을 정당한 사유 없이 이행하지 않은 경우 300만원의 과태료가 부과된다. (O) 기출 21

경찰서장은 위반행위의 동기, 내용 및 위반의 정도 등을 고려하여 과태료 금액의 3분의 1의 범위에서 그 금액을 줄이거나 늘릴 수 있다. (×) 기출 20

시·도 경찰청장은 위반행위의 동기, 내용 및 위반의 정도 등을 고려하여 대통령령에서 정한 과태료 금액의 100분의 50의 범위에서 그 금액을 줄일 수 있다. (O) 기출 19

임용결격사유에 해당하지 않는 청원경찰을 시·도 경찰청장의 승인을 받지 않고 임용한 경우에는 500만원의 과태료가 부과된다. (×) 기출 18·17

시·도 경찰청장의 감독상 필요한 분사기에 관한 명령을 정당한 사유 없이 이행하지 않은 경우 500만원의 과태료가 부과된다. (○) 기출 17

정당한 사유 없이 경찰청장이 고시한 최저부담기준액 이상의 보수를 지급하지 않은 경우 500만원의 과태료가 부과된다. (○) 기출 21·17·13

시·도 경찰청장의 배치결정을 받지 않고 국가정보원장이 지정하는 국가보안 목표시설에 청원경찰을 배치한 경우 500만원의 과태료가 부과된다. (○) 기출 21·17

시·도 경찰청장의 배치결정을 받지 않고 국가중요시설 외의 시설에 청원경찰을 배치한 경우 400만원의 과태료가 부과된다. (○) 기출 13

총기·실탄 및 분사기에 관한 시·도 경찰청장의 감독상 필요한 명령을 정당한 사유 없이 이행하지 않은 경우 500만원의 과태료가 부과된다. (○) 기출 13·11

부칙 〈대통령령 제31349호, 2020.12.31.〉 (자치경찰사무와 시·도자치경찰위원회의 조직 및 운영 등에 관한 규정)

제1조(시행일) 이 영은 2021년 1월 1일부터 시행한다.

제2조 및 제3조 생략

제4조(다른 법령의 개정)
① 부터 ⑩까지 생략
⑪ 청원경찰법 시행령 일부를 다음과 같이 개정한다.
　　제2조 각호 외의 부분 전단·후단, 제4조 제1항, 같은 조 제2항 전단, 제8조 제5항 전단, 같은 조 제6항, 제14조 제3항, 제16조 제1항·제2항, 제20조 각호 외의 부분, 제20조의2 각호 외의 부분, 제21조 제2항 및 [별표 2] 제1호 각목 외의 부분·제2호 각목 외의 부분·제4호 각목 외의 부분 중 "지방경찰청장"을 각각 "시·도 경찰청장"으로 한다.
⑫ 부터 ⑲까지 생략

부칙 〈대통령령 제31665호, 2021.5.4.〉

제1조(시행일) 이 영은 공포한 날부터 시행한다.

제2조(봉급에 관한 적용례) [별표 1]의 개정규정은 2021년 1월 1일 이후 지급하는 봉급부터 적용한다.

부칙 〈대통령령 제31948호, 2021.8.24.〉

이 영은 공포한 날부터 시행한다.

부칙 〈대통령령 제32617호, 2022.5.3.〉

제1조(시행일) 이 영은 공포한 날부터 시행한다.

제2조(봉급에 관한 적용례) [별표 1]의 개정규정은 2022년 1월 1일 이후 지급하는 봉급부터 적용한다.

부칙 〈대통령령 제33428호, 2023.4.25.〉

제1조(시행일) 이 영은 공포한 날부터 시행한다.

제2조(봉급에 관한 적용례) [별표 1]의 개정규정은 2023년 1월 1일 이후 지급하는 봉급부터 적용한다.

06 청원경찰법 시행규칙

[시행 2022.11.10.] [행정안전부령 제357호, 2022.11.10., 일부개정]

제1조 목적

이 규칙은 「청원경찰법」 및 같은 법 시행령에서 위임된 사항과 그 시행에 필요한 사항을 규정함을 목적으로 한다.

제2조 배치대상 ★★★

「청원경찰법」(이하 "법"이라 한다) 제2조 제3호에서 "그 밖에 **행정안전부령**으로 정하는 중요시설, 사업장 또는 장소"란 다음 각호의 시설, 사업장 또는 장소를 말한다.

  1. 선박, 항공기 등 **수송**시설

> 선박, 항공기 등 수송시설은 청원경찰의 배치대상이다.　　　　(〇) 기출 23 · 21 · 14

  2. 금융 또는 **보험**을 업(業)으로 하는 시설 또는 사업장

> 금융을 업으로 하는 시설 또는 사업장은 청원경찰의 배치대상이다.　(〇) 기출 23 · 22
>
> 금융 또는 보험을 업(業)으로 하는 시설 또는 사업장은 청원경찰의 배치대상이 아니다.
>   (✕) 기출 16
>
> 보험을 업으로 하는 시설 또는 사업장은 청원경찰의 배치대상이다.　(〇) 기출 23 · 11

  3. 언론, 통신, 방송 또는 **인쇄**를 업으로 하는 시설 또는 사업장

> 언론, 통신, 방송을 업으로 하는 시설은 청원경찰의 배치대상이다.　(〇) 기출 23 · 14
>
> 인쇄를 업으로 하는 시설 또는 사업장은 청원경찰의 배치대상이다.
>   (〇) 기출 22 · 21 · 11

  4. 학교 등 **육영**시설

> 학교 등 육영시설은 청원경찰의 배치대상이다.　　　　　　　(〇) 기출 23 · 21

  5. 「**의료법**」에 따른 의료기관

> 「의료법」에 따른 의료기관은 청원경찰의 배치대상이다.　　　(〇) 기출 23 · 21

6. 그 밖에 공공의 안녕질서 유지와 국민경제를 위하여 고도의 **경비(警備)**가 필요한 중요시설, 사업체 또는 장소

> 「사회복지사업법」에 따른 사회복지시설은 청원경찰의 배치대상이 아니다.
> (O) **기출** 21 · 18 · 16
>
> 공공의 안녕질서 유지와 국민경제를 위하여 고도의 경비가 필요한 장소는 청원경찰의 배치대상이다.
> (O) **기출** 14

제3조 청원경찰 배치신청서 등 ★★

① 「청원경찰법 시행령」(이하 "영"이라 한다) 제2조에 따른 청원경찰 배치신청서는 별지 제1호 서식에 따른다.
② 법 제4조 제2항에 따른 청원경찰 배치결정 통지 또는 청원경찰 배치 불허 통지는 별지 제2호 서식에 따른다.

제4조 임용의 신체조건 ★★

영 제3조 제2호에 따른 신체조건은 다음 각호와 같다.
1. **신체**가 건강하고 **팔다리**가 완전할 것

> '신체가 건강하고 팔다리가 완전할 것'은 청원경찰 임용의 신체조건에 해당한다.
> (O) **기출** 12

2. 시력(**교정시력**을 포함한다)은 양쪽 눈이 각각 0.8 이상일 것

> 청원경찰로 임용되기 위해서는 신체가 건강하고 팔다리가 완전하며, 시력(교정시력을 포함한다)은 양쪽 눈이 각각 0.8 이상이어야 한다. (O) **기출** 13
>
> '시력(교정시력을 포함한다)은 양쪽 눈이 각각 0.8 이상일 것'은 청원경찰 임용의 신체조건에 해당한다. (O) **기출** 12
>
> '체중이 남자는 50kg 이상, 여자는 40kg 이상일 것'은 청원경찰 임용의 신체조건에 해당한다. (X) **기출** 12
>
> 청원경찰의 신체조건으로서 두 눈의 교정시력이 각각 0.2 이상이어야 한다. (X) **기출** 11

임용승인신청서 등 ★★★

① 법 제4조 제2항에 따라 청원경찰의 배치결정을 받은 자[이하 **"청원주"**(請願主)라 한다]가 영 제4조 제1항에 따라 **시·도 경찰청장**에게 청원경찰 임용승인을 신청할 때에는 별지 제3호 서식의 청원경찰 **임용승인신청서**에 그 해당자에 관한 다음 각호의 서류를 첨부해야 한다. 〈개정 2020.12.31., 2021.3.30.〉

1. 이력서 1부
2. 주민등록증 **사본** 1부
3. 민간인 신원진술서(「보안업무규정」 제36조에 따른 신원조사가 필요한 경우만 해당한다) 1부
4. 최근 **3개월** 이내에 발행한 채용신체검사서 또는 취업용 건강진단서 1부
5. 가족관계등록부 중 **기본증명서** 1부

> 이력서 1부(ㄱ), 주민등록등본 1부(ㄴ), 가족관계등록부 중 기본증명서 1부(ㄷ), 최근 3개월 이내에 발행한 채용신체검사서 1부(ㄹ) 중 청원경찰법령상 청원경찰 임용승인신청서의 첨부 서류에 해당하지 않는 것은 ㄴ이다. (O) 기출 23
>
> 가족관계등록부 중 가족관계증명서 1부는 청원주가 시·도 경찰청장에게 청원경찰 임용승인을 신청할 때 청원경찰 임용승인신청서에 첨부해야 하는 서류이다. (×) 기출 14

② 제1항에 따른 신청서를 제출받은 **시·도 경찰청장**은 「**전자정부법**」 제36조 제1항에 따라 행정정보의 공동이용을 통하여 해당자의 **병적증명서**를 확인하여야 한다. 다만, 그 해당자가 확인에 **동의**하지 아니할 때에는 해당 서류를 첨부하도록 하여야 한다. 〈개정 2020.12.31.〉

교육기간 등 ★★

영 제5조 제3항에 따른 교육기간은 **2주**로 하고, 교육과목 및 수업시간은 [별표 1]과 같다.

> 청원경찰의 신임교육기간은 2주로 한다. (O) 기출 15·14
>
> 청원경찰의 교육기간은 2주이며, 수업시간은 76시간이다. (O) 기출 13
>
> 청원경찰로 임용된 자가 경찰교육기관에서 받는 직무수행에 필요한 교육의 기간은 4주로 한다. (×) 기출 12

[별표 1] 청원경찰의 교육과목 및 수업시간표(제6조 관련)

학과별	과 목		시 간
정신교육	정신교육		8
학술교육	형사법		10
	청원경찰법		5
실무교육	경 무	경찰관직무집행법	5
	방 범	방범업무	3
		경범죄처벌법	2
	경 비	시설경비	6
		소 방	4
	정 보	대공이론	2
		불심검문	2
	민방위	민방공	3
		화생방	2
	기본훈련		5
	총기조작		2
	총검술		2
	사 격		6
술 과	체포술 및 호신술		6
기 타	입교·수료 및 평가		3

청원경찰의 직무수행에 필요한 교육의 교육과목 중 정신교육의 수업시간은 8시간이다.
(O) **기출** 20

실무교육은 경범죄처벌법 및 사격 과목 등을 포함하여 40시간을 이수하여야 한다.
(×) **기출** 17

학술교육은 형사법 10시간, 청원경찰법 5시간을 이수하여야 한다. (O) **기출** 17

정신교육은 정신교육 과목을 8시간 이수하여야 한다. (O) **기출** 17

술과는 체포술 및 호신술 과목 6시간이고, 기타로 입교·수료 및 평가 3시간을 이수하여야 한다.
(O) **기출수정** 17

청원경찰로 임용된 경우 형사법 5시간, 청원경찰법 5시간, 경찰관직무집행법 5시간, 시설경비 6시간을 이수하여야 한다. (×) **기출** 16

청원경찰의 교육과목에는 법학개론, 민사소송법, 민간경비론이 있다. (×) **기출** 16

청원경찰의 교육과목에는 대공이론, 국가보안법, 통합방위법이 포함된다.　(×)　기출 15

청원경찰의 신임교육과목에는 형사법, 경찰관직무집행법, 화생방 등이 있다. (○) 기출 14

청원경찰로 임용된 자가 받는 교육과목 중 학술교육과목으로 형사법, 청원경찰법이 있다.
　　　　　　　　　　　　　　　　　　　　　　　　　　　　(○) 기출 12

제7조　　청원경찰 배치통보서 등

영 제6조 제1항에 따른 청원경찰 배치 통보 및 영 제6조 제2항에 따른 청원경찰 전출
통보는 별지 제4호 서식에 따른다.

제8조　　청원경찰경비의 지급방법 등 ★★★

영 제12조에 따른 청원경찰경비의 지급방법 및 납부방법은 다음 각호와 같다.

1. 봉급과 **각종 수당**은 **청원주**가 그 청원경찰이 배치된 기관·시설·사업장 또는
　장소(이하 "사업장"이라 한다)의 직원에 대한 **보수 지급일**에 청원경찰에게 **직접**
　지급한다.

> 봉급과 각종 수당은 청원주가 그 청원경찰이 배치된 기관·시설·사업장 또는 장소의 직원
> 에 대한 보수 지급일에 청원경찰에게 직접 지급한다.　　　(○) 기출 15·13

2. **피복**은 **청원주**가 제작하거나 구입하여 [별표 2]에 따른 정기지급일 또는 신규
　배치 시에 청원경찰에게 **현품**으로 지급한다.

3. 교육비는 **청원주**가 해당 청원경찰의 입교(入校) **3일 전**에 해당 **경찰교육기관**에
　낸다.

> 교육비는 청원주가 경찰교육기관 입교(入校) 3일 전에 해당 청원경찰에게 지급하여 납부하
> 게 한다.　　　　　　　　　　　　　　　　　　　　　(×) 기출 21
>
> 청원경찰의 교육비는 청원주가 해당 청원경찰의 입교 3일 전에 해당 경찰교육기관에 낸다.
> 　　　　　　　　　　　　　　　　　　　　　　　　　(○) 기출 19
>
> 교육비는 청원주가 해당 청원경찰의 입교 7일 전에 청원경찰에게 직접 지급한다.
> 　　　　　　　　　　　　　　　　　　　　　　　　　(×) 기출 18
>
> 청원경찰의 교육비는 청원주가 해당 청원경찰의 입교 후 3일 이내에 해당 경찰교육기관에
> 낸다.　　　　　　　　　　　　　　　　　　　　　　(×) 기출 15

제9조 　복제 ★★

① 영 제14조에 따른 청원경찰의 제복·장구(裝具) 및 부속물의 종류는 다음 각호와 같다. 〈개정 2021.12.31.〉
　　1. **제복** : 정모(正帽), 기동모(활동에 편한 모자를 말한다. 이하 같다), 근무복(하복, 동복), 한여름 옷, 기동복, 점퍼, 비옷, 방한복, 외투, 단화, 기동화 및 방한화
　　2. 장구 : 허리띠, 경찰봉, **호루라기** 및 포승(捕繩)

> 청원경찰 장구의 종류는 경찰봉, 호루라기, 수갑 및 포승이다. 　　　　(✕) **기출** 21
> 장구의 종류에는 허리띠, 경찰봉, 권총이 있다. 　　　　　　　　　　(✕) **기출** 16

　　3. **부속물** : 모자표장, 가슴표장, 휘장, 계급장, **넥타이핀**, 단추 및 **장갑**

> 청원경찰의 복제는 제복·장구 및 부속물로 구분하며, 이 가운데 모자표장, 계급장, 장갑 등은 부속물에 해당한다. 　　　　　　　　　　　　　　　(○) **기출** 18
> 부속물에는 모자표장, 가슴표장, 휘장, 계급장, 넥타이핀, 단추 및 장갑이 있다.
> 　　　　　　　　　　　　　　　　　　　　　　　　　　(○) **기출** 16

② 영 제14조에 따른 청원경찰의 제복·장구(裝具) 및 부속물의 형태·규격 및 재질은 다음 각호와 같다. 〈개정 2021.12.31.〉
　　1. 제복의 형태·규격 및 재질은 **청원주**가 결정하되, 경찰공무원 또는 군인 제복의 색상과 명확하게 **구별**될 수 있어야 하며, 사업장별로 **통일**해야 한다. 다만, 기동모와 기동복의 색상은 **진한 청색**으로 하고, 기동복의 형태·규격은 별도 1과 같이 한다.

> 청원경찰의 기동모와 기동복의 색상은 진한 청색으로 한다. 　　(○) **기출** 21
> 청원경찰의 제복의 형태·규격 및 재질은 시·도 경찰청장이 결정하되, 사업장별로 통일하여야 한다. 　　　　　　　　　　　　　　　　(✕) **기출수정** 18
> 제복의 형태·규격 및 재질은 청원주가 결정하되, 경찰공무원 또는 군인 제복의 색상과 명확하게 구별될 수 있어야 하며, 사업장별로 통일하여야 한다. 　(○) **기출수정** 16

　　2. **장구**의 형태·규격 및 재질은 경찰 **장구**와 같이 한다.
　　3. 부속물의 형태·규격 및 재질은 다음 각목과 같이 한다.
　　　　가. 모자표장의 형태·규격 및 재질은 별도 2와 같이 하되, 기동모의 표장은 정모 표장의 2분의 1 크기로 할 것
　　　　나. 가슴표장, 휘장, 계급장, 넥타이핀 및 단추의 형태·규격 및 재질은 별도 3부터 별도 7까지와 같이 할 것

③ 청원경찰은 **평상근무** 중에는 정모, 근무복, 단화, 호루라기, 경찰봉 및 포승을 착용하거나 휴대하여야 하고, 총기를 휴대하지 아니할 때에는 **분사기**를 휴대하여야 하며, **교육훈련**이나 그 밖의 **특수근무** 중에는 기동모, 기동복, 기동화 및 휘장을 착용하거나 부착하되, **허리띠**와 **경찰봉**은 착용하거나 휴대하지 아니할 수 있다.

> 청원경찰은 평상근무 중에는 정모, 근무복, 단화, 호루라기를 착용하거나 휴대하여야 하고, 경찰봉 및 포승은 휴대하지 아니할 수 있다. (×) 기출 21
>
> 청원경찰은 평상근무 중에는 정모, 근무복, 단화, 호루라기, 경찰봉 및 포승을 착용하거나 휴대하여야 한다. (○) 기출 19
>
> 청원경찰은 평상근무 중에 총기를 휴대하지 아니할 때에는 분사기를 휴대하여야 한다. (○) 기출 18
>
> 청원경찰은 특수근무 중에는 정모, 근무복, 단화, 호루라기, 경찰봉 및 포승을 착용하거나 휴대하여야 한다. (×) 기출 18

④ 가슴표장, 휘장 및 계급장을 달거나 부착할 위치는 별도 8과 같다.

제10조 **제복의 착용시기** ★

하복·동복의 착용시기는 사업장별로 **청원주**가 결정하되, 착용시기를 **통일**하여야 한다.

제11조 **신분증명서** ★

① 청원경찰의 신분증명서는 **청원주**가 발행하며, 그 형식은 **청원주**가 결정하되 사업장별로 **통일**하여야 한다.

> 청원경찰의 신분증명서는 청원주가 발행하며, 그 형식은 시·도 경찰청장이 결정한다. (×) 기출 18

② 청원경찰은 근무 중에는 **항상** 신분증명서를 **휴대**하여야 한다.

제12조 **급여품 및 대여품** ★★

① 청원경찰에게 지급하는 급여품은 [별표 2]와 같고, 대여품은 [별표 3]과 같다.
② 청원경찰이 **퇴직**할 때에는 **대여품**을 청원주에게 반납하여야 한다.

> 청원경찰이 퇴직할 때에는 대여품을 청원주에게 반납하여야 한다. (○) 기출 18
>
> 청원경찰이 퇴직할 때에는 급여품 및 대여품을 청원주에게 반납해야 한다. (×) 기출 19·14

[별표 2] **청원경찰 급여품표(제12조 관련)** 〈개정 2021.12.31.〉

품 명	수 량	사용기간	정기지급일
근무복(하복)	1	1년	5월 5일
근무복(동복)	1	1년	9월 25일
한여름 옷	1	1년	6월 5일
외투·방한복 또는 점퍼	1	2~3년	9월 25일
기동화 또는 단화	1	단화 1년, 기동화 2년	9월 25일
비 옷	1	3년	5월 5일
정 모	1	3년	9월 25일
기동모	1	3년	필요할 때
기동복	1	2년	필요할 때
방한화	1	2년	9월 25일
장 갑	1	2년	9월 25일
호루라기	1	2년	9월 25일

근무복과 기동화는 청원경찰에게 지급하는 급여품에 해당한다. (○) 기출 19

급여품 중 호루라기, 방한화, 장갑의 사용기간은 2년이다. (○) 기출 19

[별표 3] **청원경찰 대여품표(제12조 관련)**

품 명	허리띠	경찰봉	가슴표장	분사기	포 승
수 량	1	1	1	1	1

기동모, 방한화, 근무복은 급여품에 해당하나, 허리띠는 대여품에 해당한다.
(○) 기출 21

기동복, 호루라기, 정모는 급여품에 해당하나, 가슴표장은 대여품에 해당한다.
(○) 기출 20

청원경찰에게 지급하는 대여품에는 허리띠, 경찰봉, 가슴표장, 분사기, 포승이 있다.
(○) 기출 19

허리띠, 가슴표장, 분사기, 포승은 청원경찰이 퇴직할 때 청원주에게 반납하여야 하는 대여품에 해당한다. (○) 기출 17

청원경찰이 퇴직할 때 허리띠는 청원주에게 반납하여야 하는 대여품에 해당한다.
(○) 기출 15

제13조   직무교육 ★★★

① **청원주**는 소속 청원경찰에게 그 직무집행에 필요한 교육을 **매월 4시간** 이상 하여야
한다.

> 청원주는 소속 청원경찰에게 그 직무집행에 필요한 교육을 매월 4시간 이상 하여야 한다.
> (○) 기출 18·16·15·14
>
> 청원주는 소속 청원경찰에게 그 직무집행에 필요한 교육을 매년 4시간 이상 하여야 한다.
> (×) 기출 12
>
> 청원주는 소속 청원경찰에게 그 직무집행에 필요한 교육을 매월 (4시간) 이상 하여야 한다.
> 기출 11

② 청원경찰이 배치된 사업장의 소재지를 관할하는 경찰서장(이하 "**관할 경찰서장**"이
라 한다)은 필요하다고 인정하는 경우에는 그 사업장에 소속 공무원을 파견하여
직무집행에 필요한 교육을 할 수 있다.

제14조   근무요령 ★★★

① 자체경비를 하는 **입초근무자**는 경비구역의 정문이나 그 밖의 지정된 장소에서 경비
구역의 내부, 외부 및 출입자의 움직임을 감시한다.

> 청원경찰법령상 입초근무자는 경비구역의 정문이나 그 밖의 지정된 장소에서 경비구역의 내부,
> 외부 및 출입자의 움직임을 감시한다. (○) 기출 23·22
>
> 소내근무자는 경비구역의 정문이나 그 밖의 지정된 장소에서 경비구역의 내부, 외부 및 출입자의
> 움직임을 감시한다. (×) 기출 14
>
> 자체경비를 하는 입초근무자는 경비구역의 정문이나 그 밖의 지정된 장소에서 경비구역의 내부,
> 외부 및 출입자의 움직임을 감시한다. (○) 기출 21·19·12

② 업무처리 및 자체경비를 하는 **소내근무자**는 근무 중 특이한 사항이 발생하였을
때에는 **지체 없이 청원주** 또는 관할 **경찰서장**에게 보고하고 그 지시에 따라야 한다.

> 청원경찰법령상 소내근무자는 근무 중 특이한 사항이 발생하였을 때에는 지체 없이 청원주 또는
> 시·도 경찰청장에게 보고하고 그 지시에 따라야 한다. (×) 기출 22
>
> 업무처리 및 자체경비를 하는 소내근무자는 근무 중 특이한 사항이 발생하였을 때에는 지체 없이
> 청원주 또는 관할 경찰서장에게 보고하고 그 지시에 따라야 한다. (○) 기출 23·21·19
>
> 업무처리 및 자체경비를 하며, 근무 중 특이한 사항이 발생하였을 때에는 지체 없이 청원주
> 또는 관할 경찰서장에게 보고하고 그 지시에 따라야 하는 근무자는 소내근무자이다.
> (○) 기출 15
>
> 소내근무자는 근무 중 특이한 사항이 발생하였을 때에는 지체 없이 관할 시·도 경찰청장에게
> 보고하고 그 지시에 따라야 한다. (×) 기출 14

③ **순찰근무자**는 청원주가 지정한 일정한 구역을 순회하면서 경비 임무를 수행한다. 이 경우 순찰은 단독 또는 복수로 **정선순찰**(정해진 노선을 규칙적으로 순찰하는 것을 말한다)을 하되, 청원주가 필요하다고 인정할 때에는 **요점순찰**(순찰구역 내 지정된 중요지점을 순찰하는 것을 말한다) 또는 **난선순찰**(임의로 순찰지역이나 노선을 선정하여 불규칙적으로 순찰하는 것을 말한다)을 할 수 있다. 〈개정 2021.12.31.〉

> 순찰근무자는 청원주가 지정한 일정한 구역을 순회하면서 경비 임무를 수행한다. 이 경우 순찰은 단독 또는 복수로 정선순찰을 하되, 청원주가 필요하다고 인정할 때에는 요점순찰 또는 난선순찰을 할 수 있다. (O) 기출 23
>
> 청원경찰법령상 순찰근무자는 청원주가 지정한 일정한 구역을 단독 또는 복수로 난선순찰을 하되, 청원주가 필요하다고 인정할 때에는 정선순찰 또는 요점순찰을 할 수 있다. (×) 기출 22
>
> 순찰근무자는 단독 또는 복수로 요점순찰을 하되, 청원주가 필요하다고 인정할 때에는 정선순찰 또는 난선순찰을 할 수 있다. (×) 기출 21
>
> 순찰근무자는 청원주가 지정한 일정한 구역을 요점순찰을 하되, 청원주가 필요하다고 인정할 때에는 정선순찰을 할 수 있다. (×) 기출 19
>
> 청원경찰의 근무구역 순찰은 단독 또는 복수로 정선순찰을 하되, 청원주가 필요하다고 인정할 때에는 요점순찰 또는 난선순찰을 할 수 있다. (O) 기출 18
>
> 순찰근무자는 요점순찰 또는 난선순찰을 하되, 청원주가 필요하다고 인정할 때에는 정선순찰을 할 수 있다. (×) 기출수정 14
>
> 순찰은 요점순찰을 하되, 청원주가 필요하다고 인정할 때에는 정선순찰 또는 난선순찰을 할 수 있다. (×) 기출 12

④ **대기근무자**는 **소내근무**에 협조하거나 **휴식**하면서 불의의 사고에 대비한다.

> 청원경찰법령상 대기근무자는 입초근무에 협조하거나 휴식하면서 불의의 사고에 대비한다. (×) 기출 22
>
> 청원경찰은 청원경찰법령상 경비구역 내에서의 입초근무, 소내근무, 순찰근무, 대기근무를 수행한다. (O) 기출 14
>
> 대기근무자는 소내근무에 협조하거나 휴식하면서 불의의 사고에 대비한다. (O) 기출 23 · 21 · 19 · 14

제15조 **무기대여 신청서**

영 제16조 제1항에 따른 무기대여 신청은 별지 제5호 서식에 따른다.

제16조 **무기관리수칙** ★★★

① 영 제16조에 따라 무기와 탄약을 대여받은 **청원주**는 다음 각호에 따라 무기와 탄약을 관리해야 한다. 〈개정 2020.12.31., 2021.12.31.〉

   1. 청원주가 무기와 탄약을 대여받았을 때에는 **경찰청장**이 정하는 무기·탄약 **출납부** 및 무기장비 **운영카드**를 갖춰 두고 기록하여야 한다.

> 청원주가 무기와 탄약을 대여받았을 때에는 경찰청장이 정하는 무기·탄약 출납부 및 무기장비 운영카드를 갖춰 두고 기록하여야 한다.   (O) 기출 22
>
> 무기와 탄약을 대여받았을 때에는 시·도 경찰청장이 정하는 무기·탄약 출납부 등을 갖춰 두고 기록하여야 한다.   (X) 기출 18·16

   2. **청원주**는 무기와 탄약의 관리를 위하여 **관리책임자**를 지정하고 관할 **경찰서장**에게 그 사실을 **통보**하여야 한다.

> 청원주는 무기와 탄약의 관리를 위하여 관리책임자를 지정하고 관할 경찰서장에게 그 사실을 통보하여야 한다.   (O) 기출 22

   3. 무기고 및 탄약고는 **단층**에 설치하고 환기·방습·방화 및 총받침대 등의 시설을 갖추어야 한다.

   4. 탄약고는 무기고와 **떨어진 곳**에 설치하고, 그 위치는 사무실이나 그 밖에 여러 사람을 수용하거나 여러 사람이 오고 가는 시설로부터 **격리**되어야 한다.

> 탄약고는 무기고와 떨어진 곳에 설치하고, 그 위치는 사무실이나 그 밖에 여러 사람을 수용하거나 여러 사람이 오고 가는 시설로부터 인접해 있어야 한다.   (X) 기출 18

   5. 무기고와 탄약고에는 **이중** 잠금장치를 하고, 열쇠는 **관리책임자**가 보관하되, 근무시간 이후에는 **숙직책임자**에게 인계하여 보관시켜야 한다.

> 무기고와 탄약고에는 이중 잠금장치를 하고, 열쇠는 관리책임자가 보관하되, 근무시간 이후에는 숙직책임자에게 인계하여 보관시켜야 한다.   (O) 기출 23
>
> 무기와 탄약을 대여받은 청원주는 무기고와 탄약고에는 이중 잠금장치를 하고, 열쇠는 숙직책임자가 보관하되, 근무시간 이후에는 관리책임자에게 인계하여 보관시켜야 한다.   (X) 기출 22

   6. **청원주**는 경찰청장이 정하는 바에 따라 **매월** 무기와 탄약의 관리실태를 파악하여 **다음 달 3일**까지 관할 **경찰서장**에게 **통보**하여야 한다.

> 청원주는 경찰청장이 정하는 바에 따라 매월 무기와 탄약의 관리실태를 파악하여 다음 달 3일까지 관할 경찰서장에게 통보하여야 한다.   (O) 기출 22

7. **청원주**는 대여받은 무기와 탄약이 분실되거나 도난당하거나 빼앗기거나 훼손되는 등의 사고가 발생했을 때에는 **지체 없이** 그 사유를 **관할 경찰서장**에게 **통보**해야 한다.

> 청원주는 대여받은 무기와 탄약이 분실되거나 도난당하거나 빼앗기거나 훼손되는 등의 사고가 발생하였을 때에는 지체 없이 그 사유를 관할 경찰서장에게 통보해야 한다.
> (○) **기출수정** 18
>
> 청원주는 대여받은 무기와 탄약이 분실되거나 도난당하거나 빼앗기거나 훼손되는 등의 사고가 발생하였을 때에는 지체 없이 그 사유를 지방자치단체장에게 통보해야 한다.
> (×) **기출수정** 16
>
> 청원주는 대여받은 무기와 탄약이 분실되거나 도난당하거나 빼앗기거나 훼손되는 등의 사고가 발생하였을 때에는 지체 없이 그 사유를 관할 군부대장에게 통보해야 한다.
> (×) **기출수정** 13

8. **청원주**는 무기와 탄약이 분실되거나 도난당하거나 빼앗기거나 훼손되었을 때에는 **경찰청장**이 정하는 바에 따라 그 **전액**을 배상해야 한다. 다만, 전시·사변·천재지변이나 그 밖의 **불가항력적인 사유**가 있다고 **시·도 경찰청장**이 인정하였을 때에는 그렇지 않다.

> 청원주는 무기와 탄약이 분실되거나 도난당하거나 빼앗기거나 훼손되었을 때에는 경찰청장이 정하는 바에 따라 그 전액을 배상하는 것이 원칙이다. (○) **기출** 23

② 영 제16조에 따라 무기와 탄약을 대여받은 **청원주**가 청원경찰에게 무기와 탄약을 출납하려는 경우에는 다음 각호에 따라야 한다. 다만, 관할 **경찰서장**의 지시에 따라 제2호에 따른 탄약의 수를 늘리거나 줄일 수 있고, 무기와 탄약의 출납을 중지할 수 있으며, 무기와 탄약을 회수하여 집중관리할 수 있다.

1. 무기와 탄약을 출납하였을 때에는 무기·탄약 **출납부**에 그 출납사항을 기록하여야 한다.
2. **소총**의 탄약은 1정당 **15발** 이내, **권총**의 탄약은 1정당 **7발** 이내로 출납하여야 한다. 이 경우 생산된 후 오래된 탄약을 우선하여 출납하여야 한다.

> 소총의 탄약은 1정당 10발 이내, 권총의 탄약은 1정당 5발 이내로 출납하여야 한다.
> (×) **기출** 23

3. 청원경찰에게 지급한 무기와 탄약은 **매주 1회 이상** 손질하게 하여야 한다.

> 청원주는 청원경찰에게 지급한 무기와 탄약은 매월 1회 이상 손질하게 하여야 한다.
> (×) **기출** 18·14
>
> 청원주는 청원경찰에게 지급한 무기와 탄약을 매주 1회 이상 손질하게 하여야 한다.
> (○) **기출** 23·15

> 청원주가 무기와 탄약을 출납하려는 경우 청원주는 청원경찰에게 지급한 무기와 탄약을 월 2회 손질하게 하여야 한다. (✕) **기출** 12

4. 수리가 필요한 무기가 있을 때에는 그 목록과 무기장비 **운영카드**를 첨부하여 관할 **경찰서장**에게 수리를 요청할 수 있다.

> 청원주는 수리가 필요한 무기가 있을 때에는 그 목록과 무기장비 운영카드를 첨부하여 관할 경찰서장에게 수리를 요청할 수 있다. (◯) **기출** 16
>
> 청원주는 수리가 필요한 무기가 있을 때에는 그 목록과 무기장비 운영카드를 첨부하여 관할 시·도 경찰청장에게 수리를 요청할 수 있다. (✕) **기출** 15

③ 청원주로부터 무기와 탄약을 지급받은 **청원경찰**은 다음 각호의 사항을 준수하여야 한다.

1. 무기를 지급받거나 반납할 때 또는 인계인수할 때에는 반드시 "**앞에 총**" 자세에서 "**검사 총**"을 하여야 한다.

> 청원경찰은 무기를 지급받거나 반납할 때 또는 인계인수할 때에는 반드시 '앞에 총' 자세에서 '검사 총'을 하여야 한다. (◯) **기출** 19·15
>
> 청원주로부터 무기와 탄약을 지급받은 청원경찰은 무기를 인수인계할 때에는 반드시 "앞에 총" 자세에서 "검사 총"을 해야 한다. (◯) **기출** 13
>
> 청원경찰은 무기를 지급받거나 반납할 때 또는 인계인수할 때에는 반드시 "검사 총" 자세 이후 "앞에 총"을 하여야 한다. (✕) **기출** 12

2. 무기와 탄약을 지급받았을 때에는 별도의 지시가 없으면 무기와 탄약을 **분리**하여 **휴대**하여야 하며, **소총**은 "우로 어깨 걸어 총"의 자세를 유지하고, **권총**은 "권총집에 넣어 총"의 자세를 유지하여야 한다.

> 청원경찰은 무기와 탄약을 지급받았을 때에는 별도의 지시가 없으면 무기와 탄약을 분리하여 휴대하여야 한다. (◯) **기출** 19
>
> 청원경찰은 무기와 탄약을 지급받았을 때에는 별도의 지시가 없으면 무기와 탄약을 분리하여 휴대하여야 하며, 소총은 "우로 어깨 걸어 총"의 자세를 유지하고, 권총은 "권총집에 넣어 총"의 자세를 유지하여야 한다. (◯) **기출** 12

3. 지급받은 무기는 다른 사람에게 보관 또는 휴대하게 할 수 **없으며** 손질을 의뢰할 수 **없다**.

> 청원경찰은 지급받은 무기를 다른 사람에게 보관하거나 휴대시킬 수 없으며, 손질을 의뢰할 수도 없다. (◯) **기출** 19·12

4. 무기를 손질하거나 조작할 때에는 반드시 총구를 **공중**으로 향하게 하여야 한다.

> 청원경찰은 무기를 손질 또는 조작할 때에는 반드시 총구를 바닥으로 향하여야 한다.
> (×) 기출 12
>
> 청원주로부터 무기를 지급받은 청원경찰이 무기를 손질하거나 조작할 때에는 반드시 총구를 공중으로 향하게 하여야 한다.
> (○) 기출 11

5. 무기와 탄약을 반납할 때에는 손질을 철저히 하여야 한다.
6. 근무시간 이후에는 무기와 탄약을 **청원주**에게 반납하거나 **교대근무자**에게 인계하여야 한다.

> 청원경찰은 근무시간 이후에는 무기와 탄약을 관리책임자에게 반납하여야 한다.
> (×) 기출 19

④ **청원주**는 다음 각호의 어느 하나에 해당하는 청원경찰에게 무기와 탄약을 지급해서는 안 되며, 지급한 무기와 탄약은 **즉시 회수해야** 한다. ⟨개정 2021.12.31., 2022.11.10.⟩
1. 직무상 **비위(非違)**로 징계대상이 된 사람

> 청원경찰은 청원주는 직무상 비위로 징계대상이 된 청원경찰에게 무기와 탄약을 지급해서는 안 되며, 지급한 무기와 탄약은 즉시 회수해야 한다.
> (○) 기출 12
>
> 근무 중 휴대전화를 자주 사용하는 청원경찰에게는 청원주가 무기와 탄약을 지급할 수 있다.
> (○) 기출 16

2. **형사사건으로 조사대상이 된 사람**

> 청원경찰법령상 민사소송의 피고로 소송 계류 중인 사람은 청원주가 무기와 탄약을 지급해서는 아니 되는 청원경찰로 명시되어 있지 않다.
> (○) 기출 14
>
> 청원주는 형사사건으로 조사대상이 된 청원경찰에게 무기와 탄약을 지급해서는 아니 되며, 지급한 무기와 탄약은 회수하여야 한다.
> (○) 기출 21 · 12

3. **사직 의사를 밝힌 사람**

> 청원주는 사직 의사를 밝힌 청원경찰에게 무기와 탄약을 지급해서는 안 된다.
> (○) 기출 21 · 15 · 14

4. 치매, 조현병, 조현정동장애, 양극성 정동장애(조울병), 재발성 우울장애 등의 **정신질환**으로 인하여 무기와 탄약의 휴대가 적합하지 않다고 **해당 분야 전문의**가 인정하는 사람
5. 제1호부터 제4호까지의 규정 중 어느 하나에 **준하는 사유**로 **청원주**가 무기와 탄약을 지급하기에 적절하지 않다고 인정하는 사람
6. 삭제 ⟨2022.11.10.⟩

⑤ 청원주는 제4항에 따라 **무기와 탄약을 지급하지 않거나 회수할 때**에는 별지 제5호의2 서식의 **결정 통지서**를 작성하여 지체 없이 해당 청원경찰에게 **통지해야** 한다. 다만, 지급한 무기와 탄약의 **신속한 회수가** 필요하다고 인정되는 경우에는 무기와 탄약을 먼저 회수한 후 통지서를 내줄 수 있다. 〈신설 2022.11.10.〉

⑥ 청원주는 제4항에 따라 청원경찰에게 무기와 탄약을 지급하지 않거나 회수한 경우 **7일 이내에 관할 경찰서장**에게 별지 제5호의3 서식의 **결정 통보서**를 작성하여 통보해야 한다. 〈신설 2022.11.10.〉

⑦ 제6항에 따라 **통보를 받은 관할 경찰서장**은 통보받은 날부터 **14일 이내**에 무기와 탄약의 **지급 제한** 또는 회수의 **적정성**을 판단하기 위해 **현장을 방문**하여 해당 **청원경찰**의 의견을 청취하고 필요한 조치를 할 수 있다. 〈신설 2022.11.10.〉

⑧ 청원주는 제4항 각호의 사유가 **소멸**하게 된 경우에는 청원경찰에게 무기와 탄약을 지급할 수 있다. 〈신설 2022.11.10.〉

제17조　문서와 장부의 비치 ★★★

① **청원주**는 다음 각호의 문서와 장부를 갖춰 두어야 한다.
1. 청원경찰 명부
2. 근무일지
3. 근무 상황카드
4. 경비구역 배치도
5. 순찰표철
6. 무기·탄약 **출납부**
7. 무기장비 **운영카드**
8. 봉급지급 조서철
9. 신분증명서 발급대장
10. 징계 **관계철**
11. **교육훈련 실시부**
12. 청원경찰 직무교육계획서
13. 급여품 및 대여품 대장
14. 그 밖에 청원경찰의 운영에 필요한 문서와 장부

② 관할 **경찰서장**은 다음 각호의 문서와 장부를 갖춰 두어야 한다.
1. 청원경찰 명부
2. **감독 순시부**
3. **전출입 관계철**
4. **교육훈련 실시부**
5. 무기·탄약 **대여대장**
6. 징계**요구서철**
7. 그 밖에 청원경찰의 운영에 필요한 문서와 장부

③ **시 · 도 경찰청장**은 다음 각호의 문서와 장부를 갖춰 두어야 한다. 〈개정 2020,12,31,〉
   1. **배치결정 관계철**
   2. 청원경찰 임용승인 관계철
   3. **전출입 관계철**
   4. 그 밖에 청원경찰의 운영에 필요한 문서와 장부
④ 제1항부터 제3항까지의 규정에 따른 문서와 장부의 서식은 경찰관서에서 사용하는 서식을 준용한다.

청원경찰 임용승인 관계철(ㄱ), 청원경찰 명부(ㄴ), 경비구역 배치도(ㄷ), 무기 · 탄약 출납부(ㄹ) 중 청원경찰법령상 청원주가 갖추어야 문서와 장부가 아닌 것은 ㄱ이다.　(O)　기출 23

무기탄약 출납부, 교육훈련 실시부, 무기장비 운영카드, 무기탄약 대여대장 중 청원경찰법령상 청원주와 관할 경찰서장이 공통으로 갖춰 두어야 할 문서와 장부는 교육훈련 실시부이다.　(O)　기출 22

청원경찰 명부, 경비구역 배치도, 청원경찰 직무교육계획서는 청원경찰법령상 청원주가 갖추어 두어야 할 문서와 장부에 해당하나, 전출입 관계철은 이에 해당하지 않는다. (O) 기출 21

청원경찰법령상 청원경찰 임용승인 관계철은 관할 경찰서장이 갖춰 두어야 할 문서와 장부에 해당하지 않는다.　(O)　기출 19

청원경찰법령상 시 · 도 경찰청장과 관할 경찰서장이 모두 비치해야 할 장부는 전출입 관계철이다.　(O)　기출 17 · 13

청원경찰법령상 청원주가 비치하여야 할 문서와 장부에 감독 순시부는 해당하지 않는다.　(O)　기출 16

청원경찰법령상 교육훈련 실시부는 관할 경찰서장과 청원주가 공통으로 비치해야 할 문서와 장부에 해당한다.　(O)　기출 15 · 11

청원경찰법령상 경비구역 배치도, 교육훈련 실시부는 청원주가 비치해야 할 문서와 장부에 해당한다.　(O)　기출 14

청원경찰법령상 배치결정 관계철, 청원경찰 임용승인 관계철은 시 · 도 경찰청장이 비치해야 할 장부이다.　(O)　기출 14

청원경찰법령상 무기 · 탄약 대여대장, 전출입 관계철, 감독 순시부, 징계요구서철은 관할 경찰서장이 비치해야 할 장부이다.　(O)　기출 14

청원경찰법령상 무기 · 탄약 대여대장은 청원주가 비치해야 할 문서와 장부이다.　(X)　기출 12

제18조　표창 ★

시·도 경찰청장, 관할 경찰서장 또는 청원주는 청원경찰에게 다음 각호의 구분에 따라
표창을 수여할 수 있다. 〈개정 2020.12.31.〉

　1. 공적상 : 성실히 직무를 수행하여 근무성적이 탁월하거나 헌신적인 봉사로 특별
　　한 공적을 세운 경우

　2. 우등상 : 교육훈련에서 교육성적이 우수한 경우

> 청원경찰법령상 경찰청장은 성실히 직무를 수행하여 근무성적이 탁월하거나 헌신적인 봉사
> 로 특별한 공적을 세운 청원경찰에게 공적상을 수여할 수 있다. 　　　　(✕) 기출 20
>
> 청원경찰법령상 청원주는 성실히 직무를 수행하여 근무성적이 탁월한 청원경찰에게 공적상
> 을 수여할 수 있다. 　　　　　　　　　　　　　　　　　　　　(○) 기출 20
>
> 청원경찰법령상 관할 경찰서장은 헌신적인 봉사로 특별한 공적을 세운 청원경찰에게 공적상
> 을 수여할 수 있다. 　　　　　　　　　　　　　　　　　　　　(○) 기출 20
>
> 청원경찰법령상 시·도 경찰청장은 교육훈련에서 교육성적이 우수한 청원경찰에게 우등상
> 을 수여할 수 있다. 　　　　　　　　　　　　　　　　　　　　(○) 기출 20
>
> 청원경찰법령상 시·도 경찰청장, 관할 경찰서장 또는 청원주는 청원경찰에게 표창을 수여
> 할 수 있다. 　　　　　　　　　　　　　　　　　　　　　　　(○) 기출 11

제19조　감독자의 지정 ★★★

① 2명 이상의 청원경찰을 배치한 사업장의 청원주는 청원경찰의 지휘·감독을 위하
　여 청원경찰 중에서 유능한 사람을 선정하여 감독자로 지정하여야 한다.

> 2명 이상의 청원경찰을 배치한 사업장의 청원주는 청원경찰의 지휘·감독을 위하여 청원경찰
> 중에서 유능한 사람을 선정하여 감독자로 지정하여야 한다. 　　　(○) 기출 23·11

② 제1항에 따른 감독자는 조장, 반장 또는 대장으로 하며, 그 지정기준은 [별표 4]와
　같다.

[별표 4] 감독자 지정기준(제19조 제2항 관련)

근무인원	직급별 지정기준		
	대 장	반 장	조 장
9명까지	–	–	1명
10명 이상 29명 이하	–	1명	2~3명
30명 이상 40명 이하	–	1명	3~4명
41명 이상 60명 이하	1명	2명	6명
61명 이상 120명 이하	1명	4명	12명

사업장의 청원주는 청원경찰 근무인원이 10명 이상 29명 이하인 경우 감독자로 반장 1명, 조장 1명을 지정하여야 한다. (×) 기출 21

사업장의 청원주는 청원경찰 근무인원이 30명 이상 40명 이하인 경우 감독자로 반장 1명, 조장 3~4명을 지정하여야 한다. (○) 기출 21

사업장의 청원주는 청원경찰 근무인원이 41명 이상 60명 이하인 경우 감독자로 대장 1명, 반장 2명, 조장 4~5명을 지정하여야 한다. (×) 기출 21

사업장의 청원주는 청원경찰 근무인원이 61명 이상 120명 이하인 경우 감독자로 대장 1명, 반장 3명, 조장 10명을 지정하여야 한다. (×) 기출 21

사업장의 청원주는 청원경찰이 7명 배치된 경우 감독자로 조장 1명을 지정하여야 한다. (○) 기출 20

사업장의 청원주는 청원경찰이 37명 배치된 경우 감독자로 반장 1명, 조장 3~4명을 지정하여야 한다. (○) 기출 20

사업장의 청원주는 청원경찰이 57명 배치된 경우 감독자로 대장 1명, 반장 2명, 조장 6명을 지정하여야 한다. (○) 기출 20

사업장의 청원주는 청원경찰이 97명 배치된 경우 감독자로 대장 1명, 반장 4명, 조장 12명을 지정하여야 한다. (○) 기출 20

사업장의 청원주는 배치한 청원경찰의 근무인원이 100명일 경우에 대장 1명, 반장 4명, 조장 12명을 지정해야 한다. (○) 기출 17

사업장의 청원주는 청원경찰 근무인원이 9명인 경우 반장 1명을 지정하여야 한다. (×) 기출 15

사업장의 청원주는 청원경찰 근무인원이 30명인 경우 반장 1명, 조장 3~4명을 지정하여야 한다. (○) 기출 15

사업장의 청원주는 청원경찰 근무인원이 60명인 경우 대장 1명, 반장 2명, 조장 6명을 지정하여야 한다. (○) 기출 15

사업장의 청원주는 청원경찰 근무인원이 100명인 경우 대장 1명, 반장 4명, 조장 12명을 지정하여야 한다. (○) 기출 15

제20조　　**경비전화의 가설 ★**

① 관할 경찰서장은 청원주의 신청에 따라 경비를 위하여 필요하다고 인정할 때에는 청원경찰이 배치된 사업장에 경비전화를 가설할 수 있다.

② 제1항에 따라 경비전화를 가설할 때 드는 비용은 청원주가 부담한다.

> 관할 경찰서장은 청원주의 신청에 따라 경비를 위하여 필요하다고 인정할 때에는 청원경찰이 배치된 사업장에 경비전화를 가설할 수 있으며, 가설에 드는 비용은 관할 경찰서장이 부담한다.　　　　　　　　　　　　　　　　　　　　　(×) **기출** 11

제21조　　**주의사항 ★★★**

① 청원경찰이 법 제3조에 따른 직무를 수행할 때에는 경비 목적을 위하여 필요한 최소한의 범위에서 하여야 한다.

> 청원경찰이 직무를 수행할 때에는 경비 목적을 위하여 필요한 최소한의 범위에서 하여야 한다.　　　　　　　　　　　　　　　　　　　(○) **기출** 22 · 15 · 14 · 11

② 청원경찰은 「경찰관직무집행법」에 따른 직무 외의 수사활동 등 사법경찰관리의 직무를 수행해서는 아니 된다.

> 청원경찰은 「경찰관직무집행법」에 따른 직무 외의 수사활동 등 사법경찰관리의 직무를 수행해서는 아니 된다.　　　　　　　　　(○) **기출** 23 · 22 · 18 · 15 · 14
>
> 청원경찰은 불가피한 사정이 있는 경우 「경찰관직무집행법」에 따른 직무 외의 수사활동 등 사법경찰관리의 직무를 수행할 수 있다.　　　　(×) **기출** 11

제22조　　**보고 ★★**

청원경찰이 법 제3조에 따라 직무를 수행할 때에 「경찰관직무집행법」 및 같은 법 시행령에 따라 하여야 할 모든 보고는 관할 경찰서장에게 서면으로 보고하기 전에 지체 없이 구두로 보고하고 그 지시에 따라야 한다.

> 청원경찰이 직무를 수행할 때에 「경찰관직무집행법」 및 같은 법 시행령에 따라 하여야 할 모든 보고는 관할 경찰서장에게 서면으로 보고하기 전에 지체 없이 구두로 보고하고 그 지시에 따라야 한다.　　　　　　　　　　(○) **기출** 23 · 15
>
> 청원경찰이 직무를 수행할 때에 경찰관직무집행법령에 따라 하여야 할 모든 보고는 관할 시 · 도 경찰청장에게 서면으로 해야 한다.　　　　(×) **기출** 13

제23조 **청원경찰 배치의 폐지 · 감축 통보**

법 제10조의5 제2항에 따른 청원경찰 배치의 폐지 또는 감축의 통보는 별지 제6호 서식에 따른다.

제24조 **과태료 부과 고지서 등**

① 법 제12조 제1항에 따른 과태료 부과의 사전 통지는 별지 제7호 서식의 과태료 부과 사전 통지서에 따른다.

② 법 제12조 제1항에 따른 과태료의 부과는 별지 제8호 서식의 과태료 부과 고지서에 따른다.

③ **경찰서장**은 과태료처분을 하였을 때에는 과태료 부과 및 징수 사항을 별지 제9호 서식의 **과태료 수납부**에 기록하고 정리하여야 한다.

> 경찰서장은 과태료처분을 하였을 때에는 과태료 부과 및 징수 사항을 과태료 수납부에 기록하고 정리하여야 한다. (○) **기출** 20
>
> 경찰청장은 과태료처분을 하였을 때에는 과태료 부과 및 징수 사항을 과태료 수납부에 기록하고 정리하여야 한다. (×) **기출** 19

부칙 〈행정안전부령 제224호, 2020.12.31.〉 (경찰공무원 임용령 시행규칙)

제1조(시행일) 이 규칙은 2021년 1월 1일부터 시행한다.

제2조(다른 법령의 개정)
①부터 ⑫까지 생략
⑬ 청원경찰법 시행규칙 일부를 다음과 같이 개정한다.
　　제5조 제1항 각호 외의 부분, 같은 조 제2항 본문, 제16조 제1항 제8호 단서, 제17조
　　제3항 각호 외의 부분, 제18조 각호 외의 부분, 별지 제2호 서식, 별지 제6호 서식의
　　유의사항란 및 별지 제7호 서식 앞쪽 중 "지방경찰청장"을 각각 "시·도 경찰청장"으
　　로 한다.
　　별지 제1호 서식 뒤쪽, 별지 제3호 서식 뒤쪽 및 별지 제5호 서식 뒤쪽 중 "지방경찰
　　청"을 각각 "시·도 경찰청"으로 한다.
　　별지 제8호 서식 앞쪽의 봉함엽서의 보내는 사람란 중 "○○ 지방경찰청장"을 "시·
　　도 경찰청장"으로 하고, 같은 쪽의 과태료 부과 고지서 및 영수증(납부자용)란 중
　　"지방경찰청장"을 "시·도 경찰청장"으로 하며, 같은 서식 뒤쪽의 과태료 부과 고지
　　서 및 영수증(수납기관용)란 중 "지방경찰청장"을 "시·도 경찰청장"으로 하고, 같
　　은 쪽의 안내말씀란 중 "지방경찰청"을 "시·도 경찰청"으로 한다.
⑭ 생략

부칙 〈행정안전부령 제246호, 2021.3.30.〉

이 규칙은 공포한 날부터 시행한다.

부칙 〈행정안전부령 제298호, 2021.12.31.〉 (어려운 법령용어 정비를 위한 11개 법령의 일부개정을 위한 행정안

전부령)

이 규칙은 공포한 날부터 시행한다.

부칙 〈행정안전부령 제357호, 2022.11.10.〉

이 규칙은 공포한 날부터 시행한다.

할 수 있다고 믿는 사람은 그렇게 되고,
할 수 없다고 믿는 사람도 역시 그렇게 된다.

- 샤를 드골 -

PART 2

경호학 관계법령

합격의 공식
SD에듀

PART 2

피할 수 없으면 외워라. (O)

CHAPTER

01 대통령 등의 경호에 관한 법률
(약칭 : 대통령경호법)

[시행 2017.7.26.] [법률 제14839호, 2017.7.26., 타법개정]

제1조 목적 ★

이 법은 대통령 등에 대한 경호를 효율적으로 수행하기 위하여 경호의 조직·직무범위와 그 밖에 필요한 사항을 규정함을 목적으로 한다.

> 「대통령 등의 경호에 관한 법률」은 대통령 등에 대한 경호를 효율적으로 수행하기 위하여 경호의 조직·직무범위와 그 밖에 필요한 사항을 규정한다. (O) 기출 21·20

제2조 정의 ★★★

이 법에서 사용하는 용어의 뜻은 다음과 같다. 〈개정 2017.7.26.〉

1. "**경호**"란 경호대상자의 생명과 재산을 보호하기 위하여 **신체**에 가하여지는 **위해(危害)**를 방지하거나 제거하고, **특정 지역**을 경계·순찰 및 방비하는 등의 모든 안전활동을 말한다.

> 경호란 경호대상자의 생명과 재산을 보호하기 위하여 신체에 가하여지는 위해를 (방지)하거나 (제거)하고, 특정지역을 경계·순찰 및 방비하는 등의 모든 (안전)활동을 말한다. 기출 23
>
> 경호란 경호대상자의 생명과 재산을 보호하기 위하여 (신체)에 가하여지는 (위해)를 방지하거나 제거하고, (특정 지역)을 경계·순찰 및 방비하는 등의 모든 안전활동을 말한다. 기출 22
>
> 경호란 (경호대상자)의 생명과 재산을 보호하기 위하여 신체에 가하여지는 (위해)을 방지하거나 제거하고, (특정 지역)을 경계·순찰 및 방비하는 등의 모든 (안전)활동을 말한다. 기출 20

2. "**경호구역**"이란 소속공무원과 관계기관의 공무원으로서 경호업무를 지원하는 사람이 경호활동을 할 수 있는 구역을 말한다.

> 경호구역은 소속공무원과 관계기관의 공무원으로서 경호업무를 지원하는 사람이 경호 활동을 할 수 있는 구역으로, 대통령경호처장이 경호업무의 수행에 필요하다고 판단되는 경우 지정할 수 있는 구역이다. (O) 기출 15

3. "소속공무원"이란 대통령경호처(이하 "경호처"라 한다) 직원과 경호처에 **파견된** 사람을 말한다.
4. "**관계기관**"이란 경호처가 경호업무를 수행함에 있어 필요한 지원과 협조를 요청하는 국가기관, 지방자치단체 등을 말한다.

제3조　　**대통령경호처장 등** ★★

① 대통령경호처장(이하 "처장"이라 한다)은 대통령이 임명하고, 경호처의 업무를 총괄하며 소속공무원을 지휘·감독한다. 〈개정 2017.7.26.〉

> 대통령경호처장은 대통령이 임명하고, 경호처의 업무를 총괄하며 소속 공무원을 지휘·감독한다.
> (O) **기출** 22
>
> 대통령경호처장은 대통령이 임명한다.
> (O) **기출** 20

> **정부조직법 제16조(대통령경호처)**
> ① 대통령 등의 경호를 담당하기 위하여 대통령경호처를 둔다. 〈개정 2017.7.26.〉
> ② 대통령경호처에 처장 1명을 두되, 처장은 정무직으로 한다. 〈개정 2017.7.26.〉
>> 대통령경호처장은 정무직 공무원으로 대통령이 임명한다. (O) **기출** 16
> ③ 대통령경호처의 조직·직무범위 그 밖에 필요한 사항은 따로 법률로 정한다. 〈개정 2017.7.26.〉
> [제목개정 2017.7.26.]

② 경호처에 차장 1명을 둔다. 〈개정 2017.7.26.〉
③ **차장**은 1급 경호공무원 또는 고위공무원단에 속하는 별정직 국가공무원으로 보하며, 처장을 보좌한다. 〈개정 2017.7.26.〉
[제목개정 2017.7.26.]

> 경호처장은 1급 경호공무원 또는 고위공무원단에 속하는 별정직 국가공무원으로 보한다.
> (×) **기출** 12

제4조　　**경호대상** ★★★

① **경호처**의 경호대상은 다음과 같다. 〈개정 2017.7.26.〉
1. 대통령과 그 가족
2. 대통령 **당선인**과 그 가족

> 대통령 당선인은 경호의 대상이지만 대통령 당선인의 가족은 경호대상이 아니다.
> (×) **기출** 22
>
> 대통령 당선인의 아들은 대통령 등의 경호에 관한 법률상 대통령경호처의 경호대상이다.
> (O) **기출** 21

대통령 당선인의 직계존비속은 대통령경호처의 경호대상이다. (O) 기출 23 · 20

대통령 당선인과 그 가족은 대통령 등의 경호에 관한 법률에 따라 대통령경호처의 경호대상
이다. (O) 기출 23 · 18

대통령 당선인과 그의 배우자 및 직계존비속은 대통령 등의 경호에 관한 법률에 따라 대통령
경호처의 경호대상이다. (O) 기출 12

3. 본인의 의사에 반하지 아니하는 경우에 한정하여 퇴임 후 10년 이내의 전직대통
령과 그 배우자. 다만, 대통령이 임기 만료 전에 퇴임한 경우와 재직 중 사망한
경우의 경호기간은 그로부터 5년으로 하고, 퇴임 후 사망한 경우의 경호기간은
퇴임일부터 기산(起算)하여 10년을 넘지 아니하는 범위에서 사망 후 5년으로
한다.

퇴임 후 7년이 된 전직대통령과 그 가족은 대통령경호처의 경호대상이다.
(×) 기출 23

퇴임 후 10년이 된 전직대통령과 그 가족은 대통령경호처의 경호대상이다. (×) 기출 23

본인의 의사에 반하지 아니하는 경우에 한정하여 퇴임 후 (10)년 이내의 전직대통령과 그
배우자. 다만, 대통령이 임기 만료 전에 퇴임한 경우와 재직 중 사망한 경우의 경호 기간은
그로부터 (5)년으로 하고, 퇴임 후 사망한 경우의 경호 기간은 퇴임일부터 기산(起算)하여
(10)년을 넘지 아니하는 범위에서 사망 후 (5)년으로 한다. 기출 22

대통령이 임기 만료 전에 퇴임한 경우와 재직 중 사망한 경우의 경호기간은 그로부터 (ㄱ)년
으로 하고, 퇴임 후 사망한 경우의 경호기간은 퇴임일부터 기산(起算)하여 (ㄴ)년을 넘지
아니하는 범위에서 사망 후 (ㄷ)년으로 한다. ( ) 안의 ㄱ~ㄷ에 들어갈 내용은 ㄱ :
5, ㄴ : 10, ㄷ : 5이다. (O) 기출 21

대통령 퇴임 후 5년이 지난 전직대통령은 대통령 등의 경호에 관한 법률상 대통령경호처의
경호대상이다. (O) 기출 21

전직대통령과 그 배우자에 대한 경호기간은 원칙적으로는 본인의 의사에 반하지 아니하는
경우에 한정하여 퇴임 후 10년 이내이다. (O) 기출 16

대통령이 임기 만료 전에 퇴임한 경우와 재직 중 사망한 경우 전직대통령과 그 배우자에
대한 경호기간은 그로부터 5년으로 한다. (O) 기출 16

대통령이 퇴임 후 사망한 경우 전직대통령과 그 배우자에 대한 경호기간은 퇴임일부터 기산
하여 5년을 넘지 아니하는 범위에서 사망 후 3년으로 한다. (×) 기출 16

우리나라 대통령경호처의 경호대상은 퇴임 후 10년 이내의 전직대통령과 그 배우자 및 자녀
를 포함한다. (×) 기출 13

본인의 의사에 반하지 아니하는 경우에 한정하여 퇴임 후 10년 이내의 전직대통령은 대통령
등의 경호에 관한 법령상 대통령경호처의 경호대상에 해당한다. (O) 기출 12

4. 대통령권한대행과 그 **배우자**

> 대통령권한대행과 직계존비속은 대통령경호처의 경호대상이다. (×) 기출 23
>
> 대한민국을 방문하는 외국 행정수반의 배우자는 대통령경호처의 경호대상이다.
> (○) 기출 20

5. 대한민국을 방문하는 외국의 국가원수 또는 행정수반(行政首班)과 그 **배우자**

> 대한민국을 방문하는 외국 행정수반의 배우자는 대통령경호처의 경호대상이다.
> (○) 기출 20
>
> 대통령 등의 경호에 관한 법률에 따라 대한민국을 방문하는 외국의 국가원수 또는 행정수반
> 과 그 배우자는 대통령경호처의 경호대상이다. (○) 기출 18 · 12

6. 그 밖에 **처장**이 경호가 필요하다고 인정하는 국내외 요인(要人)

> 대통령경호처 차장이 필요하다고 인정하는 국외 요인(要人)은 대통령 등의 경호에 관한
> 법률상 대통령경호처의 경호대상이다. (×) 기출 21

② 제1항 제1호 또는 제2호에 따른 가족의 범위는 **대통령령**으로 정한다.

③ 제1항 제3호에도 불구하고 전직대통령 또는 그 배우자의 **요청**에 따라 **처장**이 고령
등의 사유로 필요하다고 인정하는 경우에는 **5년**의 범위에서 같은 호에 규정된 기간
을 **넘어** 경호할 수 있다. 〈신설 2013.8.13., 2017.7.26.〉

> 전직대통령 또는 그 배우자의 요청에 따라 대통령경호처장이 고령 등의 사유로 필요하다고 인정
> 하는 경우에는 5년 범위에서 경호기간을 연장할 수 있다. (○) 기출 16

제5조   경호구역의 지정 등 ★

① **처장**은 경호업무의 수행에 필요하다고 판단되는 경우 경호구역을 지정할 **수 있다**.
〈개정 2017.7.26.〉

> 대통령경호처장은 경호업무의 수행에 필요하다고 판단되는 경우 경호구역을 지정할 수 있다.
> (○) 기출 17

② 제1항에 따른 경호구역의 지정은 경호 목적 달성을 위한 **최소한**의 범위로 한정되어
야 한다.

> 대통령경호처장이 경호구역을 지정할 경우 경호 목적 달성을 위한 최대한의 범위로 설정되어야
> 한다. (×) 기출 17
>
> 대통령경호처장은 경호업무의 수행에 필요하다고 판단되는 경우, 경호 목적 달성을 위한 최소한
> 의 범위로 한정하여 경호구역을 지정할 수 있다. (○) 기출 16 · 14

③ 소속공무원과 관계기관의 공무원으로서 경호업무를 지원하는 사람은 경호 목적상 불가피하다고 인정되는 **상당한 이유**가 있는 경우에만 **경호구역**에서 질서유지, 교통관리, 검문·검색, 출입통제, 위험물 탐지 및 안전조치 등 위해 방지에 필요한 **안전활동**을 할 수 있다.

> 소속공무원과 관계기관의 공무원으로서 경호업무를 지원하는 사람은 경호 목적상 불가피하다고 인정되는 상당한 이유가 있는 경우에만 (경호구역)에서 질서유지, 교통관리, 검문·검색, 출입통제, 위험물 탐지 및 안전조치 등 위해 방지에 필요한 안전활동을 할 수 있다. `기출` 19
>
> 대통령경호처 소속공무원과 경호업무를 지원하는 사람은 경호 목적상 불가피하다고 인정되는 상당한 이유가 있는 경우에만 경호구역에서 안전활동을 할 수 있다. (O) `기출` 17

④ 삭제 〈2013.3.23.〉

제5조의2   다자간 정상회의의 경호 및 안전관리 ★

① 대한민국에서 개최되는 다자간 정상회의에 참석하는 외국의 국가원수 또는 행정수반과 국제기구 대표의 신변(身邊)보호 및 행사장의 안전관리 등을 효율적으로 수행하기 위하여 **대통령 소속**으로 경호·안전 대책기구를 둘 수 있다.

② 경호·안전 대책기구의 장은 **처장**이 된다. 〈개정 2017.7.26.〉

> 대한민국에서 개최되는 다자간 정상회의에 참석하는 외국의 국가원수 또는 행정수반과 국제기구 대표의 신변보호 및 행사장의 안전관리 등을 효율적으로 수행하기 위하여 대통령 소속으로 설치하는 경호·안전 대책기구의 장은 (대통령경호처장)이다. `기출` 19

③ 경호·안전 대책기구는 소속공무원 및 관계기관의 공무원으로 구성한다.

④ 제1항에 따른 경호·안전 대책기구의 구성시기, 구성 및 운영 절차, 그 밖에 필요한 사항은 **대통령령**으로 정한다.

⑤ 경호·안전 대책기구의 장은 다자간 정상회의의 경호 및 안전관리를 위하여 필요하면 관계기관의 장과 협의하여 「통합방위법」 제2조 제13호에 따른 국가중요시설과 불특정 다수인이 이용하는 시설에 대한 안전관리를 위하여 필요한 인력을 배치하고 장비를 운용할 수 있다.

제6조   직원 ★

① 경호처에 **특정직** 국가공무원인 1급부터 9급까지의 경호공무원과 **일반직** 국가공무원을 둔다. 다만, 필요하다고 인정할 때에는 **경호공무원**의 정원 중 일부를 일반직 국가공무원 또는 **별정직** 국가공무원으로 보할 수 있다. 〈개정 2017.7.26.〉

> 경호처에 특정직 국가공무원인 1급부터 9급까지의 경호공무원과 일반직 국가공무원을 둔다. 다만, 필요하다고 인정할 때에는 경호공무원의 정원 중 일부를 일반직 국가공무원 또는 별정직 국가공무원으로 보할 수 있다. (O) `기출` 14

② 경호공무원 각 계급의 직무의 종류별 명칭은 **대통령령**으로 정한다.

> 경호공무원의 각 계급의 직무의 종류별 명칭은 대통령령으로 정한다. (O) **기출** 11

제7조 **임용권자** ★★

① **5급** 이상 경호공무원과 **5급 상당** 이상 **별정직** 국가공무원은 **처장**의 제청으로 **대통령**이 임용한다. 다만, 전보·휴직·겸임·파견·직위해제·정직(停職) 및 복직에 관한 사항은 **처장**이 행한다. 〈개정 2017.7.26.〉

> 대통령경호처장은 경호공무원 및 별정직 국가공무원에 대하여 모든 임용권을 가진다.
> (×) **기출** 16
> 5급 이상 경호공무원은 대통령경호처장의 제청으로 대통령이 임용한다. (O) **기출** 15
> 5급 이상 경호공무원과 5급 상당 이상 별정직 국가공무원은 처장의 제청으로 대통령이 임용한다. (O) **기출** 12
> 5급 이상 경호공무원의 전보·휴직·겸임·파견·직위해제 등에 관한 사항은 경호처장이 이를 행한다. (O) **기출** 11

② **처장**은 경호공무원 및 별정직 국가공무원에 대하여 제1항 외의 모든 임용권을 가진다. 〈개정 2017.7.26.〉

> 6급 이하의 경호공무원은 처장이 임용한다. (O) **기출** 12
> 경호처장은 6급 이하 경호공무원과 6급 상당 이하 별정직 국가공무원에 대하여 모든 임용권을 가진다. (O) **기출** 11

③ 삭제 〈2013.3.23.〉
④ 고위공무원단에 속하는 **별정직 공무원**의 신규채용에 관하여는 「**국가공무원법**」 제28조의6 제3항을 준용한다.

제8조 **직원의 임용자격 및 결격사유** ★★★

① 경호처 직원은 **신체** 건강하고 **사상**이 건전하며 **품행**이 바른 사람 중에서 임용한다. 〈개정 2017.7.26.〉
② 다음 각호의 어느 하나에 해당하는 사람은 직원으로 임용될 수 없다.
  1. 대한민국의 **국적**을 가지지 아니한 사람

> 대한민국의 국적을 가지지 아니한 사람은 경호처 직원으로 임용될 수 없다.
> (O) **기출** 14

  2. 「국가공무원법」 제33조 각호의 어느 하나에 해당하는 사람

국가공무원법 제33조(결격사유)

다음 각호의 어느 하나에 해당하는 자는 공무원으로 임용될 수 없다. 〈개정 2022.12.27., 2023.4.11.〉

1. 피성년후견인

> 피한정후견인은 경호공무원으로 임용될 수 있다.　　　(○)　**기출수정** 14

2. 파산선고를 받고 복권되지 아니한 자

> 파산선고를 받고 복권되지 아니한 자는 경호공무원으로 임용될 수 있다.
> 　　　　　　　　　　　　　　　　　　　　　　　　　(×)　**기출** 14

3. 금고 이상의 실형을 선고받고 그 집행이 끝나거나(집행이 끝난 것으로 보는 경우를 포함한다) 집행이 면제된 날부터 5년이 지나지 아니한 자
4. 금고 이상의 형의 집행유예를 선고받고 그 유예기간이 끝난 날부터 2년이 지나지 아니한 자
5. 금고 이상의 형의 선고유예를 받은 경우에 그 선고유예 기간 중에 있는 자
6. 법원의 판결 또는 다른 법률에 따라 자격이 상실되거나 정지된 자

> 법원의 판결 또는 다른 법률에 따라 자격이 상실되거나 정지된 자는 경호공무원으로 임용될 수 있다.　　　　　　　　　　　　　　　　(×)　**기출** 14

6의2. 공무원으로 재직기간 중 직무와 관련하여 「형법」 제355조 및 제356조에 규정된 죄를 범한 자로서 300만원 이상의 벌금형을 선고받고 그 형이 확정된 후 2년이 지나지 아니한 자

6의3. 다음 각목의 어느 하나에 해당하는 죄를 범한 사람으로서 100만원 이상의 벌금형을 선고받고 그 형이 확정된 후 3년이 지나지 아니한 사람
　　가. 「성폭력범죄의 처벌 등에 관한 특례법」 제2조에 따른 성폭력범죄
　　나. 「정보통신망 이용촉진 및 정보보호 등에 관한 법률」 제74조 제1항 제2호 및 제3호에 규정된 죄
　　다. 「스토킹범죄의 처벌 등에 관한 법률」 제2조 제2호에 따른 스토킹범죄

6의4. 미성년자에 대한 다음 각목의 어느 하나에 해당하는 죄를 저질러 파면·해임되거나 형 또는 치료감호를 선고받아 그 형 또는 치료감호가 확정된 사람(집행유예를 선고받은 후 그 집행유예 기간이 경과한 사람을 포함한다)
　　가. 「성폭력범죄의 처벌 등에 관한 특례법」 제2조에 따른 성폭력범죄
　　나. 「아동·청소년의 성보호에 관한 법률」 제2조 제2호에 따른 아동·청소년대상 성범죄

7. 징계로 파면처분을 받은 때부터 5년이 지나지 아니한 자
8. 징계로 해임처분을 받은 때부터 3년이 지나지 아니한 자

> 징계로 해임처분을 받은 때부터 4년이 지난 자는 경호처 직원으로 임용될 수 있다.
> 　　　　　　　　　　　　　　　　　　　　　　　　　(○)　**기출** 14

[헌법불합치, 2020헌마1181, 2022.11.24., 국가공무원법(2018.10.16. 법률 제15857호로 개정된 것) 제33조 제6호의4 나목 중 아동복지법(2017.10.24. 법률 제14925호로 개정된 것) 제17조 제2호 가운데 '아동에게 성적 수치심을 주는 성희롱 등의 성적 학대행위로 형을 선고받아 그 형이 확정된 사람은 국가공무원법 제2조 제2항 제1호의 일반직공무원으로 임용될 수 없도록 한 것'에 관한 부분은 헌법에 합치되지 아니한다. 위 법률조항들은 2024.5.31.을 시한으로 입법자가 개정할 때까지 계속 적용된다.]

[헌법불합치, 2020헌마1605 · 2022헌마1276(병합), 2023.6.29., 국가공무원법(2018.10.16. 법률 제15857호로 개정된 것) 제33조 제6호의4 나목 중 구 아동 · 청소년의 성보호에 관한 법률(2014.1.21. 법률 제12329호로 개정되고, 2020.6.2. 법률 제17338호로 개정되기 전의 것) 제11조 제5항 가운데 '아동 · 청소년이용음란물임을 알면서 이를 소지한 죄로 형을 선고받아 그 형이 확정된 사람은 국가공무원법 제2조 제2항 제1호의 일반직공무원으로 임용될 수 없도록 한 것'에 관한 부분 및 지방공무원법(2018.10.16. 법률 제15801호로 개정된 것) 제31조 제6호의4 나목 중 구 아동 · 청소년의 성보호에 관한 법률(2014.1.21. 법률 제12329호로 개정되고, 2020.6.2. 법률 제17338호로 개정되기 전의 것) 제11조 제5항 가운데 '아동 · 청소년이용음란물임을 알면서 이를 소지한 죄로 형을 선고받아 그 형이 확정된 사람은 지방공무원법 제2조 제2항 제1호의 일반직공무원으로 임용될 수 없도록 한 것'에 관한 부분은 모두 헌법에 합치되지 아니한다. 위 법률조항들은 2024.5.31.을 시한으로 입법자가 개정할 때까지 계속 적용된다.]

③ 제2항 각호(「국가공무원법」 제33조 제5호는 **제외**한다)의 어느 하나에 해당하는 직원은 당연히 **퇴직**한다.

제9조   **비밀의 엄수** ★★

① 소속공무원[**퇴직**한 사람과 원(原) 소속기관에 **복귀**한 사람을 **포함**한다. 이하 이 조에서 같다]은 직무상 알게 된 비밀을 누설하여서는 아니 된다.

> 대통령 경호업무에 동원된 종로경찰서 소속 경찰관은 직무상 알게 된 비밀을 누설하여서는 아니 된다.　　　　　　　　　　　　　　　　　　　　　　　　(×) **기출** 11
>
> 대통령경호처에 파견근무 중인 서울특별시경찰청 소속 경찰관은 직무상 알게 된 비밀을 누설하여서는 아니 된다.　　　　　　　　　　　　　　　　　(O) **기출** 11
>
> 대통령경호처에서 퇴직 후 5년이 지난 전직(前職) 경호공무원은 직무상 알게 된 비밀을 누설하여서는 아니 된다.　　　　　　　　　　　　　　　(O) **기출** 11
>
> 대통령경호처에서 파견근무 후 원 소속으로 복귀한 국가정보원 직원은 직무상 알게 된 비밀을 누설하여서는 아니 된다.　　　　　　　　　　　(O) **기출** 11

② 소속공무원은 경호처의 직무와 관련된 사항을 **발간**하거나 그 밖의 방법으로 **공표**하려면 미리 **처장의 허가**를 받아야 한다. 〈개정 2017.7.26.〉

> 소속공무원은 직무와 관련된 사항을 발간하거나 그 밖의 방법으로 공표하려면 미리 경호처장의 허가를 받아야 한다.　　　　　　　　　　(O) **기출** 12
>
> 소속공무원이 경호처의 직무와 관련된 사항을 발간하려면 미리 국가정보원장의 허가를 받아야 한다.　　　　　　　　　　　　　　　　　(×) **기출** 11

제10조 **직권면직** ★★★

① 임용권자는 직원(별정직 국가공무원은 **제외**한다. 이하 이 조에서 같다)이 다음 각호의 어느 하나에 해당하면 **직권**으로 면직할 **수 있다.**

　1. 신체적·정신적 이상으로 6개월 이상 직무를 수행하지 못할 만한 지장이 있을 때

> 임용권자는 직원(별정직 국가공무원은 제외)이 신체적·정신적 이상으로 6개월 이상 직무를 수행하지 못할 만한 지장이 있으면 직권으로 면직할 수 있다.　　　　　(○) 기출 15

　2. 직무수행능력이 현저하게 부족하거나 근무태도가 극히 불량하여 직원으로서 부적합하다고 인정될 때

　3. 직제와 정원의 개폐(改廢) 또는 예산의 감소 등에 의하여 폐직(廢職) 또는 과원(過員)이 된 때

　4. 휴직 기간이 끝나거나 휴직 사유가 소멸된 후에도 정당한 이유 없이 직무에 복귀하지 아니하거나 직무를 수행할 수 없을 때

　5. 직무수행능력이 부족하거나 근무성적이 극히 불량하여 대통령령으로 정하는 바에 따라 대기 명령을 받은 사람이 그 기간 중 능력 또는 근무성적의 향상을 기대하기 어렵다고 인정될 때

　6. 해당 직급에서 직무를 수행하는 데에 필요한 자격증의 효력이 상실되거나 면허가 취소되어 담당 직무를 수행할 수 없게 되었을 때

② 제1항 제2호·제5호에 해당하여 면직하는 경우에는 대통령령으로 정하는 바에 따라 **고등징계위원회의 동의**를 받아야 한다.

③ 제1항 제3호에 해당하여 면직하는 경우에는 임용 형태, 업무실적, 직무수행능력, 징계처분 사실 등을 고려하여 면직 기준을 정하여야 한다. 이 경우 면직된 직원은 결원이 생기면 우선하여 재임용할 **수 있다.**

④ 제3항의 면직 **기준**을 정하거나 제1항 제3호에 따라 면직 **대상자**를 결정할 때에는 **대통령령**으로 정하는 바에 따라 **인사위원회**의 심의·의결을 거쳐야 한다.

제11조 **정년** ★★

① 경호공무원의 정년은 다음의 구분에 따른다.

　1. 연령정년

　　가. 5급 이상 : 58세

　　나. 6급 이하 : 55세

> 5급 이상 경호공무원의 정년은 58세이고, 6급 이하 경호공무원의 정년은 55세이다.
> 　　　　　(○) 기출 15

2. 계급정년

    가. 2급 : 4년

    나. 3급 : **7년**

    다. 4급 : **12년**

    라. 5급 : 16년

② 경호공무원이 강임(降任)된 경우에는 제1항 제2호에 따른 계급정년의 경력을 산정
할 때에 강임되기 전의 상위계급으로 근무한 경력은 **강임된** 계급으로 근무한 경력에
포함한다.

③ 경호공무원은 그 정년이 된 날이 1월부터 6월 사이에 있는 경우에는 **6월 30일**에,
7월부터 12월 사이에 있는 경우에는 **12월 31일**에 각각 당연히 퇴직한다.

④ 삭제 〈2013.8.13.〉

⑤ 삭제 〈2013.8.13.〉

제12조　　징계 ★★

① 직원의 징계에 관한 사항을 심사·의결하기 위하여 **경호처**에 **고등**징계위원회와
보통징계위원회를 **둔다.** 〈개정 2017.7.26.〉

② 각 징계위원회는 위원장 **1명**과 **4명** 이상 **6명** 이하의 위원으로 구성한다.

③ 직원의 징계는 **징계위원회의 의결**을 거쳐 **처장**이 한다. 다만, **5급** 이상 직원의 파면
및 해임은 **고등징계위원회의 의결**을 거쳐 **처장**의 제청으로 **대통령**이 한다. 〈개정
2017.7.26.〉

④ 징계위원회의 구성 및 운영 등에 필요한 사항은 **대통령령**으로 정한다.

제13조　　보상 ★

직원으로서 제4조 제1항 각호의 경호대상에 대한 경호업무 수행 또는 그와 관련하여
상이(傷痍)를 입고 퇴직한 사람과 그 가족 및 사망(상이로 인하여 사망한 경우를 포함한
다)한 사람의 유족에 대하여는 **대통령령**으로 정하는 바에 따라 「**국가유공자 등 예우
및 지원에 관한 법률」** 또는 「**보훈보상대상자 지원에 관한 법률」**에 따른 보상을 **한다.**

제14조　　「국가공무원법」과의 관계 등 ★

① 직원의 신규채용, 시험의 실시, 승진, 근무성적평정, 보수 및 교육훈련에 관한 사항
은 **대통령령**으로 정한다.

② 직원에 대하여는 이 법에 특별한 규정이 있는 경우를 제외하고는 「**국가공무원법」**을
준용한다.

③ 직원에 대하여는 「**국가공무원법」** 제17조 및 제18조를 적용하지 아니한다.

제15조 국가기관 등에 대한 협조 요청 ★

처장은 직무상 필요하다고 인정할 때에는 국가기관, 지방자치단체, 그 밖의 공공단체의 장에게 그 공무원 또는 직원의 **파견**이나 그 밖에 필요한 **협조**를 요청할 수 있다. 〈개정 2017.7.26.〉

제16조 대통령경호안전대책위원회 ★★

① 제4조 제1항 각호의 경호대상에 대한 경호업무를 수행할 때에는 관계기관의 **책임**을 명확하게 하고, **협조**를 원활하게 하기 위하여 **경호처**에 대통령경호안전대책위원회 (이하 "위원회"라 한다)를 **둔다**. 〈개정 2017.7.26.〉

> 대통령경호처의 경호대상에 대한 경호업무를 수행할 때에는 관계기관의 책임을 명확하게 하고, 협조를 원활하게 하기 위하여 비서실에 대통령경호안전대책위원회를 둔다. (✕) 기출 15

② 위원회는 위원장과 부위원장 각 1명을 포함한 **20명** 이내의 위원으로 구성한다.

> 대통령경호안전대책위원회는 위원장과 부위원장 각 1명을 포함한 20명 이내의 위원으로 구성한다. (O) 기출 15

③ 위원장은 **처장**이 되고, 부위원장은 **차장**이 되며, 위원은 대통령령으로 정하는 관계기관의 공무원이 된다. 〈개정 2017.7.26.〉

> 위원장은 처장이 되고, 부위원장은 차장이 되며, 위원은 대통령령으로 정하는 관계기관의 공무원이 된다. (O) 기출 15

④ 위원회는 다음 각호의 사항을 관장한다.
   1. 대통령 경호에 필요한 안전대책과 관련된 **업무의 협의**
   2. 대통령 경호와 관련된 **첩보·정보**의 교환 및 분석

> 대통령경호안전대책위원회는 대통령 경호와 관련된 첩보·정보의 교환 및 분석업무를 관장한다. (O) 기출 15

   3. 그 밖에 제4조 제1항 각호의 경호대상에 대한 경호에 필요하다고 인정되는 업무
⑤ 위원회의 구성 및 운영에 필요한 사항은 **대통령령**으로 정한다.

제17조 경호공무원의 사법경찰권 ★★

① 경호공무원(처장의 제청으로 **서울중앙지방검찰청 검사장**이 지명한 경호공무원을 말한다. 이하 이 조에서 같다)은 제4조 제1항 각호의 경호대상에 대한 **경호업무 수행 중 인지한 그 소관에 속하는 범죄**에 대하여 직무상 또는 수사상 **긴급**을 요하는 한도 내에서 **사법경찰관리(司法警察官吏)**의 직무를 수행할 수 있다. 〈개정 2017.7.26.〉

> 대통령 등의 경호에 관한 법률상 경호공무원에 대한 사법경찰권 지명권자는 서울중앙지방검찰청 검사장이다. (O) 기출 22
>
> 대통령경호처장의 제청으로 서울중앙지방검찰청 검사장이 지명한 경호공무원은 사법경찰권을 가질 수 있는 경우가 있다. (O) 기출 16
>
> 대통령경호처장의 제청으로 서울중앙지방검찰청 검사장이 지명한 경호공무원은 일반범죄에 대하여 수사상 긴급을 요하는 한도 내에서 사법경찰관리의 직무를 수행할 수 있다. (×) 기출 15
>
> (대통령경호처장)의 제청으로 서울중앙지방검찰청 검사장이 지명한 경호공무원은 대통령 경호 업무 수행 중 인지한 그 소관에 속하는 범죄에 대하여 직무상 또는 수사상 긴급을 요하는 한도 내에서 사법경찰관리의 직무를 수행할 수 있다. 기출 14

② 제1항의 경우 7급 이상 경호공무원은 사법**경찰관**의 직무를 수행하고, 8급 이하 경호공무원은 **사법경찰리(司法警察吏)**의 직무를 수행한다.

> (7급) 이상 경호공무원은 사법경찰관의 직무를 수행하고, (8급) 이하 경호공무원은 사법경찰리의 직무를 수행한다. 기출 14

제18조 직권남용금지 등 ★★

① **소속공무원**은 직권을 남용하여서는 아니 된다.
② 경호처에 파견된 **경찰공무원**은 이 법에 규정된 임무 외의 **경찰공무원**의 직무를 수행할 수 없다. 〈개정 2017.7.26.〉

> 경호처에 파견된 경찰공무원은 이 법에 규정된 임무 외의 경찰공무원의 직무를 수행할 수 없다. (O) 기출 20 · 14

제19조 **무기의 휴대 및 사용 ★★★**

① **처장**은 직무를 수행하기 위하여 필요하다고 인정할 때에는 **소속공무원**에게 **무기**를 휴대하게 할 수 있다. 〈개정 2017.7.26.〉

> 「대통령 등의 경호에 관한 법률」에서 호신장비와 관련하여 무기에 대한 규정을 두고 있다.
> (O) 기출 22
>
> 대통령경호처에 파견된 사람에게 직무수행을 위하여 필요하다고 인정할 때 무기를 휴대하게 할 수 있는 사람은 대통령경호처장이다. (O) 기출 14
>
> (경호처장)은 직무를 수행하기 위하여 필요하다고 인정할 때에는 (소속공무원)에게 무기를 휴대하게 할 수 있다. 기출 12

② 제1항에 따라 무기를 휴대하는 사람은 그 직무를 수행할 때 필요하다고 인정하는 상당한 이유가 있을 경우 그 사태에 대응하여 부득이하다고 판단되는 한도 내에서 무기를 사용할 수 있다. 다만, 다음 각호의 어느 하나에 해당할 때를 제외하고는 사람에게 위해를 끼쳐서는 아니 된다.

  1. 「형법」 제21조 및 제22조에 따른 **정당방위**와 **긴급피난**에 해당할 때

> 형법상 정당방위나 긴급피난에 해당할 때에는 경호공무원이 무기를 사용하여 사람에게 위해를 끼칠 수 있는 경우에 해당한다. (O) 기출 11
>
> 형법상 정당행위에 해당할 때에는 경호공무원이 무기를 사용할 때 사람에게 위해를 끼치지 않아야 하는 경우에 해당한다. (O) 기출 11

  2. 제4조 제1항 각호의 경호대상에 대한 경호업무 수행 중 인지한 **그 소관에 속하는 범죄**로 사형, 무기 또는 **장기** 3년 이상의 징역 또는 금고에 해당하는 죄를 범하거나 범하였다고 의심할 만한 충분한 이유가 있는 사람이 소속공무원의 직무집행에 대하여 **항거**하거나 **도피**하려고 할 때 또는 제3자가 그를 도피시키려고 소속공무원에게 **항거**할 때에 이를 방지하거나 체포하기 위하여 무기를 사용하지 아니하고는 다른 수단이 없다고 인정되는 상당한 이유가 있을 때
  3. **야간**이나 **집단**을 이루거나 **흉기**나 그 밖의 위험한 물건을 휴대하여 경호업무를 방해하기 위하여 소속공무원에게 **항거**할 경우에 이를 방지하거나 체포하기 위하여 무기를 사용하지 아니하고는 다른 수단이 없다고 인정되는 상당한 이유가 있을 때

> 야간이나 집단을 이루거나 흉기 등을 휴대하여 경호업무를 방해하기 위하여 경호공무원에게 항거할 때 이를 방지하거나 체포하기 위하여 다른 수단이 없다고 인정되는 상당한 이유가 있을 때에는 경호공무원이 무기를 사용하여 사람에게 위해를 끼칠 수 있는 경우에 해당한다.
> (O) 기출 11

제20조 삭제 〈2011.4.28.〉

제21조 벌칙 ★★

① 제9조 제1항, 제18조 또는 제19조 제2항을 위반한 사람은 **5년** 이하의 징역이나 금고 또는 **1천만원** 이하의 벌금에 처한다.

> 소속공무원이 직무상 알게 된 비밀을 누설한 경우 7년 이하의 징역이나 금고 또는 5천만원 이하의 벌금에 처한다. (×) 기출 20

② 제9조 제2항을 위반한 사람은 **2년** 이하의 징역·금고 또는 **500만원** 이하의 벌금에 처한다.

> 소속공무원은 대통령경호처의 직무와 관련된 사항을 발간하거나 그 밖의 방법으로 공표하려면 미리 대통령경호처장의 허가를 받아야 한다. 이를 위반한 사람은 (2)년 이하의 징역·금고 또는 (500)만원 이하의 벌금에 처한다. 기출 14

부칙 〈법률 제14839호, 2017.7.26.〉 (정부조직법)

제1조(시행일)

① 이 법은 공포한 날부터 시행한다. 다만, 부칙 제5조에 따라 개정되는 법률 중 이 법 시행 전에 공포되었으나 시행일이 도래하지 아니한 법률을 개정한 부분은 각각 해당 법률의 시행일부터 시행한다.

제2조부터 제4조까지 생략

제5조(다른 법률의 개정)

①부터 〈302〉까지 생략

〈303〉 대통령 등의 경호에 관한 법률 일부를 다음과 같이 개정한다.

제2조 제3호 중 "대통령경호실(이하 "경호실"이라 한다)"을 "대통령경호처(이하 "경호처"라 한다)"로 한다.

제2조 제3호, 제3조 제1항·제2항, 제4조 제1항 각호 외의 부분, 제6조 제1항 본문, 제8조 제1항, 제9조 제2항, 제12조 제1항, 제16조 제1항 및 제18조 제2항 중 "경호실"을 각각 "경호처"로 한다.

제2조 제4호 중 "경호실이"를 "경호처가"로 한다.

제3조의 제목 "(대통령경호실장 등)"을 "(대통령경호처장 등)"으로 한다.

제3조 제1항 중 "대통령경호실장(이하 "실장"이라 한다)"을 "대통령경호처장(이하 "처장"이라 한다)"으로 한다.

제3조 제3항 중 "정무직·1급 경호공무원"을 "1급 경호공무원"으로 한다.

제3조 제3항, 제4조 제1항 제6호, 같은 조 제3항, 제5조 제1항, 제5조의2 제2항, 제7조 제1항 본문·단서, 같은 조 제2항, 제9조 제2항, 제12조 제3항 본문·단서, 제15조, 제16조 제3항, 제17조 제1항 및 제19조 제1항 중 "실장"을 각각 "처장"으로 한다.

〈304〉부터 〈382〉까지 생략

제6조 생략

02

대통령 등의 경호에 관한 법률 시행령
(약칭 : 대통령경호법 시행령)

[시행 2023.6.5.] [대통령령 제33382호, 2023.4.11., 타법개정]

제1조   목적

이 영은 「대통령 등의 경호에 관한 법률」에서 위임된 사항과 그 시행에 필요한 사항을 규정함을 목적으로 한다.

제2조   가족의 범위 ★★★

「대통령 등의 경호에 관한 법률」(이하 "법"이라 한다) 제4조 제1항 제1호 및 제2호에 따른 가족은 대통령 및 대통령당선인의 **배우자**와 직계**존비속**으로 한다.

제3조   전직대통령 등의 경호 ★

법 제4조 제1항 제3호에 따라 전직대통령과 그 배우자의 경호에는 다음 각호의 조치를 포함한다. 〈개정 2017.7.26.〉

  1. 경호안전상 별도주거지 제공(별도주거지는 **본인**이 마련할 수 있다)
  2. 현거주지 및 별도주거지에 경호를 위한 인원의 배치, 필요한 경호의 담당

> 대통령 등의 경호에 관한 법령상 전직대통령과 그 배우자에 대한 경호에는 현거주지 및 별도주거지에 경호를 위한 인원의 배치가 포함된다.   (O) 기출 23

  3. **요청**이 있는 경우 대통령전용기, 헬리콥터 및 차량 등 기동수단의 **지원**

> 대통령 등의 경호에 관한 법령상 전직대통령과 그 배우자에 대한 경호에는 요청이 있는 경우 헬리콥터를 제외한 대통령전용기 및 차량 등 기동수단의 지원이 포함된다.
> (X) 기출 23

> 대통령 등의 경호에 관한 법령상 전직대통령과 그 배우자에 대한 경호에는 요청이 있는 경우 대통령전용기를 제외한 헬리콥터 및 차량 등 기동수단의 지원이 포함된다.
> (X) 기출 23

  4. 그 밖에 대통령경호처장(이하 "처장"이라 한다)이 관계기관과 **협의**하여 정한 사항

> 대통령 등의 경호에 관한 법령상 전직대통령과 그 배우자에 대한 경호에는 대통령경호처장이 관계기관에 통보하여 정한 사항의 조치가 포함된다.   (X) 기출 23

제3조의2 **경호등급** ★★

① **처장**은 법 제4조 제1항 제5호 및 제6호에 따른 경호대상자의 경호임무를 수행하기 위하여 해당 경호대상자의 지위와 경호위해요소, 해당 국가의 정치상황, 국제적 상징성, **상호주의 측면**, 적대국가 유무 등 **국제적 관계**를 고려하여 **경호등급**을 구분하여 운영할 수 있다. 〈개정 2017.7.26.〉

② 제1항에 따라 **경호등급**을 구분하여 운영하는 경우에는 **외교부장관**, 국가정보원장 및 **경찰청장**과 미리 **협의**하여야 한다.

> 로마 가톨릭 교황 방한 시 대통령경호처장이 경호등급을 결정할 경우, 국가안보실장과 사전협의해야 한다. (×) 기출 17

③ 제1항의 경호등급과 관련하여 필요한 사항은 **처장**이 따로 정한다. 〈개정 2017.7.26.〉

제3조의3 **경호업무 수행 관련 관계기관 간의 협조 등** ★★

① **처장**은 법 제4조에 규정된 경호대상에 대한 경호를 위하여 필요한 경우 대통령비서실, 국가안보실 및 경호·안전관리 업무를 지원하는 관계기관에 근무할 예정인 사람에게 **신원진술서** 및 「**가족관계의 등록 등에 관한 법률**」에서 정하는 증명서와 그 밖에 필요한 자료의 제출을 요구할 수 있다. 이 경우 **처장**은 제출된 자료의 내용을 확인하기 위하여 **관계기관**에 조회 또는 그 밖에 필요한 협조를 요청할 수 있다. 〈개정 2017.7.26.〉

> 대통령경호처장은 「대통령 등의 경호에 관한 법률」에 따른 경호대상에 대한 경호를 위하여 필요한 경우 (대통령비서실), (국가안보실) 및 경호·안전관리 업무를 지원하는 관계기관에 근무할 예정인 사람에게 신원진술서 및 「가족관계의 등록 등에 관한 법률」에서 정하는 증명서와 그 밖에 필요한 자료의 제출을 요구할 수 있다. 이 경우 대통령경호처장은 제출된 자료의 내용을 확인하기 위하여 관계기관에 조회 또는 그 밖에 필요한 협조를 요청할 수 있다. 기출 15

② **처장**은 법 제5조 제3항에 따른 안전활동 등 경호업무를 효율적으로 수행하기 위하여 필요한 경우에는 **관계기관**에 대하여 **경호구역**에 출입하려는 사람의 범죄경력 조회 또는 사실 증명 등 필요한 **협조**를 요청할 수 있다. 〈개정 2017.7.26.〉

③ **처장**은 경호업무를 효율적으로 수행하기 위해 필요한 경우 **관계기관의 장과 협의**하여 법 제15조에 따라 경호구역에서의 경호업무를 지원하는 인력·시설·장비 등에 관한 사항을 **조정**할 수 있다. 〈신설 2023.5.16.〉

제4조 **경호구역의 지정** ★

법 제5조 제1항에 따라 경호구역을 지정할 때에는 경호업무 수행에 대한 위해요소와 구역이나 시설의 지리적·물리적 특성 등을 고려해 지정한다.

[전문개정 2022.5.9.]

제4조의2 경호·안전 대책기구의 구성시기 및 운영기간 ★

① 법 제5조의2 제1항에 따른 경호·안전 대책기구(이하 "경호·안전 대책기구"라 한다)의 구성시기 및 운영기간은 다자간 정상회의의 규모·성격, 경호 환경 등을 고려하여 **처장**이 정한다. 〈개정 2017.7.26.〉

② 경호·안전 대책기구의 운영기간은 다자간 정상회의별로 **1년 6개월**을 초과할 수 없다.

제4조의3 경호·안전 대책기구의 구성 및 운영 등 ★

① **경호·안전 대책기구의 장**은 다자간 정상회의의 경호 및 안전관리 활동에 관한 업무를 총괄한다.

② **경호·안전 대책기구**는 소속공무원과 관계기관에서 **파견**된 공무원으로 구성한다.

③ 제1항 및 제2항에서 규정한 사항 외에 경호·안전 대책기구의 구성 및 운영에 필요한 사항은 **경호·안전 대책기구의 장**이 관계기관의 장과 **협의**하여 정한다.

제4조의4 국가중요시설 등에 대한 인력 배치 등 ★

① 법 제5조의2 제5항에 따른 인력 배치 및 장비 운용은 같은 항에 따른 협의를 거친 후 경호**구역 내**에서는 경호·안전 대책기구의 장이, 경호**구역 외**의 지역에서는 해당 국가중요시설 또는 불특정 다수인이 이용하는 시설의 안전관리를 담당하는 **관계기관의 장**이 각각 주관하여 실시한다.

② 법 제5조의2 제5항에 따른 인력 배치 및 장비 운용 기간은 다자간 정상회의별로 **6개월**을 초과할 수 없다.

제4조의5 과학경호 발전방안의 수립·시행

처장은 다음 각호의 업무를 효율적으로 수행하기 위해 필요한 경우 **독자적** 또는 **산학협력** 등을 통한 경호연구개발사업의 수행으로 첨단과학기술을 활용한 **과학경호 발전방안**을 수립·시행할 수 있다.

1. **경호구역에서의 경호업무**
2. 법 제5조 제3항에 따른 **안전활동 업무**
3. 법 제5조의2 제1항에 따른 **신변보호** 및 **행사장의 안전관리 등의 업무**
4. 그 밖에 경호업무의 효율적 수행을 위해 **처장이 필요하다고 인정하는 업무**

[본조신설 2023.5.16.]

제5조 직급

경호공무원의 계급별 직급의 명칭은 [별표 1]과 같다.

[별표 1] 경호공무원의 계급별 직급의 명칭(제5조 관련) 〈개정 2019.10.22.〉

계 급	직급의 명칭	계 급	직급의 명칭	계 급	직급의 명칭
1급	관리관	4급	경호서기관	7급	경호주사보
2급	이사관	5급	경호사무관	8급	경호서기
3급	부이사관	6급	경호주사	9급	경호서기보

제6조 삭제 〈2008.2.29.〉

제6조의2 삭제 〈2008.2.29.〉

제7조 인사위원회의 설치 ★

① 대통령경호처(이하 "경호처"라 한다) 직원의 인사에 관한 정책 및 그 운용에 관한 중요사항을 심의하기 위하여 인사위원회 및 **인사실무위원회**를 둔다. 〈개정 2017.7.26., 2022.5.9.〉

② 인사위원회는 위원장 1인과 **5인** 이상 **7인** 이하의 위원으로 구성하며, 위원장은 **2급** 이상 직원 중에서, 위원은 **3급** 이상 직원 중에서 각각 **처장**이 임명한다. 〈개정 2017.7.26.〉

③ **인사실무위원회**는 위원장 1인과 **5인** 이상 **7인** 이하의 위원으로 구성하며, 위원장은 **3급** 이상 직원 중에서, 위원은 **4급** 이상 직원 중에서 각각 **처장**이 임명한다. 〈개정 2017.7.26.〉

④ 인사위원회 및 인사실무위원회의 회의 기타 운영에 관하여 필요한 사항은 **처장**이 정한다. 〈개정 2017.7.26.〉

제8조 인사위원회의 직무 등 ★

인사위원회는 인사에 관하여 인사실무위원회와 관계부서에서 제안한 인사정책 및 그 운용에 관한 사항 등을 심의하여 **처장**에게 건의한다. 〈개정 2017.7.26.〉

제9조 임용 ★

경호처 직원의 임용은 학력·자격·경력을 기초로 하며, 시험성적·근무성적, 그 밖의 능력의 실증에 의하여 행한다. 〈개정 2017.7.26.〉

제9조의2 　임용 직원의 임용자격 확인 등 ★

① **처장**은 법 제8조 제1항에 따라 직원을 임용할 때에는 임용 대상자의 건강 상태, 사상의 건전성, 품행 및 제9조의 학력·자격·경력을 확인하기 위하여 임용 대상자에게 신원진술서, 학력증명서, 경력증명서, 건강진단서, 「가족관계의 등록 등에 관한 법률」에서 정하는 증명서와 그 밖에 필요한 자료의 제출을 요구할 수 있다. 〈개정 2017.7.26.〉

② **처장**은 제1항의 자료의 내용을 확인하기 위하여 **관계기관**에 조회 또는 그 밖에 필요한 협조를 요청할 수 있다. 〈개정 2017.7.26.〉

③ 제1항 및 제2항에서 규정한 사항 외에 임용 직원의 임용자격 확인 등에 필요한 사항은 **처장**이 정한다. 〈개정 2017.7.26.〉

제10조 　신규채용 ★

① 경호공무원 및 일반직 공무원의 **신규채용**은 공개경쟁채용시험으로 한다. 〈개정 2018.12.18.〉

② 제1항에도 불구하고 다음 각호의 어느 하나에 해당하는 경우에는 경력 등 응시요건을 정하여 같은 사유에 해당하는 다수인을 대상으로 경쟁하는 방법으로 채용하는 시험으로 경호공무원 및 일반직 공무원을 **신규채용**할 수 있다. 다만, 제2호, 제3호 또는 제5호의 어느 하나에 해당하는 경우로서 다수인을 대상으로 시험을 실시하는 것이 적당하지 아니한 경우에는 다수인을 대상으로 하지 아니한 시험으로 경호공무원 및 일반직 공무원을 신규채용할 수 있다. 〈개정 2018.12.18.〉

1. 공개경쟁채용시험에 의한 채용이 곤란한 임용예정직에 관련된 자격증 소지자를 임용하는 경우
2. 임용예정직에 상응하는 근무실적 또는 연구실적이 **3년** 이상인 자를 임용하는 경우
3. 임용예정직에 상응하는 전문지식·경험·기술이 있는 자를 **1급** 또는 **2급**의 경호공무원으로 임용하는 경우
4. 외국어에 능통하고 국제적 소양과 전문지식을 지닌 자를 임용하는 경우
5. 법 제10조 제1항 제3호의 사유로 퇴직하거나 「국가공무원법」 제71조 제1항 제1호의 휴직기간만료로 인하여 퇴직한 경호공무원 또는 일반직 공무원을 퇴직한 날부터 **3년** 이내에 퇴직 시에 재직한 직급의 직원으로 **재임용**하는 경우

③ **별정직** 공무원의 신규채용은 비서·공보·의무·운전·사범·교관·사진 등의 특수분야를 대상으로 한다.

제11조 시보임용 ★

① 5급 이하 경호공무원 또는 일반직 공무원을 신규채용하는 경우에는 1년 이내의 기간 동안 시보로 임용하고 그 기간 중에 근무성적과 교육훈련성적이 양호한 경우에 정규직원으로 임용한다.
② 휴직기간, 직위해제기간 및 징계에 의하여 정직처분을 받은 기간은 제1항의 규정에 의한 시보임용기간에 산입하지 아니한다.

제12조 시험 ★

① 직원의 임용을 위한 시험은 이를 **직급별**로 실시한다.
② 시험은 공개경쟁채용시험, 제10조 제2항 각호 외의 부분 본문 및 단서에 따른 시험 (이하 "경력경쟁채용시험등"이라 한다) 및 승진시험으로 구분하여 **처장**이 실시하며, 경호공무원의 필기시험과목은 [별표 2]와 같다. 〈개정 2018.12.18.〉

[별표 2] 경호공무원의 필기시험과목표(제12조 제2항 관련) 〈개정 2018.12.18.〉

계급	채용구분			시험과목
5급 이상	공채	제1차 (객관식)	필수	헌법, 한국사, 영어
		제2차 (주관식)	필수	경호경비학, 행정학, 행정법
			선택	형법, 형사소송법, 국제법, 경영학, 정치학, 경제학, 재정학, 사회학, 심리학, 정보학, 체육학, 통신공학, 전자공학, 정보공학, 제2외국어(일어, 불어, 독어, 중국어, 노어, 스페인어, 아랍어) 중 2과목
	경채 · 승진	제1차 (객관식)	필수	영어
		제2차 (주관식)	필수	경호경비학
			선택	행정법, 행정학, 형법, 형사소송법, 국제법, 경영학, 정치학, 경제학, 재정학, 사회학, 심리학, 정보학, 체육학, 통신공학, 전자공학, 정보공학, 제2외국어(일어, 불어, 독어, 중국어, 노어, 스페인어, 아랍어) 중 1과목
6·7급	공채·경채		필수	언어논리영역, 자료해석영역, 상황판단영역, 영어, 한국사
8·9급	공채·경채		필수	일반상식, 영어

[비고]
1. "공채"란 공개경쟁채용시험을 말한다.
2. "경채"란 경력경쟁채용시험등을 말한다.
3. "승진"이란 승진시험을 말한다.

4. 6·7급의 시험과목란 중 언어논리영역, 자료해석영역 및 상황판단영역의 평가는 다음과 같다.
   가. 언어논리영역은 글의 이해, 표현, 추론, 비판과 논리적 사고 등의 능력을 검정한다.
   나. 자료해석영역은 수치자료의 정리와 이해, 처리와 응용계산, 분석과 정보추출 등의 능력을 검정한다.
   다. 상황판단영역은 상황의 이해, 추론과 분석, 문제 해결, 판단과 의사결정 등의 능력을 검정한다.

③ 별정직·일반직 공무원에 대하여는 **신규채용**의 경우를 **제외**하고는 시험을 과하지 아니한다.

④ **처장**은 시험에 관한 출제·채점·면접시험·실기시험 및 기타 시험에 필요한 사항을 담당하게 하기 위하여 시험위원을 임명 또는 위촉**할 수 있다.** 〈개정 2017.7.26.〉

⑤ 필기시험의 출제 및 채점에 있어서는 과목당 **2인** 이상의 시험위원이 임명 또는 위촉되어야 하며, 면접시험에 있어서는 **3인** 이상의 시험위원이 임명 또는 위촉되어야 한다.

⑥ 이 영에 규정된 사항외에 시험에 관하여 필요한 사항은 **처장**이 정한다. 〈개정 2017.7.26.〉

제13조 공개경쟁채용시험 ★

① **공개경쟁채용시험**은 필기시험·면접시험·신체검사 및 체력검정으로 실시한다. 다만, **처장**이 필요하다고 인정하는 경우에는 실기시험·지능검사·인성검사 및 적성검사의 전부 또는 일부를 병행하여 실시할 수 있다. 〈개정 2017.7.26., 2018.12.18.〉

② 경호공무원의 공개경쟁채용시험의 대상이 되는 계급은 **5급·7급** 및 9급으로 하고, 일반직 공무원의 공개경쟁채용시험의 대상이 되는 계급은 9급으로 한다.

제14조 경력경쟁채용시험등

① 경력경쟁채용시험등은 필기시험·면접시험 및 신체검사로 실시하며, 서류전형·실기시험·체력검정·지능검사·인성검사 및 적성검사의 전부 또는 일부를 병행하여 실시할 수 있다. 〈개정 2018.12.18., 2023.5.16.〉

② 제1항의 시험에 있어 **처장**이 필요하다고 인정하는 자에 대하여는 **필기시험**의 전부 또는 일부를 면제할 수 있다. 〈개정 2017.7.26.〉
[제목개정 2018.12.18.]

제15조 승진시험 ★

① 6급 경호공무원을 5급 경호공무원으로 승진임용하려는 경우에는 **승진시험**을 병행할 수 있다. 〈개정 2018.12.18.〉
② 제1항에 따른 승진시험은 필기시험으로 실시하되, **실기시험**을 병행할 수 있다. 〈개정 2018.12.18.〉

제16조 근무성적평정 및 경력평정의 실시 ★

직원의 복무능률의 증진과 인사관리의 적정을 기하기 위하여 근무성적평정과 경력평정을 **한다**. 다만, **별정직** 공무원에 대하여는 경력평정을 하지 아니한다.

제17조 평정기준

① **근무성적평정**은 일정한 기간 중 당해 직원의 직무수행의 성과·능력·태도, 청렴도 및 직무에의 적합성 기타 직무수행에 필요한 사항에 관하여 행한다.
② **경력평정**은 당해 직원의 경력이 **직급별**로 그 담당직무수행과 관련되는 정도를 기준으로 행하여야 한다.

제18조 근무성적평정 ★

① 근무성적평정은 **3급** 이하의 직원을 대상으로 하여 **정기**평정과 **수시**평정으로 나누어 실시하되, 정기평정은 연 **1회** 실시한다.
② 근무성적평정의 방법·시기·절차 등에 관하여 필요한 사항은 **처장**이 정한다. 〈개정 2017.7.26.〉

제19조 경력평정 ★

① 제21조 제1항의 승진소요최저연수에 도달한 5급 이하 경호공무원과 일반직 공무원에 대하여는 그 경력을 평정하여 승진임용에 반영하여야 한다.
② 경력평정은 해당 직급, 하위직급 및 차하위직급의 재직기간을 평정기간으로 한다.
③ **휴직**기간, **직위해제**기간 및 **정직**기간은 제2항의 경력평정 대상기간에 포함하지 아니한다. 다만, 「공무원임용령」 제31조 제2항 제1호 및 제2호에 따라 승진소요최저연수에 포함하는 휴직기간과 직위해제기간은 각각 휴직 또는 직위해제 당시의 직급 또는 계급의 직무에 종사한 기간으로 보아 제2항의 경력평정 대상기간에 포함한다. 〈개정 2018.12.18.〉
④ 경력평정의 시기·방법·절차 등에 관하여 필요한 사항은 **처장**이 정한다. 〈개정 2017.7.26.〉

제20조　승진임용 방법

① 경호공무원 및 일반직 공무원의 승진은 근무성적 및 경력평정 기타 능력의 실증에 의하여 행한다.

② **처장**은 승진임용에 필요한 요건을 구비한 5급 이하 경호공무원 및 일반직 공무원에 대하여 근무성적평정 5할, 경력평정 1.5할, 교육훈련성적 3할, 상훈 및 신체검사 0.5할의 비율에 따라 **승진심사자명부**를 작성하여야 한다. 〈개정 2017.7.26.〉

③ 제2항의 승진심사자명부에 등재하는 대상은 승진심사일이 속하는 달의 **다음달** 말일까지 승진소요최저연수를 충족하는 자를 포함한다.

④ 승진심사는 승진심사자명부에 등재되어 있는 자를 대상으로 하고, 승진이 결정된 자는 승진일에 승진소요최저연수를 충족하여야 한다.

⑤ 이 영에 규정된 사항 외에 승진임용에 관하여 필요한 사항은 처장이 정한다. 〈개정 2017.7.26.〉

제20조의2　승진선발위원회 등

① **처장**은 승진대상자의 추천, 심사 및 선발을 위하여 다음 각호의 위원회를 각각 구성·**운영할 수 있다.** 〈개정 2017.7.26.〉
　1. 2개 이상의 승진후보추천위원회
　2. 승진선발위원회

② 제1항 제1호에 따른 2개 이상의 승진후보추천위원회는 상호 **차단된** 상태의 **동일한** 심사조건에서 **동시에** 심사한다.

③ **승진선발위원회**는 승진후보추천위원회가 추천한 후보자 중에서 승진대상자를 선발한다.

④ 제1항 각호의 위원회의 구성에 관하여는 「공무원임용령」 제34조의3 제2항 및 제3항을 준용한다.

⑤ 제1항부터 제4항까지에서 규정한 사항 외에 승진후보추천위원회 및 승진선발위원회의 구성 및 운영에 필요한 사항은 **처장**이 정한다. 〈개정 2017.7.26.〉

제21조　승진소요최저연수 ★

① 경호공무원이 승진하려면 다음 각호의 기간 동안 해당 계급에 재직하여야 한다.
　1. 3급 : **2년** 이상
　2. 4급 : **4년** 이상
　3. 5급 : 5년 이상
　4. **6급** : 4년 이상
　5. **7급 및 8급** : 3년 이상
　6. 9급 : 2년 이상

② 삭제 〈2014.12.8.〉

제22조   특별승진

① 경호공무원 및 일반직 공무원이 다음 각호의 어느 하나에 해당하는 때에는 제20조 및 제21조의 규정에 불구하고 **특별승진** 임용할 수 있다. 다만, 제1호 내지 제3호는 **3급** 이하 경호공무원 및 일반직 공무원에게만 적용한다.
   1. 경호위해요소를 사전에 발견·제거하여 경호안전에 특별한 공을 세운 자
   2. 경호위급사태 발생 시 경호대상자의 생명을 구하는 데 공이 현저한 자
   3. 헌신적인 직무수행으로 업무발전에 기여한 공이 현저하여 모든 직원의 귀감이 되는 자
   4. 재직 중 공적이 특히 현저한 자가 제26조의 규정에 의하여 공로퇴직하는 때
   5. 재직 중 공적이 특히 현저한 자가 공무로 인하여 사망한 때
② 제1항의 규정에 의하여 특별승진임용하는 경우에는 공무원임용령 제32조 제1항의 규정에 의한 승진임용의 제한을 받지 아니한다.
③ 제1항 제1호 내지 제3호의 규정에 의하여 특별승진임용하는 경우에는 제21조의 규정에 의한 승진소요최저연수를 1년 단축할 수 있고, 동항 제4호의 규정에 의하여 특별승진임용하는 경우에는 공로퇴직일 전일까지 당해 계급에서 1년 이상 재직하여야 하며, 동항 제5호의 규정에 의하여 특별승진임용하는 경우에는 승진소요최저연수의 적용을 받지 아니한다.
④ 직원을 특별승진임용하고자 하는 때에는 **인사위원회**의 심의를 거쳐야 한다.

제23조   별정직 국가공무원의 근무상한연령 ★

별정직 국가공무원의 근무상한연령은 경호공무원의 정년과 균형을 유지하는 범위 안에서 **처장**이 정한다. 〈개정 2017.7.26.〉

제24조   교육훈련 등 ★

① **처장**은 직원에 대하여 직무의 능률증진을 위한 교육훈련을 실시**한다.** 〈개정 2017.7.26.〉
② **처장**은 필요하다고 인정하는 때에는 직원을 국내외의 교육기관 또는 연구기관에 **위탁**하여 교육훈련을 받게 할 수 있다. 〈개정 2017.7.26.〉
③ **처장**은 교육훈련의 성과측정을 위하여 정기 또는 수시로 평가를 실시하고 그 결과를 인사관리에 반영**하여야 한다.** 〈개정 2017.7.26.〉

④ 제2항의 규정에 의하여 **6월** 이상 국외에서 교육훈련을 받은 직원에 대하여는 **6년**의 범위 안에서 교육훈련기간의 **2배**에 상당하는 기간, **6월** 이상 국내에서 교육훈련을 받은 직원에 대하여는 **6년**의 범위 안에서 교육훈련기간과 **동일**한 기간(일과 후에만 실시하는 국내훈련의 경우에는 훈련기간의 5할에 해당하는 기간)을 복무하도록 하여야 한다. 다만, 복무의무를 부과하기 곤란하거나 복무의무를 부과한 후 이를 이행할 수 없는 특별한 사유가 있어 **처장**이 복무의무를 **면제**한 경우에는 그러하지 아니하다. 〈개정 2017.7.26.〉

⑤ 제4항의 규정에 의한 의무복무를 이행하지 아니한 자는 **교육훈련**을 위하여 소요된 **경비**의 전액 또는 일부를 반납하여야 한다.

⑥ **처장**은 경호공무원으로 **20년** 이상 근무한 후 퇴직하고자 하는 자에 대하여 퇴직 후 사회적응능력의 배양을 위하여 **1년** 이내의 범위에서 연수를 실시할 수 있다. 이 경우 처장은 연수기간 중 당해 연수자의 직급에 해당하는 정원이 따로 있는 것으로 보고 결원을 보충할 수 **있다.** 〈신설 2003.6.30., 2017.7.26.〉

제25조 보수 ★

① 처장의 보수는 「공무원보수규정」에 따른 **차관**의 보수와 같은 금액으로 한다. 〈개정 2017.7.26.〉

② 기타 직원의 보수에 관하여는 「공무원보수규정」에 따른다.

제26조 공로퇴직

① 경호공무원으로 **10년** 이상 성실하게 근무한 후 퇴직하는 자에 대하여는 예산의 범위 안에서 공로퇴직수당(이하 "수당"이라 한다)을 지급할 수 있다.

② 제1항의 수당지급액은 다음의 산식에 의하여 산출한 금액의 범위 안으로 한다.
퇴직당시 봉급월액×{3+(3−근속연수)×2/3}

③ 수당의 지급절차 기타 수당지급에 관하여 필요한 사항은 기획재정부장관 및 **인사혁신처장**과 협의하여 **처장**이 정한다. 〈개정 2017.7.26.〉

제27조 직권면직 등

① **임용권자**는 법 제10조 제1항 제2호·제5호 및 같은 조 제2항에 따라 직권면직에 대한 **동의**를 받아야 하는 경우에는 법 제12조 제1항에 따른 고등징계위원회(이하 "고등징계위원회"라 한다)에 직권면직 동의 요구서로 동의를 요구해야 한다.

② **처장**은 법 제10조 제1항 제5호에 따라 직무수행능력이 부족하거나 근무성적이 극히 불량하여 「국가공무원법」 제73조의3 제1항 제2호에 따라 직위해제된 사람에게 **3개월**의 범위에서 대기를 명해야 한다.

③ 처장은 제2항에 따라 대기명령을 받은 사람에게 능력 회복이나 근무성적의 향상을 위한 교육훈련 또는 특별한 연구과제 부여 등 필요한 조치를 해야 한다.
[전문개정 2019.10.22.]

제27조의2 **삭제** 〈2013.8.20.〉

제27조의3 **삭제** 〈2013.8.20.〉

제28조 **징계의결의 요구** ★

① **처장**은 소속 직원에게 징계사유가 있다고 인정되는 때에는 관할 **징계위원회**에 징계의결을 **요구하여야 한다**. 〈개정 2017.7.26.〉
② **처장**은 경호처에 파견되어 근무 중인 직원에 대하여 징계사유가 있다고 인정되는 때에는 **파견직원의 원소속기관의 장에게 그 사유를 통보하여야 한다**. 〈개정 2017.7.26.〉
③ 제1항의 규정에 의하여 징계의결을 요구하는 때에는 미리 당해 직원의 징계사유에 대하여 충분히 조사하고 입증자료를 첨부하여 **징계의결요구서**에 의하여 이를 행하여야 한다.

제29조 **징계위원회의 구성 등** ★

① 고등징계위원회의 위원장은 **차장**이 되고, 위원은 **3급** 이상의 직원(고위공무원단에 속하는 직원을 포함한다)과 다음 각호의 어느 하나에 해당하는 사람 중에서 **성별**을 고려하여 **처장**이 임명 또는 위촉한다. 〈개정 2019.10.22.〉
  1. 법관·검사 또는 변호사로 **10년** 이상 근무한 사람
  2. 「고등교육법」 제2조에 따른 학교 또는 그 밖의 다른 법률에 따라 설립된 이에 준하는 교육기관(이하 "대학등"이라 한다)에서 법률학·행정학 또는 경호 관련 학문을 담당하는 **부교수** 이상으로 재직 중인 사람
  3. **3급** 이상의 경호공무원으로 근무하고 퇴직한 사람(퇴직일부터 3년이 **지난** 사람으로 한정한다)
② 법 제12조 제1항에 따른 보통징계위원회(이하 "보통징계위원회"라 한다)의 위원장은 **기획관리실장**이 되고, 위원은 **4급** 이상의 직원(고위공무원단에 속하는 직원을 포함한다)과 다음 각호의 어느 하나에 해당하는 사람 중에서 **성별**을 고려하여 **처장**이 임명 또는 위촉한다. 〈개정 2023.5.16.〉
  1. 법관·검사 또는 변호사로 **5년** 이상 근무한 사람
  2. 대학등에서 법률학·행정학 또는 경호 관련 학문을 담당하는 **조교수** 이상으로 재직 중인 사람
  3. 경호공무원으로 **20년** 이상 근무하고 퇴직한 사람(퇴직일부터 3년이 **지난** 사람으로 한정한다)

③ 제1항 및 제2항에 따라 위촉되는 위원의 수는 **위원장**을 제외한 위원 수의 각각 **2분의 1** 이상이어야 한다.

④ 제1항 및 제2항에 따라 위촉되는 위원의 임기는 **3년**으로 하며, **한 차례만** 연임할 수 있다.

⑤ **처장**은 제1항 및 제2항에 따라 위촉되는 위원이 다음 각호의 어느 하나에 해당하는 경우에는 해당 위원을 **해촉(解嘱)할 수 있다.** 다만, **제4호**에 해당하는 경우에는 **해촉하여야 한다.**

1. 심신장애로 인하여 직무를 수행할 수 없게 된 경우
2. 직무와 관련된 비위사실이 있는 경우
3. 직무태만, 품위손상이나 그 밖의 사유로 인하여 위원으로 적합하지 아니하다고 인정되는 경우
4. 「공무원 징계령」제15조 제1항에 해당하는 데에도 불구하고 회피하지 아니한 경우
5. 위원 스스로 직무를 수행하는 것이 곤란하다고 의사를 밝히는 경우

[전문개정 2018.12.18.]

제30조 징계위원회의 관할·운영 등 ★

① 고등징계위원회는 1급 내지 5급 직원에 대한 징계사건 및 **6급** 이하 직원에 대한 **중징계** 사건을 심사·의결한다.

② 보통징계위원회는 **6급** 이하 직원에 대한 **경징계** 사건을 심사·의결한다.

③ 징계위원회의 관할이 다른 상하직위자가 관련된 징계사건은 제1항 및 제2항의 규정에 불구하고 고등징계위원회에서 심사·의결한다. 다만, 하위직위자에 대한 징계를 분리하여 심사·의결하는 것이 타당하다고 인정되는 때에는 **고등징계위원회의** 의결로써 하위직위자에 대한 징계사건을 보통징계위원회에 이송할 수 있다.

제31조 「공무원 징계령」의 준용

직원의 징계에 관하여 이 영에 특별한 규정이 있는 경우를 제외하고는 「**공무원 징계령**」제9조 내지 제15조, 제17조 내지 제25조를 준용한다.

제32조 보상

① 법 제13조에 따른 상이(傷痍)를 입고 퇴직한 사람과 그 가족은 「**국가유공자 등 예우 및 지원에 관한 법률**」제6조의4 또는 「**보훈보상대상자 지원에 관한 법률**」제6조에 따른 상이등급에 해당하는 신체의 상이를 입고 퇴직한 사람과 그 가족으로 한다.

② 법 제13조에 따른 사망(상이로 인하여 사망한 경우를 포함한다)한 사람의 유족은 직원의 사망 당시 「국가유공자 등 예우 및 지원에 관한 법률」 제5조 또는 「보훈보상대상자 지원에 관한 법률」 제3조에 해당하는 사람으로 한다.

③ 제1항에 해당하는 사람은 「국가유공자 등 예우 및 지원에 관한 법률」 제4조 제1항 제4호·제6호 또는 「보훈보상대상자 지원에 관한 법률」 제2조 제1항 제2호에 따른 전상군경(戰傷軍警), 공상군경(公傷軍警) 또는 재해부상군경과 그 가족으로 보고, 제2항에 해당하는 사람은 「국가유공자 등 예우 및 지원에 관한 법률」 제4조 제1항 제3호·제5호 또는 「보훈보상대상자 지원에 관한 법률」 제2조 제1항 제1호에 따른 전몰군경(戰歿軍警), 순직군경(殉職軍警) 또는 재해사망군경의 유족으로 보아 「국가유공자 등 예우 및 지원에 관한 법률」 또는 「보훈보상대상자 지원에 관한 법률」에 따른 보상을 실시한다.

④ 제3항에 따른 보상을 받으려는 사람은 「국가유공자 등 예우 및 지원에 관한 법률」 제6조 또는 「보훈보상대상자 지원에 관한 법률」 제4조에 따라 **국가보훈부장관**에게 **등록**을 신청하여야 한다. 이 경우 등록신청서에는 **처장**이 발급한 상이확인증명서 또는 사망확인증명서를 첨부하여야 한다. 〈개정 2017.7.26., 2023.4.11.〉

⑤ **처장**은 「국가유공자 등 예우 및 지원에 관한 법률 시행령」 제9조 제2항 또는 「보훈보상대상자 지원에 관한 법률 시행령」 제6조 제2항에 따라 **국가보훈부장관**으로부터 국가유공자 또는 보훈보상대상자 요건과 관련된 사실의 확인에 대한 **요청**을 받으면 그 요건과 관련된 사실을 확인하여 **국가보훈부장관**에게 **통보**하여야 한다. 〈개정 2017.7.26., 2023.4.11.〉

제33조 **삭제** 〈2008.2.29.〉

제34조 **복제** ★

① **처장**은 필요하다고 인정하는 경우 직원에게 **제복**을 지급할 수 있다. 〈개정 2017.7.26.〉

대통령비서실장은 필요하다고 인정하는 경우 경호처 직원에게 제복을 지급할 수 있다.
(×) 기출 12

② 직원의 **복제**에 관하여 필요한 사항은 **처장**이 정한다. 〈개정 2017.7.26.〉

경호처 직원의 복제에 관하여 필요한 사항은 경호처장이 정한다. (○) 기출 12
경호처에 파견된 경호경찰의 복제는 대통령비서실장이 정한다. (×) 기출 12

제35조　준용

경호처의 직원에 관하여 이 영에 특별한 규정이 있는 경우를 제외하고는 「**공무원임용령**」 및 「**국가공무원 복무규정**」을 준용한다. 〈개정 2017.7.26.〉

제35조의2　민감정보 및 고유식별정보의 처리 ★

① 처장은 다음 각호의 업무를 수행하기 위하여 불가피한 경우 「개인정보보호법 시행령」 제18조 제2호에 따른 **범죄경력자료**에 해당하는 정보, 같은 조 제3호에 따른 **특정 개인을 알아볼 목적으로 일정한 기술적 수단을 통해 생성한 정보**(제1호의 업무를 수행하는 경우로 한정한다)나 같은 영 제19조에 따른 **주민등록번호**, 여권번호, 운전면허의 면허번호 또는 **외국인등록번호**가 포함된 자료를 처리할 수 있다. 〈개정 2017.7.26., 2022.5.9.〉
1. 법 및 이 영에 따른 **경호업무**
2. 법 제8조 및 이 영 제9조·제9조의2에 따른 임용 직원의 **임용자격 확인** 등에 관한 업무

② 다음 각호의 조회 또는 협조 요청을 받은 **관계기관의 장**은 그 조회 또는 협조 업무를 수행하기 위하여 불가피한 경우 「개인정보보호법 시행령」 제18조 제2호에 따른 **범죄경력자료**에 해당하는 정보, 같은 조 제3호에 따른 **특정 개인을 알아볼 목적으로 일정한 기술적 수단을 통해 생성한 정보**(제1호의 업무를 수행하는 경우로 한정한다)나 같은 영 제19조에 따른 **주민등록번호**, 여권번호, 운전면허의 면허번호 또는 **외국인등록번호**가 포함된 자료를 처리할 수 있다. 〈개정 2022.5.9.〉
1. 제3조의3에 따른 경호업무 수행과 관련한 조회 또는 협조
2. 제9조의2에 따른 임용 직원의 임용자격 확인 등과 관련한 조회 또는 협조

제36조　위임사항

이 영의 시행에 관하여 필요한 사항은 **처장**이 정한다. 〈개정 2017.7.26.〉

부칙 〈대통령령 제28219호, 2017.7.26.〉 (대통령경호처와 그 소속기관 직제)

제1조(시행일) 이 영은 공포한 날부터 시행한다.

제2조 및 제3조 생략

제4조(다른 법령의 개정)
① 생략
② 대통령 등의 경호에 관한 법률 시행령 일부를 다음과 같이 개정한다.

제3조 제4호 중 "대통령경호실장"을 "대통령경호처장"으로 한다.

제3조 제4호, 제3조의2 제1항·제3항, 제3조의3 제1항 전단·후단, 같은 조 제2항, 제4조 제2항, 제4조의2 제1항, 제7조 제2항부터 제4항까지, 제8조, 제9조의2 제1항부터 제3항까지, 제12조 제2항·제4항·제6항, 제13조 제1항 단서, 제14조 제2항, 제18조 제2항, 제19조 제4항, 제20조 제2항·제5항, 제20조의2 제1항 각호 외의 부분, 같은 조 제5항, 제23조, 제24조 제1항부터 제3항까지, 같은 조 제4항 단서, 같은 조 제6항 전단·후단, 제25조 제1항, 제26조 제3항, 제28조 제1항·제2항, 제29조 제1항·제2항, 제32조 제4항 후단, 같은 조 제5항, 제34조 제1항·제2항, 제35조의2 제1항 각호 외의 부분 및 제36조 중 "실장"을 각각 "처장"으로 한다.

제4조 제1항 중 "대통령경호실(이하 "경호실"이라 한다)"을 "대통령경호처(이하 "경호처"라 한다)"로 한다.

제7조 제1항, 제9조, 제28조 제2항 및 제35조 중 "경호실"을 각각 "경호처"로 한다.

제25조 제1항 중 "장관 또는 차관"을 "차관"으로 한다.

제29조 제2항 중 "기획실장"을 "기획관리실장"으로 한다.

부칙 〈대통령령 제29379호, 2018.12.18.〉

제1조(시행일)

이 영은 공포한 날부터 시행한다. 다만, [별표 2]의 6·7급의 시험과목란 및 같은 표 비고 제4호의 개정규정은 2019년 1월 1일부터 시행하고, 제29조의 개정규정은 공포 후 6개월이 경과한 날부터 시행한다.

제2조(경력평정 대상기간 계산에 관한 적용례)

① 제19조 제3항 단서의 개정규정 중 휴직기간의 경력평정 대상기간 계산에 관한 부분 은 이 영 시행 전에 발생한 사유로 인한 휴직기간에 대해서도 적용한다.

② 제19조 제3항의 개정규정 중 직위해제기간의 경력평정 대상기간 계산에 관한 부분 은 이 영 시행 이후 발생한 사유로 인한 직위해제기간부터 적용한다.

제3조(승진임용 절차가 진행 중인 경호공무원 및 일반직 공무원의 경력평정에 관한 경과조치)

이 영 시행 당시 승진심사자명부에 따라 승진심사 대상자가 결정되어 승진임용 절차가 진행 중에 있는 경우 그 승진임용 절차가 완료될 때까지 승진심사자명부에 등재된 경호 공무원 및 일반직 공무원에 대해서는 제19조 제3항의 개정규정에도 불구하고 종전의 규정에 따른다.

제4조(진행 중인 시험에 관한 경과조치)

2019년 1월 1일 당시 시험실시사항이 공고되었거나 진행 중인 시험에 대해서는 [별표 2]의 6·7급의 시험과목란 및 같은 표 비고 제4호의 개정규정에도 불구하고 종전의 규정에 따른다.

부칙 〈대통령령 제30139호, 2019.10.22.〉

제1조(시행일) 이 영은 공포한 날부터 시행한다.

제2조(대기명령 등에 관한 적용례) 제27조 제2항 및 제3항의 개정규정은 이 영 시행 이후 직위해제되는 사람부터 적용한다.

부칙 〈대통령령 제32633호, 2022.5.9.〉

이 영은 공포한 날부터 시행한다.

부칙 〈대통령령 제33382호, 2023.4.11.〉 (국가보훈부와 그 소속기관 직제)

제1조(시행일) 이 영은 2023년 6월 5일부터 시행한다.

제2조부터 제4조까지 생략

제5조(다른 법령의 개정)
①부터 〈67〉까지 생략
〈68〉 대통령 등의 경호에 관한 법률 시행령 일부를 다음과 같이 개정한다.
제32조 제4항 전단 및 같은 조 제5항 중 "국가보훈처장"을 각각 "국가보훈부장관"으로
한다.
〈69〉부터 〈73〉까지 생략

부칙 〈대통령령 제33472호, 2023.5.16.〉

이 영은 공포한 날부터 시행한다.

03 대통령경호처와 그 소속기관 직제

[시행 2023.12.29.] [대통령령 제34075호, 2023.12.29., 일부개정]

제1조 목적 ★

이 영은 대통령경호처와 그 소속기관의 조직과 직무범위, 그 밖에 필요한 사항을 규정함을 목적으로 한다.

> 「대통령경호처와 그 소속기관 직제」는 대통령경호처와 그 소속기관의 조직과 직무범위, 그 밖에 필요한 사항을 규정한다. (O) 기출 20

제2조 소속기관 ★★

대통령경호처장의 관장사무를 지원하기 위하여 **대통령경호처장(이하 "처장"이라 한다)** 소속으로 경호안전교육원을 **둔다.**

제3조 직무

대통령경호처는 「대통령 등의 경호에 관한 법률」(이하 "법"이라 한다) 제4조 제1항의 경호대상에 대한 경호업무를 수행한다.

제4조 차장 ★

① 대통령경호처에 차장 **1명**을 둔다.
② 차장은 **1급** 경호공무원 또는 고위공무원단에 속하는 **별정직** 국가공무원으로 보한다.
③ 차장은 처장을 보좌하며, 처장이 **부득이한 사유**로 직무를 수행할 수 없을 때에는 그 직무를 대행한다.

제5조 하부조직 ★

① 대통령경호처에 **기획관리실 · 경호본부 · 경비안전본부** 및 **지원본부**를 둔다. 〈개정 2023.12.29.〉

> 대통령경호처에 기획관리실 · 경호본부 · 경비안전본부 및 지원본부를 둔다. (O) 기출수정 20

② 기획관리실장·경호본부장·경비안전본부장 및 지원본부장은 **2급 경호공무원**으로 보한다. 〈개정 2019.10.22., 2023.12.29.〉

③ **처장** 밑에 **감사관 1명**을 둔다.

④ 감사관은 **3급 경호공무원**으로 보한다. 〈개정 2019.10.22., 2023.12.29.〉

⑤ 기획관리실, 경호본부, 경비안전본부 및 지원본부의 하부조직 및 그 분장사무와 감사관의 분장사무는 **처장**이 정한다. 〈개정 2023.12.29.〉

제6조 경호안전교육원 ★

① 경호안전교육원은 다음 사무를 관장한다.
  1. 경호안전관리 관련 **학술연구** 및 **장비개발**
  2. 대통령경호처 **직원**에 대한 **교육**
  3. 국가 경호안전 관련 분야에 종사하는 공무원에 대한 **수탁교육**
  4. 경호안전 관련 단체에 종사하는 사람에 대한 **수탁교육**
  5. 법 제16조에 따른 대통령경호안전대책위원회 관련 기관 소속 공무원 및 처장이 필요하다고 인정하는 사람에 대한 **수탁교육**
  6. 그 밖에 국가 주요 행사 안전관리 분야에 관한 연구·조사 및 관련 기관에 대한 **지원**

② 경호안전교육원에 **원장 1명**을 둔다.

③ 원장은 **2급 경호공무원**으로 보한다. 〈개정 2019.10.22., 2023.12.29.〉

④ 원장은 **처장**의 명을 받아 소관 사무를 총괄하고, 소속 공무원을 지휘·감독한다.

⑤ 경호안전교육원의 하부조직과 그 분장사무는 **처장**이 정한다.

제7조 대통령경호처에 두는 공무원의 정원

① 대통령경호처에 두는 공무원의 정원은 [별표 1]과 같다. 다만, 필요한 경우에는 [별표 1]에 따른 총정원의 **10퍼센트**를 넘지 않는 범위에서 훈령·예규 및 그 밖의 방법으로 정원을 따로 정할 수 있다. 〈개정 2019.8.27., 2020.12.22., 2022.12.13., 2023.4.11., 2023.8.30.〉

② 대통령경호처에 두는 공무원의 직급별 정원은 **처장**이 훈령·예규 및 그 밖의 방법으로 정한다. 〈신설 2023.4.11., 2023.8.30.〉

③ 대통령경호처에 두는 공무원의 정원 중 1명(5급 1명)은 **인사혁신처**, 1명(6급 1명)은 **과학기술정보통신부**, 1명(6급 또는 연구사 1명)은 **식품의약품안전처** 소속 공무원으로 각각 충원해야 한다. 이 경우 **처장**은 충원 방법 및 절차 등에 관하여 해당 기관의 장과 미리 **협의**해야 한다. 〈신설 2022.12.13., 2023.4.11., 2023.12.29.〉

[별표 1] 대통령경호처와 그 소속기관 직제 〈개정 2023.12.29.〉

총계	703
정무직 계	1
처장(차관급)	1
특정직 또는 별정직 계	433
1급 또는 고위공무원단에 속하는 별정직	1
2급	4
2급 또는 3급	2
3급	18
3급 또는 고위공무원단에 속하는 별정직	2
3급 · 4급 또는 별정직 4급 상당 이하	406
일반직 또는 특정직 계	269
5급 이하	269

제8조　　**소속기관에 두는 공무원의 정원**

① 대통령경호처의 소속기관에 두는 공무원의 정원은 [별표 2]와 같다. 다만, 필요한 경우에는 [별표 2]에 따른 총정원의 **10퍼센트**를 넘지 않는 범위에서 훈령·예규 및 그 밖의 방법으로 정원을 따로 정할 수 있다. 〈개정 2023.8.30.〉

② 대통령경호처의 소속기관에 두는 공무원의 직급별 정원은 **훈령·예규 및 그 밖의 방법**으로 정한다.

[전문개정 2023.4.11.]

[별표 2] 대통령경호처와 그 소속기관 직제 〈개정 2023.4.11.〉

총계	47
특정직 또는 별정직 계	35
2급	1
3급	2
3급 · 4급 또는 별정직 5급 상당 이하	32
일반직 또는 특정직 계	12
6급 이하	10
임기제 교수요원(가급)	2

제9조　　**삭제** 〈2023.8.30.〉

부칙 〈대통령령 제33073호, 2022.12.13.〉

제1조(시행일) 이 영은 공포한 날부터 시행한다.

제2조 삭제 〈2023.12.29.〉

부칙 〈대통령령 제33393호, 2023.4.11.〉 (조직관리 자율성 강화를 위한 9개 법령의 일부개정에 관한 대통령령)

이 영은 공포한 날부터 시행한다.

부칙 〈대통령령 제33687호, 2023.8.30.〉 (행정조직 운영의 자율성 확대를 위한 55개 법령의 일부개정에 관한 대통령령)

이 영은 공포한 날부터 시행한다.

부칙 〈대통령령 제34075호, 2023.12.29.〉

이 영은 공포한 날부터 시행한다.

전직대통령 예우에 관한 법률
(약칭 : 전직대통령법)

[시행 2017.9.22.] [법률 제14618호, 2017.3.21., 일부개정]

제1조　**목적**

이 법은 전직대통령(前職大統領)의 예우에 관한 사항을 규정함을 목적으로 한다.

> 「전직대통령 예우에 관한 법률」은 전직대통령의 예우에 관한 사항을 규정한다.
> (○) **기출** 21 · 20

제2조　**정의** ★

이 법에서 "전직대통령"이란 **헌법**에서 정하는 바에 따라 대통령으로 **선출**되어 **재직**하였던 사람을 말한다.

제3조　**적용 범위** ★

이 법은 전직대통령 또는 그 **유족**에 대하여 적용한다.

제3조의2　**삭제** 〈1995.12.29.〉

제4조　**연금** ★

① 전직대통령에게는 연금을 지급한다.
② 제1항에 따른 연금 지급액은 **지급 당시**의 대통령 보수연액(報酬年額)의 **100분의 95**에 상당하는 금액으로 한다.

제5조 **유족에 대한 연금 ★**

① 전직대통령의 유족 중 **배우자**에게는 유족연금을 지급하며, 그 연금액은 **지급 당시의** 대통령 보수연액의 **100분의 70**에 상당하는 금액으로 한다.
② 전직대통령의 유족 중 **배우자가 없거나** 제1항에 따라 유족연금을 받던 **배우자가 사망**한 경우에는 그 연금을 전직대통령의 **30세 미만인 유자녀(遺子女)와 30세 이상인 유자녀로서 생계능력이 없는** 사람에게 지급하되, 지급 대상자가 여러 명인 경우에는 그 연금을 **균등**하게 나누어 지급한다.

제5조의2 **기념사업의 지원 ★**

민간단체 등이 전직대통령을 위한 기념사업을 추진하는 경우에는 관계 법령에서 정하는 바에 따라 필요한 지원을 할 수 있다.

제5조의3 **묘지관리의 지원 ★**

전직대통령이 사망하여 **국립묘지에 안장되지 아니한 경우**에는 **대통령령**으로 정하는 바에 따라 묘지관리에 드는 인력 및 비용을 지원할 수 있다.
[본조신설 2017.3.21.]

제6조 **그 밖의 예우 ★**

① 전직대통령은 비서관 3명과 운전기사 1명을 둘 수 있고, 전직대통령이 서거한 경우 그 배우자는 비서관 1명과 운전기사 1명을 둘 수 있다.
② 제1항에 따라 전직대통령이 둘 수 있는 비서관과 운전기사는 전직대통령이 추천하는 사람 중에서 임명하며, 비서관은 고위공무원단에 속하는 **별정직** 공무원으로 하고, 운전기사는 **별정직** 공무원으로 한다.
③ 제1항에 따라 전직대통령이 서거한 경우 그 배우자가 둘 수 있는 비서관과 운전기사는 전직대통령의 배우자가 추천하는 사람 중에서 임명하며, 비서관과 운전기사의 신분은 **대통령령**으로 정한다.
④ 전직대통령 또는 그 **유족**에게는 관계 법령에서 정하는 바에 따라 다음 각호의 예우를 할 수 있다.
  1. 필요한 기간의 경호 및 경비(警備)
  2. 교통·통신 및 사무실 제공 등의 지원
  3. 본인 및 그 가족에 대한 치료
  4. 그 밖에 전직대통령으로서 필요한 예우

제7조   **권리의 정지 및 제외 등 ★★**

① 이 법의 적용 대상자가 공무원에 취임한 경우에는 그 기간 동안 제4조 및 제5조에 따른 연금의 지급을 **정지한다.**
② 전직대통령이 다음 각호의 어느 하나에 해당하는 경우에는 제6조 제4항 제1호에 따른 예우를 **제외**하고는 이 법에 따른 전직대통령으로서의 예우를 하지 아니한다.
   1. 재직 중 **탄핵결정**을 받아 퇴임한 경우

   > 재직 중 탄핵결정을 받아 퇴임한 전직대통령의 경우 전직대통령 예우에 관한 법률에 따라
   > 필요한 기간의 경호 및 경비의 예우를 하지 아니한다.   (×) **기출** 18

   2. **금고 이상의 형**이 **확정**된 경우

   > 전직대통령이 벌금 이상의 형이 확정된 경우 '필요한 기간의 경호 및 경비'의 예우를 하지
   > 아니한다.   (×) **기출** 20

   3. **형사처분**을 회피할 목적으로 외국정부에 도피처 또는 보호를 요청한 경우
   4. 대한민국의 **국적**을 **상실**한 경우

제8조   **연금의 중복 지급 금지 ★**

이 법에 따라 연금을 지급받는 사람에게는 다른 법률에 따른 연금을 지급하지 아니한다.

제9조   **연금의 지급방법 및 지급절차**

이 법에 따른 연금의 지급방법 및 지급절차와 그 밖에 이 법의 시행에 필요한 사항은
대통령령으로 정한다.

부칙 〈법률 제14618호, 2017.3.21.〉

이 법은 공포 후 6개월이 경과한 날부터 시행한다.

전직대통령 예우에 관한 법률 시행령
(약칭 : 전직대통령법 시행령)

[시행 2021.1.5.] [대통령령 제31380호, 2021.1.5., 타법개정]

제1조 　목적

이 영은 「전직대통령 예우에 관한 법률」에서 위임된 사항과 그 시행에 필요한 사항을 규정함을 목적으로 한다.

제2조 　용어의 정의 ★

① 「전직대통령 예우에 관한 법률」(이하 "법"이라 한다) 제4조 제2항 및 제5조 제1항에서 "지급당시의 대통령보수연액"이라 함은 연금의 지급일이 속하는 월의 대통령연봉월액의 8.85배에 상당하는 금액을 말한다.

② 법 제5조 제2항에서 "30세 이상의 유자녀로서 생계능력이 없는 자"라 함은 유자녀와 그 가족의 소득·재산 및 부양가족 등을 고려하여 사회통념상 전직대통령의 유자녀로서의 품위를 유지하기 어렵다고 인정되는 자를 말한다.

제3조 　연금증서 ★

① 유족연금수급권자로 된 자는 유족연금수급권자임을 입증하는 데 필요한 관계서류를 첨부하여 연금증서의 교부를 행정안전부장관에게 신청하여야 한다. 〈개정 2017.7.26.〉

② 행정안전부장관은 전직대통령과 유족연금수급권자에 대하여 별지 서식에 의한 연금증서를 교부한다. 이 경우 행정안전부장관이 연금증서를 교부함에 있어서 필요한 때에는 당해 연금수급권자에게 증빙서류 등의 제출을 요구할 수 있다. 〈개정 2017.7.26.〉

③ 법 제5조 제2항의 유족연금수급권자가 수인인 경우에는 하나의 연금증서에 유족연금수급권자 전원의 성명 등을 기재하여 이를 교부할 수 있다.

제4조 **연금의 지급기간** ★

연금은 그 사유가 발생한 날이 속하는 월의 **익월**부터 그 사유가 소멸된 날이 속하는 **월**까지 지급한다.

제5조 **연금지급일** ★

연금은 12월로 **분급(分給)**하되, 매월 **20일**에 지급한다.

제6조 **연금지급의 정지** ★

법 제7조에 의하여 연금의 지급을 정지할 사유가 발생한 때에는 그 사유가 발생한 날이 속하는 월의 **익월**부터 그 사유가 소멸된 날이 속하는 **월**까지 지급을 정지한다.

제6조의2 **기념사업의 지원** ★

① 법 제5조의2에 따라 지원하는 기념사업은 다음 각호와 같다. 〈신설 2011.9.6., 2013.3.23., 2014.11.19., 2017.7.26.〉

   1. 전직대통령 **기념관** 및 **기념 도서관 건립 사업**
   2. 기록물, 유품 등 전직대통령 관련 **사료를 수집·정리**하는 사업
   3. 전직대통령의 **업적 등을 연구·편찬**하는 **사업**
   4. 제2호 및 제3호에 해당하는 사료 및 자료 등의 **전시 및 열람 사업**
   5. 전직대통령 **관련 학술세미나 개최** 또는 **강좌 등의 운영 사업**
   6. 전직대통령 관련 국제 학술회의 개최 등의 **대외협력 사업**
   7. 그 밖에 제1호부터 제6호까지에 준하는 사업으로서 **행정안전부장관**이 정하는 사업

② 제1항의 기념사업에 대한 지원 내용은 다음 각호와 같다.

   1. 문서·도화 등 전시물의 대여
   2. 사업경비의 일부보조
   3. 기타 사업추진을 위하여 필요하다고 인정되는 지원

③ 제1항 및 제2항에 따른 지원의 대상과 규모는 **국무회의의 심의**를 거쳐 결정한다.

제6조의3 **묘지관리의 지원** ★

① 법 제5조의3에 따라 지원할 수 있는 묘지관리에 드는 인력은 묘지의 경비인력 및 관리인력으로 한다. 이 경우 묘지관리의 효율성 등을 고려하여 해당 인력의 운용 비용으로 지급할 수 있다.

② 법 제5조의3에 따라 지원할 수 있는 묘지관리에 드는 비용은 묘지의 시설 유지 등 관리 비용으로 한다.

③ 제1항 후단 및 제2항에 따른 비용은 묘지관리를 하는 **유족**에게 지급하되, **유족**의 동의를 얻어 묘지관리를 하는 단체가 있는 경우 해당 단체에 그 비용을 지급할 수 있다. 다만, 묘지관리를 하는 **유족**이나 단체가 없는 경우에는 **행정안전부장관**이 묘지관리를 위하여 지원할 필요가 있다고 인정하는 자에게 그 비용을 지급할 수 있다.

④ 제1항 및 제2항에 따른 지원을 받으려는 자는 묘지관리에 드는 인력 및 비용 등 필요한 사항을 포함한 신청서류를 **행정안전부장관**에게 제출하여야 한다.

⑤ 제1항부터 제3항까지의 규정에 따른 구체적인 지원 대상, 규모 및 방법 등은 **행정안전부장관**이 따로 정한다.

[본조신설 2017.9.19.]

제7조   비서관 등의 임명 등 ★

① 전직대통령의 비서관은 **행정안전부장관**의 제청으로 **국무총리**를 거쳐 **대통령**이 임명하고, 운전기사는 **행정안전부장관**이 임명한다. 〈개정 2017.7.26.〉

② 서거한 전직대통령의 배우자의 비서관은 **행정안전부장관**의 제청으로 **국무총리**를 거쳐 **대통령**이 임명하고, 운전기사는 **행정안전부장관**이 임명하되, 비서관은 고위공무원단에 속하는 **별정직** 공무원으로 하고, 운전기사는 **별정직** 공무원으로 한다. 〈개정 2017.7.26.〉

③ 삭제 〈2011.9.6.〉

제7조의2   무상진료 ★

전직대통령 및 그 배우자의 **국·공립병원**(「서울대학교병원 설치법」에 따른 서울대학교병원, 「서울대학교치과병원 설치법」에 따른 서울대학교치과병원, 「국립대학병원 설치법」에 따른 국립대학병원 및 「국립대학치과병원 설치법」에 따른 국립대학치과병원을 포함한다)**에서의 진료**는 **무료**로 하고, **민간**의료기관에서의 진료에 소요된 비용은 **국가**가 이를 부담한다.

제7조의3   사무실의 제공 등 ★

법 제6조 제4항 제2호에 따른 지원의 내용은 다음과 같다.
  1. 사무실 및 차량의 제공과 기타 운영경비의 지급
  2. 공무여행 시 여비 등의 지급

제8조 **예산조치** ★

전직대통령과 그 유족에 대한 연금예산은 **행정안전부 일반회계**에 **계상**하여야 한다.
〈개정 2017.7.26.〉

제9조 **민감정보 및 고유식별정보의 처리** ★

행정안전부장관은 다음 각호의 사무를 수행하기 위하여 불가피한 경우 「개인정보보호법」
제23조에 따른 **건강**에 관한 정보, 같은 법 시행령 제18조 제2호에 따른 **범죄경력자료**에
해당하는 정보, 같은 영 제19조 제1호 · 제2호 또는 제4호에 따른 **주민등록**번호, 여권번호
또는 **외국인**등록번호가 포함된 자료를 처리할 수 있다.

1. 법 제4조 및 제5조에 따른 **연금**의 지급에 관한 사무
2. 법 제5조의3에 따른 **묘지관리**의 지원에 관한 사무
3. 법 제6조 제4항 제2호 및 제3호에 따른 교통 · 통신 및 **사무실 제공** 등의 지원에
   관한 사무와 본인 및 그 가족에 대한 **치료**에 관한 사무
4. 법 제7조 제2항에 따른 전직대통령 예우 **정지** 및 제외에 관한 사무

[본조신설 2017.9.19.]

부칙 〈대통령령 제28300호, 2017.9.19.〉

이 영은 2017년 9월 22일부터 시행한다.

부칙 〈대통령령 제31380호, 2021.1.5.〉(어려운 법령용어 정비를 위한 473개 법령의 일부개정에 관한 대통령령)

이 영은 공포한 날부터 시행한다. 〈단서 생략〉

대통령경호안전대책위원회규정

[시행 2022.11.1.] [대통령령 제32968호, 2022.11.1., 타법개정]

제1조　목적 ★★

이 영은 「대통령 등의 경호에 관한 법률」 제16조에 따른 대통령경호안전대책위원회의
구성 및 운영에 관하여 필요한 사항을 규정함을 목적으로 한다.

> 대통령경호안전대책위원회의 구성 및 운영에 관하여 필요한 사항은 「대통령경호안전대책위원회
> 규정」에서 명시하고 있다.　　　　　　　　　　　　　　　　　　　　　　　(○) 기출 21
>
> 「대통령경호안전대책위원회규정」은 「경찰관직무집행법」 제16조에 따른 대통령경호안전대책위
> 원회의 구성 및 운영에 관하여 필요한 사항을 규정한다.　　　　　　(✕) 기출 20

제2조　구성 ★★★

대통령경호안전대책위원회(이하 "위원회"라 한다)의 위원은 **국가정보원** 테러정보통합센
터장, 외교부 **의전기획관**, 법무부 출입국·외국인정책본부장, 과학기술정보통신부 통신
정책관, 국토교통부 항공안전정책관, 식품의약품안전처 식품안전정책국장, 관세청 **조사
감시국장**, 대검찰청 **공공수사정책관**, 경찰청 **경비국장**, 소방청 119구조구급국장, 해양경
찰청 **경비국장**, 합동참모본부 작전본부 소속 장성급 장교 중 위원장이 지명하는 1명,
국군방첩사령부 소속 장성급 장교 또는 2급 이상의 군무원 중 위원장이 지명하는 1명,
수도방위사령부 참모장과 위원장이 임명 또는 위촉하는 자로 구성한다. 〈개정 2008.2.29.,
2008.10.28., 2009.5.6., 2009.12.29., 2013.3.23., 2013.12.24., 2017.7.26., 2018.9.18., 2019.8.13., 2020.4.21.,
2022.11.1.〉

> 소방청 119구조구급국장은 대통령경호안전대책위원회의 위원이다.　　(○) 기출 22
>
> 국무조정실 대테러센터장은 대통령경호안전대책위원회의 위원이 아니다.　(○) 기출 18
>
> 외교부 의전기획관, 과학기술정보통신부 통신정책관, 소방청 119구조구급국장은 대통령경호안
> 전대책위원회 위원이다.　　　　　　　　　　　　　　　　　　　　　(○) 기출수정 18
>
> 경찰청 보안국장은 대통령경호안전대책위원회 위원이 아니다.　　(○) 기출수정 15

> 수도방위사령부 정보처장은 대통령 등의 경호에 관한 법률상 대통령경호안전대책위원회 위원이 아니다.   (O) 기출 13
>
> 국가정보원 테러정보통합센터장, 대검찰청 공공수사정책관, 경찰청 경비국장은 대통령 등의 경호에 관한 법률상 대통령경호안전대책위원회 위원이다.   (O) 기출수정 13
>
> 문화체육관광부 관광산업정책관, 국토교통부 항공안전정책관, 대검찰청 공공수사정책관, 경찰청 정보국장은 대통령경호안전대책위원회의 위원이다.   (X) 기출수정 11

제3조 삭제〈2007.1.18.〉

제4조 책임 ★★★

① 대통령경호안전대책활동(이하 "안전대책활동"이라 한다)에 관하여는 위원회 구성원 전원과 그 구성원이 속하는 기관의 장이 공동으로 책임을 지며, 각 구성원은 위원회의 결정사항 기타 안전대책활동을 위하여 부여된 임무에 관하여 상호간 최대한의 협조를 하여야 한다.

> 대통령경호안전대책활동에 관하여는 위원회 구성원 전원과 그 구성원이 속하는 기관의 장이 공동으로 책임을 진다.   (O) 기출 20

② 각 구성원의 **분장책임**은 다음과 같다. 〈개정 2004.7.24., 2007.1.18., 2008.2.29., 2008.10.28., 2009.5.6., 2009.12.29., 2013.3.23., 2013.12.24., 2017.7.26., 2018.9.18., 2019.8.13., 2020.2.4., 2020.4.21., 2022.11.1.〉

  1. 대통령경호처장 : 안전대책활동에 관한 전반적인 업무를 총괄하며 필요한 **안전대책활동지침**을 수립하여 관계부서에 부여한다.

  2. 국가정보원 **테러정보통합센터장**

    가. 입수된 경호 관련 첩보 및 정보의 신속한 전파·보고

    나. 위해요인의 **제거**

    다. 정보 및 보안대상기관에 대한 **조정**

    라. 행사참관 해외동포 입국자에 대한 동향파악 및 보안조치

> 행사참관 해외동포 입국자에 대한 동향파악 및 보안조치는 법무부 출입국·외국인정책본부장의 분장책임에 해당한다.   (X) 기출 14

마. 그 밖에 국내・외 경호행사의 지원

> **대통령경호안전대책위원회규정상 다음의 업무분장에 해당하는 자는?**
> (국가정보원 테러정보통합센터장) **기출** 16
>
> • 입수된 경호 관련 첩보 및 정보의 신속한 전파・보고
> • 위해요인의 제거
> • 정보 및 보안대상기관에 대한 조정
> • 행사참관 해외동포 입국자에 대한 동향파악 및 보안조치
> • 그 밖에 국내・외 경호행사의 지원

3. 외교부 **의전기획관**
   가. 입수된 경호 관련 첩보 및 정보의 신속한 전파・보고
   나. **방한 국빈**의 국내 행사 지원
   다. 대통령과 그 가족 및 대통령 당선인과 그 가족 등의 **외국방문 행사 지원**
   라. 다자간 국제행사의 외교의전 시 경호와 관련된 협조
   마. 그 밖에 국내・외 경호행사의 지원

> **대통령경호안전대책위원회규정상 다음의 분장책임을 지는 구성원은?**
> (외교부 의전기획관) **기출** 20
>
> • 입수된 경호 관련 첩보 및 정보의 신속한 전파・보고
> • 방한 국빈의 국내 행사 지원
> • 대통령과 그 가족 및 대통령 당선인과 그 가족 등의 외국방문 행사 지원

4. 법무부 출입국・외국인정책본부장
   가. 입수된 경호 관련 첩보 및 정보의 신속한 전파・보고
   나. **위해용의자**에 대한 **출입국** 및 **체류관련 동향**의 즉각적인 전파・보고
   다. 그 밖에 국내・외 경호행사의 지원
5. 삭제 〈2020.4.21.〉
6. 삭제 〈2020.4.21.〉
7. 과학기술정보통신부 통신정책관
   가. 입수된 경호 관련 첩보 및 정보의 신속한 전파・보고
   나. 경호임무 수행을 위한 **정보통신업무의 지원**
   다. 정보통신망을 이용한 경호관련 **위해사항**의 확인
   라. 그 밖에 국내・외 경호행사의 지원

8. 국토교통부 항공안전정책관
   가. 입수된 경호 관련 첩보 및 정보의 신속한 전파·보고
   나. 민간항공기의 행사장 상공비행 관련 업무 지원 및 협조
   다. 육로 및 철로와 공중기동수단 관련 업무 지원 및 협조

> 육로 및 철로와 공중기동수단 관련 업무 지원 및 협조는 국토교통부 항공안전정책관의
> 분장책임에 해당한다. (O) **기출수정** 14

   라. 그 밖에 국내·외 경호행사의 지원
8의2. 식품의약품안전처 식품안전정책국장
   가. 식품의약품 안전 관련 입수된 첩보 및 정보의 신속한 전파·보고
   나. 경호임무에 필요한 식음료 위생 및 안전관리 지원
   다. 식음료 관련 영업장 종사자에 대한 위생교육

> 식음료 관련 영업장 종사자에 대한 위생교육은 식품의약품안전처 식품안전정책국장의
> 분장책임에 해당한다. (O) **기출** 14

   라. 식품의약품 안전검사 및 그 밖에 필요한 자료의 지원
   마. 그 밖에 국내외 경호행사의 지원
9. 관세청 **조사감시국장**
   가. 입수된 경호 관련 첩보 및 정보의 신속한 전파·보고
   나. **출입국자**에 대한 검색 및 검사
   다. **휴대품·소포·화물**에 대한 검색
   라. 그 밖에 국내·외 경호행사의 지원
10. 대검찰청 **공공수사정책관**
   가. 입수된 경호 관련 첩보 및 정보의 신속한 전파·보고

> 입수된 경호 관련 첩보 및 정보의 신속한 전파·보고는 대검찰청 공공수사정책관의 임무
> 에 해당한다. (O) **기출수정** 12

   나. 위해음모 발견 시 **수사지휘 총괄**

> 위해음모 발견 시 수사지휘 총괄는 대검찰청 공공수사정책관의 임무에 해당한다.
> (O) **기출수정** 12

   다. 위해가능인물의 **관리** 및 **자료수집**

> 위해가능인물의 관리 및 자료수집은 대검찰청 공공수사정책관의 분장책임에 해당한다.
> (O) **기출수정** 14

라. 국제테러범죄 조직과 연계된 위해사범의 방해책동 **사전차단**

> 국제테러범죄 조직과 연계된 위해사범의 방해책동 사전차단은 대검찰청 공공수사정책
> 관 임무에 해당한다. (O) `기출수정` 12

마. 그 밖에 국내·외 경호행사의 지원

11. 경찰청 **경비국장**

　가. 입수된 경호 관련 첩보 및 정보의 신속한 전파·보고

　나. **위해가능인물**에 대한 **동향파악**

> 위해가능인물에 대한 동향파악은 대검찰청 공공수사정책관의 임무에 해당한다.
> (X) `기출수정` 12

　다. 행사참석자 및 종사자의 **신원조사**

　라. 삭제 〈2020.4.21.〉

　마. 행사장·이동로 주변 집회 및 시위관련 정보제공과 비상상황 방지대책의 수립

　바. **우범지대** 및 취약지역에 대한 **안전조치**

　사. 행사장 및 이동로 주변에 있는 물적 취약요소에 대한 **안전조치**

　아. 삭제 〈2020.4.21.〉

　자. 총포·화약류의 영치관리와 봉인 등 **안전관리**

　자. 불법무기류의 **단속** 및 분실무기의 **수사**

　카. 그 밖에 국내·외 경호행사의 지원

12. 해양경찰청 경비국장

　가. 입수된 경호 관련 첩보 및 정보의 신속한 전파·보고

　나. 해상에서의 경호·테러예방 및 안전조치

　다. 그 밖에 국내·외 경호행사의 지원

13. 소방청 119구조구급국장

　가. 입수된 경호 관련 첩보 및 정보의 신속한 전파·보고

　나. 경호임무 수행을 위한 소방방재업무 지원

　다. 그 밖에 국내·외 경호행사의 지원

14. 합동참모본부 작전본부 소속 장성급 장교 중 위원장이 지명하는 1명

　가. 입수된 경호 관련 첩보 및 정보의 신속한 전파·보고

　나. 안전대책활동에 대한 **육·해·공군업무**의 총괄 및 협조

　다. 삭제 〈2007.1.18.〉

　라. 그 밖에 국내·외 경호행사의 지원

15. **국군방첩사령부** 소속 장성급 장교 또는 2급 이상의 군무원 중 위원장이 지명하는 1명

   가. 입수된 경호 관련 첩보 및 정보의 신속한 전파·보고

   나. **군내** 행사장에 대한 **안전활동**

   다. **군내** 위해가능인물에 대한 **안전조치**

   라. 행사참석자 및 종사자의 **신원조사**

   마. 경호구역 인근 군부대의 특이사항 확인·전파 및 보고

   바. 이동로 주변 **군시설물**에 대한 **안전조치**

   사. **취약지**에 대한 **안전조치**

   아. 경호유관시설에 대한 **보안지원 활동**

> 경호유관시설에 대한 보안지원 활동은 경찰청 경비국장의 분장책임에 해당한다.
> (✕) 기출수정 14

   자. 그 밖에 국내·외 경호행사의 지원

16. 수도방위사령부 참모장

   가. 입수된 경호 관련 첩보 및 정보의 신속한 전파·보고

   나. 수도방위사령부 관할지역 내 진입로 및 취약지에 대한 안전조치

   다. 수도방위사령부 관할지역의 경호구역 및 그 외곽지역 수색·경계 등 경호활동 지원

   라. 그 밖에 국내·외 경호행사의 지원

제5조   소집 ★

① **위원장**은 위원회의 회의를 소집하고, 그 의장이 된다.

② 위원장은 필요하다고 인정할 때에는 **부위원장**으로 하여금 위원장의 직무를 대행하게 할 수 있다.

제6조   간사 ★

① 위원회의 사무를 처리하기 위하여 위원회에 **간사 1인**을 둔다.

② 간사는 대통령경호처 직원 중에서 **위원장**이 임명한다. 〈개정 2017.7.26.〉

제7조 　**실무위원회** ★

① 위원회의 소관사항을 예비심의하거나 위원회로부터 위임받은 사항의 처리를 위하여 **위원회**에 실무위원회를 **둘 수 있다.**
② 실무위원회의 구성·운영 등에 관하여 필요한 사항은 **위원장**이 정한다.

제8조 　**운영세칙**

이 영의 시행에 관하여 필요한 사항은 **위원장**이 정한다.

부칙 〈대통령령 제30039호, 2019.8.13.〉 (검찰청 사무기구에 관한 규정)

제1조(시행일) 이 영은 공포한 날부터 시행한다.

제2조(다른 법령의 개정) 대통령경호안전대책위원회규정 일부를 다음과 같이 개정한다.
제2조 중 "공안기획관"을 "공공수사정책관"으로 한다.

제4조 제2항 제10호 각목 외의 부분 중 "공안기획관"을 "공공수사정책관"으로 한다.

부칙 〈대통령령 제30384호, 2020.2.4.〉 (군인사법 시행령)

제1조(시행일) 이 영은 공포한 날부터 시행한다.

제2조 생략

제3조(다른 법령의 개정)
①부터 ⑦까지 생략
⑧ 대통령경호안전대책위원회규정 일부를 다음과 같이 개정한다.
　제4조 제2항 제5호 나목 중 "헌병업무"를 "군사경찰업무"로 한다.
⑨부터 ⑭까지 생략

제3조 생략

부칙 〈대통령령 제30625호, 2020.4.21.〉

이 영은 공포한 날부터 시행한다.

부칙 〈대통령령 제32968호, 2022.11.1.〉 (국군방첩사령부령)

제1조(시행일) 이 영은 공포한 날부터 시행한다.

제2조(다른 법령의 개정)
① 부터 ⑤까지 생략
⑥ 대통령경호안전대책위원회규정 일부를 다음과 같이 개정한다.
　　제2조 중 "군사안보지원사령부"를 "국군방첩사령부"로 한다.
　　제4조 제2항 제15호 각목 외의 부분 중 "군사안보지원사령부"를 "국군방첩사령부"
　　로 한다.
⑦ 부터 ⑩까지 생략

제3조 생략

07 국민보호와 공공안전을 위한 테러방지법 (약칭 : 테러방지법)

[시행 2024.2.9.] [법률 제19580호, 2023.8.8., 타법개정]

제1조 목적 ★

이 법은 테러의 예방 및 대응활동 등에 관하여 필요한 사항과 테러로 인한 피해보전 등을 규정함으로써 테러로부터 국민의 **생명**과 **재산**을 보호하고 **국가** 및 **공공의 안전**을 확보하는 것을 목적으로 한다.

> 테러의 (예방) 및 (대응)활동 등에 관하여 필요한 사항과 테러로 인한 (피해보전) 등을 규정함으로써 테러로부터 국민의 생명과 재산을 보호하고 국가 및 공공의 안전을 확보하는 것을 목적으로 한다. 기출 20

제2조 정의 ★★★

이 법에서 사용하는 용어의 뜻은 다음과 같다. 〈개정 2020.6.9., 2021.7.20.〉

1. "**테러**"란 국가·지방자치단체 또는 **외국 정부**(외국 지방자치단체와 조약 또는 그 밖의 국제적인 협약에 따라 설립된 국제기구를 포함한다)의 **권한행사를 방해**하거나 **의무 없는 일**을 하게 할 목적 또는 **공중**을 **협박**할 **목적**으로 하는 다음 각목의 행위를 말한다.

> 테러는 국가·지방자치단체 또는 외국 정부의 권한행사를 방해하거나 의무 없는 일을 하게 할 목적 또는 공중을 협박할 목적으로 하는 행위를 말한다. (O) 기출 12

가. 사람을 살해하거나 사람의 신체를 상해하여 생명에 대한 위험을 발생하게 하는 행위 또는 사람을 체포·감금·약취·유인하거나 인질로 삼는 행위

나. 항공기(「항공안전법」 제2조 제1호의 항공기를 말한다. 이하 이 목에서 같다) 와 관련된 다음 각각의 어느 하나에 해당하는 행위

1) 운항 중(「항공보안법」 제2조 제1호의 운항 중을 말한다. 이하 이 목에서 같다)인 항공기를 추락시키거나 전복·파괴하는 행위, 그 밖에 운항 중인 항공기의 안전을 해칠 만한 손괴를 가하는 행위

2) 폭행이나 협박, 그 밖의 방법으로 운항 중인 항공기를 강탈하거나 항공기의 운항을 강제하는 행위

3) 항공기의 운항과 관련된 항공시설을 손괴하거나 조작을 방해하여 항공기의 안전운항에 위해를 가하는 행위

다. 선박(「선박 및 해상구조물에 대한 위해행위의 처벌 등에 관한 법률」 제2조 제1호 본문의 선박을 말한다. 이하 이 목에서 같다) 또는 해상구조물(같은 법 제2조 제5호의 해상구조물을 말한다. 이하 이 목에서 같다)과 관련된 다음 각각의 어느 하나에 해당하는 행위

    1) 운항(같은 법 제2조 제2호의 운항을 말한다. 이하 이 목에서 같다) 중인 선박 또는 해상구조물을 파괴하거나, 그 안전을 위태롭게 할 만한 정도의 손상을 가하는 행위(운항 중인 선박이나 해상구조물에 실려 있는 화물에 손상을 가하는 행위를 포함한다)

    2) 폭행이나 협박, 그 밖의 방법으로 운항 중인 선박 또는 해상구조물을 강탈하거나 선박의 운항을 강제하는 행위

    3) 운항 중인 선박의 안전을 위태롭게 하기 위하여 그 선박 운항과 관련된 기기·시설을 파괴하거나 중대한 손상을 가하거나 기능장애 상태를 일으키는 행위

라. 사망·중상해 또는 중대한 물적 손상을 유발하도록 제작되거나 그러한 위력을 가진 생화학·폭발성·소이성(燒夷性) 무기나 장치를 다음 각각의 어느 하나에 해당하는 차량 또는 시설에 배치하거나 폭발시키거나 그 밖의 방법으로 이를 사용하는 행위

    1) 기차·전차·자동차 등 사람 또는 물건의 운송에 이용되는 차량으로서 공중이 이용하는 차량

    2) 1)에 해당하는 차량의 운행을 위하여 이용되는 시설 또는 도로, 공원, 역, 그 밖에 공중이 이용하는 시설

    3) 전기나 가스를 공급하기 위한 시설, 공중이 먹는 물을 공급하는 수도, 전기통신을 이용하기 위한 시설 및 그 밖의 시설로서 공용으로 제공되거나 공중이 이용하는 시설

    4) 석유, 가연성 가스, 석탄, 그 밖의 연료 등의 원료가 되는 물질을 제조 또는 정제하거나 연료로 만들기 위하여 처리·수송 또는 저장하는 시설

    5) 공중이 출입할 수 있는 건조물·항공기·선박으로서 1)부터 4)까지에 해당하는 것을 제외한 시설

마. 핵물질(「원자력시설 등의 방호 및 방사능 방재 대책법」 제2조 제1호의 핵물질을 말한다. 이하 이 목에서 같다), 방사성물질(「원자력안전법」 제2조 제5호의 방사성물질을 말한다. 이하 이 목에서 같다) 또는 원자력시설(「원자력시설 등의 방호 및 방사능 방재 대책법」 제2조 제2호의 원자력시설을 말한다. 이하 이 목에서 같다)과 관련된 다음 각각의 어느 하나에 해당하는 행위

    1) 원자로를 파괴하여 사람의 생명·신체 또는 재산을 해하거나 그 밖에 공공의 안전을 위태롭게 하는 행위

    2) 방사성물질 등과 원자로 및 관계 시설, 핵연료주기시설 또는 방사선발생장치를 부당하게 조작하여 사람의 생명이나 신체에 위험을 가하는 행위

3) 핵물질을 수수(授受)·소지·소유·보관·사용·운반·개조·처분 또는 분산하는 행위
4) 핵물질이나 원자력시설을 파괴·손상 또는 그 원인을 제공하거나 원자력시설의 정상적인 운전을 방해하여 방사성물질을 배출하거나 방사선을 노출하는 행위

2. "테러단체"란 **국제연합(UN)**이 지정한 테러단체를 말한다.

> 테러단체란 국제연합(UN)이 지정한 테러단체를 말한다.　　　　　　　　(O) **기출** 22
>
> 테러단체란 국가정보원이 지정한 테러단체를 말한다.　　　　　　　　(×) **기출** 16

3. "**테러위험인물**"이란 테러단체의 **조직원**이거나 테러단체 **선전**, 테러자금 모금·**기부**, 그 밖에 테러 예비·음모·**선전**·**선동**을 하였거나 하였다고 의심할 상당한 이유가 있는 사람을 말한다.

> 테러위험인물이란 테러단체의 조직원이거나 테러단체 선전, 테러자금 모금·기부, 그 밖에 테러 예비·음모·선전·선동을 하였거나 하였다고 의심할 상당한 이유가 있는 사람을 말한다.
> 　　　　　　　　　　　　　　　　　　　　　　　　　　　　　(O) **기출** 22
>
> 테러위험인물이란 테러를 실행·계획·준비하거나 테러에 참가할 목적으로 국적국이 아닌 국가의 테러단체에 가입하거나 가입하기 위하여 이동 또는 이동을 시도하는 내국인·외국인을 말한다.　　　　　　　　　　　　　　　　　　(×) **기출** 17

4. "**외국인테러전투원**"이란 테러를 실행·계획·준비하거나 테러에 참가할 목적으로 국적국이 아닌 국가의 테러단체에 가입하거나 가입하기 위하여 이동 또는 이동을 시도하는 **내국인**·**외국인**을 말한다.

> 외국인테러전투원이란 테러를 실행·계획·준비하거나 테러에 참가할 목적으로 국적국인 국가의 테러단체에 가입하기 위하여 이동을 시도하는 외국인을 말한다. (×) **기출** 22

5. "**테러자금**"이란 「공중 등 협박목적 및 대량살상무기확산을 위한 자금조달행위의 금지에 관한 법률」 제2조 제1호에 따른 공중 등 협박목적을 위한 자금을 말한다.

> 테러자금은 「공중 등 협박목적 및 대량살상무기확산을 위한 자금조달행위의 금지에 관한 법률」에 따른 공중 등 협박목적을 위한 자금을 말한다.　　　　(O) **기출** 12

6. "**대테러활동**"이란 제1호의 테러 관련 정보의 **수집**, 테러위험인물의 **관리**, 테러에 이용될 수 있는 위험물질 등 테러수단의 **안전관리**, 인원·시설·장비의 보호, 국제행사의 안전확보, 테러위협에의 대응 및 무력진압 등 테러 **예방**과 **대응**에 관한 제반 활동을 말한다.

> 다음 중 테러방지법상 대테러활동에 해당하는 것으로 옳은 것은 모두 몇 개인가?
>
> (4개) 기출 20
>
> • 테러위험인물의 관리
> • 인원·시설·장비의 보호
> • 국제행사의 안전확보
> • 테러위협에의 대응 및 무력진압

7. **"관계기관"**이란 대테러활동을 수행하는 국가기관, 지방자치단체, 그 밖에 대통령령으로 정하는 기관을 말한다.

8. **"대테러조사"**란 대테러활동에 필요한 정보나 자료를 수집하기 위하여 **현장조사**·문서열람·시료채취 등을 하거나 조사대상자에게 **자료**제출 및 **진술**을 요구하는 활동을 말한다.

> 대테러조사란 대테러활동에 필요한 정보나 자료를 수집하기 위하여 현장조사·문서열람·시료채취 등을 하거나 조사대상자에게 자료제출 및 진술을 요구하는 활동을 말한다.
>
> (○) 기출 22
>
> 테러수사란 대테러활동에 필요한 정보나 자료를 수집하기 위하여 현장조사·문서열람·시료채취 등을 하거나 조사대상자에게 자료제출 및 진술을 요구하는 활동을 말한다.
>
> (✕) 기출 17

제3조 국가 및 지방자치단체의 책무 ★

① **국가 및 지방자치단체**는 테러로부터 국민의 생명·신체 및 재산을 보호하기 위하여 테러의 예방과 대응에 필요한 제도와 여건을 조성하고 대책을 수립하여 이를 시행하여야 한다.

② **국가 및 지방자치단체**는 제1항의 대책을 강구할 때 국민의 기본적 인권이 침해당하지 아니하도록 최선의 노력을 하여야 한다. 〈개정 2020.6.9.〉

③ 이 법을 집행하는 공무원은 헌법상 기본권을 존중하여 이 법을 집행하여야 하며 헌법과 법률에서 정한 **적법절차**를 준수할 의무가 있다.

제4조 다른 법률과의 관계 ★★

이 법은 **대테러활동**에 관하여 다른 법률에 우선하여 적용한다.

> 국민보호와 공공안전을 위한 테러방지법은 대테러활동에 관한 다른 법률에 우선하여 적용한다.
>
> (○) 기출 16

제5조 **국가테러대책위원회** ★★★

① 대테러활동에 관한 정책의 중요사항을 심의·의결하기 위하여 **국가테러대책위원회** (이하 "대책위원회"라 한다)를 둔다.

② 대책위원회는 국무총리 및 관계기관의 장 중 **대통령령**으로 정하는 사람으로 구성하고 위원장은 **국무총리**로 한다.

> 국가테러대책위원회는 국무총리 및 관계기관의 장 중 대통령령으로 정하는 사람으로 구성하고 위원장은 국무총리로 한다. (○) 기출 16
>
> 대테러활동에 관한 정책의 중요사항을 심의·의결하기 위하여 국가테러대책위원회를 두고, 대책위원회는 국무총리 및 관계기관의 장 중 대통령령으로 정하는 사람으로 구성하고 위원장은 (국무총리)로 한다. 기출 14

③ **대책위원회**는 다음 각호의 사항을 심의·의결한다.

1. 대테러활동에 관한 **국가의 정책 수립 및 평가**

> 대테러활동에 관한 국가의 정책 수립 및 평가는 대테러센터 수행사항이다. (✕) 기출 18
>
> 대테러활동에 관한 국가의 정책 수립 및 평가는 국가테러대책위원회의 심의·의결사항에 해당한다. (○) 기출 17

2. 국가 대테러 기본계획 등 **중요 중장기 대책 추진사항**

> 국가 대테러 기본계획 등 중요 중장기 대책 추진사항은 대테러센터 수행사항이다. (✕) 기출 18
>
> 국가 대테러 기본계획 등 중요 중장기 대책 추진사항은 국가테러대책위원회의 심의·의결사항에 해당한다. (○) 기출 17

3. 관계기관의 대테러활동 **역할 분담·조정**이 필요한 사항

> 관계기관의 대테러활동 역할 분담·조정이 필요한 사항은 대테러센터의 수행사항이다. (✕) 기출 18

4. 그 밖에 위원장 또는 위원이 대책위원회에서 **심의·의결할 필요가 있다고** 제의하는 사항

> 관계기관의 대테러활동 교육·훈련의 감독 및 평가는 국가테러대책위원회의 심의·의결사항에 해당하지 않는다. (○) 기출 17
>
> 위원장이 대책위원회에서 심의·의결할 필요가 있다고 제의하는 사항은 국가테러대책위원회의 심의·의결사항에 해당한다. (○) 기출 17

④ 그 밖에 대책위원회의 구성·운영 등에 필요한 사항은 **대통령령**으로 정한다.

제6조 **대테러센터** ★★★

① 대테러활동과 관련하여 다음 각호의 사항을 수행하기 위하여 **국무총리** 소속으로 관계기관 공무원으로 구성되는 **대테러센터**를 둔다.

> 대테러활동과 관련하여 국무총리 소속으로 관계기관 공무원으로 구성되는 대테러센터를 둔다.
> (O) **기출** 16

1. 국가 대테러활동 관련 **임무분담** 및 협조사항 **실무 조정**

> 국가 대테러활동 관련 임무분담 및 협조사항 실무 조정은 대테러센터의 수행사항에 해당한다.
> (O) **기출** 18

2. **장단기 국가대테러활동 지침 작성·배포**
3. 테러경보 **발령**
4. 국가 중요행사 **대테러안전대책 수립**
5. 대책위원회의 회의 및 운영에 필요한 사무의 처리
6. 그 밖에 **대책위원회에서 심의·의결한 사항**

테러대응 국가기관 비교★★★

국가테러 대책위원회	테러대책위원회는 다음의 사항을 심의·의결한다(테러방지법 제5조 제3항). 1. 대테러활동에 관한 국가의 정책 수립 및 평가 2. 국가 대테러 기본계획 등 중요 중장기 대책 추진사항 3. 관계기관의 대테러활동 역할 분담·조정이 필요한 사항 4. 그 밖에 위원장 또는 위원이 대책위원회에서 심의·의결할 필요가 있다고 제의하는 사항
대테러 센터	대테러활동과 관련하여 다음 각호의 사항을 수행하기 위하여 국무총리 소속으로 관계기관 공무원으로 구성되는 대테러센터를 둔다(테러방지법 제6조 제1항). 1. 국가 대테러활동 관련 임무분담 및 협조사항 실무 조정 2. 장단기 국가대테러활동 지침 작성·배포 3. 테러경보 발령 4. 국가 중요행사 대테러안전대책 수립 5. 대책위원회의 회의 및 운영에 필요한 사무의 처리 6. 그 밖에 대책위원회에서 심의·의결한 사항

② 대테러센터의 조직·정원 및 운영에 관한 사항은 **대통령령**으로 정한다.
③ 대테러센터 소속 직원의 **인적사항**은 공개하지 아니할 수 있다.

제7조 대테러 인권보호관 ★★

① 관계기관의 대테러활동으로 인한 국민의 기본권 침해 방지를 위하여 **대책위원회** 소속으로 대테러 인권보호관(이하 "인권보호관"이라 한다) 1명을 둔다.

> 관계기관의 대테러활동으로 인한 국민의 기본권 침해 방지를 위하여 대책위원회 소속으로 대테러 인권보호관 2명을 둔다.　　　　　　　　　　　　　(×) 기출 17

② 인권보호관의 자격, 임기 등 운영에 관한 사항은 **대통령령**으로 정한다.

제8조 전담조직의 설치 ★★

① **관계기관의 장**은 테러 예방 및 대응을 위하여 필요한 전담조직을 **둘 수 있다**.
② 관계기관의 전담조직의 구성 및 운영과 효율적 테러대응을 위하여 필요한 사항은 **대통령령**으로 정한다.

제9조 테러위험인물에 대한 정보 수집 등 ★

① **국가정보원장**은 테러위험인물에 대하여 출입국·금융거래 및 통신이용 등 관련 정보를 **수집할 수 있다**. 이 경우 출입국·금융거래 및 통신이용 등 관련 정보의 수집은 「출입국관리법」, 「관세법」, 「특정 금융거래정보의 보고 및 이용 등에 관한 법률」, 「통신비밀보호법」의 절차에 따른다. 〈개정 2020.6.9.〉

> 국가정보원장은 테러위험인물에 대하여 출입국·금융거래 및 통신이용 등 관련 정보를 수집할 수 있다.　　　　　　　　　　　　　(○) 기출 23·18·17

② **국가정보원장**은 제1항에 따른 정보 수집 및 분석의 결과 테러에 이용되었거나 이용될 가능성이 있는 금융거래에 대하여 지급정지 등의 조치를 취하도록 **금융위원회 위원장**에게 요청할 수 있다.

> 금융위원회위원장은 국가정보원장이 요청한 테러 관련 가능성이 있는 금융거래의 지급정지를 할 수 있다.　　　　　　　　　　　　　(○) 기출 13

③ **국가정보원장**은 테러위험인물에 대한 **개인정보**(「개인정보보호법」상 민감정보를 **포함한다**)와 **위치정보**를 「개인정보보호법」 제2조의 개인정보처리자와 「위치정보의 보호 및 이용 등에 관한 법률」 제5조 제7항에 따른 개인위치정보사업자 및 같은 법 제5조의2 제3항에 따른 사물위치정보사업자에게 요구**할 수 있다**. 〈개정 2018.4.17.〉
④ **국가정보원장**은 대테러활동에 필요한 정보나 자료를 수집하기 위하여 **대테러조사** 및 테러위험인물에 대한 **추적**을 할 수 있다. 이 경우 **사전** 또는 **사후**에 **대책위원회 위원장**에게 **보고**하여야 한다.

제10조 　테러예방을 위한 안전관리대책의 수립 ★

① 관계기관의 장은 대통령령으로 정하는 국가중요시설과 많은 사람이 이용하는 시설 및 장비(이하 "**테러대상시설**"이라 한다)에 대한 테러예방대책과 테러의 수단으로 이용될 수 있는 폭발물·총기류·화생방물질(이하 "**테러이용수단**"이라 한다), 국가 중요행사에 대한 **안전관리대책을 수립하여야** 한다.

② 제1항에 따른 안전관리대책의 수립·시행에 필요한 사항은 **대통령령**으로 정한다.

제11조 　테러취약요인 사전제거 ★

① 테러대상시설 및 테러이용수단의 **소유자** 또는 **관리자**는 보안장비를 설치하는 등 테러취약요인 제거를 위하여 **노력하여야** 한다.

② **국가**는 제1항의 테러대상시설 및 테러이용수단의 소유자 또는 관리자에게 필요한 경우 그 비용의 전부 또는 일부를 **지원할 수 있다**.

③ 제2항에 따른 비용의 지원 대상·기준·방법 및 절차 등에 필요한 사항은 **대통령령**으로 정한다.

제12조 　테러선동·선전물 긴급 삭제 등 요청 ★★

① **관계기관의 장**은 테러를 선동·선전하는 글 또는 그림, 상징적 표현물, 테러에 이용될 수 있는 폭발물 등 위험물 제조법 등이 인터넷이나 방송·신문, 게시판 등을 통해 유포될 경우 **해당 기관의 장**에게 긴급 삭제 또는 중단, 감독 등의 **협조**를 **요청**할 수 있다.

② 제1항의 협조를 요청받은 해당 기관의 장은 필요한 조치를 취하고 그 결과를 관계기관의 장에게 **통보**하여야 한다.

제13조 　외국인테러전투원에 대한 규제 ★★

① **관계기관의 장**은 외국인테러전투원으로 출국하려 한다고 의심할 만한 상당한 이유가 있는 **내국인**·**외국인**에 대하여 일시 **출국금지**를 **법무부장관**에게 **요청**할 수 있다.

> 관계기관의 장은 외국인테러전투원으로 출국하려 한다고 의심할 만한 상당한 이유가 있는 내국인·외국인에 대하여 일시 출국금지를 법무부장관에게 요청할 수 있다. 　(O) **기출** 20
>
> 법무부장관은 외국인테러전투원 관련 의심자에 대하여 일시 출국금지 등의 조치를 할 수 있다. 　(O) **기출** 13

② 제1항에 따른 일시 출국금지 기간은 **90일**로 한다. 다만, 출국금지를 계속할 필요가 있다고 판단할 상당한 이유가 있는 경우에 **관계기관의 장**은 그 **사유**를 **명시**하여 **연장**을 요청할 수 있다.

> 제1항에 따른 일시 출국금지 기간은 (90)일로 한다. 다만, 출국금지를 계속할 필요가 있다고 판단할 상당한 이유가 있는 경우에 관계기관의 장은 그 사유를 명시하여 연장을 요청할 수 있다.
>
> 기출 20

③ **관계기관의 장**은 외국인테러전투원으로 가담한 사람에 대하여 「**여권법**」 제13조에 따른 여권의 **효력정지** 및 같은 법 제12조의2에 따른 **재발급 제한**을 **외교부장관**에게 **요청**할 수 있다. 〈개정 2023.8.8.〉

제14조   신고자 보호 및 포상금 ★★

① **국가**는 「특정범죄신고자 등 보호법」에 따라 테러에 관한 신고자, 범인검거를 위하여 제보하거나 검거활동을 한 사람 또는 그 친족 등을 **보호하여야** 한다.

② **관계기관의 장**은 테러의 계획 또는 실행에 관한 사실을 관계기관에 신고하여 테러를 사전에 예방할 수 있게 하였거나, 테러에 가담 또는 지원한 사람을 신고하거나 체포한 사람에 대하여 **대통령령**으로 정하는 바에 따라 **포상금**을 지급할 수 있다.

제15조   테러피해의 지원

① 테러로 인하여 신체 또는 재산의 피해를 입은 **국민**은 관계기관에 **즉시** 신고**하여야 한다**. 다만, 인질 등 부득이한 사유로 신고할 수 없을 때에는 법률관계 또는 계약관계에 의하여 보호의무가 있는 사람이 이를 **알게 된 때**에 **즉시** 신고하여야 한다.

> 테러로 인하여 신체 또는 재산의 피해를 입은 국민은 관계기관에 즉시 신고하여야 한다.
>
> (O) 기출 22

② **국가** 또는 **지방자치단체**는 제1항의 피해를 입은 사람에 대하여 **대통령령**으로 정하는 바에 따라 **치료** 및 **복구**에 필요한 비용의 전부 또는 일부를 지원할 수 있다. 다만, 「여권법」 제17조 제1항 단서에 따른 **외교부장관**의 허가를 받지 아니하고 방문 및 체류가 금지된 국가 또는 지역을 방문·체류한 사람에 대해서는 그러하지 아니하다.

> 국가 또는 지방자치단체는 테러의 피해를 입은 사람에 대하여 치료 및 복구에 필요한 비용의 전부 또는 일부를 지원할 수 있다.
>
> (O) 기출 22
>
> 외교부장관의 허가를 받지 아니하고 방문 및 체류가 금지된 국가 또는 지역을 방문·체류한 사람의 테러피해의 치료 및 복구에 필요한 비용도 예외 없이 지원하도록 하고 있다.
>
> (X) 기출 22

③ 제2항에 따른 비용의 지원 기준·절차·금액 및 방법 등에 관하여 필요한 사항은 **대통령령**으로 정한다.

제16조　　**특별위로금** ★★

① 테러로 인하여 생명의 피해를 입은 사람의 유족 또는 신체상의 장애 및 장기치료가
필요한 피해를 입은 사람에 대해서는 그 **피해의 정도**에 따라 **등급**을 정하여 **특별위로금**
을 지급할 수 있다. 다만, 「여권법」 제17조 제1항 단서에 따른 **외교부장관**의 허가를
받지 아니하고 방문 및 체류가 금지된 국가 또는 지역을 방문·체류한 사람에 대해서는
그러하지 아니하다. 〈개정 2020.6.9.〉

> 테러로 인하여 생명의 피해를 입은 사람의 유족에 대해서는 그 피해의 정도에 따라 등급을 정하여
> 특별위로금을 지급할 수 있다.　　　　　　　　　　　　　　　　(O) 기출 22

② 제1항에 따른 **특별위로금**의 지급 기준·절차·금액 및 방법 등에 관하여 필요한
사항은 **대통령령**으로 정한다.

제17조　　**테러단체 구성죄 등** ★★★

① 테러단체를 구성하거나 구성원으로 가입한 사람은 다음 각호의 구분에 따라 처벌
한다.
　1. **수괴(首魁)**는 사형·무기 또는 **10년** 이상의 징역

> 수괴(首魁)의 법정형은 사형·무기 또는 7년 이상의 징역이다.　　　　(×) 기출 18

　2. 테러를 **기획** 또는 **지휘**하는 등 중요한 역할을 맡은 사람은 무기 또는 **7년** 이상의
　　징역

> 테러를 기획하는 등 중요한 역할을 맡은 사람은 무기 또는 5년 이상의 징역으로 처벌한다.
> 　　　　　　　　　　　　　　　　　　　　　　　　　　　　(×) 기출 18
> 테러를 지휘하는 등 중요한 역할을 맡은 사람은 무기 또는 5년 이상의 징역으로 처벌한다.
> 　　　　　　　　　　　　　　　　　　　　　　　　　　　　(×) 기출 18

　3. 타국의 **외국인테러전투원**으로 **가입**한 사람은 **5년** 이상의 징역

> 타국의 외국인테러전투원으로 가입한 사람은 5년 이상의 징역으로 처벌한다.
> 　　　　　　　　　　　　　　　　　　　　　　　　　(O) 기출 23·18

　4. 그 밖의 사람은 **3년** 이상의 징역
② 테러자금임을 알면서도 자금을 조달·알선·보관하거나 그 취득 및 발생원인에
관한 사실을 가장하는 등 테러단체를 **지원**한 사람은 **10년** 이하의 징역 또는 **1억원**
이하의 벌금에 처한다.
③ 테러단체 가입을 **지원**하거나 타인에게 가입을 **권유** 또는 **선동**한 사람은 **5년** 이하의
징역에 처한다.

④ 제1항 및 제2항의 **미수범**은 처벌한다.

⑤ 제1항 및 제2항에서 정한 죄를 저지를 목적으로 **예비** 또는 **음모**한 사람은 3년 이하의 징역에 처한다. 〈개정 2020.6.9.〉

⑥ 「형법」 등 국내법에 죄로 규정된 행위가 제2조의 테러에 해당하는 경우 해당 법률에서 정한 형에 따라 처벌한다.

제18조   무고, 날조 ★★

① **타인**으로 하여금 **형사처분**을 받게 할 목적으로 제17조의 죄에 대하여 **무고** 또는 **위증**을 하거나 **증거**를 날조 · 인멸 · 은닉한 사람은 「형법」 제152조부터 제157조까지에서 정한 형에 **2분의 1**을 가중하여 처벌한다.

② 범죄수사 또는 정보의 직무에 **종사**하는 공무원이나 이를 **보조**하는 사람 또는 이를 **지휘**하는 사람이 **직권**을 남용하여 제1항의 행위를 한 때에도 제1항의 형과 같다. 다만, 그 법정형의 최저가 2년 미만일 때에는 이를 2년으로 한다.

제19조   세계주의 ★★★

제17조의 죄는 대한민국 영역 밖에서 저지른 외국인에게도 국내법을 적용한다. 〈개정 2020.6.9.〉

부칙 〈법률 제15608호, 2018.4.17.〉 (위치정보의 보호 및 이용 등에 관한 법률)

제1조(시행일) 이 법은 공포 후 6개월이 경과한 날부터 시행한다.

제2조부터 제6조까지 생략

제7조(다른 법률의 개정)
① 생략
② 국민보호와 공공안전을 위한 테러방지법 일부를 다음과 같이 개정한다.
　　제9조 제3항 중 "「위치정보의 보호 및 이용 등에 관한 법률」 제5조의 위치정보사업자"를 "「위치정보의 보호 및 이용 등에 관한 법률」 제5조 제7항에 따른 개인위치정보사업자 및 같은 법 제5조의2 제3항에 따른 사물위치정보사업자"로 한다.
③ 생략

부칙 〈법률 제17466호, 2020.6.9.〉 (법률용어 정비를 위한 정보위원회 소관 2개 법률 일부개정을 위한 법률)

이 법은 공포한 날부터 시행한다.

부칙 〈법률 제18321호, 2021.7.20.〉

이 법은 공포한 날부터 시행한다.

부칙 〈법률 제19580호, 2023.8.8.〉 (여권법)

제1조(시행일) 이 법은 공포 후 6개월이 경과한 날부터 시행한다.

제2조 생략

제3조(다른 법률의 개정) 국민보호와 공공안전을 위한 테러방지법 일부를 다음과 같이 개정한다.
제13조 제3항 중 "제12조 제3항"을 "제12조의2"로 하고, "거부를"을 "제한을"로 한다.

CHAPTER

08 국민보호와 공공안전을 위한 테러방지법 시행령 (약칭 : 테러방지법 시행령)

[시행 2022.11.1.] [대통령령 제32968호, 2022.11.1., 타법개정]

제1장 │ 총칙 및 국가테러대책기구

제1조 목적

이 영은 「국민보호와 공공안전을 위한 테러방지법」에서 위임된 사항과 그 시행에 필요한 사항을 규정함을 목적으로 한다.

제2조 관계기관의 범위 ★

「국민보호와 공공안전을 위한 테러방지법」(이하 "법"이라 한다) 제2조 제7호에서 "대통령령으로 정하는 기관"이란 다음 각호의 기관 또는 단체를 말한다.
1. 「공공기관의 운영에 관한 법률」 제4조에 따른 **공공기관**
2. 「지방공기업법」 제2조 제1항 제1호부터 제4호까지의 사업을 수행하는 지방직영기업, 지방**공사** 및 지방**공단**

제3조 국가테러대책위원회 구성 ★★

① 법 제5조 제2항에서 "대통령령으로 정하는 사람"이란 기획재정부장관, 외교부장관, 통일부장관, 법무부장관, 국방부장관, 행정안전부장관, 산업통상자원부장관, 환경부장관, 국토교통부장관, 해양수산부장관, 국가정보원장, **국무조정실장**, **금융위원회** 위원장, **원자력안전위원회** 위원장, **대통령경호처장**, **관세청장**, **경찰청장**, 소방청장, **질병관리청장** 및 **해양경찰청장**을 말한다. 〈개정 2017.7.26., 2020.12.22.〉

관세청장은 테러방지법령상 국가테러대책위원회의 구성원에 해당한다.	(O) 기출 23·20
검찰총장, 합동참모의장은 국가테러대책위원회의 구성원에 해당한다.	(×) 기출 20
질병관리청장은 국가테러대책위원회의 구성원에 해당한다.	(O) 기출수정 20
경찰청 경비국장은 테러방지법령상 국가테러대책위원회 위원이 아니다.	(O) 기출수정 15

② 법 제5조에 따른 국가테러대책위원회(이하 "대책위원회"라 한다)의 **위원장**(이하 "위원장"이라 한다)은 안건 심의에 필요한 경우에는 제1항에서 정한 위원 외에 관계기관의 장 또는 그 밖의 관계자에게 **회의 참석**을 요청할 수 있다.

③ 대책위원회의 사무를 처리하기 위하여 **간사**를 두되, **간사**는 법 제6조에 따른 대테러센터(이하 "대테러센터"라 한다)의 장(이하 "대테러센터장"이라 한다)이 **된다**.

제4조 대책위원회의 운영 ★★

① 대책위원회 회의는 **위원장**이 **필요**하다고 인정하거나 대책위원회 **위원**(이하 "위원"이라고 한다) **과반수의 요청**이 있는 경우에 **위원장**이 소집한다.

② 대책위원회는 재적위원 **과반수의 출석**으로 **개의(開議)**하고, 출석위원 **과반수**의 **찬성**으로 **의결**한다.

> 대책위원회는 재적위원 과반수의 출석으로 개의한다.　　　　　(O) **기출** 11

③ 대책위원회의 **회의**는 공개하지 아니한다. 다만, 공개가 필요한 경우 **대책위원회의 의결**로 공개할 수 있다.

> 대책위원회의 회의는 비공개가 원칙이나, 필요한 경우 위원장의 결정으로 공개할 수 있다.　　　　　(×) **기출** 11

④ 제1항부터 제3항까지에서 규정한 사항 외에 대책위원회 **운영**에 관한 사항은 **대책위원회의 의결**을 거쳐 **위원장**이 정한다.

제5조 테러대책 실무위원회의 구성 등 ★★

① 대책위원회를 효율적으로 운영하고 대책위원회에 상정할 안건에 관한 전문적인 검토 및 사전 조정을 위하여 **대책위원회**에 테러대책 실무위원회(이하 "실무위원회"라 한다)를 **둔다**.

> 국가테러대책위원회를 효율적으로 운영하기 위하여 테러대책 실무위원회를 둔다.　　　　　(O) **기출** 11

② 실무위원회에 위원장 **1명**을 두며, 실무위원회의 위원장은 **대테러센터장**이 된다.

③ **실무위원회 위원**은 제3조 제1항의 위원이 소속된 관계기관 및 그 소속기관의 고위공무원단에 속하는 일반직 공무원(이에 상당하는 특정직 · 별정직 공무원을 **포함**한다) 중 **관계기관의 장**이 **지명**하는 사람으로 한다.

④ 제1항부터 제3항까지에서 규정한 사항 외에 실무위원회 **운영**에 관한 사항은 **대책위원회의 의결**을 거쳐 **위원장**이 정한다.

제6조   대테러센터 ★★

① **대테러센터**는 국가 대테러활동을 원활히 수행하기 위하여 필요한 사항과 대책위원회의 회의 및 운영에 필요한 사무 등을 처리한다.
② **대테러센터장**은 관계기관의 장에게 직무수행에 필요한 협조와 지원을 요청할 수 있다.

제2장 ┃ 대테러 인권보호관

제7조   대테러 인권보호관의 자격 및 임기 ★★★

① 법 제7조 제1항에 따른 대테러 인권보호관(이하 "인권보호관"이라 한다)은 다음 각호의 어느 하나에 해당하는 **대한민국 국민 중**에서 **위원장**이 위촉한다.
  1. 변호사 자격이 있는 사람으로서 **10년** 이상의 실무경력이 있는 사람
  2. 인권 분야에 전문지식이 있고 「고등교육법」 제2조 제1호에 따른 학교에서 부교수 이상으로 **10년** 이상 재직하고 있거나 재직하였던 사람
  3. 국가기관 또는 지방자치단체에서 **3급** 상당 이상의 공무원으로 재직하였던 사람 중 인권 관련 업무 경험이 있는 사람
  4. 인권분야 비영리 민간단체·법인·국제기구에서 근무하는 등 인권 관련 활동에 **10년** 이상 종사한 경력이 있는 사람
② 인권보호관의 임기는 **2년**으로 하고, **연임할 수 있다.**
③ 인권보호관은 **다음 각호**의 경우를 제외하고는 그 **의사에 반**하여 **해촉**되지 아니한다.
  1. 「국가공무원법」 제33조 각호의 **결격사유**에 해당하는 경우
  2. 직무와 관련한 **형사사건**으로 **기소**된 경우
  3. 직무상 알게 된 **비밀**을 **누설**한 경우
  4. 그 밖에 장기간의 **심신쇠약**으로 인권보호관의 직무를 계속 수행할 수 없는 특별한 사유가 발생한 경우

제8조 인권보호관의 직무 등 ★★★

① **인권보호관**은 다음 각호의 직무를 수행한다.
   1. 대책위원회에 상정되는 관계기관의 대테러정책·제도 관련 안건의 인권 보호에 관한 **자문** 및 개선 권고
   2. 대테러활동에 따른 인권침해 관련 **민원의 처리**
   3. 그 밖에 관계기관 대상 인권 교육 등 **인권 보호**를 위한 활동
② 인권보호관은 제1항 제2호에 따른 민원을 **접수한 날부터 2개월** 내에 처리하여야 한다. 다만, 부득이한 사유로 정해진 기간 내에 처리하기 어려운 경우에는 **그 사유와 처리 계획**을 민원인에게 **통지하여야** 한다.
③ **위원장**은 인권보호관이 직무를 효율적으로 수행할 수 있도록 필요한 **행정적·재정적 지원**을 할 수 있다.
④ **대책위원회**는 인권보호관의 직무수행을 지원하기 위하여 **지원조직**을 둘 수 있으며, 필요한 경우에는 관계 중앙행정기관 소속 공무원의 파견을 요청할 수 있다.

제9조 시정 권고 ★★

① **인권보호관**은 제8조 제1항에 따른 직무수행 중 인권침해 행위가 있다고 인정할 만한 상당한 이유가 있는 경우에는 **위원장**에게 **보고**한 후 **관계기관의 장**에게 **시정**을 권고할 수 있다.
② 제1항에 따른 권고를 받은 **관계기관의 장**은 그 **처리 결과**를 **인권보호관**에게 **통지하여야** 한다.

제10조 비밀의 엄수 ★★★

① **인권보호관**은 **재직** 중 및 **퇴직** 후에 **직무상** 알게 된 **비밀**을 **엄수**하여야 한다.
② 인권보호관은 법령에 따른 증인, 참고인, 감정인 또는 사건 당사자로서 직무상의 비밀에 관한 사항을 증언하거나 진술하려는 경우에는 **미리 위원장의 승인**을 받아야 한다.

제3장 | 전담조직

제11조 　전담조직 ★★★

① 법 제8조에 따른 전담조직(이하 "전담조직"이라 한다)은 제12조부터 제21조까지의
규정에 따라 테러 예방 및 대응을 위하여 **관계기관** 합동으로 구성하거나 관계기관의
장이 설치하는 다음 각호의 **전문조직**(협의체를 포함한다)으로 한다.
1. **지역** 테러대책협의회
2. **공항·항만** 테러대책협의회
3. **테러사건대책본부**
4. **현장지휘본부**
5. **화생방테러대응지원본부**
6. 테러복구지원본부
7. 대테러특공대
8. 테러대응구조대
9. 테러정보통합센터
10. 대테러합동조사팀

② **관계기관의 장**은 제1항 각호에 따른 전담조직 외에 테러 예방 및 대응을 위하여
필요한 경우에는 대테러업무를 수행하는 **하부조직**을 전담조직으로 지정·운영할
수 있다.

제12조 　지역 테러대책협의회 ★

① 특별시·광역시·특별자치시·도·특별자치도(이하 "시·도"라 한다)에 해당 지
역에 있는 관계기관 간 테러예방활동에 관한 협의를 위하여 **지역** 테러대책협의회를
둔다.

② **지역** 테러대책협의회의 **의장은 국가정보원**의 해당 지역 관할지부의 장(특별시의
경우 **대테러센터장**을 말한다. 이하 같다)이 되며, 위원은 다음 각호의 사람이 된다.
〈개정 2017.7.26., 2018.8.21., 2022.11.1.〉
1. 시·도에서 대테러업무를 담당하는 고위공무원단 나급 상당 공무원 또는 3급
상당 공무원 중 특별시장·광역시장·특별자치시장·도지사·특별자치도지사
(이하 "**시·도지사**"라 한다)가 **지명**하는 사람
2. 법무부·환경부·국토교통부·해양수산부·국가정보원·식품의약품안전처·
관세청·검찰청·경찰청 및 해양경찰청의 지역기관에서 대테러업무를 담당하는
고위공무원단 나급 상당 공무원 또는 3급 상당 공무원 중 **해당 관계기관의 장이**
지명하는 사람

   3. 지역 관할 군부대 및 **국군방첩부대의** 장

   4. 지역 테러대책협의회 의장이 필요하다고 인정하는 관계기관의 지역기관에서 대테러업무를 담당하는 공무원 중 해당 관계기관의 장이 지명하는 사람 및 국가 중요시설의 관리자나 경비·보안 책임자

③ **지역** 테러대책협의회는 다음 각호의 사항을 심의·의결한다.

   1. 대책위원회의 심의·의결사항 **시행 방안**

   2. 해당 지역 테러사건의 **사전예방** 및 대응·**사후처리** 지원 대책

   3. 해당 지역 대테러업무 수행 실태의 분석·평가 및 발전 방안

   4. 해당 지역의 대테러 관련 훈련·점검 등 **관계기관 간 협조**에 관한 사항

   5. 그 밖에 해당 지역 대테러활동에 필요한 사항

④ **관계기관의 장은** 제3항의 심의·의결사항에 대하여 그 이행 결과를 **지역** 테러대책협의회에 **통보**하고, 지역 테러대책협의회 의장은 그 결과를 종합하여 **대책위원회**에 보고하여야 한다.

⑤ 지역 테러대책협의회의 회의와 운영에 관한 세부사항은 지역 실정을 고려하여 지역 테러대책협의회의 의결을 거쳐 **의장이** 정한다.

제13조　공항·항만 테러대책협의회 ★

① 공항 또는 항만(「항만법」 제3조 제1항 제1호에 따른 무역항을 말한다. 이하 같다) 내에서의 관계기관 간 대테러활동에 관한 사항을 협의하기 위하여 **공항·항만별로** 테러대책협의회를 **둔다.**

② 공항·항만 테러대책협의회의 의장은 해당 공항·항만에서 대테러업무를 담당하는 국가정보원 소속 공무원 중 **국가정보원장이** 지명하는 사람이 되며, 위원은 다음 각호의 사람이 된다. 〈개정 2017.7.26., 2018.8.21., 2020.12.22., 2022.11.1.〉

   1. 해당 공항 또는 항만에 상주하는 법무부·농림축산식품부·국토교통부·해양수산부·관세청·경찰청·소방청·**질병관리청**·해양경찰청 및 **국군방첩사령부** 소속기관의 장

   2. 공항 또는 항만의 시설 소유자 및 경비·보안 책임자

   3. 그 밖에 공항·항만 테러대책협의회의 의장이 필요하다고 인정하는 관계기관에 소속된 기관의 장

③ 공항·항만 테러대책협의회는 해당 공항 또는 항만 내의 대테러활동에 관하여 다음 각호의 사항을 심의·의결한다.

   1. 대책위원회의 심의·의결사항 **시행 방안**

   2. 공항 또는 항만 내 시설 및 장비의 **보호 대책**

   3. 항공기·선박의 테러예방을 위한 **탑승자와 휴대화물 검사 대책**

   4. 테러 첩보의 입수·전파 및 긴급대응체계 구축 방안

   5. 공항 또는 항만 내 테러사건 발생 시 **비상대응 및 사후처리 대책**

   6. 그 밖에 공항 또는 항만 내의 테러대책

④ **관계기관의 장**은 제3항의 심의·의결사항에 대하여 그 이행 결과를 공항·항만 테러대책협의회에 통보하고, 공항·항만 테러대책협의회 의장은 그 결과를 종합하여 **대책위원회**에 보고하여야 한다.

⑤ 공항·항만 테러대책협의회의 운영에 관한 세부사항은 **공항·항만별**로 테러대책 협의회의 의결을 거쳐 **의장**이 정한다.

제14조 **테러사건대책본부** ★★★

① **외교부장관, 국방부장관, 국토교통부장관, 경찰청장** 및 **해양경찰청장**은 테러가 **발생** 하거나 발생할 우려가 **현저**한 경우(국외테러의 경우는 대한민국 국민에게 중대한 피해가 발생하거나 발생할 우려가 있어 긴급한 조치가 필요한 경우에 한한다)에는 다음 각호의 구분에 따라 **테러사건대책본부**(이하 "대책본부"라 한다)를 **설치·운영 하여야 한다.** 〈개정 2017.7.26.〉

1. **외교부장관** : 국외테러사건대책본부
2. **국방부장관** : 군사시설테러사건대책본부
3. **국토교통부장관** : 항공테러사건대책본부

> 항공테러사건대책본부의 설치·운영권자는 국토교통부장관이다. (O) **기출** 12

4. 삭제 〈2017.7.26.〉
5. **경찰청장** : 국내일반 테러사건대책본부
6. **해양경찰청장** : 해양테러사건대책본부

② 제1항에 따라 **대책본부를 설치한 관계기관의 장**은 그 사실을 **즉시 위원장**에게 **보고 하여야** 하며, 같은 사건에 2개 이상의 대책본부가 관련되는 경우에는 **위원장**이 테러 사건의 성질·중요성 등을 고려하여 대책본부를 설치할 기관을 **지정할 수 있다.**

③ **대책본부의 장**은 대책본부를 설치하는 **관계기관의 장**(군사시설테러사건대책본부의 경우에는 **합동참모의장**을 말한다. 이하 같다)이 되며, 제15조에 따른 **현장지휘본부** 의 사건 대응활동을 지휘·통제한다.

> 테러사건대책본부의 장은 테러사건에 대한 대응을 위하여 필요한 경우 현장지휘본부를 설치하여 사건 대응활동을 지휘·통제한다. (O) **기출** 12

④ 대책본부의 편성·운영에 관한 세부사항은 **대책본부의 장**이 정한다.

제15조 현장지휘본부 ★★

① **대책본부의 장**은 테러사건이 발생한 경우 사건 현장의 대응활동을 총괄하기 위하여 **현장지휘본부**를 **설치할 수 있다.**
② 현장지휘본부의 장은 **대책본부의 장**이 **지명한다.**
③ **현장지휘본부의 장**은 테러의 양상·규모·현장상황 등을 고려하여 협상·진압·구조·구급·소방 등에 필요한 **전문조직**을 직접 구성하거나 관계기관의 장에게 지원을 요청할 수 있다. 이 경우 관계기관의 장은 특별한 사정이 없으면 현장지휘본부의 장이 요청한 사항을 지원하여야 한다.
④ **현장지휘본부의 장**은 현장에 출동한 관계기관의 조직(대테러특공대, 테러대응구조대, 대화생방테러 특수임무대 및 대테러합동조사팀을 포함한다)을 **지휘·통제한다.**
⑤ **현장지휘본부의 장**은 현장에 출동한 관계기관과 **합동으로 통합상황실**을 설치·운영할 수 있다.

제16조 화생방테러대응지원본부 등 ★★★

① **환경부장관** 및 **원자력안전위원회** 위원장 및 **질병관리청장**은 화생방테러사건 발생 시 대책본부를 지원하기 위하여 다음 각호의 구분에 따른 분야별로 화생방테러대응지원본부를 설치·운영한다. 〈개정 2020.12.22.〉
 1. **환경부장관** : 화학테러 대응 분야

 > 환경부장관은 화생방테러사건 발생 시 대책본부를 지원하기 위하여 화학테러 대응분야의 화생방테러대응지원본부를 설치·운영한다.　　　　　　　　　　　(O) 기출 13

 2. **원자력안전위원회** 위원장 : 방사능테러 대응 분야

 > 원자력안전위원회위원장은 화생방테러사건 발생 시 생물테러 대응분야의 화생방테러대응지원본부 설치한다.　　　　　　　　　　　　　　　　(×) 기출 13

 3. **질병관리청장** : 생물테러 대응 분야
② 화생방테러대응지원본부는 다음 각호의 임무를 수행한다. 〈개정 2021.1.5.〉
 1. 화생방테러 사건 발생 시 **오염 확산 방지** 및 **독성제거(除毒)** 방안 마련
 2. 화생방 전문 인력 및 자원의 **동원·배치**
 3. 그 밖에 화생방테러 대응 지원에 필요한 사항의 시행

③ **국방부장관**은 관계기관의 화생방테러 대응을 지원하기 위하여 **대책위원회의 심의·의결**을 거쳐 오염 확산 방지 및 독성제거 임무 등을 수행하는 **대화생방테러 특수임무대를 설치**하거나 **지정**할 수 있다. 〈개정 2021.1.5.〉

④ 화생방테러대응지원본부 및 대화생방테러 특수임무대의 설치·운영 등에 필요한 사항은 **해당 관계기관의 장**이 정한다.

제17조　**테러복구지원본부** ★★

① **행정안전부장관**은 테러사건 발생 시 구조·구급·수습·복구활동 등에 관하여 대책본부를 지원하기 위하여 **테러복구지원본부를 설치·운영할 수 있다.** 〈개정 2017.7.26.〉

> (행정안전부장관)은 테러사건 발생 시 구조·구급·수습·복구활동을 지원하기 위하여 테러복구지원본부를 설치·운영할 수 있다.　　　　　　　　　　　　**기출** 14

② **테러복구지원본부**는 다음 각호의 임무를 수행한다.
　1. 테러사건 발생 시 수습·복구 등 지원을 위한 자원의 동원 및 배치 등에 관한 사항
　2. 대책본부의 협조 요청에 따른 지원에 관한 사항
　3. 그 밖에 테러복구 등 지원에 필요한 사항의 시행

제18조　**대테러특공대 등** ★★★

① **국방부장관**, 경찰청장 및 **해양경찰청장**은 테러사건에 신속히 대응하기 위하여 **대테러특공대를 설치·운영한다.** 〈개정 2017.7.26.〉

> 국방부, 해양경찰청, 국가정보원, 경찰청 중 국민보호와 공공안전을 위한 테러방지법령상 대테러특공대를 설치·운영하지 않는 기관은 국가정보원이다.　　　　　　　(O) **기출** 22
>
> 국방부장관, 경찰청장 및 해양경찰청장은 국민보호와 공공안전을 위한 테러방지법령상 테러사건에 신속히 대응하기 위하여 대테러특공대를 설치·운영한다.　　(O) **기출수정** 16

② 국방부장관, 경찰청장 및 해양경찰청장은 제1항에 따른 대테러특공대를 설치·운영하려는 경우에는 **대책위원회**의 심의·의결을 거쳐야 한다. 〈개정 2017.7.26.〉

③ **대테러특공대**는 다음 각호의 임무를 수행한다.
　1. 대한민국 또는 국민과 관련된 **국내외** 테러사건 진압
　2. 테러사건과 관련된 **폭발물**의 탐색 및 처리
　3. 주요 요인 경호 및 국가 중요행사의 안전한 진행 지원
　4. 그 밖에 테러사건의 **예방** 및 저지활동

> 대한민국 또는 국민과 관련된 국내외 테러사건 진압은 국민보호와 공공안전을 위한 테러방지
> 법령상 대테러특공대의 임무에 해당한다. (○) **기출수정** 21
>
> 주요 요인 경호 및 국가 중요행사의 안전한 진행 지원은 국민보호와 공공안전을 위한 테러방
> 지법령상 대테러특공대의 임무에 해당한다. (○) **기출수정** 21
>
> 테러사건과 관련된 폭발물의 탐색 및 처리는 국민보호와 공공안전을 위한 테러방지법 령상
> 대테러특공대의 임무에 해당한다. (○) **기출수정** 21

④ 국방부 소속 대테러특공대의 출동 및 진압작전은 군사시설 안에서 발생한 테러사건에
대하여 수행한다. 다만, 경찰력의 한계로 긴급한 지원이 필요하여 **대책본부의 장**이
요청하는 경우에는 군사시설 밖에서도 경찰의 대테러 작전을 지원할 수 있다.

⑤ **국방부장관**은 군 대테러특수임무대의 신속한 대응이 제한되는 상황에 대비하기 위하여
군 대테러특수임무대를 **지역 단위**로 편성·운영할 수 있다. 이 경우 군 대테러특수
임무대의 편성·운영·임무에 관하여는 제2항부터 제4항까지의 규정을 준용한다.

제19조 테러대응구조대 ★★

① **소방청장**과 **시·도지사**는 테러사건 발생 시 신속히 인명을 구조·구급하기 위하여
중앙 및 지방자치단체 **소방본부**에 테러대응구조대를 설치·운영**한다.** 〈개정 2017.7.26.〉

② **테러대응구조대**는 다음 각호의 임무를 수행한다. 〈개정 2021.1.5.〉
1. 테러 발생 시 초기단계에서의 조치 및 **인명의 구조·구급**
2. 화생방테러 발생 시 초기단계에서의 **오염 확산 방지 및 독성제거**
3. 국가 중요행사의 안전한 진행 지원
4. 테러취약요인의 **사전 예방·점검** 지원

> 테러취약요인의 사전 예방·점검 지원은 국민보호와 공공안전을 위한 테러방지법령상 테러
> 정보통합센터의 임무에 해당한다. (×) **기출수정** 13

제20조 테러정보통합센터 ★★

① **국가정보원장**은 테러 관련 정보를 통합관리하기 위하여 관계기관 공무원으로 구성
되는 **테러정보통합센터**를 설치·운영**한다.**

② **테러정보통합센터**는 다음 각호의 임무를 수행한다.
1. 국내외 테러 관련 정보의 **통합관리·분석** 및 관계기관에의 **배포**

> 국내외 테러 관련 정보의 통합관리·분석 및 관계기관에의 배포는 국민보호와 공공안전을
> 위한 테러방지법령상 테러정보통합센터의 임무에 해당한다. (○) **기출수정** 13

2. 24시간 테러 관련 **상황 전파체계 유지**

> 24시간 테러 관련 상황 전파체계 유지는 국민보호와 공공안전을 위한 테러방지법령상 테러
> 정보통합센터의 임무에 해당한다. (O) 기출수정 13

3. 테러 **위험 징후 평가**

> 테러 위험 징후 평가는 국민보호와 공공안전을 위한 테러방지법령상 테러정보통합센터의
> 임무에 해당한다. (O) 기출수정 13

4. 그 밖에 테러 관련 정보의 통합관리에 필요한 사항

③ **국가정보원장**은 관계기관의 장에게 소속 공무원의 파견과 테러정보의 통합관리
등 업무 수행에 필요한 **협조**를 **요청**할 수 있다.

제21조 **대테러합동조사팀** ★★

① **국가정보원장**은 국내외에서 테러사건이 **발생**하거나 발생할 우려가 **현저**할 때 또는
테러 첩보가 **입수**되거나 테러 관련 신고가 **접수**되었을 때에는 예방조치, 사건 분석
및 사후처리방안 마련 등을 위하여 관계기관 **합동**으로 **대테러합동조사팀(이하 "합동
조사팀"이라 한다)**을 편성·운영할 수 있다.

② **국가정보원장**은 합동조사팀이 현장에 출동하여 조사한 경우 그 **결과**를 대테러센터장
에게 **통보하여야** 한다.

③ 제1항에도 불구하고 군사시설에 대해서는 **국방부장관**이 자체 조사팀을 편성·운영
할 수 있다. 이 경우 국방부장관은 자체 조사팀이 조사한 결과를 **대테러센터장**에게
통보하여야 한다.

제4장 테러 대응 절차

제22조 테러경보의 발령 ★★★

① **대테러센터장**은 테러 위험 징후를 포착한 경우 테러경보 발령의 필요성, 발령 단계, 발령 범위 및 기간 등에 관하여 **실무위원회**의 심의를 거쳐 테러경보를 **발령한다**. 다만, **긴급한 경우** 또는 제2항에 따른 **주의** 이하의 테러경보 발령 시에는 **실무위원회**의 심의 절차를 **생략할 수 있다**.

② 테러경보는 **테러위협의 정도**에 따라 **관심·주의·경계·심각**의 4단계로 구분한다.

> 테러경보는 테러위협의 정도에 따라 주의·경계·심각·대비의 4단계로 구분한다.
> (×) 기출 23
>
> 대비는 테러방지법령상 테러위협의 정도에 따른 테러경보 4단계에 속하지 않는다.
> (○) 기출 17
>
> 테러경보는 테러의 위협 또는 위험수준에 따라 관심·주의·경계·(심각)의 4단계로 구분하여 발령하는 경보를 말한다.
> 기출 14
>
> 테러경보는 테러 발생 이전의 예방과 테러 발생 이후의 대응에 따라 2단계로 구분하여 발령한다.
> (×) 기출 12
>
> 국가대테러활동 세부운영 규칙상 테러취약요소에 대한 경비 등 예방활동의 강화, 테러취약시설에 대한 출입통제의 강화, 대테러 담당공무원의 비상근무 등의 조치는 테러경보의 단계 중 경계단계에서 취해지는 조치이다.
> (○) 기출수정 21
>
> **테러경보의 단계별 조치(국가대테러활동 세부운영 규칙 제27조)** [발령 2017.9.12.] [해양경찰청훈령, 2017.9.12. 폐지제정]
> ① 해양경찰청장은 테러경보가 발령된 경우에는 다음 각호의 기준을 고려하여 단계별 조치를 취하여야 한다.
>   1. 관심단계 : 테러 관련 상황의 전파, 관계기관 상호간 연락체계의 확인, 비상연락망의 점검 등
>   2. 주의단계 : 테러대상 시설 및 테러에 이용될 수 있는 위험물질에 대한 안전관리의 강화, 자체 대비태세의 점검 등
>   3. 경계단계 : 테러취약요소에 대한 경비 등 예방활동의 강화, 테러취약시설에 대한 출입통제의 강화, 대테러담당 비상근무 등
>   4. 심각단계 : 대테러 관계 공무원의 비상근무, 해양테러사건대책본부 등 사건대응조직의 운영준비, 필요 장비·인원의 동원태세 유지 등
>
> 테러대응 인력·장비 현장 배치, 테러대상시설의 잠정 폐쇄, 테러사건대책본부의 설치 등의 조치가 필요한 테러경보 발령단계는?
> (심각단계) 기출 13

테러경보의 4단계

| 발령 4단계 | 관심 | → | 주의 | → | 경계 | → | 심각 |

등 급	발령기준	조치사항
관 심	실제 테러발생 가능성이 낮은 상태 • 우리나라 대상 테러첩보 입수 • 국제 테러 빈발 • 동맹·우호국 대형테러 발생 • 해외 국제경기·행사 이국인 다수 참가	테러징후 감시활동 강화 • 관계기관 비상연락체계 유지 • 테러대상시설 등 대테러 점검 • 테러위험인물 감시 강화 • 공항·항만 보안 검색률 10% 상향
주 의	실제 테러로 발전할 수 있는 상태 • 우리나라 대상 테러첩보 구체화 • 국제테러조직·연계자 잠입기도 • 재외국민·공관 대상 테러징후 포착 • 국가중요행사 개최 D-7	관계기관 협조체계 가동 • 관계기관별 자체 대비태세 점검 • 지역 등 테러대책협의회 개최 • 공항·항만 보안 검색률 15% 상향 • 국가중요행사 안전점검
경 계	테러발생 가능성이 농후한 상태 • 테러조직이 우리나라 직접 지목·위협 • 국제테러조직·분자 잠입활동 포착 • 대규모 테러이용수단 적발 • 국가중요행사 개최 D-3	대테러 실전대응 준비 • 관계기관별 대테러상황실 가동 • 테러이용수단의 유통 통제 • 테러사건대책본부 등 가동 준비 • 공항·항만 보안 검색률 20% 상향
심 각	테러사건 발생이 확실시되는 상태 • 우리나라 대상 명백한 테러첩보 입수 • 테러이용수단 도난·강탈 사건 발생 • 국내에서 테러기도 및 사건 발생 • 국가중요행사 대상 테러첩보 입수	테러상황에 총력 대응 • 테러사건대책본부 등 설치 • 테러대응 인력·장비 현장 배치 • 테러대상시설 잠정 폐쇄 • 테러이용수단 유통 일시중지

〈출처〉 대테러센터 홈페이지(www.nctc.go.kr), 2024

③ **대테러센터장**은 테러경보를 발령하였을 때에는 즉시 **위원장**에게 보고하고, **관계기관**에 **전파**하여야 한다.

④ 제1항부터 제3항까지에서 규정한 사항 외에 테러경보 발령 및 테러경보에 따른 관계기관의 조치사항에 관하여는 **대책위원회 의결**을 거쳐 **위원장**이 정한다.

제23조　**상황 전파 및 초동 조치** ★★

① **관계기관의 장**은 테러사건이 발생하거나 테러 위협 등 그 **징후**를 **인지**한 경우에는
　관련 상황 및 조치사항을 관련기관의 장과 **대테러센터장**에게 **즉시 통보하여야** 한다.
② **관계기관의 장**은 테러사건이 발생한 경우 사건의 확산 방지를 위하여 신속히 다음
　각호의 **초동 조치**를 **하여야 한다.**
　1. 사건 현장의 **통제·보존** 및 경비 강화

> 사건 현장의 신속한 정리 및 복구는 관계기관의 장의 초동 조치사항에 해당한다.
> (×) **기출** 15

　2. 긴급대피 및 구조·구급

> 긴급대피 및 구조·구급는 관계기관의 장의 초동 조치사항에 해당한다.
> (O) **기출** 15

　3. 관계기관에 대한 지원 요청

> 관계기관에 대한 지원 요청은 관계기관의 장의 초동 조치사항에 해당한다.
> (O) **기출** 15

　4. 그 밖에 사건 확산 방지를 위하여 필요한 사항

> 그 밖에 사건 확산 방지를 위하여 필요한 사항은 관계기관의 장의 초동 조치사항에 해당한다.
> (O) **기출** 15

③ **국내 일반**테러사건의 경우에는 **대책본부**가 설치되기 전까지 테러사건 발생 지역
　관할 **경찰관서의 장**이 제2항에 따른 초동 조치를 지휘·통제**한다.**

제24조　**테러사건 대응** ★

① **대책본부의 장**은 테러사건에 대한 대응을 위하여 필요한 경우 **현장지휘본부**를 설치
　하여 상황 전파 및 대응 체계를 유지하고, 조치사항을 체계적으로 시행한다.
② **대책본부의 장**은 테러사건에 신속히 대응하기 위하여 필요한 경우에 **관계기관의 장**에
　게 인력·장비 등의 지원을 요청할 수 있다. 이 경우 요청을 받은 관계기관의 장은
　특별한 사유가 없으면 요청에 따라야 한다.
③ **외교부장관**은 해외에서 테러가 발생하여 정부 차원의 현장 대응이 필요한 경우에는
　관계기관 합동으로 정부 현지대책반을 구성하여 파견**할 수 있다.**
④ **지방자치단체의 장**은 테러사건 대응활동을 지원하기 위한 물자 및 편의 제공과
　지역주민의 긴급대피 방안 등을 마련**하여야 한다.**

제5장 | 테러예방을 위한 안전관리대책

제25조 | 테러대상시설 및 테러이용수단 안전대책 수립 ★

① 법 제10조 제1항에서 "대통령령으로 정하는 국가중요시설과 많은 사람이 이용하는 시설 및 장비"(이하 "테러대상시설"이라 한다)란 다음 각호의 시설을 말한다. 〈개정 2017.3.29.〉

1. 국가중요시설 : 「통합방위법」 제21조 제4항에 따라 지정된 국가**중요**시설 및 「**보안업무규정**」 제32조에 따른 국가**보안**시설
2. 많은 사람이 이용하는 시설 및 장비(이하 "다중이용시설"이라 한다) : 다음 각목의 시설과 장비 중 **관계기관의 장**이 소관업무와 관련하여 **대테러센터장**과 **협의**하여 지정하는 시설
   가. 「도시철도법」 제2조 제2호에 따른 **도시철도**
   나. 「선박안전법」 제2조 제10호에 따른 **여객선**
   다. 「재난 및 안전관리 기본법 시행령」 제43조의8 제1호 · 제2호에 따른 **건축물 또는 시설**
   라. 「철도산업발전기본법」 제3조 제4호에 따른 **철도차량**
   마. 「항공안전법」 제2조 제1호에 따른 **항공기**

② **관계기관의 장**은 법 제10조 제1항에 따른 테러대상시설에 대한 테러예방대책과 법 제10조 제1항에 따른 테러이용수단(이하 "테러이용수단"이라 한다)의 제조 · 취급 · 저장 시설에 대한 안전관리대책 수립 시 다음 각호의 사항을 포함하여야 한다.

1. 인원 · 차량에 대한 **출입통제 및 자체 방호계획**
2. 테러 첩보의 입수 · 전파 및 **긴급대응체계 구축 방안**
3. 테러사건 발생 시 **비상대피 및 사후처리 대책**

③ **관계기관의 장**은 테러대상시설 및 테러이용수단의 제조 · 취급 · 저장 시설에 대하여 다음 각호의 업무를 수행하여야 한다.

1. 테러예방대책 및 안전관리대책의 **적정성** 평가와 그 이행 실태 확인
2. 소관 분야 테러이용수단의 **종류 지정** 및 해당 테러이용수단의 생산 · 유통 · 판매에 관한 **정보 통합관리**

제26조 국가 중요행사 안전관리대책 수립 ★★

① 법 제10조 제1항에 따라 안전관리대책을 수립하여야 하는 국가 중요행사는 국내외
　에서 개최되는 행사 중 **관계기관의 장**이 소관 업무와 관련하여 주관기관, 개최근거,
　중요도 등을 기준으로 **대테러센터장**과 **협의**하여 정한다.
② **관계기관의 장**은 대테러센터장과 **협의**하여 국가 중요행사의 특성에 맞는 **분야별**
　안전관리대책을 수립·시행**하여야 한다.**
③ **관계기관의 장**은 국가 중요행사에 대한 안전관리대책을 협의·조정하기 위하여
　필요한 경우에는 **대책위원회**의 심의·의결을 거쳐 **관계기관 합동**으로 대테러·안
　전대책기구를 편성·운영할 **수 있다.**
④ 제2항에 따른 안전관리대책의 수립·시행 및 제3항에 따른 대테러·안전대책기구
　의 편성·운영에 관한 사항 중 대통령과 국가원수에 준하는 국빈 등의 경호 및
　안전관리에 관한 사항은 **대통령경호처장**이 정한다. 〈개정 2017.7.26.〉

제27조 테러취약요인의 사전제거 지원 ★

① 테러대상시설 및 테러이용수단의 소유자 또는 관리자(이하 "**시설소유자등**"이라 한
　다)는 **관계기관의 장**을 거쳐 **대테러센터장**에게 테러예방 및 안전관리에 관하여 적
　정성 평가, 현장지도 등 지원을 **요청**할 수 있다.
② 대테러센터장은 제1항에 따른 요청을 받은 경우 관계기관과 **합동**으로 테러예방활동
　을 지원할 **수 있다.**

제28조 테러취약요인의 사전제거 비용 지원

① **국가기관의 장**은 법 제11조 제2항에 따라 테러취약요인을 제거한 시설소유자등에
　대하여 비용을 지원하려는 경우에는 다음 각호의 사항을 종합적으로 고려하여 비용
　의 **지원 여부** 및 **지원 금액**을 결정할 수 있다.
　1. 테러사건이 발생할 가능성
　2. 해당 시설 및 주변 환경 등 지역 특성
　3. 시설·장비의 설치·교체·정비에 필요한 비용의 정도 및 시설소유자등의 부담
　　능력
　4. 제25조 제3항 제1호에 따른 적정성 평가와 그 이행 실태 확인 결과
　5. 제27조 제1항·제2항에 따른 적정성 평가, 현장지도 결과
　6. 그 밖에 제1호부터 제5호까지의 사항에 준하는 것으로서 국가기관의 장이 **대테러**
　　센터장과 **협의**하여 정하는 사항
② 제1항에 따라 지원되는 비용의 한도, 세부기준, 지급방법 및 절차 등에 관하여 필요
　한 사항은 **대책위원회의 심의·의결**을 거쳐 국가기관의 장이 정한다.

제6장 포상금 및 테러피해의 지원

제29조 포상금의 지급

① 법 제14조 제2항에 따른 포상금(이하 "포상금"이라 한다)은 제30조에 따른 **포상금심사위원회**의 심의·의결을 거쳐 **관계기관의 장**이 지급할 수 있다.

② 법 제14조 제2항에 따른 신고를 받거나 체포된 범인을 인도받은 **관계기관의 장**은 **지체 없이** 관할 지방검찰청 **검사장이나 지청장** 또는 **국방부검찰단장이나 각 군 검찰단장**에게 그 사실을 **통보하여야** 하며, **검사 또는 군검사**는 신고를 한 사람이나 범인을 체포하여 관계기관의 장에게 인도한 사람(이하 "신고자등"이라 한다)에게 신고 또는 인도를 증명하는 서류를 발급하여야 한다. 〈개정 2022.6.30.〉

③ **관계기관의 장**은 테러예방에 기여하였다고 인정되는 신고자등을 포상금 지급 대상자로 추천할 수 있다. 이 경우 그 대상자에게 추천 사실을 통지하여야 한다.

제30조 포상금심사위원회의 구성 및 운영 ★★

① 포상금의 지급에 관한 사항을 심의하기 위하여 **대테러센터장 소속**으로 포상금심사위원회(이하 "심사위원회"라 한다)를 **둔다**.

② 심사위원회는 위원장 **1명**과 위원 **8명**으로 구성한다.

③ 심사위원회의 **위원장**은 대테러센터 소속의 고위공무원단에 속하는 **일반직** 공무원(이에 상당하는 특정직·별정직 공무원을 **포함**한다)이 되며, 심사위원회 **위원**은 **총리령**으로 정하는 관계기관 소속 **4급** 상당 공무원 중 **관계기관의 장**이 **지명**하는 사람이 된다.

④ 심사위원회의 **위원장**은 포상금 지급에 관한 사항을 심의할 필요가 있을 때 회의를 소집한다.

⑤ **심사위원회**는 다음 각호의 사항을 심의·의결한다.
  1. 포상금 **지급 여부**와 그 지급금액
  2. 포상금 **지급 취소** 및 **반환** 여부
  3. 그 밖에 포상금에 관한 사항

⑥ 심사위원회는 심의를 위하여 필요하다고 인정될 때에는 포상금 지급 대상자 또는 참고인의 **출석**을 요청하여 그 **의견**을 들을 수 있으며, 관계기관에 대하여 필요한 **자료의 제출**을 요청할 수 있다.

⑦ 제1항부터 제6항까지에서 규정한 사항 외에 심사위원회 운영에 관한 세부사항은 **총리령**으로 정한다.

제31조   포상금 지급기준 ★

① 법 제14조 제2항에 따른 포상금은 다음 각호의 사항을 고려하여 **1억원**의 범위에서 **차등** 지급한다.
   1. 신고 내용의 **정확성**이나 증거자료의 **신빙성**
   2. 신고자등이 테러 신고와 관련하여 **불법행위**를 하였는지 여부
   3. 신고자등이 테러예방 등에 **이바지한 정도**
   4. 신고자등이 관계기관 등에 신고·체포할 의무가 있는지 또는 직무와 관련하여 신고·체포를 하였는지 여부
② 포상금의 세부적인 지급기준은 **대책위원회**의 의결을 거쳐 **위원장**이 정한다.
③ **관계기관의 장**은 하나의 테러사건에 대한 신고자등이 2명 이상인 경우에는 제2항에 따른 지급기준의 범위에서 그 공로를 고려하여 배분·지급한다.
④ 관계기관의 장은 제3항의 경우 포상금을 받을 사람이 배분방법에 관하여 미리 합의하여 포상금 지급을 신청하는 경우에는 그 합의한 내용에 따라 지급한다. 다만, 합의된 비율이 현저하게 부당한 경우에는 **심사위원회**의 심의·의결을 거쳐 **관계기관의 장**이 이를 변경할 수 있다.

제32조   포상금 신청 절차 ★

① 포상금은 그 사건이 공소제기·**기소유예** 또는 **공소보류**되거나 관계기관의 장이 제29조 제3항에 따라 추천한 경우에 신청할 수 있다.
② **검사 또는 군검사**는 법에 따른 포상금 지급대상이 되는 사건에 관하여 공소를 제기하거나 제기하지 아니하는 결정을 하였을 때에는 **지체 없이** 신고자등에게 **서면**으로 그 사실을 **통지**하여야 한다. 〈개정 2022.6.30.〉
③ 포상금을 받으려는 사람은 총리령으로 정하는 신청서에 다음 각호의 서류를 첨부하여 **관계기관의 장**에게 **신청**하여야 한다.
   1. 제29조 제2항에 따른 증명서
   2. 제2항 또는 제29조 제3항 후단에 따른 통지서
   3. 공적 자술서
④ 제3항에 따른 **신청**은 제2항 또는 제29조 제3항 후단에 따른 **통지**를 받은 날부터 **60일** 이내에 하여야 한다.
⑤ 포상금을 신청하려는 사람이 **2명** 이상인 경우에는 신청자 전원의 **연서(連署)**로써 청구하여야 한다.

제33조 포상금 지급 절차

① **관계기관의 장**은 심사위원회가 심의·의결한 사항을 기초로 포상금 **지급 여부**와 **지급금액**을 결정한다.
② 관계기관의 장은 포상금 지급 대상자에게 결정 통지서를 보내고 포상금을 지급한다.
③ 제1항 및 제2항에서 규정한 사항 외에 포상금 지급 등에 관하여 필요한 사항은 **총리령**으로 정한다.

제34조 포상금 지급 취소 및 반환 ★★

① **관계기관의 장**은 포상금을 지급한 후 다음 각호의 어느 하나에 해당하는 경우에는 **심사위원회**의 심의·의결을 거쳐 그 포상금 지급 결정을 **취소한다**.
　1. 포상금 수령자가 **신고자등**이 아닌 경우
　2. 포상금 수령자가 테러사건에 가담하는 등 **불법행위**를 한 사실이 사후에 밝혀진 경우
　3. 그 밖에 포상금 지급을 **취소할 사유**가 발생한 경우
② **관계기관의 장**은 제1항에 따라 포상금의 지급 결정을 취소하였을 때에는 해당 신고자 등에게 그 **취소 사실**과 포상금의 **반환 기한**, 반환하여야 하는 **금액을 통지하여야** 한다.
③ 제1항 및 제2항에서 규정한 사항 외에 포상금 반환에 관하여 필요한 사항은 **총리령**으로 정한다.

제35조 테러피해의 지원 ★★

① 법 제15조 제2항에 따라 국가 또는 지방자치단체가 지원할 수 있는 비용(이하 "피해지원금"이라 한다)은 **신체** 피해에 대한 **치료비** 및 **재산** 피해에 대한 **복구비**로 한다.
② 테러로 인한 신체 피해에 대한 치료비는 다음 각호와 같고, 치료비 산정에 필요한 사항은 **총리령**으로 정한다.
　1. 신체적 부상 및 후유증에 대한 치료비
　2. 정신적·심리적 피해에 대한 치료비
③ 테러로 인한 재산 피해에 대한 **복구비**는 「재난 및 안전관리 기본법」 제66조에 따른 사회재난 피해 지원의 기준과 금액을 고려하여 **대책위원회**가 정한다.
④ 제2항에 따른 **치료비**와 제3항에 따른 **복구비**는 **대책위원회**의 심의·의결을 거쳐 **일시금**으로 지급한다.
⑤ 제2항부터 제4항까지에서 규정한 사항 외에 피해지원금의 한도·세부기준과 지급 방법 및 절차 등에 관하여 필요한 사항은 **대책위원회**가 정한다.

제36조   특별위로금의 종류 ★

① 법 제16조 제1항에 따른 특별위로금은 다음 각호의 구분에 따라 지급한다.
  1. **유족**특별위로금 : 테러로 인하여 사망한 경우
  2. **장해**특별위로금 : 테러로 인하여 신체상의 장애를 입은 경우. 이 경우 신체상 장애의 기준은「범죄피해자보호법」제3조 제5호, 같은 법 시행령 제2조, [별표 1] 및 [별표 2]에 따른 장해의 기준을 따른다.
  3. **중상해**특별위로금 : 테러로 인하여 장기치료가 필요한 피해를 입은 경우. 이 경우 장기치료가 필요한 피해의 기준은「범죄피해자보호법」제3조 제6호 및 같은 법 시행령 제3조에서 정한 중상해의 기준을 따른다.
② 대책본부를 설치한 **관계기관의 장**은 제1항에 따른 특별위로금을 **대책위원회**의 심의・의결을 거쳐 **일시금**으로 지급한다.
③ 제1항 제1호에 따른 유족특별위로금(이하 "유족특별위로금"이라 한다)은 피해자가 사망하였을 때 **총리령**으로 정하는 바에 따라 **맨 앞 순위**인 유족에게 지급한다. 다만, 순위가 같은 유족이 2명 이상이면 똑같이 나누어 지급한다.
④ 제1항 제2호에 따른 장해특별위로금(이하 "장해특별위로금"이라 한다) 및 제1항 제3호에 따른 중상해특별위로금(이하 "중상해특별위로금"이라 한다)은 **해당 피해자**에게 지급한다.

제37조   특별위로금의 지급기준

① 유족특별위로금은 피해자의 사망 당시(신체에 손상을 입고 그로 인하여 사망한 경우에는 신체에 손상을 입은 당시를 말한다)의 월급액이나 월실수입액 또는 평균임금에 **24개월 이상 48개월 이하**의 범위에서 유족의 수와 연령 및 생계유지 상황 등을 고려하여 **총리령**으로 정하는 개월 수를 곱한 금액으로 한다.
② 장해특별위로금과 중상해특별위로금은 피해자가 신체에 손상을 입은 당시의 월급액이나 월실수입액 또는 평균임금에 **2개월 이상 48개월 이하**의 범위에서 피해자의 장해 또는 중상해의 정도와 부양가족의 수 및 생계유지 상황 등을 고려하여 **총리령**으로 정한 개월 수를 곱한 금액으로 한다.
③ 제1항 및 제2항에 따른 피해자의 월급액이나 월실수입액 또는 평균임금 등은 피해자의 주소지를 관할하는 세무서장, 시장・군수・구청장(자치구의 구청장을 말한다) 또는 피해자의 근무기관의 장의 증명이나 그 밖에 총리령으로 정하는 공신력 있는 증명에 따른다.
④ 제1항 및 제2항에서 피해자의 월급액이나 월실수입액이 평균임금의 **2배**를 넘는 경우에는 평균임금의 **2배**에 해당하는 금액을 피해자의 월급액이나 월실수입액으로 본다.
⑤ 제1항부터 제4항까지에서 규정한 사항 외에 특별위로금의 세부기준・지급방법 및 절차 등에 관하여 필요한 사항은 **대책위원회**가 정한다.

제38조　**특별위로금 지급에 대한 특례 ★**

① **장해특별위로금**을 받은 사람이 해당 테러행위로 인하여 **사망**한 경우에는 **유족특별위로금**을 지급하되, 그 금액은 제37조 제1항에 따라 산정한 **유족특별위로금**에서 이미 지급한 **장해특별위로금**을 **공제**한 금액으로 한다.

② **중상해특별위로금**을 받은 사람이 해당 테러행위로 인하여 **사망**하거나 신체상의 **장애**를 입은 경우에는 **유족특별위로금** 또는 **장해특별위로금**을 지급하되, 그 금액은 제37조 제1항에 따라 산정한 **유족특별위로금** 또는 같은 조 제2항에 따라 산정한 **장해특별위로금**에서 이미 지급한 **중상해특별위로금**을 **공제**한 금액으로 한다.

제39조　**피해지원금 및 특별위로금 지급 신청**

① 법 제15조 또는 제16조에 따라 피해지원금 또는 특별위로금의 지급을 신청하려는 사람은 테러사건으로 피해를 입은 날부터 **6개월** 이내에 **총리령**으로 정하는 바에 따라 지급신청서에 관련 증명서류를 첨부하여 대책본부를 설치한 **관계기관의 장**에게 **제출**하여야 한다.

② 법 제15조 또는 제16조에 따른 피해지원금 또는 특별위로금의 지급을 신청하려는 사람이 둘 이상인 경우에는 다음 각호의 구분에 따라 신청인 대표자를 선정할 수 있다. 이 경우 같은 순위의 사람이 둘 이상이면 같은 순위의 사람이 합의하여 신청인 대표자를 정하되, 합의가 이루어지지 아니하는 경우나 그 밖의 부득이한 사유가 있으면 신청인 대표자를 선정하지 아니할 수 있다.

  1. **사망**한 피해자에 대한 피해지원금 및 특별위로금 : 총리령에서 정하는 바에 따라 **맨 앞 순위**인 유족 **1명**

  2. **생존**한 피해자에 대한 피해지원금 및 특별위로금 : 생존한 피해자(생존한 피해자의 법정대리인을 포함한다)

③ 피해지원금 및 특별위로금의 지급 신청, 지급 결정에 대한 동의, 지급 청구 또는 수령 등을 직접 하기 어려운 사정이 있으면 다른 사람을 **대리인**으로 선임할 수 있다.

④ 대책본부를 설치한 **관계기관의 장**은 제1항에 따라 피해지원금 또는 특별위로금의 지급 신청을 받으면 그 관련 서류 등을 검토하고 서류 등이 누락되거나 보완이 필요한 경우 기간을 정하여 신청인(제2항에 따른 신청인 대표자, 제3항에 따른 대리인을 포함한다. 이하 같다)에게 **보완**을 **요청**할 수 있다.

제40조 **피해지원금 및 특별위로금 지급 결정**

① 대책본부를 설치한 **관계기관의 장**은 **대책위원회의 심의·의결**을 거쳐 피해지원금 및 특별위로금의 지급 신청을 받은 날부터 **120일** 이내에 그 지급 여부 및 금액을 결정하여 신청인에게 **결정 통지서**를 송부하여야 한다. 이 경우 해당 관계기관의 장은 **대책위원회**가 피해지원금 또는 특별위로금의 지급에 관하여 **심의·의결**한 날부터 **30일** 이내에 지급 여부 등을 결정하여야 한다.

② 제1항에 따른 결정에 관하여 **이의가 있는 신청인**은 결정 통지서를 받은 날부터 **30일** 이내에 **총리령**으로 정하는 바에 따라 **이의 신청서**에 그 사유를 증명할 수 있는 자료를 **첨부**하여 대책본부를 설치한 **관계기관의 장**에게 제출하여야 한다.

③ 제2항에 따른 이의 신청에 관하여는 제1항을 준용한다. 이 경우 제1항 중 "120일"은 "60일"로 본다.

제41조 **피해지원금 및 특별위로금 지급 제한 ★**

대책본부를 설치한 **관계기관의 장**은 테러사건으로 피해를 입은 사람에게 과실이 있다고 판단되는 경우 **대책위원회의 심의·의결**을 거쳐 그 **과실의 정도**에 따라 피해지원금 및 특별위로금을 지급하지 **아니하거나** 금액을 **줄여** 지급할 수 있다.

제42조 **피해지원금 및 특별위로금 지급**

① 제40조 제1항에 따라 결정 통지서를 받은 신청인이 피해지원금 또는 특별위로금을 받으려는 경우에는 다음 각호의 서류를 첨부하여 **총리령**으로 정하는 바에 따라 대책본부를 설치한 **관계기관의 장**에게 지급을 신청하여야 한다.
　1. 지급 결정에 대한 동의 및 신청서
　2. **인감증명서**(서명을 한 경우에는 본인서명사실확인서를 말한다)
　3. 입금계좌 통장 **사본**

② 피해지원금 및 특별위로금은 대책본부를 설치한 **관계기관의 장**이 지급하되, 그 실무는 **국고**(국고대리점을 포함한다)에 **위탁**하여 처리하게 할 수 있다.

③ 대책본부를 설치한 **관계기관의 장**은 제1항에 따른 동의 및 신청서를 받은 날부터 **90일** 이내에 피해지원금 및 특별위로금을 **지급하여야** 한다. 다만, 90일 이내에 지급할 수 없는 특별한 사유가 있는 경우에는 지급 기간을 연장할 수 있으며, 그 사유를 신청인에게 통지하여야 한다.

제43조 피해지원금 및 특별위로금 환수 ★

대책본부를 설치한 **관계기관의 장**은 피해지원금 및 특별위로금을 받은 사람이 다음 각호의 어느 하나에 해당하는 경우에는 받은 금액의 **전부** 또는 **일부**를 **환수하여야 한다.**
1. 테러사건에 가담하는 등 **불법행위**를 한 사실이 **사후**에 밝혀진 경우
2. **거짓**이나 그 밖의 **부정한 방법**으로 받은 경우
3. **잘못** 지급된 경우

제44조 다른 법령에 따른 급여 등과의 관계 ★

테러로 인하여 신체 또는 재산의 피해를 입은 사람과 피해를 입은 사람의 유족 또는 신체상의 장애 및 장기치료가 필요한 피해를 입은 사람이 해당 **테러행위를 원인**으로 하여 **다른 법령**에 따라 신체 또는 재산의 피해에 대한 **치료비, 복구비, 특별위로금** 또는 이에 상당하는 **지원**을 받을 수 있을 때에는 **그 받을 금액의 범위**에서 법 제15조 제2항에 따른 **치료비·복구비** 또는 법 제16조 제1항에 따른 **특별위로금**을 **지급하지 아니한다.**

제7장 보칙

제45조 고유식별정보의 처리 ★

관계기관의 장은 다음 각호의 사무를 수행하기 위하여 불가피한 경우 「개인정보보호법 시행령」 제19조에 따른 **주민등록번호, 여권번호,** 운전면허의 면허번호 또는 **외국인등록번호**가 포함된 자료를 처리할 수 있다.
1. 법 제9조에 따른 테러위험인물에 대한 **정보 수집,** 대테러조사 및 테러위험인물에 대한 **추적** 등에 관한 사무
2. 법 제12조에 따른 테러선동·선전물 **긴급 삭제** 등 요청에 관한 사무
3. 법 제13조에 따른 외국인테러전투원에 대한 **규제** 등에 관한 사무
4. 법 제14조에 따른 신고자 **보호** 및 포상금 **지급** 등에 관한 사무
5. 법 제15조에 따른 테러피해의 **지원** 등에 관한 사무
6. 법 제16조에 따른 특별위로금 **지급** 등에 관한 사무

부칙 〈대통령령 제28211호, 2017.7.26.〉 (행정안전부와 그 소속기관 직제)

제1조(시행일) 이 영은 공포한 날부터 시행한다. 다만, 부칙 제8조에 따라 개정되는 대통령령 중 이 영 시행 전에 공포되었으나 시행일이 도래하지 아니한 대통령령을 개정한 부분은 각각 해당 대통령령의 시행일부터 시행한다.

제2조부터 제7조까지 생략

제8조(다른 법령의 개정)
①부터 〈381〉까지 생략
〈382〉 국민보호와 공공안전을 위한 테러방지법 시행령 일부를 다음과 같이 개정한다.
    제3조 제1항 중 "행정자치부장관"을 "행정안전부장관"으로, "국민안전처장관, 대통령경호실장, 국가정보원장"을 "국가정보원장"으로, "관세청장 및 경찰청장"을 "대통령경호처장, 관세청장, 경찰청장, 소방청장 및 해양경찰청장"으로 한다.
    제12조 제2항 제2호 중 "국민안전처·국가정보원·식품의약품안전처·관세청·검찰청 및 경찰청"을 "국가정보원·식품의약품안전처·관세청·검찰청·경찰청 및 해양경찰청"으로 한다.
    제13조 제2항 제1호 중 "국민안전처·관세청·경찰청"을 "관세청·경찰청·소방청·해양경찰청"으로 한다.
    제14조 제1항 각호 외의 부분 중 "국민안전처장관 및 경찰청장"을 "경찰청장 및 해양경찰청장"으로 하고, 같은 항 제4호를 삭제하며, 같은 항에 제6호를 다음과 같이 신설한다.
    6. 해양경찰청장 : 해양테러사건대책본부
    제17조 제1항 중 "국민안전처장관"을 "행정안전부장관"으로 한다.
    제18조 제1항 및 제2항 중 "국민안전처장관 및 경찰청장"을 각각 "경찰청장 및 해양경찰청장"으로 한다.
    제19조 제1항 중 "국민안전처장관"을 "소방청장"으로 한다.
    제26조 제4항 중 "대통령경호실장"을 "대통령경호처장"으로 한다.
〈383〉부터 〈388〉까지 생략

부칙 〈대통령령 제29114호, 2018.8.21.〉 (군사안보지원사령부령)

제1조(시행일) 이 영은 2018년 9월 1일부터 시행한다.

제2조 생략

제3조(다른 법령의 개정)
① 국민보호와 공공안전을 위한 테러방지법 시행령 일부를 다음과 같이 개정한다.
　　제12조 제2항 제3호 중 "기무부대"를 "군사안보지원부대"로 한다.
　　제13조 제2항 제1호 중 "국군기무사령부"를 "군사안보지원사령부"로 한다.
②부터 ⑨까지 생략

제4조 생략

부칙 〈대통령령 제31282호, 2020.12.22.〉

이 영은 공포한 날부터 시행한다.

부칙 〈대통령령 제31380호, 2021.1.5.〉 (어려운 법령용어 정비를 위한 473개 법령의 일부개정에 관한 대통령령)

이 영은 공포한 날부터 시행한다. 〈단서 생략〉

부칙 〈대통령령 제32737호, 2022.6.30.〉 (군검찰사무 운영규정)

제1조(시행일) 이 영은 2022년 7월 1일부터 시행한다.

제2조(다른 법령의 개정)
① 및 ② 생략
③ 국민보호와 공공안전을 위한 테러방지법 시행령 일부를 다음과 같이 개정한다.
　　제29조 제2항 중 "군 검찰부가 설치되어 있는 부대의 장"을 "국방부검찰단장이나 각 군 검찰단장"으로, "군 검찰부 검찰관은"을 "군검사는"으로 한다.
　　제32조 제2항 중 "군 검찰부 검찰관은"을 "군검사는"으로 한다.
④부터 ⑪까지 생략

부칙 〈대통령령 제32968호, 2022.11.1.〉 (국군방첩사령부령)

제1조(시행일) 이 영은 공포한 날부터 시행한다.

제2조(다른 법령의 개정)

① 국민보호와 공공안전을 위한 테러방지법 시행령 일부를 다음과 같이 개정한다.

　　제12조 제2항 제3호 중 "군사안보지원부대"를 "국군방첩부대"로 한다.

　　제13조 제2항 제1호 중 "군사안보지원사령부"를 "국군방첩사령부"로 한다.

②부터 ⑩까지 생략

제3조 생략

국민보호와 공공안전을 위한 테러방지법 시행규칙 (약칭 : 테러방지법 시행규칙)

[시행 2016.6.4.] [총리령 제1281호, 2016.6.1., 제정]

제1조 목적

이 규칙은 「국민보호와 공공안전을 위한 테러방지법 시행령」에서 위임된 사항과 그 시행에 필요한 사항을 규정함을 목적으로 한다.

제2조 포상금심사위원회의 구성

「국민보호와 공공안전을 위한 테러방지법 시행령」(이하 "영"이라 한다) 제30조 제3항에서 "**총리령**으로 정하는 관계기관"이란 다음 각호의 기관을 말한다.

1. 기획재정부, 법무부, **경찰청**
2. 제1호 외에 해당 사건과 관련 있는 중앙행정기관
3. **국가정보원**
4. 그 밖에 「국민보호와 공공안전을 위한 테러방지법」(이하 "법"이라 한다) 제6조에 따른 대테러센터(이하 "대테러센터"라 한다)의 장(이하 "**대테러센터장**"이라 한다)이 영 제30조 제1항에 따른 포상금심사위원회(이하 "심사위원회"라 한다)에 **참여할 필요**가 있다고 인정하는 기관

제3조 포상금심사위원회의 운영 ★

① 심사위원회의 회의는 위원장을 **포함한 재적위원 과반수의 출석**으로 **개의(開議)**하고, **출석위원 과반수의 찬성**으로 **의결**한다.
② 심사위원회의 **위원장**이 부득이한 사유로 그 직무를 수행하지 못할 때에는 **위원장**이 **지명**하는 위원이 그 직무를 대행한다.
③ 심사위원회의 **위원**이 부득이한 사유로 회의에 출석하지 못할 때에는 그 **소속공무원**으로 하여금 회의에 출석하여 그 권한을 대행하게 할 수 있다.
④ 심사위원회에 **간사**를 두되, **간사**는 대테러센터 소속 공무원 중에서 **대테러센터장**이 **지명**한다.
⑤ 심사위원회의 **위원장과 위원**은 회의 안건과 관련하여 **직접적인** 이해관계가 있는 경우에는 **참석**하지 못한다.

제4조 　포상금의 신청 절차

법 제14조 제2항에 따른 포상금을 받으려는 사람은 별지 제1호 서식의 포상금 지급 신청서에 영 제32조 제3항 각호의 서류를 첨부하여 **관계기관의 장**에게 제출하여야 한다.

제5조 　포상금의 지급 결정 기간 등 ★

① **관계기관의 장**은 특별한 사유가 없으면 포상금 신청일부터 **90일** 이내에 포상금의 **지급 여부** 및 지급 **금액**을 결정한다.
② **관계기관의 장**은 제1항에 따른 기간에 결정할 수 없는 **특별한 사유**가 있는 경우 지급 결정 기간을 **연장**할 수 있으며, 그 **사유**를 신청인에게 **통지한다.**

제6조 　포상금의 반환통지 등 ★

① **관계기관의 장**은 영 제34조 제1항에 따라 포상금의 지급 결정을 **취소한 날부터 20일** 이내에 포상금을 반환하여야 할 사람에게 별지 제2호 서식의 포상금 **반환통지서**를 주어야 한다. 이 경우 그 통지서는 포상금을 반환하여야 할 사람에게 **직접** 주거나 **배달증명등기우편** 등의 방법으로 **발송**하여야 한다.
② 제1항에 따른 통지서를 받은 사람은 그 통지서를 받은 날부터 **30일** 이내에 **반환**하여 야 하는 금액을 **관계기관의 장**이 지정한 예금계좌에 **자신의 명의**로 입금하여야 한다.

제7조 　치료비 산정

① 영 제35조 제2항 각호의 치료비(이하 "치료비"라 한다)는 피해자가 「의료법」 제3조 에 따른 의료기관에서 **5주 이상**의 치료가 필요한 **신체적 · 정신적** 피해의 회복을 **직접적인** 목적으로 지출한 비용을 말한다. 다만, **간병**을 목적으로 지출한 비용은 **제외**한다.
② 치료비는 「국민건강보험법 시행령」 제19조 제2항에 따른 본인부담액을 기준으로 하며, 피해자가 「의료급여법」 제2조 제1호에 따른 수급권자인 경우 같은 법 제10조 에 따라 의료급여기금에서 부담한 급여비용을 고려하여 지급한다.
③ **치료비**는 피해자 1명당 연 **1천500만원**, 총 **5천만원**의 한도에서 지원한다. 다만, 해당 테러사건의 발생일부터 **5년**이 지난 후 치료를 받은 경우에는 그 치료비를 지원하지 아니한다.

④ 제1항 본문 및 제3항 본문·단서에도 불구하고 테러피해의 경위, 정도 및 피해자의 경제적 사정 등을 고려하여 특별히 지원할 필요가 있다고 판단되는 경우에는 법 제5조에 따른 **국가테러대책위원회의 심의·의결**을 거쳐 다음 각호의 비용을 **추가**로 지원할 수 있다.

   1. **5주 미만**의 치료를 요하는 신체적·정신적 피해에 대한 치료비

   2. 연 1천500만원을 **초과**하는 치료비

   3. 총 5천만원을 **초과**하는 치료비

   4. 해당 테러사건 발생일부터 5년이 **지난 후** 치료를 받은 경우 그 치료비

제8조　　유족의 범위 및 순위 ★

① 영 제36조 제1항 제1호에 따른 유족특별위로금(이하 "유족특별위로금"이라 한다)을 받을 수 있는 유족은 다음 각호의 어느 하나에 해당하는 사람으로 한다.

   1. 배우자(사실상 혼인관계에 있는 사람을 **포함**한다) 및 피해자의 사망 당시 **피해자의 수입**으로 **생계를 유지**하고 있던 **피해자의 자녀**

   2. 피해자의 사망 당시 **피해자의 수입**으로 **생계**를 **유지**하고 있던 **피해자의 부모, 손자·손녀, 조부모 및 형제자매**

   3. **제1호 및 제2호에 해당하지 아니하는** 피해자의 자녀, 부모, 손자·손녀, 조부모 및 형제자매

② 제1항에 따른 유족의 범위에서 **태아**는 피해자가 사망할 때 이미 출생한 것으로 본다.

③ 유족특별위로금을 받을 유족의 순위는 제1항 각호에 열거한 순서로 하고, 같은 항 제2호 및 제3호에 열거한 사람 사이에서는 해당 각호에 열거한 순서로 하며, 부모의 경우에는 **양부모를 선순위**로 하고 **친부모를 후순위**로 한다.

④ 다음 각호의 어느 하나에 해당하는 유족은 유족특별위로금을 받을 수 있는 유족으로 보지 아니한다.

   1. 피해자를 **고의**로 **사망**하게 한 경우

   2. 피해자가 사망하기 전에 그가 사망하면 유족특별위로금을 받을 수 있는 **선순위** 또는 **같은 순위**의 유족이 될 사람을 **고의**로 **사망**하게 한 경우

   3. 피해자가 사망한 후 유족특별위로금을 받을 수 있는 **선순위** 또는 **같은 순위**의 유족을 **고의**로 **사망**하게 한 경우

제9조　**월급액 또는 월실수입액** ★

① 영 제37조에 따른 월급액 또는 월실수입액은 이를 산정하여야 할 사유가 발생한 날 이전 **3개월** 동안 해당 피해자에게 지급된 임금 또는 실수입액의 월평균액으로 한다. 다만, 해당 피해자가 취업한 후 **3개월** 미만인 경우에는 그 기간 동안의 월평균액으로 한다.

② 영 제37조에 따라 특별위로금액을 산정하는 경우에 월급액이나 월실수입액을 증명할 수 없거나 월급액이나 월실수입액이 제10조에 따른 **평균임금**에 미치지 못하는 경우에는 **평균임금**을 기준으로 특별위로금액을 정한다.

제10조　**평균임금의 기준**

① 영 제37조에 따른 평균임금은 **매년 6회 이상** 주기적으로 임금통계를 공표하는 임금조사기관이 조사한 남자 또는 여자 보통 인부의 **전국규모** 통계에 의한 **일용노동임금**에 따른다. 다만, **전국규모 통계가 없을 때**에는 서울특별시 지역 통계에 의한 **일용노동임금**에 따른다.

② 제1항의 임금은 먼저 공신력 있는 건설노임단가 통계에 따르고 공신력 있는 건설노임단가 통계가 없을 때에는 정부노임단가 통계에 따르며, 정부노임단가 통계도 없을 때에는 공신력 있는 방법으로 조사한 남자 또는 여자 보통 인부의 일용노동임금에 따른다.

제11조　**유족특별위로금의 금액** ★

① 유족특별위로금의 산정에서 피해자의 월급액이나 월실수입액 또는 평균임금(이하 "월급액등"이라 한다)에 곱하는 "총리령으로 정한 개월 수"에 관하여는 다음 각호의 구분에 따른 개월 수에 일정한 배수를 곱한 개월 수를 말하며, 다음 각호의 구분에 따른 개월 수에 곱하는 일정한 배수에 관하여는 「범죄피해자보호법 시행령」 [별표 4]를 준용한다. 이 경우 해당 별표 중 "제22조 제1호"는 "제11조 제1항 제1호"로, "제22조 제2호"는 "제11조 제1항 제2호"로, "제22조 제3호"는 "제11조 제1항 제3호"로, "법 제18조 제1항 제3호"는 "제8조 제1항 제3호"로, "구조피해자"는 "피해자"로 각각 본다.

1. 제8조 제1항 제1호의 유족 : **40개월**
2. 제8조 제1항 제2호의 유족 : **32개월**
3. 제8조 제1항 제3호의 유족 : **24개월**

② 제1항에도 불구하고 유족특별위로금액은 평균임금의 **48개월**분을 초과할 수 없다.

제12조 　**장해특별위로금의 금액** ★

① 영 제37조 제2항에 따른 장해특별위로금(이하 "장해특별위로금"이라 한다)의 산정에서 피해자의 월급액등에 곱하는 "총리령으로 정한 개월 수"란 다음 각호의 구분에 따른 장해등급별 개월 수에 일정한 배수를 곱한 개월 수를 말하며, 다음 각호의 구분에 따른 장해등급별 개월 수에 곱하는 일정한 배수에 관하여는 「범죄피해자보호법 시행령」[별표 5]를 준용한다. 이 경우 해당 별표 중 "범죄행위"는 "테러사건"으로, "구조피해자"는 "피해자"로 각각 본다.

1. 1급 : 40개월
2. 2급 : 36개월
3. 3급 : 32개월
4. 4급 : 28개월
5. 5급 : 24개월
6. 6급 : 20개월
7. 7급 : 16개월
8. 8급 : 12개월
9. 9급 : 8개월
10. 10급 : 4개월

② 제1항에도 불구하고 장해특별위로금액은 평균임금의 **40개월**분을 초과할 수 없다.

제13조 　**중상해특별위로금의 금액** ★

① 영 제37조 제2항에 따른 중상해특별위로금(이하 "중상해특별위로금"이라 한다)의 산정에서 피해자의 월급액등에 곱하는 "총리령으로 정한 개월 수"란 「의료법」 제3조 제2항 제3호의 병원급 의료기관에 속하는 의사가 발행한 진단서 등에 의하여 해당 중상해의 치료에 필요하다고 인정되는 개월 수에 일정한 배수를 곱한 개월 수를 말하며, 해당 중상해의 치료에 필요하다고 인정되는 개월 수에 곱하는 일정한 배수에 관하여는 「범죄피해자보호법 시행령」[별표 5]를 준용한다. 이 경우 해당 별표 중 "범죄행위"는 "테러사건"으로, "구조피해자"는 "피해자"로 각각 본다.

② 제1항에도 불구하고 중상해특별위로금액은 평균임금의 **40개월**분을 초과할 수 없다.

③ 제1항의 진단서 등에 기재된 치료기간이 일(日) 단위인 경우 30일을 1개월로 환산한 비율로 개월 수를 정한다.

④ 제1항의 진단서 등에 기재된 치료기간이 주(週) 단위인 경우 일 단위로 환산한 후 제2항의 방법에 따른다.

제14조 **피해지원금 및 특별위로금 지급 신청**

① 영 제39조 제1항에 따라 피해지원금 및 특별위로금의 지급을 신청하려는 사람은 별지 제3호 서식의 지급신청서에 다음 각호의 서류를 첨부하여 **대책본부**를 설치한 **관계기관의 장**에게 제출하여야 한다.

   1. 피해자의 가족관계 기록사항에 관한 증명서 또는 제적등본(가족관계 기록사항에 관한 증명서로 피해자와 신청인의 관계를 확인할 수 없는 경우로서 신청인이 유족인 경우만 해당한다)

   2. 별지 제4호 서식의 기지급치료비 지급명세서(의료기관이 발행한 계산서 및 영수증을 첨부한다) 또는 대책본부를 설치한 관계기관의 장이 지정한 의료기관이 발급한 의료비 청구서

   3. 향후 치료비 또는 후유장해 등에 따른 장래의 소득 또는 수익의 상실이 예상되는 경우에는 대책본부를 설치한 관계기관의 장이 지정한 의료기관이 발급한 향후 치료비 추정서 또는 후유장해진단서

   4. 별지 제5호 서식의 신청인 대표자 선정서(영 제39조 제2항에 따라 신청인 대표자를 선임한 경우에만 제출한다)

   5. 별지 제6호 서식의 위임장(영 제39조 제3항에 따라 대리인을 선임한 경우에만 제출한다)

   6. 근로소득원천징수영수증, 급여명세서 등 근로소득을 객관적으로 증명할 수 있는 서류(근로소득자인 경우에만 제출한다)

   7. 사업자등록증 또는 폐업사실증명원과 소득금액증명원 등 사업소득을 객관적으로 증명할 수 있는 서류(사업소득자인 경우에만 제출한다)

   8. 별지 제7호 서식의 재산피해명세서 및 테러사건으로 인한 재산피해의 내용을 증명할 수 있는 자료

   9. 그 밖에 신청 사유를 소명할 수 있는 증거자료

② 영 제39조 제2항 제1호에 따라 사망한 피해자에 대한 피해지원금 및 특별위로금의 지급을 신청하려는 경우 신청인 대표자는 제8조 제1항 각호의 순서에 따라 선정한다.

제15조　지급 결정 통지서 등 서식

① 영 제40조 제1항에 따른 지급 결정 통지서는 별지 제8호 서식과 같다.

② 영 제40조 제2항에 따른 이의 신청서는 별지 제9호 서식과 같다.

③ 영 제42조 제1항 제1호에 따른 지급 결정에 대한 동의 및 신청서는 별지 제10호 서식과 같다.

부칙 〈총리령 제1281호, 2016.6.1.〉

이 규칙은 2016년 6월 4일부터 시행한다.

10 국가테러대책위원회 및 테러대책실무위원회 운영규정

[시행 2017.8.23.] [국무조정실훈령 제107호, 2017.8.23., 일부개정]

제1장 총칙

제1조 목적 ★

이 규정은 「국민보호와 공공안전을 위한 테러방지법」(이하 "법"이라 한다) 제5조 및 같은 법 시행령(이하 "시행령"이라 한다) 제3조부터 제5조에 따라 국가테러대책위원회(이하 "대책위원회"라 한다)와 테러대책실무위원회(이하 "실무위원회"라 한다)의 운영에 관하여 필요한 사항을 정함을 목적으로 한다.

제2장 국가테러대책위원회

제2조 기능 ★★

① 대책위원회는 법 제5조 제3항에 따라 다음 각호의 사항을 **심의·의결한다**.
  1. 대테러활동에 관한 **국가의 정책 수립 및 평가**에 대한 사항
  2. 국가 대테러 기본계획 등 **중요 중장기 대책 추진** 사항
  3. 관계기관의 대테러활동 **역할 분담·조정**이 필요한 사항
  4. 그 밖에 위원장 또는 위원이 **대책위원회에서 심의·의결이 필요하다고 제의하는 사항**
② 대책위원회는 시행령 제4조, 제5조, 제16조, 제18조, 제22조, 제26조, 제28조, 제31조, 제35조부터 제37조, 제41조에 따라 다음 각호의 사항을 **심의·의결한다**.

1. 대책위원회 **회의의 공개 여부**에 관한 사항
2. **대책위원회 운영**에 관한 사항
3. **실무위원회 운영**에 관한 사항
4. **대화생방테러 특수임무대 설치·운영**에 관한 사항
5. **대테러특공대 설치·운영**에 관한 사항
6. **군 대테러특수임무대 설치·운영**에 관한 사항
7. 테러경보 발령 및 테러경보에 따른 **관계기관 조치**에 관한 사항
8. 국가 중요행사 **대테러·안전대책 기구 편성·운영**에 관한 사항
9. 테러취약요인 사전제거 비용의 한도, 세부기준, 지급방법 및 절차 등에 관한 사항
10. 테러신고 **포상금 세부 지급 기준**에 관한 사항
11. 테러피해 **복구비 금액**에 관한 사항
12. 테러피해 **치료비** 및 **복구비 지급 결정**에 관한 사항
13. 테러피해 지원금 한도, 세부기준, 지급방법, 절차 등에 관한 사항
14. **특별위로금 지급 결정**에 관한 사항
15. 특별위로금 **세부기준, 지급방법, 절차**에 관한 사항
16. 테러피해 지원금 및 특별위로금 **지급 제한**에 관한 사항

제3조 　 대책위원회 소집 등 ★

① 대책위원회 회의는 시행령 제4조 제1항에 따라 **위원장**이 **필요**하다고 인정할 때 또는 대책위원회 **위원 과반수**의 요청에 따라 **위원장**이 소집한다.

② **위원장**은 회의를 개최하고자 할 때에는 대책위원회 간사인 **대테러센터장**을 통해 회의 개최 **7일 전**까지 회의 **안건, 일시, 장소**를 각 대책위원회 위원에게 **통보하여야** 한다. 다만, 회의를 긴급히 소집할 이유가 있거나 **부득이한 사유**가 있는 경우에는 그러하지 아니한다.

③ **대테러센터장**은 대책위원회 소집전 심의·의결 안건 검토 및 실무 조정 등을 위하여 **실무위원회를 개최할 수 있다.**

제4조 　 위원장의 직무 등 ★

① 국가테러대책위원장(이하 "위원장"이라 한다)은 대책위원회를 대표하고, 위원회 업무를 총괄한다.

② 위원장이 **부득이한 사유** 또는 **궐위**로 인하여 직무를 수행할 수 없을 때에는 **위원장**이 **지명**하는 대책위원회 위원이 그 직무를 대행한다. 단, 위원장이 직무대행자를 **지명할 수 없는 경우** 위원 중 **정부조직법** 제26조 제1항에 규정된 순서에 따라 그 직무를 대행한다.

제5조 **위원의 대리출석 등 ★**

① 대책위원회 위원 중 부득이한 사유가 있는 때에는 해당 **위원**이 **지명한 자**를 **대리출석**하게 할 수 있으며, 이 경우 **대리출석**한 공무원은 **의결권**을 가진다.

> 위원 중 부득이한 사유가 있는 경우 해당 위원이 지명한 자를 대리출석하게 할 수 있다.
>
> (O) **기출** 11

② 정당한 사유 없이 회의에 **참석**하지 아니하였거나 회의 중에 **퇴장**한 대책위원회 위원은 위원회의 의결사항에 대하여 **이의**를 제기할 수 없다.

제6조 **서면심의**

① 제3조에 따라 회의를 개최하기 어려운 경우 또는 위원장이 서면심의가 필요하다고 인정하는 경우에는 **서면으로** 심의·의결할 수 있다.
② 대책위원회 **위원**은 제1항의 규정에 의하여 서면심의할 경우 별지 양식에 따라 해당 심의안건에 대하여 동의 또는 부동의에 대한 **의견서**를 **제출**하여야 한다.
③ 안건을 서면으로 심의·의결한 때에는 **심의결과**를 각 대책위원회 **위원**에게 **통보**하여야 한다.

제7조 **안건의 종류**

① 심의안건은 **의결안건**과 **보고안건**으로 구분한다.
② 제1항에서 **의결안건**은 대책위원회 회의에 상정되어 토의 등을 거쳐 심의·의결을 구하는 사항으로 제2조 제1항 및 제2항의 각호에 해당하는 사항을 말한다.
③ 제1항에서 **보고안건**은 관계기관 등이 대테러활동에 관하여 대책위원회에 보고하는 사항을 말한다.

제8조 **안건의 제출**

① 안건은 **위원장** 또는 대책위원회 **위원**이 제출할 수 있다. 다만, **위원**이 안건을 제출할 경우에는 **대책위원회 간사**를 **경유**하여야 한다.
② 안건은 다음 각호의 사항을 구비하여 제출하여야 한다.
   1. **의결주문**
   2. **제안이유**
   3. 주요내용
   4. 기타 참고사항 등
③ **위원장**은 **긴급**을 요하거나 **보안유지** 등을 위해 필요한 경우 제3조 제2항 및 제8조 제1항에도 불구하고 **즉석**에서 안건을 **상정**할 수 있다.

| 제9조 | 의견청취 등 |

대책위원회는 필요하다고 인정되는 경우 **전문가** 또는 **참고인**을 출석하게 하여 의견을 듣거나 관계기관 등에 대하여 관련 자료 및 의견의 제출 등 필요한 협조를 요청할 수 있다.

| 제10조 | 회의결과의 이행 ★ |

① **위원장**은 대책위원회 **간사**를 통해 대책위원회에서 심의·의결된 사항에 대하여 **관계기관의 장**에게 **통보하여야** 한다.
② 제1항에 따라 통보를 받은 **관계기관의 장**은 통보받은 사항 중 관련 사항을 충실히 이행하고 그 결과를 **대책위원회 간사**를 **경유**하여 **위원장**에게 **보고하여야** 한다.
③ **위원장**은 심의·의결된 사항에 대하여 원활한 이행을 위하여 필요하다고 인정하는 경우, **관계기관의 장**에게 그 이행을 **촉구할 수 있다.**

| 제11조 | 위원의 의무 ★ |

대책위원회 위원 및 대책회의에 참석한 자는 회의과정 및 그 밖의 대책위원회와 관련하여 업무 수행상 알게 된 사항 중 **대책위원회 심의·의결**로 **공개**하기로 **결정**한 사항 **이외의 사항을 누설하여서는 아니 된다.**

| 제12조 | 회의록 ★ |

대책위원회 **간사**는 대책위원회 회의 시 다음 각호의 사항을 **회의록**으로 작성하되 시행령 제4조 제3항에 따라 그 내용을 **공개하여서는 아니 되며,** 공개가 필요한 경우 **대책위원회 의결**을 따른다.
  1. 대책위원회 **회의의 일시, 장소**
  2. 참석위원 **명단**
  3. **의결 안건** 및 그 **심의 결과**
  4. **보고 안건** 및 그 **주요 내용**
  5. 기타 주요 논의 사항

제3장 테러대책실무위원회

제13조 실무위원회 구성 ★★

① 실무위원회는 **위원장**(이하 "실무위원장"이라 한다), 실무위원회 **위원**, 실무위원회 **간사**로 구성한다.
② **실무위원장**은 시행령 제5조 제2항에 따라 **대테러센터장**이 된다.
③ 실무위원회 위원은 시행령 제5조 제3항에 따라 대책위원회에 참여하는 관계기관 및 소속기관의 고위공무원단에 속하는 일반직 공무원(이에 상당하는 특정직, 별정직 공무원을 포함한다) 중 다음 각호의 자가 된다.
　　1. 기획재정부 비상안전기획관, 외교부 국제기구국장·재외동포영사국장, 통일부 정책기획관, 법무부 출입국정책단장·대검찰청 대테러담당검사(고등검찰청 검사급), 국방부 정책기획관·합참작전1처장·국군기무사령부 방첩처장, 행정안전부 비상안전기획관·재난대응정책관, 산업통상자원부 비상안전기획관, 보건복지부 질병관리본부 긴급상황센터장, 환경부 환경보건정책관, 국토교통부 항공정책관·비상안전기획관, 해양수산부 해운물류국장, 금융위원회 금융정보분석원장, 국가정보원 대테러담당 2급, 대통령경호처 경비안전본부장, 국무조정실 대테러정책관, 관세청 조사감시국장, 경찰청 경비국장, 소방청 119구조구급국장, 해양경찰청 경비국장, 원자력안전위원회 방사선방재국장
　　2. 그 밖에 실무위원장이 지명하는 자
④ **실무위원장**은 안건 심의에 필요한 경우 제3항에 정한 실무위원회 위원 이외의 관계기관 및 소속기관의 고위공무원단에 속하는 일반직 공무원(이에 상당하는 특정직, 별정직 공무원을 **포함**한다)에게 실무위원회 회의 참석을 요청할 수 있다.
⑤ 실무위원회의 사무처리 및 효율적 운영을 지원하기 위해 **실무위원회 간사**를 두며, **간사**는 대테러센터 소속 일반직 공무원(이에 상당하는 특정직, 별정직 공무원을 **포함**한다) 중 **대테러센터장**이 **지정**하는 자로 한다.
⑥ **실무위원장**은 사안에 따라 해당 소관분야 관계기관의 실무위원회 위원을 별도 소집하여 **소위원회**를 개최할 수 있다.

제14조 실무위원회 기능 ★★

실무위원회는 다음 각호의 사항을 처리한다.
　　1. 대책위원회 개최를 위한 **사전 안건 검토·조정**에 관한 사항
　　2. 대책위원회 **심의·의결** 건에 대한 세부 이행에 관한 사항
　　3. 테러 관련 **현안 실무처리 방안**에 관한 사항
　　4. 테러경보 **발령 심의**에 관한 사항
　　5. 그 밖의 실무위원장이 필요하다고 인정하는 사항

제15조　　실무위원회 소집 ★

① 실무위원회 회의는 **실무위원장**이 **필요**하다고 인정한 때에 소집하며, 실무위원회 **위원**은 **실무위원장**에게 회의 소집을 **건의**할 수 있다.

② **실무위원장**은 회의를 개최하고자 할 때에는 회의 개최 **7일 전**까지 회의 **안건, 일시, 장소**를 각 실무위원회 **위원**에게 **통보하여야** 한다.

③ 각 실무위원회 **위원**은 회의 개최 사실을 통보받은 후 소관 업무 관련 사안에 대해 검토하고 그 내용을 **늦어도** 회의 개최 **3일 전**까지 **실무위원장**에게 **제출하여야** 한다.

④ 회의를 긴급히 소집할 이유가 있거나 부득이한 사유가 있는 경우에는 제2항과 제3항의 절차에 따르지 아니할 수 있다.

제16조　　준용 규정

그 밖에 실무위원회 운영에 관한 사항은 대책위원회 운영 규정을 준용한다.

제4장　보칙

제17조　　위임

이 운영규정에 규정한 사항 외에 대책위원회 및 실무위원회의 운영에 관하여 필요한 사항은 시행령 제4조 제4항 및 제5조 제4항에 따라 대책위원회의 의결을 거쳐 위원장이 정한다.

부칙 〈국무조정실훈령 제29호, 2016.7.1.〉

이 운영규정은 대책위원회의 의결이 있은 날부터 시행한다. (2016.7.1. 심의·의결)

부칙 〈국무조정실훈령 제107호, 2017.8.23.〉

제1조(시행일) 이 규정은 공포한 날부터 시행한다.

11 다자간 정상회의의 경호 및 안전관리 업무에 관한 규정

[시행 2014.7.4.] [대통령훈령 제331호, 2014.7.4., 제정]

제1조   목적 ★

이 훈령은 **대한민국에서 개최되는** 다자간 정상회의의 경호 및 안전관리 업무를 효율적으로 수행하기 위하여 「대통령 등의 경호에 관한 법률」 제5조의2 제1항에 따라 설치되는 **경호 · 안전 대책기구**의 구성 및 운영에 필요한 사항을 규정함을 목적으로 한다.

제2조   경호 · 안전 대책기구의 명칭 및 기능 ★★

① 「대통령 등의 경호에 관한 법률」 제5조의2 제1항에 따른 경호 · 안전 대책기구의 명칭은 **경호안전통제단(이하 "통제단"이라 한다)**이라 한다.

> 다자간 정상회의의 경호 및 안전관리 업무를 효율적으로 수행하기 위하여 대통령 등의 경호에 관한 법률에 따라 설치되는 경호 · 안전 대책기구의 명칭은 경호안전통제단이다.
>
> (○) **기출** 17

② **통제단**은 다자간 정상회의의 경호 및 안전관리를 위한 **경호 · 안전종합대책을 수립 · 시행한다.**

제3조   통제단의 부단장 ★★

① 통제단의 **부단장**은 대통령경호실(이하 "경호실"이라 한다) **차장**이 된다.
② 통제단의 부단장은 통제단장을 보좌하고, 통제단장이 **부득이한 사유**로 직무를 수행할 수 없을 때에는 부단장이 그 **직무를 대행**한다.

제4조 하부조직 ★

① **통제단**에 경호안전기획조정실(이하 "기조실"이라 한다)을 두고, **기조실**에 경호작전 본부, 대테러본부, 군작전본부, 경찰작전본부, 소방방재본부 및 해경작전본부를 둔다.

② 기조실장과 경호작전본부장은 **경호실장**이 **지명**하는 공무원으로 하고, 대테러본부장은 **국가정보원장**이, 군작전본부장은 **국방부장관**이, 경찰작전본부장은 **경찰청장**이, 소방 방재본부장은 **소방방재청장**이, 해경작전본부장은 **해양경찰청장**이 각각 **통제단장**과 **협의**하여 **지명**하는 공무원으로 한다.

③ **통제단장**은 효율적인 업무 추진을 위하여 필요한 경우 행정 지원 및 공보·감사·정 보·보안 등의 업무를 담당하는 기구를 설치·운영할 수 있다.

제5조 기조실 ★

기조실은 경호실 소속 공무원 및 관계기관의 소속 공무원 또는 직원을 파견받아 구성하 고, 다음 각호의 업무를 수행한다.

1. **경호·안전계획의 수립, 세부 지침의 수립** 및 **관계 부서에의 부여**
2. 통제단 하부조직의 경호·안전 준비 및 실시 활동의 조정·통제
3. **경호·안전종합상황실의 구성·운영**
4. 항공 통제 및 공중 경호의 총괄 조정·통제
5. 경호·안전 관련 **정보·첩보의 수집** 및 **전파**
6. 공항운영협의회의 운영 계획의 수립·시행
7. 경호·안전 관련 **예산의 편성** 및 **집행의 조정**
8. **행사장 시설의 검측** 및 **식음료 안전관리계획의 수립·시행**
9. 인력 운용 및 교육훈련 계획 등 **경호·안전에 필요한 계획의 수립·시행**
10. 그 밖에 통제단장이 지시하는 업무 및 경호·안전 관련하여 필요한 업무

제6조 경호작전본부

① **경호작전본부는 경호실** 및 관계기관의 소속 공무원을 파견받아 구성하고, 다음 각 호의 사항을 분장한다.

1. 참가국 정상 등의 **신변보호**를 위한 **경호활동의 시행**
2. 행사장별 모든 **작전 요소의 조정·통제**
3. 회의장 및 숙소, 공항, 기동로(機動路) 등에 대한 **세부 경호·안전계획의 수립** 및 **시행**
4. 그 밖에 **통제단장이 지시하는 업무** 및 경호·안전 관련하여 필요한 업무

② **제1항 제1호의 업무**는 통제단의 다른 업무보다 **우선한다.**

제7조　　대테러본부 ★

대테러본부는 **국가정보원** 및 관계기관의 소속 공무원을 파견받아 구성하고, 다음 각호의 사항을 분장한다.
1. 경호·안전 **위해(危害) 정보·첩보의 수집** 및 **분석 지원**
2. 대테러 관련 **업무 조정** 및 **국가보안시설의 관리**
3. 행사장 **테러위험·취약요인의 종합 분석** 및 **대책 강구**
4. 출입국 공항·항만의 대테러 및 경호·안전대책의 지원
5. 경찰 및 군 대테러특공대의 행사 지역 활동에 대한 지원
6. 그 밖에 통제단장이 지시하는 업무 및 경호·안전 관련하여 필요한 업무

제8조　　군작전본부

군작전본부는 **국방부** 및 관계기관의 소속 공무원을 파견받아 구성하고, 다음 각호의 사항을 분장한다.
1. 경호·안전활동에 대한 **군 관련 업무 총괄 및 협조**
2. 경호·안전 **위해 정보·첩보의 수집 및 분석 지원**
3. 북한의 위험요인 분석 및 군사대비태세의 유지
4. 행사장 및 기동로 주변 **거부작전(拒否作戰) 계획의 수립·시행**
5. **해상 및 공중 경호계획의 수립·시행**
6. 경호구역 내의 군부대 또는 군사시설에 대한 안전 조치
7. **화생방 방호대책** 및 의료업무의 지원
8. 검측 및 안전 관련 활동 지원
9. 그 밖에 통제단장이 지시하는 업무 및 경호·안전 관련하여 필요한 업무

제9조　　경찰작전본부

경찰작전본부는 **경찰청** 및 관계기관의 소속 공무원을 파견받아 구성하고, 다음 각호의 사항을 분장한다.
1. 경호·안전 **위해 정보·첩보의 수집 및 분석 지원**
2. 국가 주요시설물 및 **다중이용시설에 대한 치안 활동**
3. 행사장별 또는 구역별 경호경비 세부 운영계획의 수립 및 시행
4. 경호·안전상 필요한 지역에 대한 검측 및 안전유지 지원
5. **연도(沿道) 경호** 및 **취약지역 검문·검색의 실시**
6. 행사장 주변 **집회·시위에 대한 안전관리** 및 **교통관리 대책의 수립·시행**
7. 본대(本隊) 차량 이동 시 경호 지원
8. 행사장 주변 **총포·도검 및 화약류에 대한 안전조치**
9. 그 밖에 통제단장이 지시하는 업무 및 경호·안전 관련하여 필요한 업무

제10조   **소방방재본부**

소방방재본부는 **소방방재청** 및 관계기관의 소속 공무원을 파견받아 구성하고, 다음 각호의 사항을 분장한다.
  1. 행사장의 소방시설, 전기시설, 가스시설 등에 대한 안전관리 및 비상대책의 수립·시행
  2. 화재진압 및 구조대책의 수립·시행
  3. 위험시설물 등에 대한 안전관리대책의 수립 및 시행
  4. 기상재해에 대비한 재난대책의 수립 및 시행
  5. 응급구조사 및 구급장비의 투입 등 의료 지원
  6. 그 밖에 통제단장이 지시하는 업무 및 경호·안전 관련하여 필요한 업무

제11조   **해경작전본부**

해경작전본부는 **해양경찰청** 및 관계기관의 소속 공무원을 파견받아 구성하고, 다음 각호의 사항을 분장한다.
  1. 항구 및 해상 관련 경호·안전 위해 정보·첩보의 수집 및 분석 지원
  2. 항구 및 해상에 대한 검측, 안전활동 및 외사 업무
  3. 해상 비상대피 대책의 수립
  4. 군 지원본부와의 긴밀한 협조체계를 통한 해상에서의 안전활동
  5. 그 밖에 통제단장이 지시하는 업무 및 경호·안전 관련하여 필요한 업무

제12조   **인원의 파견 및 채용 ★**

① **통제단장**은 관계 행정기관 또는 공공단체의 장과의 **협의**를 거쳐 해당 기관 또는 단체의 소속 공무원 또는 직원의 **파견**이나 **겸임**을 **요청**할 수 있다.
② 통제단장은 필요한 경우 예산의 범위에서 관련 분야 전문가나 보조인력을 채용할 수 있다.
③ 제1항에 따라 통제단에 직원을 파견한 **원 소속기관의 장**은 파견 공무원 또는 직원을 파견기간의 **종료 전**에 **복귀**시키려는 경우에는 **통제단장**과 미리 **협의하여야** 한다.

제13조   **보수 등**

① 통제단에 파견된 공무원 또는 직원의 보수는 **원 소속기관**에서 **지급**한다.
② 통제단 소속 하부조직의 운영에 따른 예산 편성과 집행 책임은 원 소속기관에 있으며, 통제단은 필요한 경우 예산의 범위에서 일부 지원할 수 있다.

제14조 경호 · 안전자문위원회 ★

① 다자간 정상회의의 경호 및 안전관리 업무에 관하여 통제단장의 자문에 응하게 하기 위하여 **통제단**에 관계 전문가 등으로 구성된 **경호 · 안전자문위원회**를 둘 수 있다.

② 제1항에 따른 경호 · 안전자문위원회 위원의 위촉 등 경호 · 안전자문위원회의 운영에 필요한 사항은 통제단장이 정한다.

제15조 교육훈련

통제단장 및 **관계기관의 장**은 동원 인력의 임무수행능력의 향상을 위하여 각각 **통합** 교육훈련계획 및 **자체** 교육훈련계획을 **수립 · 시행하여야 한다.**

제16조 운영세칙

이 규정에서 정한 사항 외에 통제단의 운영에 필요한 사항은 **통제단장**이 관계기관의 장과 **협의**하여 정하고, 기조실의 운영에 필요한 사항은 **기조실장**이 정한다.

부칙 〈대통령훈령 제331호, 2014.7.4.〉

이 훈령은 발령한 날부터 시행한다.

12 보안업무규정

[시행 2021.1.1.] [대통령령 제31354호, 2020.12.31., 일부개정]

제1장 총칙

제1조 목적

이 영은 「국가정보원법」 제4조에 따라 **국가정보원**의 직무 중 보안업무 수행에 필요한 사항을 규정함을 목적으로 한다. 〈개정 2020.12.31.〉

제2조 정의 ★

이 영에서 사용하는 용어의 뜻은 다음과 같다. 〈개정 2020.1.14., 2020.7.14., 2020.12.31.〉

1. "**비밀**"이란 「국가정보원법」(이하 "법"이라 한다) 제4조 제1항 제2호에 따른 국가기밀(이하 "국가기밀"이라 한다)로서 이 영에 따라 비밀로 분류된 것을 말한다.

2. "**각급기관**"이란 「대한민국헌법」, 「정부조직법」 또는 그 밖의 법령에 따라 설치된 **국가기관**(군기관 및 교육기관을 포함한다)과 **지방자치단체** 및 「공공기록물 관리에 관한 법률 시행령」 제3조에 따른 **공공기관**을 말한다.

3. "**중앙행정기관등**"이란 「정부조직법」 제2조 제2항에 따른 **부·처·청**(이에 준하는 위원회를 포함한다)과 대통령 소속·보좌·경호기관, **국무총리** 보좌기관 및 **고위공직자범죄수사처**를 말한다.

4. "**암호자재**"란 비밀의 보호 및 정보통신 보안을 위하여 **암호기술**이 적용된 **장치**나 **수단**으로서 Ⅰ급, Ⅱ급 및 Ⅲ급비밀 소통용 암호자재로 구분되는 장치나 수단을 말한다.

제3조　　**보안책임**

다음 각호의 어느 하나에 해당하는 사항을 관리하는 사람 및 관계기관(각급기관과 제33
조 제3항에 따른 관리기관을 말한다. 이하 같다)의 장은 해당 관리대상에 대하여 보안책임
을 진다.
　　1. **국가기밀**에 속하는 문서·자재·시설·지역
　　2. **국가안전보장**에 한정된 국가기밀을 취급하는 인원
[전문개정 2020.12.31.]

제3조의2　　**보안 기본정책 수립 등**

국가정보원장은 보안업무와 관련하여 다음 각호의 업무를 수행한다. 〈개정 2020.1.14.,
2020.12.31.〉
　　1. 보안업무와 관련된 **기본정책의 수립** 및 **제도의 개선**
　　2. 보안업무 수행 기법의 연구·보급 및 표준화
　　3. **전자적 방법**에 의한 보안업무 관련 기술개발 및 보급
　　4. 각급기관의 보안업무가 제1호부터 제3호까지의 사항에 따라 적절하게 수행되는
　　　지 여부의 확인 및 그 결과의 분석·평가
　　5. 제38조 각호의 어느 하나에 해당하는 사고(이하 "보안사고"라 한다)의 예방 등을
　　　위한 다음 각목의 업무
　　　가. 제35조 제1항에 따른 **보안측정**
　　　나. 제36조 제1항에 따른 **신원조사**
　　　다. 제38조에 따른 **보안사고 조사**
　　　라. 그 밖에 대도청(對盜聽) 점검, 보안교육, 컨설팅 등 **각급기관의 보안업무**
　　　　지원
　　6. 삭제 〈2020.12.31.〉
[제목개정 2020.1.14.]
[제6조에서 이동 〈2020.1.14.〉]

제3조의3　　**보안심사위원회**

① **중앙행정기관등**에 비밀의 공개 등 해당 기관의 보안업무 수행에 관한 중요 사항을
　심의하기 위하여 **보안심사위원회를 둔다.** 〈개정 2020.1.14., 2020.12.31.〉
② 제1항에 따른 보안심사위원회의 구성·운영 등에 필요한 세부사항은 **국가정보원장**
　이 정한다.
[제26조에서 이동 〈2020.1.14.〉]

제2장 | 비밀보호 〈신설 2020.1.14.〉

제4조 비밀의 구분 ★★

비밀은 그 **중요성**과 **가치**의 정도에 따라 다음 각호와 같이 구분한다.

1. Ⅰ급비밀 : 누설될 경우 대한민국과 **외교관계가 단절**되고 **전쟁**을 일으키며, 국가의 방위계획·정보활동 및 국가방위에 반드시 필요한 과학과 기술의 개발을 위태롭게 하는 등의 우려가 있는 비밀
2. Ⅱ급비밀 : 누설될 경우 국가안전보장에 **막대한 지장**을 끼칠 우려가 있는 비밀
3. Ⅲ급비밀 : 누설될 경우 국가안전보장에 **해**를 끼칠 우려가 있는 비밀

제5조 비밀의 보호와 관리 원칙

각급기관의 장은 비밀의 작성·분류·취급·유통 및 이관 등의 모든 과정에서 비밀이 **누설**되거나 **유출**되지 아니하도록 **보안대책**을 수립하여 시행하여야 한다. 이 경우 비밀의 제목 등 해당 비밀의 내용을 유추할 수 있는 정보가 포함된 자료는 공개하지 않는다. 〈개정 2020.1.14.〉

제6조

[종전 제6조는 제3조의2로 이동 〈2020.1.14.〉]

제7조 암호자재 제작·공급 및 반납 ★

① **국가정보원장**은 암호자재를 제작하여 필요한 기관에 공급한다. 다만, 국가정보원장이 필요하다고 인정하는 암호자재의 경우 그 암호자재를 사용하는 기관은 **국가정보원장**이 **인가**하는 암호체계의 범위에서 암호자재를 제작할 수 있다. 〈개정 2020.1.14.〉
② 암호자재를 사용하는 기관의 장은 사용기간이 끝난 암호자재를 **지체 없이** 그 **제작기관의 장**에게 **반납**하여야 한다.
③ 국가정보원장은 암호자재 제작 등 암호자재와 관련된 기술을 확보하기 위하여「과학기술분야 정부출연연구기관 등의 설립·운영 및 육성에 관한 법률」제8조 제1항에 따라 설립된 정부출연연구기관으로 하여금 관련 연구개발 및 기술지원을 수행하게 할 수 있다. 〈신설 2020.1.14.〉

제8조 **비밀 · 암호자재의 취급**

비밀은 해당 등급의 비밀취급 인가를 받은 사람만 취급할 수 있으며, **암호자재**는 해당 등급의 비밀 소통용 암호자재취급 인가를 받은 사람만 취급할 수 있다. 〈개정 2020.1.14.〉
[제목개정 2020.1.14.]

제9조 **비밀 · 암호자재취급 인가권자** ★

① Ⅰ급비밀취급 인가권자와 Ⅰ급 및 Ⅱ급비밀 소통용 암호자재취급 인가권자는 다음 각호와 같다. 〈개정 2017.7.26., 2018.12.4., 2020.1.14., 2020.7.14., 2020.8.4.〉
   1. 대통령
   2. 국무총리
   3. 감사원장
   4. **국가인권위원회 위원장**
   4의2. 고위공직자범죄수사처장
   5. **각 부 · 처의 장**
   6. **국무조정실장, 방송통신위원회 위원장, 공정거래위원회 위원장, 금융위원회 위원장, 국민권익위원회 위원장**, 개인정보보호위원회 위원장 및 **원자력안전위원회 위원장**
   7. 대통령 비서실장
   8. 국가안보실장
   9. 대통령경호처장
   10. 국가정보원장
   11. **검찰총장**
   12. 합동참모의장, 각군 참모총장, **지상작전사령관** 및 **육군제2작전사령관**
   13. 국방부장관이 지정하는 각군 부대장
② Ⅱ급 및 Ⅲ급비밀취급 인가권자와 Ⅲ급비밀 소통용 암호자재취급 인가권자는 다음 각호와 같다. 〈개정 2020.12.31.〉
   1. 제1항 각호의 사람
   2. 중앙행정기관등인 **청**의 장
   3. **지방자치단체**의 장
   4. 특별시 · 광역시 · 도 및 특별자치시 · 특별자치도의 **교육감**
   5. 제1호부터 제4호까지의 사람이 지정한 기관의 장

[제목개정 2020.1.14.]

제10조 비밀 · 암호자재취급의 인가 및 인가해제 ★

① 비밀취급 인가권자는 비밀을 취급하거나 비밀에 접근할 사람에게 해당 등급의 비밀취급을 인가하고, 필요한 경우에는 인가 등급을 변경한다.

② 비밀취급 인가는 인가 대상자의 직책에 따라 필요한 **최소한**의 인원으로 **제한**하여야 한다.

③ **비밀취급** 인가를 받은 사람이 다음 각호의 어느 하나에 해당하는 경우에는 그 인가를 **해제해야 한다.** 〈개정 2020.1.14., 2020.12.31.〉

　1. **고의** 또는 **중대한 과실**로 보안사고를 저질렀거나 이 영을 위반하여 **보안업무**에 **지장**을 주는 경우

　2. 비밀취급이 **불필요**하게 되었을 경우

④ 암호자재취급 인가권자는 비밀취급 인가를 받은 사람 중에서 암호자재취급이 필요한 사람에게 해당 등급의 비밀 소통용 암호자재취급을 인가하고, 필요한 경우에는 인가 등급을 변경한다. 이 경우 **암호자재취급 인가 등급**은 **비밀취급 인가 등급보다 높을 수 없다.** 〈신설 2020.1.14.〉

⑤ **암호자재취급** 인가를 받은 사람이 다음 각호의 어느 하나에 해당하는 경우에는 그 인가를 해제해야 한다. 〈신설 2020.1.14.〉

　1. 비밀취급 **인가가 해제**되었을 경우

　2. 암호자재와 관련하여 **보안사고**를 저질렀거나 이 영을 위반하여 **보안업무**에 **지장**을 주는 경우

　3. 암호자재의 취급이 **불필요**하게 되었을 경우

⑥ 비밀취급 및 암호자재취급의 인가와 인가 등급의 변경 및 인가 해제는 **문서**로 하여야 하며, 직원의 인사기록사항에 그 사실을 포함하여야 한다. 〈개정 2020.1.14.〉

[제목개정 2020.1.14.]

제11조 비밀의 분류

① 비밀취급 인가를 받은 사람은 인가받은 비밀 및 그 이하 등급 비밀의 분류권을 가진다.

② 같은 등급 이상의 비밀취급 인가를 받은 사람 중 직속 상급직위에 있는 사람은 그 하급직위에 있는 사람이 분류한 비밀등급을 조정할 수 있다.

③ 비밀을 생산하거나 관리하는 사람은 비밀의 작성을 완료하거나 비밀을 접수하는 즉시 그 비밀을 분류하거나 재분류할 책임이 있다. 〈개정 2020.1.14.〉

제12조　**분류원칙 ★**

① 비밀은 적절히 보호할 수 있는 **최저등급**으로 분류하되, **과도**하거나 **과소**하게 분류해서는 **아니 된다**.

② 비밀은 그 자체의 내용과 가치의 정도에 따라 분류하여야 하며, 다른 비밀과 관련하여 분류해서는 **아니 된다**.

③ 외국 정부나 국제기구로부터 접수한 비밀은 그 **생산기관**이 필요로 하는 정도로 보호할 수 있도록 분류하여야 한다.

제13조　**분류지침**

각급기관의 장은 비밀 분류를 통일성 있고 적절하게 하기 위하여 **세부 분류지침**을 작성하여 시행하여야 한다. 이 경우 **세부 분류지침은 공개하지 않는다**. 〈개정 2020.1.14.〉

제14조　**예고문 ★**

제12조에 따라 분류된 비밀에는 「공공기록물 관리에 관한 법률」 제33조 제1항에 따른 비밀 **보호기간** 및 **보존기간**을 **명시**하기 위하여 예고문을 기재하여야 한다.

제15조　**재분류 등**

① 비밀을 **효율적**으로 **보호**하기 위하여 비밀등급 또는 예고문 변경 등의 **재분류**를 한다.

② 비밀의 **재분류**는 그 **비밀의 예고문**에 따르거나 **생산자의 직권**으로 한다. 다만, **다음 각호**의 어느 하나에 해당하는 경우에는 예고문의 비밀 보호기간 및 보존기간과 **관계없이** 비밀을 파기할 수 있다.

　1. 전시·천재지변 등 긴급하고 **부득이한 사정**으로 비밀을 계속 보관할 수 없거나 **안전**하게 **반출**할 수 없는 경우

　2. **국가정보원장의 요청**이 있는 경우

　3. 비밀 재분류를 통하여 예고문에 따른 파기 시기까지 계속 보관할 필요가 없게 된 경우로서 해당 비밀취급 인가권자의 **사전 승인**을 받은 경우

③ 외국 정부나 국제기구로부터 접수된 비밀 중 예고문이 없거나 기재된 예고문이 비밀 관리에 적당하지 아니하다고 인정되는 경우에는 **접수한 기관의 장**이 그 비밀을 **최대한** 보호할 수 있는 범위에서 재분류할 수 있다.

제16조　표시 ★

비밀은 그 취급자 또는 관리자에게 경고하고 비밀취급 인가를 받지 아니한 사람의 접근을 방지하기 위하여 **분류**(재분류를 포함한다. 이하 같다)**와 동시에 등급**에 따라 구분된 **표시를 하여야** 한다.

제17조　비밀의 접수 · 발송 ★

① 비밀을 접수하거나 발송할 때에는 그 비밀을 **최대한 보호**할 수 있는 방법을 이용하여야 한다.
② 비밀은 **암호화**되지 아니한 상태로 정보통신 수단을 이용하여 접수하거나 발송해서는 아니 된다. 〈개정 2020.1.14.〉
③ 모든 비밀을 접수하거나 발송할 때에는 그 사실을 확인하기 위하여 **접수증을 사용**한다.

제18조　보관

비밀은 도난 · 유출 · 화재 또는 파괴로부터 보호하고 비밀취급 인가를 받지 아니한 사람의 접근을 방지할 수 있는 적절한 시설에 보관하여야 한다.

제19조　출장 중의 비밀 보관 ★

비밀을 휴대하고 출장 중인 사람은 비밀을 안전하게 보호하기 위하여 **국내 경찰기관** 또는 **재외공관**에 **보관**을 **위탁**할 수 있으며, 위탁받은 기관은 그 비밀을 보관하여야 한다.

제20조　보관책임자

각급기관의 장은 소속 직원 중에서 이 영에 따른 비밀 보관업무를 수행할 **보관책임자**를 임명하여야 한다.

제21조　비밀의 전자적 관리

① **각급기관의 장**은 **전자적 방법**을 사용하여 비밀을 관리할 수 있으며, 이를 위하여 전자적 비밀관리시스템을 **구축 · 운영할 수 있다.** 〈개정 2020.1.14.〉
② **각급기관의 장**은 제1항에 따라 비밀을 관리할 경우 **국가정보원장**이 안전성을 확인한 **암호자재**를 사용하여 비밀의 위조 · 변조 · 훼손 및 유출 등을 방지하기 위한 **보안대책**을 마련하여 시행하여야 한다.
③ **국가정보원장**은 관리하는 비밀이 적은 각급기관이 공동으로 활용할 수 있도록 **통합 비밀관리시스템을 구축 · 운영할 수 있다.** 〈신설 2020.1.14.〉

제22조　**비밀관리기록부** ★

① 각급기관의 장은 비밀의 작성·분류·접수·발송 및 취급 등에 필요한 모든 관리사항을 기록하기 위하여 **비밀관리기록부**를 작성하여 갖추어 두어야 한다. 다만, **Ⅰ급비밀관리기록부는 따로 작성**하여 갖추어 두어야 하며, 암호자재는 **암호자재 관리기록부**로 관리한다.

② 비밀관리기록부와 암호자재 관리기록부에는 모든 비밀과 암호자재에 대한 보안책임 및 보안관리 사항이 정확히 기록·보존되어야 한다.

제23조　**비밀의 복제·복사 제한** ★

① 비밀의 일부 또는 전부나 암호자재에 대해서는 모사(模寫)·타자(打字)·인쇄·조각·녹음·촬영·인화(印畵)·확대 등 그 원형을 재현(再現)하는 행위를 할 수 없다. 다만, 다음 각호의 구분에 따른 비밀의 경우에는 그러하지 아니하다.

1. Ⅰ급비밀 : 그 **생산자의 허가**를 받은 경우

2. Ⅱ급비밀 및 Ⅲ급비밀 : 그 생산자가 특정한 제한을 하지 아니한 것으로서 해당 등급의 비밀취급 인가를 받은 사람이 **공용(共用)으로 사용**하는 경우

3. **전자적 방법**으로 관리되는 비밀 : 해당 비밀을 **보관**하기 위한 용도인 경우

② **각급기관의 장**은 보안업무의 효율적인 수행을 위하여 필요하다고 인정되는 경우에는 **해당 비밀의 보존기간 내**에서 제1항 단서에 따라 그 **사본**을 제작하여 보관할 수 있다.

③ 제2항에 따라 비밀의 **사본**을 **보관**할 때에는 그 예고문이나 비밀등급을 **변경해서는 아니 된다**. 다만, 「공공기록물 관리에 관한 법률 시행령」 제68조 제6항에 따라 비밀을 재분류하는 경우에는 그러하지 아니하다.

④ 비밀을 복제하거나 복사한 경우에는 그 원본과 **동일한** 비밀등급과 예고문을 기재하고, **사본 번호**를 매겨야 한다.

⑤ 제4항에 따른 예고문에 재분류 구분이 "파기"로 되어 있을 때에는 파기 시기를 원본의 **보호기간**보다 앞당길 수 있다. 〈개정 2020.1.14.〉

제24조　**비밀의 열람** ★

① 비밀은 해당 등급의 비밀취급 인가를 받은 사람 중 그 비밀과 **업무상 직접 관계**가 있는 사람만 열람할 수 있다.

② 비밀취급 인가를 받지 아니한 사람에게 비밀을 열람하거나 취급하게 할 때에는 **국가정보원장**이 정하는 바에 따라 **소속기관의 장**(비밀이 군사와 관련된 사항인 경우에는 국방부장관)이 미리 열람자의 인적사항과 열람하려는 비밀의 내용 등을 확인하고 열람 시 비밀 보호에 필요한 자체 보안대책을 마련하는 등의 **보안조치**를 하여야 한다. 다만, **Ⅰ급비밀의 보안조치**에 관하여는 **국가정보원장과 미리 협의**하여야 한다.

제25조   비밀의 공개 ★

① **중앙행정기관등의 장**은 다음 각호의 어느 하나에 해당하는 사유가 있을 때에는 그가 생산한 비밀을 제3조의3에 따른 **보안심사위원회의** 심의를 거쳐 공개할 수 있다. 다만, **I 급비밀의 공개**에 관하여는 **국가정보원장과 미리 협의해야** 한다. 〈개정 2020.1.14., 2020.12.31.〉

   1. **국가안전보장**을 위하여 국민에게 **긴급히** 알려야 할 필요가 있다고 판단될 때
   2. **공개함**으로써 국가안전보장 또는 국가이익에 **현저한 도움**이 된다고 판단될 때
② 공무원 또는 공무원이었던 사람은 **법률에서 정하는 경우를 제외**하고는 소속기관의 장이나 소속되었던 기관의 장의 승인 없이 비밀을 공개해서는 아니 된다.

제26조

[종전 제26조는 제3조의3으로 이동 〈2020.1.14.〉]

제27조   비밀의 반출 ★

비밀은 보관하고 있는 시설 밖으로 반출해서는 아니 된다. 다만, **공무상 반출**이 필요할 때에는 **소속기관의 장의 승인**을 받아야 한다.

제28조   안전 반출 및 파기 계획

관계기관의 장은 비상시에 대비하여 비밀을 안전하게 반출하거나 파기할 수 있는 계획을 수립하고, 소속 직원에게 주지(周知)시켜야 한다. 〈개정 2020.12.31.〉

제29조   비밀문서의 통제

각급기관의 장은 비밀문서의 접수·발송·복제·열람 및 반출 등의 통제에 필요한 규정을 따로 작성·운영할 수 있다.

제30조   비밀의 이관

비밀은 **일반문서보관소**로 이관해서는 아니 된다. 다만, 「공공기록물 관리에 관한 법률」 제33조 제2항 및 같은 법 시행령 제68조에 따라 **기록물관리기관**으로 이관하는 경우에는 그러하지 아니하다.

제31조   비밀 소유현황 통보

① **각급기관의 장은 연 2회** 비밀 소유 현황을 조사하여 **국가정보원장에게 통보하여야** 한다. 〈개정 2020.1.14.〉
② 제1항에 따라 **조사 및 통보된 비밀 소유현황은 공개하지 않는다.** 〈신설 2020.1.14.〉

제3장

국가보안시설 및 국가보호장비 보호 〈신설 2020.1.14.〉

제32조 **국가보안시설 및 국가보호장비 지정**

① **국가정보원장**은 파괴 또는 기능이 침해되거나 비밀이 누설될 경우 전략적 · 군사적으로 막대한 손해가 발생하거나 국가안전보장에 연쇄적 혼란을 일으킬 우려가 있는 시설 및 항공기 · 선박 등 중요 장비를 각각 국가보안시설 및 국가보호장비로 지정할 수 있다.

② **국가정보원장**은 관계 중앙행정기관등 및 지방자치단체의 장과 **협의**하여 제1항에 따라 국가보안시설 및 국가보호장비를 지정하는 데 필요한 기준(이하 "**지정기준**"이라 한다)을 마련해야 한다. 〈개정 2020.12.31.〉

③ 전력시설 및 항공기 등 국가정보원장이 정하는 국가안전보장에 중요한 시설 또는 장비의 보안관리상태를 감독하는 기관의 장은 해당 시설 또는 장비가 지정기준에 부합한다고 판단할 경우 국가정보원장에게 해당 시설 또는 장비를 제1항에 따라 국가보안시설 또는 국가보호장비로 지정해줄 것을 요청해야 한다.

④ 국가정보원장은 제3항에 따른 지정 요청을 받은 경우 지정기준에 부합하는지를 심사하여 해당 시설 또는 장비의 국가보안시설 또는 국가보호장비 지정 여부를 결정하고, 그 결과를 요청 기관의 장에게 통보해야 한다.

⑤ **국가정보원장**은 제1항부터 제4항까지의 규정에 따라 지정된 국가보안시설 또는 국가보호장비의 보안관리상태를 감독하는 기관(이하 "**감독기관**"이라 한다)의 장과 **협의**하여 **지정기준**을 **수정 · 보완**할 수 있다.

[본조신설 2020.1.14.]
[종전 제32조는 제34조로 이동 〈2020.1.14.〉]

제33조 **국가보안시설 및 국가보호장비 보호대책의 수립**

① **국가정보원장**은 국가보안시설 및 국가보호장비를 보호하기 위하여 국가보안시설 및 국가보호장비 보호대책(이하 "**기본 보호대책**"이라 한다)을 **수립해야** 한다.

② **감독기관의 장**은 기본 보호대책에 따라 소관 분야의 국가보안시설 및 국가보호장비에 대한 보호대책(이하 "**분야별 보호대책**"이라 한다)을 **수립 · 시행해야** 한다.

③ 국가보안시설 또는 국가보호장비를 관리하는 기관(이하 "**관리기관**"이라 한다)의 장은 **감독기관의 장**이 수립한 **분야별 보호대책**에 따라 해당 시설 및 장비에 대한 세부 보호대책(이하 "**세부 보호대책**"이라 한다)을 **수립 · 시행해야** 한다.

④ **국가정보원장과 감독기관의 장**은 **관리기관의 장**이 기본 보호대책 및 분야별 보호대책을 이행하고 있는지 확인하고, 필요한 조치를 요청할 수 있다.

⑤ **국가정보원장**은 기본 보호대책의 수립을 위하여 **관리기관의 장**에게 필요한 자료의 제공을 요청할 수 있다.

⑥ 분야별 보호대책 및 세부 보호대책의 수립 및 시행에 필요한 세부사항은 **국가정보원장**이 정한다.

[본조신설 2020.1.14.]

[종전 제33조는 제36조로 이동 〈2020.1.14.〉]

제34조 보호지역

① **각급기관의 장과 관리기관 등의 장**은 국가안전보장에 관련되는 인원·문서·자재·시설의 보호를 위하여 필요한 장소에 일정한 범위의 **보호지역**을 설정할 수 있다. 〈개정 2020.1.14.〉

② 제1항에 따라 설정된 **보호지역은 그 중요도에 따라 제한지역, 제한구역 및 통제구역으로 나눈다.** 〈개정 2020.1.14.〉

> 보호지역은 제한지역, 제한구역, 통제지역, 통제구역으로 구분할 수 있다.
>
> (×) **기출수정** 17

보호지역의 설정 대상(보안업무규정 시행규칙 제53조)

영 제34조 제1항에 따라 보호지역으로 설정할 수 있는 일반적 대상은 다음 각호와 같다. 〈개정 2020.3.17.〉

1. 통합비밀보관실
2. 암호실
3. 중앙통제실
4. 삭제 〈2020.3.17.〉
5. 종합상황실
6. 통신실
7. 전산실
8. 군사시설
9. 무기고
10. 그 밖에 보안상 특별한 통제가 요구되는 지역 또는 시설

[제목개정 2020.3.17.]

보호지역의 구분(보업무규정 시행규칙 제54조)

① 영 제34조 제2항에 따른 제한지역, 제한구역 및 통제구역이란 각각 다음 각호의 지역 또는 구역을 말한다. 〈개정 2020.3.17.〉

1. 제한지역 : 비밀 또는 국·공유재산의 보호를 위하여 울타리 또는 방호·경비인력에 의하여 영 제34조 제3항에 따른 승인을 받지 않은 사람의 접근이나 출입에 대한 감시가 필요한 지역

   제한지역은 비인가자가 비밀, 주요시설 및 Ⅲ급 비밀 소통용 암호자재에 접근하는 것을 방지하기 위하여 안내를 받아 출입하여야 하는 지역을 말한다.   (×) 기출 17

2. 제한구역 : 비인가자가 비밀, 주요시설 및 Ⅲ급 비밀 소통용 암호자재에 접근하는 것을 방지하기 위하여 안내를 받아 출입하여야 하는 구역

   제한구역은 비밀 또는 국·공유재산의 보호를 위하여 울타리 또는 방호·경비인력에 의하여 영 제34조 제3항에 따른 승인을 받지 않은 사람의 접근이나 출입에 대한 감시가 필요한 구역을 말한다.   (×) 기출수정 17

3. 통제구역 : 보안상 매우 중요한 구역으로서 비인가자의 출입이 금지되는 구역

   통제구역은 보안상 매우 중요한 구역으로서 비인가자의 출입이 금지되는 구역을 말한다.   (○) 기출 17

② 보호지역에 대해서는 영 제34조 제3항에 따른 승인을 받지 않은 사람의 접근이나 출입을 제한하거나 금지할 수 있는 보안대책을 수립·시행하여야 하며, 제한구역 및 통제구역에는 그 구역의 기능 및 구조에 따라 다음 각호의 대책이 마련되어야 한다. 〈개정 2020.3.17.〉

1. 출입할 수 있는 사람의 지정과 비인가자에 대한 출입통제대책
2. 주야간 경계대책
3. 외부로부터의 투시, 도청 및 파괴물질의 투척 방지 대책
4. 방화대책
5. 경보대책
6. 그 밖에 필요한 보안대책

[제목개정 2020.3.17.]

보호지역의 설정 방침(보안업무규정 시행규칙 제55조)

제한구역 및 통제구역의 설정은 필요한 최소한의 범위로 제한되어야 한다.

[제목개정 2020.3.17.]

③ **보호지역**에 접근하거나 출입하려는 사람은 **각급기관의 장 또는 관리기관 등의 장의 승인**을 받아야 한다. 〈개정 2020.1.14.〉

④ 보호지역을 관리하는 사람은 제3항에 따른 승인을 받지 않은 사람의 보호지역 접근이나 출입을 제한하거나 금지할 수 있다. 〈개정 2020.1.14.〉

[제목개정 2020.1.14.]

[제32조에서 이동, 종전 제34조는 제37조로 이동 〈2020.1.14.〉]

제35조   보안측정

① **국가정보원장**은 보안사고를 예방하기 위하여 국가보안시설, 국가보호장비 및 보호지역에 대하여 **보안측정**을 한다.

② 제1항에 따른 **보안측정**은 국가정보원장이 **직권**으로 하거나 관계기관의 장의 **요청**에 따라 한다. 〈개정 2020.12.31.〉

③ 국가정보원장은 보안측정을 위하여 관계기관에 필요한 협조를 요구할 수 있다.

④ 보안측정의 절차 및 내용 등에 관하여 필요한 세부 사항은 **국가정보원장**이 정한다.

[전문개정 2020.1.14.]

제35조의2   보안측정 결과의 처리

① **국가정보원장**은 보안측정 결과 및 개선대책을 해당 **관계기관의 장에게 통보한다.** 〈개정 2020.12.31.〉

② 제1항에 따라 보안측정 결과 및 개선대책을 통보받은 **관계기관의 장**은 이를 성실히 이행해야 한다. 〈개정 2020.12.31.〉

③ **국가정보원장과 각급기관의 장**은 **관리기관의 장**이 제1항에 따른 개선대책을 이행하고 있는지 확인하고, 필요한 조치를 요청할 수 있다.

[전문개정 2020.1.14.]

[제37조에서 이동 〈2020.1.14.〉]

제4장 ┃ 신원조사 〈신설 2020.1.14.〉

제36조 신원조사

① **국가정보원장**은 제3조 제2호에 해당하는 사람의 **충성심·신뢰성** 등을 확인하기 위하여 **신원조사를 한다.** 〈개정 2020.12.31.〉

② 삭제 〈2020.12.31.〉

③ **관계기관의 장**은 다음 각호에 해당하는 사람에 대하여 **국가정보원장**에게 신원조사를 **요청해야 한다.** 〈개정 2020.1.14., 2020.12.31.〉

1. 공무원 임용예정자(국가안전보장에 한정된 국가기밀을 취급하는 직위에 임용될 예정인 사람으로 한정한다)

2. 비밀취급 인가예정자

3. 삭제 〈2020.1.14.〉

4. 국가보안시설·보호장비를 관리하는 기관 등의 장(해당 국가보안시설 등의 관리 업무를 수행하는 소속 직원을 포함한다)

5. 삭제 〈2020.12.31.〉

6. 그 밖에 다른 법령에서 정하는 사람이나 각급기관의 장이 **국가안전보장**을 위하여 필요하다고 인정하는 사람

[제33조에서 이동, 종전 제36조는 삭제 〈2020.1.14.〉]

제37조 신원조사 결과의 처리

① **국가정보원장**은 신원조사 결과 국가안전보장에 해를 끼칠 정보가 있음이 확인된 사람에 대해서는 **관계기관의 장**에게 그 사실을 **통보하여야** 한다.

② 제1항에 따라 통보를 받은 관계기관의 장은 신원조사 결과에 따라 필요한 **보안대책**을 **마련하여야** 한다.

[제목개정 2020.1.14.]

[제34조에서 이동, 종전 제37조는 제35조의2로 이동 〈2020.1.14.〉]

제5장 보안조사 〈신설 2020.1.14.〉

제38조 보안사고 조사

국가정보원장은 다음 각호의 어느 하나에 해당하는 사고가 발생한 경우 사고원인 규명 및 재발방지 대책 마련을 위하여 **보안사고 조사를 한다.**

1. 비밀의 누설 또는 분실
2. 국가보안시설·국가보호장비의 파괴 또는 기능 침해
3. 제34조 제3항에 따른 승인을 받지 않은 보호지역 접근 또는 출입
4. 그 밖에 제1호부터 제3호까지에 준하는 사고로서 국가정보원장이 정하는 사고

[전문개정 2020.1.14.]

제38조의2 보안사고 조사 결과의 처리

① 국가정보원장은 제38조에 따른 보안사고 조사의 결과를 해당 기관의 장에게 **통보한다.**

② 제1항에 따라 보안사고 조사 결과를 통보받은 기관의 장은 조사 결과와 관련하여 필요한 조치를 하고, **조치 결과를 국가정보원장에게 통보해야** 한다.

[본조신설 2020.1.14.]

제6장 중앙행정기관등의 보안감사 〈개정 2020.12.31.〉

제39조 보안감사

중앙행정기관등의 장은 이 영에서 정한 인원·문서·자재·시설·지역 및 장비 등의 보안관리상태와 그 적정 여부를 조사하기 위하여 **보안감사를 한다.** 〈개정 2020.12.31.〉

제40조 정보통신보안감사

중앙행정기관등의 장은 정보통신수단에 의한 비밀의 누설방지와 정보통신시설의 보안 상태를 조사하기 위하여 **정보통신보안감사를 한다.** 〈개정 2020.12.31.〉

제41조 　감사의 실시

① 제39조에 따른 **보안감사**와 제40조에 따른 **정보통신보안감사**는 **정기감사**와 **수시감사**로 구분하여 한다.
② 정기감사는 **연 1회**, 수시감사는 필요에 따라 수시로 한다.
③ 보안감사와 정보통신보안감사를 할 때에는 보안상의 취약점이나 개선 필요 사항의 발굴에 중점을 둔다.

제42조 　보안감사 결과의 처리

① **중앙행정기관등의 장**은 제39조에 따른 **보안감사** 및 제40조에 따른 **정보통신보안감사**의 **결과**를 **국가정보원장**에게 **통보해야** 한다. 〈개정 2020.12.31.〉
② 중앙행정기관등의 장은 제39조에 따른 보안감사 및 제40조에 따른 정보통신보안감사의 결과와 관련하여 보안상의 취약점이나 개선 필요 사항을 확인한 경우에는 재발 방지 및 개선을 위하여 필요한 조치를 하고, 그 조치 결과를 국가정보원장에게 통보해야 한다. 〈개정 2020.12.31.〉

[전문개정 2020.1.14.]

제7장 　보칙 〈신설 2020.1.14.〉

제43조 　보안담당관

각급기관의 장은 소속 직원 중에서 이 영에 따른 보안업무를 수행할 **보안담당관**을 **임명하여야** 한다.

제44조 　계엄지역의 보안

① 계엄이 선포된 지역의 보안을 위하여 **계엄사령관**은 이 영에도 불구하고 **특별한 보안조치**를 할 수 있다.
② 계엄사령관이 제1항에 따라 특별한 보안조치를 하려는 경우 평상시 보안업무와의 연계성을 고려하여 필요하다고 인정할 때에는 **미리 국가정보원장**과 **협의하여야** 한다.

제45조   권한의 위탁

① **국가정보원장**은 제36조에 따른 **신원조사**와 관련한 권한의 일부를 **국방부장관**과 **경찰청장**에게 **위탁**할 수 있다. 〈개정 2020.1.14., 2020.12.31.〉

② **국가정보원장**은 필요하다고 인정할 때에는 **각급기관의 장**에게 제35조에 따른 **보안 측정** 및 제38조에 따른 **보안사고 조사**와 관련한 권한의 일부를 **위탁**할 수 있다. 다만, 국방부장관에 대한 위탁은 국방부 본부를 제외한 합동참모본부, 국방부 직할 부대 및 직할기관, 각군, 「방위사업법」에 따른 방위산업체, 연구기관 및 그 밖의 군사보안대상의 보안측정 및 보안사고 조사로 한정한다. 〈개정 2020.12.31.〉

③ **국가정보원장**은 필요하다고 인정할 때에는 제2항에 따라 권한을 위탁받은 **각급기관 의 장**에게 보안측정 및 보안사고 조사 결과의 통보를 요구할 수 있다. 〈개정 2020.12.31.〉

④ **국가정보원장**은 제21조 제3항에 따른 **통합 비밀관리시스템의 구축·운영을 관계 중앙행정기관등의 장에게 위탁**할 수 있다. 〈신설 2020.1.14., 2020.12.31.〉

제46조   고유식별정보의 처리

① **국가정보원장**은 법 제5조 제2항에 따라 보안업무에 필요한 조사 업무를 수행하기 위하여 불가피한 경우 「개인정보보호법 시행령」 제19조 제1호 또는 제4호에 따른 **주민등록번호** 또는 **외국인등록번호**가 포함된 자료를 처리할 수 있다. 〈신설 2020.12.31.〉

② **관계기관의 장**은 다음 각호의 사무를 수행하기 위하여 불가피한 경우 「개인정보보 호법 시행령」 제19조 제1호 또는 제4호에 따른 주민등록번호 또는 외국인등록번호 가 포함된 자료를 처리할 수 있다. 〈개정 2020.1.14., 2020.12.31.〉

   1. 제34조 제3항에 따른 **보호지역** 접근·출입 승인에 관한 사무

   2. 제36조에 따른 **신원조사**에 관한 사무

부칙 〈대통령령 제28211호, 2017.7.26.〉 〈행정안전부와 그 소속기관 직제〉

제1조(시행일) 이 영은 공포한 날부터 시행한다. 다만, 부칙 제8조에 따라 개정되는 대통령령 중 이 영 시행 전에 공포되었으나 시행일이 도래하지 아니한 대통령령을 개정 한 부분은 각각 해당 대통령령의 시행일부터 시행한다.

제2조부터 제7조까지 생략

제8조(다른 법령의 개정)
①부터 〈379〉까지 생략
〈380〉 보안업무규정 일부를 다음과 같이 개정한다.

제9조 제1항 제9호를 다음과 같이 한다.
9. 대통령경호처장
〈381〉부터 〈388〉까지 생략

부칙 〈대통령령 제29321호, 2018.12.4.〉 (작전사령부령)

제1조(시행일) 이 영은 2019년 1월 1일부터 시행한다.

제2조 생략

제3조(다른 법령의 개정)
①부터 ⑪까지 생략
⑫ 보안업무규정 일부를 다음과 같이 개정한다.
　　제9조 제1항 제12호 중 "육군의 1ㆍ3군 사령관 및 2작전사령관"을 "지상작전사령관
　　및 육군제2작전사령관"으로 한다.
⑬부터 ⑯까지 생략

제4조 생략

부칙 〈대통령령 제30352호, 2020.1.14.〉

제1조(시행일) 이 영은 공포 후 1개월이 경과한 날부터 시행한다.

제2조(보안측정 결과의 처리에 관한 적용례)
제35조의2 제3항의 개정규정은 이 영 시행 이후 국가정보원장이 보안측정을 하는 경우
부터 적용한다.

제3조(보안사고 조사 결과의 처리에 관한 적용례)
제38조의2 제2항의 개정규정은 이 영 시행 이후 국가정보원장이 보안사고를 조사하는
경우부터 적용한다.

제4조(보안감사 결과의 처리에 관한 적용례)
제42조 제2항의 개정규정은 이 영 시행 이후 중앙행정기관의 장이 보안감사 또는 정보
통신보안감사를 하는 경우부터 적용한다.

제5조(국가보안시설 및 국가보호장비에 관한 경과조치)
이 영 시행 당시 국가보안시설 및 국가보호장비로 지정된 시설 및 장비는 각각 제32조의
개정규정에 따라 지정된 국가보안시설 및 국가보호장비로 본다.

제6조(보호지역에 관한 경과조치)
이 영 시행 당시 종전의 제32조에 따라 설정된 보호구역은 제34조의 개정규정에 따라
설정된 보호지역으로 본다.

제7조(다른 법령의 개정)
① 국제항해선박 및 항만시설의 보안에 관한 법률 시행령 일부를 다음과 같이 개정한다.
　　제5조 제1호 중 "「보안업무규정」 제36조에 따라 보호장비로"를 "「보안업무규정」
　　제32조에 따라 국가보호장비로"로 한다.
　　제8조 중 "「보안업무규정」 제37조"를 "「보안업무규정」 제35조"로 한다.
② 원자력시설 등의 방호 및 방사능 방재 대책법 시행령 일부를 다음과 같이 개정한다.
　　제17조 제3항 중 "「보안업무규정」 제36조"를 "「보안업무규정」 제35조"로 한다.
　　제18조 제2항 중 "「보안업무규정」 제37조 또는 제38조"를 "「보안업무규정」 제35조
　　또는 제38조"로 한다.

부칙 〈대통령령 제30833호, 2020.7.14.〉 (고위공직자범죄수사처 설치에 따른 15개 대통령령의 일부개정에
관한 대통령령)
　이 영은 2020년 7월 15일부터 시행한다.

부칙 〈대통령령 제30895호, 2020.8.4.〉 (개인정보보호위원회 직제)
제1조(시행일) 이 영은 2020년 8월 5일부터 시행한다.

제2조부터 제4조까지 생략

제5조(다른 법령의 개정)
①부터 ③까지 생략
④ 보안업무규정 일부를 다음과 같이 개정한다.
　　제9조 제1항 제6호 중 "국민권익위원회 위원장"을 "국민권익위원회 위원장, 개인정
　　보보호위원회 위원장"으로 한다.
⑤부터 ⑦까지 생략

부칙 〈대통령령 제31354호, 2020.12.31.〉

제1조(시행일) 이 영은 2021년 1월 1일부터 시행한다.

제2조(신원조사에 관한 경과조치) 이 영 시행 당시 신원조사가 진행 중인 경우에는 제36조 및 제45조 제1항 단서의 개정규정에도 불구하고 종전의 규정에 따라 신원조사를 한다.

부 록
경호학 시험장 합격비기

나는 <u>암기한다</u>. 고로 나는 <u>합격한다</u>. (○)

01 경호학과 경호

1 경호의 개념 [기출] 21 · 20 · 19 · 18 · 17 · 16 · 15 · 13 · 11

형식적 의미의 경호	• 경호관계법규에 규정된 현실적인 경호기관을 기준으로 하여 정립된 개념이다. • 실정법상 경호기관의 권한에 속하는 일체의 경호작용을 의미한다. • 실정법 · 제도 · 기관 중심적 관점에서 이해한 것이다. • 「대통령 등의 경호에 관한 법률」에서의 경호는 형식적 의미의 경호개념이다.
실질적 의미의 경호	• 경호활동의 본질 · 성질 · 이론적인 입장에서 이해한 것으로, 학문적인 측면에서 고찰된 개념이다. • 수많은 경호작용 중에서 공통적인 특성을 추상화한 개념이다. • 경호대상자의 절대적 신변안전을 보호하기 위하여 모든 사용 가능한 수단과 방법을 동원한다. • 경호대상자(피경호자)에 대한 신변 위해요인을 사전에 방지 또는 제거하기 위한 제반활동이다. • 경호주체(국가기관, 민간기관, 개인, 단체 불문)가 경호대상자를 보호하는 모든 활동을 말한다. • 모든 위험과 곤경(인위적 · 자연적 위해)으로부터 경호대상자를 안전하게 보호하기 위한 제반활동이다.

2 각 기관별 경호개념 [기출] 14 · 08

한국 대통령경호처	경호를 "경호대상자의 생명과 재산을 보호하기 위하여 신체에 가하여지는 위해(危害)를 방지하거나 제거하고, 특정 지역을 경계 · 순찰 및 방비하는 등의 모든 안전활동"이라고 함 [기출] 23 · 22 · 20 · 19 · 17 · 16 · 02 · 01 · 99
한국 경찰기관	경호는 "정부요인 · 국내외 주요 인사 등 경호대상자의 신변에 대하여 직 · 간접으로 가해지려는 위해를 방지하기 위하여 위험요소를 사전에 제거하고 경호대상자의 안전을 도모하는 경찰작용"임
미국 비밀경호대(SS)	경호를 "실질적이고 주도면밀한 범행의 성공기회를 최소화하는 작용"이라고 함
일본의 요인경호대(SP)	경호를 "신변에 위해가 있을 경우 국가 공공 안녕질서에 영향을 줄 우려가 있는 자에 대하여 그 신변의 안전을 확보하기 위한 경찰활동"이라 함

대 상	甲(A)호 경호	국왕 및 대통령과 그 가족, 외국의 원수 등
	乙(B)호 경호	수상, 국회의장, 대법원장, 헌법재판소장, 이와 대등한 지위에 있는 외국인사 등
	丙(C)호 경호	경찰청장 또는 경호기관의 장이 필요하다고 인정하는 주요 인사
장 소	행사장경호	행사장은 일반군중과 가까우므로 완벽한 경호가 필요
	숙소경호	체류기간이 길고, 야간경호를 해야 함
	연도경호 (노상경호)	연도경호는 세부적으로 교통수단에 의해 분류됨(육로경호 · 철도경호)
성 격	공식경호 (1호 · A호)	경호관계자의 사전 통보에 의해 계획 · 준비되는 공식행사 때에 실시하는 경호
	비공식경호 (2호 · B호)	경호관계자 간의 사전 통보나 협의절차 없이 이루어지는 비공식행사 때의 경호
	약식경호 (3호 · C호)	일정한 방식에 의하지 않고 실시하는 경호(출 · 퇴근 시 일상적으로 실시하는 경우)
경호 수준	1(A)급 경호	행차보안이 사전에 노출되어 경호위해가 증대된 상황하의 각종 행사와 국왕 및 대통령 등 국가원수급의 1등급 경호대상으로 결정된 국빈행사의 경호
	2(B)급 경호	행사 준비 등의 시간적 여유 없이 갑자기 결정된 상황하의 각종 행사와 수상급의 경호대상으로 결정된 국빈행사의 경호
	3(C)급 경호	사전에 행사 준비 등 경호조치가 거의 전무한 상황하에서 이루어지는 것으로서 장관급의 경호대상으로 결정된 국빈행사의 경호
직접 · 간접	직접경호	행사장에 인원과 장비를 배치하여 물적 · 인적 · 자연적 위해요소를 배제하기 위한 경호
	간접경호	평상시의 치안 및 대공활동, 국제정세를 포함한 안전대책작용 등의 경호

경계개념에 의한 경비의 분류

정(正)비상경계	국가적 중요행사를 전후한 일정기간 또는 비상사태 발생의 징후가 예견되거나 고도의 경계가 필요한 때 실시하는 경계
준(準)비상경계	각종 행사일을 전후한 일정기간 또는 비상사태 발생의 징후는 희박하나 불안전한 사태가 계속되며 비상사태가 발생할 우려가 있는 경우에 집중적인 경계가 요구될 때 실시하는 경계

경계대상에 의한 경비의 분류 기출 20 · 17 · 10 · 05

특수경비	총포·도검·폭발물 기타 총기류에 의한 인질, 살상 등 사회의 이목을 끄는 중요범죄 등의 사태로부터 발생할 위해를 예방·경계·진압함으로써 국민의 생명·신체·재산을 보호하고 공공의 안녕과 질서를 유지하는 작용을 의미
중요시설경비	시설의 재산, 문서에 대한 비인가자의 접근을 방지하고 간첩, 태업, 절도 기타 침해행위에 대해 예방·경계·진압하는 경비작용을 의미
치안경비	공공의 안녕과 질서를 문란케 하는 경비사태에 대한 경비부대의 활동으로서 경비사태를 예방·경계·진압하는 경비작용을 의미
혼잡경비	경기대회, 기념행사 등의 미조직 군중의 혼란 또는 혼란에 의하여 발생하는 예측불가능한 사태를 예방·경계·진압하는 작용을 의미
재해경비	천재, 지변, 홍수, 화재, 태풍, 지진, 폭설 등 재해에 의한 예측불허의 돌발사태로부터 발생할 위해를 예방·경계·진압함으로써 국민의 생명·신체·재산을 보호하고 공공의 안녕과 질서를 유지하는 작용을 의미

5 경비수단의 주요 원칙

균형의 원칙	한정된 경비력을 가지고 최대의 효과를 발휘할 수 있도록 상황과 대상에 따라서 유효적절하게 부대를 배치하여 실력행사를 실행하는 것을 의미
위치의 원칙	경비사태에 있어 실력행사를 함에 있어서 상대방보다 유리한 지점과 위치를 신속하게 확보·유지하는 것을 의미
적시성의 원칙	상대방의 기세와 힘이 가장 허약한 시점을 포착하여 그때를 기준으로 하여 집중적인 강력한 실력행사를 감행하는 것을 의미
안전의 원칙	경비사태 발생 시 경비병력이나 군중들을 사고 없이 안전하게 진압해야 한다는 것을 의미

6 경호경비 관련법의 제정 연도 [기출] 18·16·13

경찰관직무집행법(1953.12.14.)
⇩
청원경찰법(1962.4.3.)
⇩
대통령경호실법(1963.12.14. 제정 / 2008.2.29. '대통령 등의 경호에 관한 법률'로 개칭)
⇩
전직대통령 예우에 관한 법률(1969.1.22.)
⇩
용역경비업법(1976.12.31. 제정 / 1999.3.31. '경비업법'으로 개칭)
⇩
국민보호와 공공안전을 위한 테러방지법(2016.3.3.)

7 경호경비 관련법의 제정 목적 [기출] 21 · 20 · 08 · 05

- 대통령 등의 경호에 관한 법률 : 대통령 등의 경호에 관한 법률은 대통령 등에 대한 경호를 효율적으로 수행하기 위하여 경호의 조직 · 직무범위와 그 밖에 필요한 사항을 규정함을 목적으로 한다.
- 전직대통령 예우에 관한 법률 : 전직대통령(前職大統領)의 예우에 관한 사항을 규정함을 목적으로 한다.
- 대통령경호안전대책위원회규정 : 대통령 등의 경호에 관한 법률 제16조에 따른 대통령경호안전대책위원회의 구성 및 운영에 관하여 필요한 사항을 규정함을 목적으로 하고 있다.

8 경호의 법원 [기출] 22 · 21

성문법원	헌법, 법률, 조약 및 국제법규, 명령 · 규칙 등은 경호의 성문법원에 해당한다.
불문법원	판례법은 관습법과 더불어 대표적인 경호의 불문법원에 해당한다. 불문법원은 성문법에 대한 보충적 법원이다.

9 신변보호의 일반원칙 [기출] 10 · 09

고도의 경계력 유지 원칙	신변보호활동은 제한된 인원 및 장비, 장애물을 가지고 보이지 않는 고도로 훈련된 공격자들을 사전에 봉쇄하기 위해서는 고도의 경계력이 유지되어야 한다는 원칙이다.
신변보호작용기관 지휘통일의 원칙	신변보호 목표가 성공적으로 달성되기 위해서는 단일 지휘관에 의한 적극적이고 신속한 결단과 지휘명령 하달체계에 의한 일사분란한 행동통일이 필요하다는 원칙이다(지휘단일성 원칙과 유사).
합리적 지역방어 원칙	신변보호대상자를 효과적으로 보호하고 공격자의 직 · 간접적인 공격행위를 사전에 봉쇄하기 위한 원칙이다. 공격자에 대한 대적보다는 신변보호대상자의 대피를 통한 안전확보를 최우선으로 고려한다(방어경호의 원칙과 유사).
과학적 두뇌작용 원칙	신변보호작용에 있어서 발생할 수 있는 각종 위해요소는 대부분 은폐되어 있고 공격자들도 사전에 치밀한 공격준비로 다양한 공격을 하므로 요원들이 이를 방지하기 위해서는 과학적 두뇌작용이 필요하다는 원칙이다(두뇌경호의 원칙과 유사).

일반원칙	3중 경호의 원칙	• 경호대상자가 위치한 집무실이나 행사장으로부터 제1선(내부 – 안전구역), 제2선(내곽 – 경비구역), 제3선(외곽 – 경계구역)으로 구분하여 경호의 행동반경을 거리개념으로 논리전개하는 구조 • 경호대상자가 위치한 지역에서 가장 근거리부터 엄중한 경호를 취하는 순서로 근접경호, 중간경호, 외곽경호로 나누고 그에 따른 요원의 배치와 임무가 부여되는 원칙
	두뇌경호의 원칙	사전에 치밀한 계획을 세우고 준비를 철저히 하여 위험요소를 제거하는 데 중점을 두며, 경호임무 수행 중 긴급하고 위험한 상황이 발생하였을 때에는 고도의 예리하고 순간적인 판단력이 중요시된다는 원칙
	은밀경호의 원칙	경호요원은 은밀하고 침묵 속에서 행동하며 항상 경호대상자의 신변을 보호할 수 있는 곳에 행동반경을 두고 경호에 임해야 한다는 원칙
	방어경호의 원칙	경호란 공격자의 위해요소를 방어하는 행위이지 공격하는 것이 아니라는 원칙
특별원칙	자기담당구역 책임의 원칙	경호원이 배치된 자기담당구역 내에서 일어나는 사태에 대해서는 자신만이 책임을 지고 해결해야 한다는 원칙
	목표물 보존의 원칙	• 경호대상자를 암살자 또는 위해를 가할 가능성이 있는 자로부터 떼어 놓아야 한다는 원칙 • 목표물을 안전하게 보존하기 위해서는 행차 코스의 비공개, 행차 장소의 비공개, 대중에게 노출되는 보행 행차의 가급적 제한 등이 요구됨
	하나의 통제된 지점을 통한 접근의 원칙	• 경호대상자에게 접근할 수 있는 출입구나 통로는 하나만 필요하다는 원칙 • 하나의 통제된 출입구나 통로라 하더라도 접근자는 경호요원에 의하여 인지되고 확인되어야 하며 허가절차를 거쳐 접근토록 해야 함
	자기희생의 원칙	• 경호대상자가 위기에 처했을 때 자기 몸을 희생하여 경호대상자를 보호해야 한다는 원칙 • 경호대상자는 어떠한 상황하에서도 절대적으로 보호되어야 한다는 의미

11 **3중 경호의 원칙** [기출] 22 · 21 · 20 · 15 · 13 · 09

경호대상자의 위치를 중심으로 3선 개념에 따라 체계적으로 실시되어야 한다.

1선	내부	안전구역	근접경호원에 의한 완벽한 통제, 권총 등의 유효사거리를 고려한 건물 내부구역
2선	내곽	경비구역	근접경호원 및 경비경찰에 의한 부분적 통제, 소총 등의 유효사거리를 고려한 울타리 내곽구역
3선	외곽	경계구역	인적 · 물적 · 자연적 취약요소에 대한 첩보 · 경계, 소구경 곡사화기의 유효사거리를 고려한 외곽구역

12 **우발상황 발생 시 기본원칙** [기출] 23 · 21 · 19 · 17

S.C.E 원칙	S.C.E 원칙이란 우발상황 발생 시 경호대상자를 안전하게 보호하기 위해 어떻게 행동하고 조치를 하는 것이 효과적인가를 설명해주는 것으로, 경고(Sound off) ⇨ 방호(Cover) ⇨ 대피(Evacuate)의 순서로 전개된다.
촉수거리의 원칙	위해기도자에 대한 대응은 경호원 중 위해기도자와 가장 가까운 거리에 있는 경호원이 대응해야 한다는 원칙이다. 나아가 경호원이 위해기도자와의 거리보다 경호대상자와의 거리가 더 가깝다면 경호대상자를 방호해서 신속히 현장을 이탈하는 것이 효과적이고, 위해기도자와의 거리가 경호대상자와의 거리보다 더 가깝고 촉수거리에 있다면 과감하게 위해기도자를 제압하는 것이 효과적일 수 있다는 원칙이다.
체위확장의 원칙	우발상황 발생 시 경호원은 엄폐 · 은폐해서는 안 되고, 자신의 몸을 최대한 확장 · 노출시켜 경호대상자에 대한 방호효과를 극대화해야 한다는 원칙이다.

자연방벽 효과의 원리	수평적 방벽효과	• 근접경호원이 경호대상자와 위해기도자의 중간에 위치하여 위해기도자의 공격을 차단할 때, 근접경호원의 위치에 따라 경호대상자의 보호범위와 위해기도자의 이동거리가 달라지는 효과를 말한다. • 위해기도자의 위치가 고정된 경우, 즉 위해기도자의 위치를 아는 경우 수평적 방벽효과는 근접경호원이 위해기도자와 가까이 위치할수록 증가한다. • 경호대상자의 위치가 고정된 경우 수평적 방벽효과는 근접경호원이 경호대상자와 가까이 위치할수록 증가한다.
	수직적 방벽효과	• 위해기도자가 고층건물과 같이 높은 위치에서 공격한다고 가정할 경우, 수직적 방벽효과는 근접경호원이 경호대상자와 가까이 위치할수록 증가한다. • 경호원의 신장의 차이가 수직적 방벽효과에 큰 영향을 미치는 것이다. • 경호원이 경호대상자에 대한 수직적 방벽효과를 극대화하기 위해서는 항상 바른 자세로 똑바로 서서 근무에 임해야 하며, 결코 몸을 움츠리거나 어정쩡한 자세를 취해서는 안 된다.
대응시간의 원리		• 위해기도자의 총기 공격에 대해 근접경호원이 총기로 응사하여 대응하는 것보다 자신의 몸을 이용하여 경호대상자를 보호하는 것이 보다 효과적이라는 원리이다. • 대응시간의 원리는 경호의 원칙 중 방어경호의 원칙이나 자기희생의 원칙과 연결된다.
주의력효과와 대응효과의 역(逆)의 원리		• 주의력은 경호원이 군중(경계대상)의 이상 징후를 포착할 수 있는 능력을 말하는데, 주의력효과는 경호원이 군중(경계대상)과 가까울수록 증가한다. • 대응력은 위해기도에 반응하여 경호대상자를 보호하고 대피시킬 수 있는 경호능력을 말하는데, 대응효과는 경호원이 경호대상자와 가까울수록 증가한다. • 주의력효과와 대응효과는 서로 역의 관계(상반된 관계)이다. 즉, 경호원이 군중(경계대상)과 가까울수록 경호대상자와는 멀어지므로 주의력효과는 증가하나 대응효과는 감소한다. 반대로 경호원이 경호대상자와 가까울수록 군중(경계대상)과는 멀어지므로 대응효과는 증가하나 주의력효과는 감소한다.
이격거리의 원리		위해기도자의 접근에 대해서 이를 제지하기 위한 반응시간을 고려하여, 경호요원이 위해기도자의 접근을 효과적으로 제지하기 위해서 군중과 경호대상자는 최소한 4~5m의 거리를 유지해야 한다는 원리이다.

14 우리나라 시대별 경호기관

기출 23 · 22 · 19 · 18 · 17 · 16 · 15 · 14 · 13 · 12 · 11 · 09 · 08 · 02 · 99 · 97

구 분		경호기관
삼 국	고구려	대모달, 말객
	백 제	5부(部), 5방(坊), 위사좌평(경호처장), 병관좌평(국방부장관)
	신라 (통일신라)	시위부, 9서당, 10정, 금군(시위부 소속)
발 해		왕실과 궁중을 지키는 중앙 군사조직 10위(十衛)[남좌우위, 북좌우위를 각각 하나로 보고 8위제로 보는 견해도 있다], 각 위(衛)마다 대장군과 장군을 두어 통솔 • 좌우맹분위(左右猛賁衛), 좌우웅위(左右熊衛), 좌우비위(左右羆衛) : 궁성의 숙위(宿衛)를 담당 • 남좌우위(南左右衛), 북좌우위(北左右衛) : 각각 남위금병(南衛禁兵)과 북위금병(北衛禁兵)의 역할을 담당(추측)
고 려	전 기	중군, 순군부, 내군부 ⇨ 장위부 · 사위사 · 위사사, 내순검군, 중추원, 2군 6위
	무신 집권기	• 도방(경대승, 민간경호) ⇨ 육번도방(최충헌) ⇨ 내외도방(최우) • 교정도감(최충헌 이래 무신정권의 최고 정치기관) • 서방(최우, 공경호), 마별초(최우, 민간경호), 삼별초(최우, 공경호 ⇨ 민간경호)
	후 기	순마소, 순군만호부 ⇨ 사평순위부, 성중애마
조 선	전 기	• 갑사(왕실의 근위병), 의흥친군위(궁성의 시위와 왕의 시종임무) ⇨ 의흥삼군위(의흥삼군부), 10사(궁궐 시위와 성내의 순찰경비를 담당) • 충의위 · 충순위(특권층의 자제들로 구성된 특수부대로 시위임무를 담당) • 별시위 · 내금위 · 내시위(왕의 근시위 임무를 담당하던 친위부대) • 겸사복(주로 왕의 신변보호와 왕궁 호위 및 세자의 호위임무를 수행)
	후 기	• 호위청(인조), 어영군(인조), 어영청(인조) • 금군(효종), 금위영(숙종), 용호영(영조), 숙위소(정조), 장용위 · 장용영(정조)
한말 (갑오경장)	이 전	• 무위소(고종, 궁궐 수비, 친위군) ⇨ 무위영(고종, 친위군) • 친군용호영(왕의 호위부대) • 시위대(신식군대, 궁중시위가 주임무), 친위대(군)(신식군대, 궁궐과 왕의 시위 임무를 담당)
	이 후	경위원, 황궁경위국
대한민국 정부수립	이 전	내무총장, 경무국(지방에는 경무사), 경호부
	이 후	• 경무대경찰서(1949) • 청와대 경찰관파견대(1960) • 중앙정보부 경호대(1961) • 대통령경호실(1963) • 대통령실장 소속 경호처(2008, 차관급) • 대통령경호실(2013, 장관급) • 대통령경호처(2017~, 차관급)

경무대경찰서 (1949)	• 1949년 2월 왕궁을 관할하고 있던 창덕궁경찰서가 폐지되고 경무대경찰서가 신설되면서 경찰이 대통령 경호임무를 담당하게 되었다. 이때, 종로경찰서 관할인 중앙청 및 경무대 구내가 경무대경찰서의 관할구역이 되었다. • 1949년 12월 내무부훈령 제25호에 의하여 경호규정이 제정되면서 최초로 경호라는 용어의 사용과 경호업무의 체제가 정비되었다. • 경무대경찰서는 신설 당시에는 종로경찰서 관할인 중앙청 및 경무대 구내가 관할구역이었으나, 1953년 3월 30일 경찰서 직제의 개정으로 그 관할구역을 경무대 구내로 제한하였다.
청와대 경찰관파견대 (1960)	• 1960년 4 · 19 혁명으로 제1공화국이 끝나고 3차 개헌을 통해 정부형태가 대통령중심제에서 내각책임제로 바뀌면서 국무총리의 지위가 크게 강화됨에 따라 대통령 경호를 담당하던 경무대경찰서가 폐지되고 경무대 지역의 경비업무는 서울시 경찰국 경비과에서 담당하게 되었다. • 1960년 6월 제2공화국이 수립되면서 서울시경 소속으로 청와대 경찰관파견대를 설치하여 경비과에서 담당하던 대통령 경호 및 대통령관저의 경비를 담당하게 하였다.
국가재건최고회의 의장경호대 ↓ 중앙정보부 경호대(1961)	• 1961년 5월 군사혁명위원회가 국가재건최고회의로 발족되면서 국가재건최고회의 의장경호대가 임시로 편성되었다가 중앙정보부로 예속되고, 그 해 9월 중앙정보부 내훈 제2호로 경호규정이 제정 시행되면서 11월 정식으로 중앙정보부 경호대가 발족되었다. • 중앙정보부 경호대의 주요 임무는 국가원수, 최고회의의장 · 부의장, 내각수반, 국빈의 신변보호, 기타 경호대장이 지명하는 주요 인사의 신변보호 등이었다.
대통령경호실(1963) ↓ 대통령실장 소속 경호처 (2008, 차관급) ↓ 대통령경호실 (2013, 장관급) ↓ 대통령경호처 (2017~, 차관급)	• 1963년 제3공화국이 출범하여 대통령경호실법을 제정 · 공포하고 박정희 대통령 취임과 동시에 대통령경호실을 출범시켰다. • 1974년 8 · 15사건을 계기로 '대통령경호경비안전대책위원회'가 설치되고, 청와대 외각경비가 경찰에서 군(55경비대대)으로 이양되었으며, 22특별경호대와 666특공대가 창설되고, 경호행사 시 3중 경호의 원칙이 도입되는 등 조직과 제도가 대폭 보강되었다. • 1981년 '대통령 당선 확정자의 가족의 호위'와 '전직대통령과 그 배우자 및 자녀의 호위'가 임무에 추가되었다. • 2004년 대통령 탄핵안이 가결됨에 따라 대통령 권한대행과 그 배우자에 대한 경호임무를 추가로 수행하였다. • 2008년 2월 29일 '대통령경호실법'은 '대통령 등의 경호에 관한 법률'로 개칭되고 소속도 대통령 직속기관인 대통령경호실에서 대통령실장 소속 경호처로 변경되었다. • 2013년 2월 25일 경호처는 다시 대통령비서실과 독립된 대통령경호실로 환원되고, 지위도 장관급으로 격상되었다. • 2017년 7월 26일 정부조직법 개정으로 대통령경호실은 재개편되어 현재 차관급 대통령경호처가 되었다.

16 대통령경호처의 기능 및 업무

경호처는 기획관리실, 경호본부, 경비안전본부 및 지원본부로 편성되며 경호전문교육을 위한 소속기관으로 경호안전교육원을 두고 있다.

기획관리실	• 국회·예산 등 대외업무와 조직·정원관리 업무 • 미래 경호위협 분석 및 대비
경호본부	• 대통령 행사 수행 및 선발경호활동 • 방한하는 외국정상, 행정수반 등 요인에 대한 경호
경비안전본부	• 대통령실과 주변지역 안전확보를 위한 경비총괄 • 대통령실 내·외곽을 담당하는 군·경 경호부대 지휘 • 국내·외 경호관련 정보수집 및 보안업무 • 행사장 안전대책 강구 및 전직대통령에 대한 경호
지원본부	• 시설관리, 경호차량운행 등 경호행사 지원업무 • 국정업무 통신망 운용 및 과학적 경호시스템 구축, IT장비 개발
경호안전교육원	• 경호안전관리 관련 학술연구 • 직원 교육 및 경호안전 분야 종사하는 공무원에 대한 수탁교육

17 경호조직의 특성 기출 23 · 21 · 20 · 19 · 18 · 17 · 15 · 13 · 12 · 08 · 07

기동성	• 교통수단의 발달과 인구집중현상 · 환경보호, 더 나아가 세계공동체를 향한 외교활동 증대로 고도의 유동성을 띠게 되어 경호조직도 그에 대응하여 높은 기동성을 띤 조직으로 변해가고 있다. • 암살 및 테러의 고도화에 따라 경호장비의 과학화와 이를 지원하기 위한 행정업무의 자동화, 컴퓨터화 등 기동성이 요구되고 있다.
통합성과 계층성	• 경호조직은 전체 구조가 통일적인 피라미드형을 구성하면서 그 조직 내 계층을 이루고 지휘 · 감독 등을 통하여 경호목적을 실현하므로, 경호행사를 직접 담당하는 경호기관의 조직은 다른 부서에 비해 경호집행기관적 성격으로 계층성이 더욱 강조된다. • 경호조직은 기구단위 및 권한과 책임이 분화되어야 하며, 경호조직 내의 중추세력은 권한의 계층을 통하여 분화된 노력을 상호 조정하고 통제함으로써 경호의 목적을 달성할 수 있다.
폐쇄성 (보안성)	• 경호를 완전무결하게 수행하기 위해서는 경호조직의 비공개와 경호기법의 비노출 등 보안성을 높이는 폐쇄성의 특성을 가져야 한다. • 일반적인 공개주의 원칙에도 불구하고 암살자나 테러집단에 알려지지 않도록 기밀성을 유지한다. • 일반적으로 정부조직은 법령주의와 공개주의 원칙에 따르지만, 경호조직에서는 비밀문서로 관리하거나 배포의 일부제한으로 비공개로 할 수 있다.
전문성	• 테러행위의 수법이 지능화 · 고도화되고 있으므로 경호조직에 있어서도 기능의 전문화 내지 분화현상이 광범위하게 나타나고 있다. • 경호조직의 권위는 권력의 힘에 의존하는 데서 탈피하여 경호의 전문성에서 찾아야 한다. • 고도로 전문화된 경호전문가의 양성을 통해 경호조직의 권위를 확립하고, 국민의 이해와 협조 속에서 국민과 함께 하는 경호가 요구된다.
대규모성	• 경호조직은 과거에 비해서 그 기구 및 인원면에서 점차 대규모화 · 다변화되고 있다. • 과학기술의 진보와 더불어 거대정부의 양상은 경호기능의 간접적인 대규모화의 계기가 되었다.

18 경호조직의 (구성)원칙 기출 23·22·21·20·19·18·17·16·14·13·12·07

경호지휘단일성의 원칙	• 지휘 및 통제의 이원화로 인해 파생되는 문제들을 보완하기 위해 명령과 지휘 체계는 반드시 하나의 계통으로 구성해야 한다는 원칙으로, 경호업무가 긴급 성을 요한다는 점에서도 요청된다. • 지휘가 단일해야 한다고 하는 것은 경호기관(요원)은 한 사람의 지휘를 받아야 한다는 뜻이다. 한 걸음 더 나아가서 지휘의 단일이란「하나의 지휘자」라는 의미 외에 하급경호요원은 하나의 상급기관에 대해서만 책임을 진다는 의미가 포함된다.
경호체계통일성의 원칙	경호기관 구조의 정점으로부터 말단까지 상하계급 간에 일정한 관계가 이루어 져 책임과 업무의 분담이 이루어지고, 명령(命令)과 복종(服從)의 지위와 역할 의 체계가 통일되어야 한다는 원칙이다.
경호기관단위작용의 원칙	• 경호의 업무는 성격상 개인적 작용으로 이루어지지 않고 기관단위의 작용으로 기관의 하명에 의해서 이루어진다는 원칙이다. • 기관단위라는 것은 그 경호기관을 지휘하는 지휘자가 있고, 지휘를 받는 하급 자가 있으며, 하급자를 관리하기 위한 지휘권과 장비가 편성되며 임무수행을 위한 보급지원체계를 갖추고 있어야 한다는 의미이다. • 기관단위의 관리와 임무의 수행을 위한 결정은 지휘자만이 할 수 있고, 경호의 성패는 지휘자만이 책임을 지는 것이다.
경호협력성의 원칙	경호조직과 국민과의 협력을 의미하며 완벽한 경호를 위해서는 국민의 절대적 인 협력이 필요하다는 원칙이다.

19 대통령경호안전대책위원회위원 기출 23·22·18·13·11·07

구성(대통령경호안전대책위원회규정 제2조)
대통령경호안전대책위원회(이하 "위원회"라 한다)의 위원은 국가정보원 테러정보통합센터장, 외교부 의전기획관, 법무부 출입국·외국인정책본부장, 과학기술정보통신부 통신정책관, 국토교통부 항공안전정책관, 식품의약품안전처 식품안전정책국장, 관세청 조사감시국장, 대검찰청 공공수사정책관, 경찰청 경비국장, 소방청 119구조구급국장, 해양경찰청 경비국장, 합동참모본부 작전본부 소속 장성급 장교 중 위원장이 지명하는 1명, 국군방첩사령부 소속 장성급 장교 또는 2급 이상의 군무원 중 위원장이 지명하는 1명, 수도방위사령부 참모장과 위원장이 임명 또는 위촉하는 자로 구성한다. 〈개정 2022.11.1.〉

1. 대통령경호처장	안전대책활동에 관한 전반적인 업무를 총괄하며 필요한 안전대책 활동지침을 수립하여 관계부서에 부여
2. 국가정보원 테러정보통합센터장	• 입수된 경호 관련 첩보 및 정보의 신속한 전파·보고 • 위해요인의 제거 • 정보 및 보안대상기관에 대한 조정 • 행사참관 해외동포 입국자에 대한 동향파악 및 보안조치 • 그 밖에 국내·외 경호행사의 지원
3. 외교부 의전기획관	• 입수된 경호 관련 첩보 및 정보의 신속한 전파·보고 • 방한 국빈의 국내 행사 지원 • 대통령과 그 가족 및 대통령 당선인과 그 가족 등의 외국방문 행사 지원 • 다자간 국제행사의 외교의전 시 경호와 관련된 협조 • 그 밖에 국내·외 경호행사의 지원
4. 법무부 출입국·외국인정책본부장	• 입수된 경호 관련 첩보 및 정보의 신속한 전파·보고 • 위해용의자에 대한 출입국 및 체류관련 동향의 즉각적인 전파·보고 • 그 밖에 국내·외 경호행사의 지원
5~6. 삭제	〈2020.4.21.〉
7. 과학기술정보 통신부 통신정책관	• 입수된 경호 관련 첩보 및 정보의 신속한 전파·보고 • 경호임무 수행을 위한 정보통신업무의 지원 • 정보통신망을 이용한 경호관련 위해사항의 확인 • 그 밖에 국내·외 경호행사의 지원
8. 국토교통부 항공안전정책관	• 입수된 경호 관련 첩보 및 정보의 신속한 전파·보고 • 민간항공기의 행사장 상공비행 관련 업무 지원 및 협조 • 육로 및 철로와 공중기동수단 관련 업무 지원 및 협조 • 그 밖에 국내·외 경호행사의 지원
8의2. 식품의약품안전처 식품안전정책국장	• 식품의약품 안전 관련 입수된 첩보 및 정보의 신속한 전파·보고 • 경호임무에 필요한 식음료 위생 및 안전관리 지원 • 식음료 관련 영업장 종사자에 대한 위생교육 • 식품의약품 안전검사 및 그 밖에 필요한 자료의 지원 • 그 밖에 국내·외 경호행사의 지원
9. 관세청 조사감시국장	• 입수된 경호 관련 첩보 및 정보의 신속한 전파·보고 • 출입국자에 대한 검색 및 검사 • 휴대품·소포·화물에 대한 검색 • 그 밖에 국내·외 경호행사의 지원

10. 대검찰청 공공수사정책관	• 입수된 경호 관련 첩보 및 정보의 신속한 전파·보고 • 위해음모 발견 시 수사지휘 총괄 • 위해가능인물의 관리 및 자료수집 • 국제테러범죄 조직과 연계된 위해사범의 방해책동 사전차단 • 그 밖에 국내·외 경호행사의 지원
11. 경찰청 경비국장	• 입수된 경호 관련 첩보 및 정보의 신속한 전파·보고 • 위해가능인물에 대한 동향파악 • 행사 참석자 및 종사자의 신원조사 • 입국체류자 중 위해가능인물에 대한 동향파악 − 삭제 〈2020.4.21.〉 • 행사장·이동로 주변 집회 및 시위관련 정보제공과 비상상황 방지대책의 수립 • 우범지대 및 취약지역에 대한 안전조치 • 행사장 및 이동로 주변에 있는 물적 취약요소에 대한 안전조치 • 행차로 요충지 등에 정보센터 설치·운영 − 삭제 〈2020.4.21.〉 • 총포·화약류의 영치관리와 봉인 등 안전관리 • 불법무기류의 단속 및 분실무기의 수사 • 그 밖에 국내·외 경호행사의 지원
12. 해양경찰청 경비국장	• 입수된 경호 관련 첩보 및 정보의 신속한 전파·보고 • 해상에서의 경호·테러예방 및 안전조치 • 그 밖에 국내·외 경호행사의 지원
13. 소방청 119구조구급국장	• 입수된 경호 관련 첩보 및 정보의 신속한 전파·보고 • 경호임무 수행을 위한 소방방재업무 지원 • 그 밖에 국내외 경호행사의 지원
14. 합동참모본부 작전본부 소속 장성급 장교 중 위원장이 지명하는 1명	• 입수된 경호 관련 첩보 및 정보의 신속한 전파·보고 • 안전대책활동에 대한 육·해·공군업무의 총괄 및 협조 • 그 밖에 국내·외 경호행사의 지원
15. 국군방첩사령부 소속 장성급 장교 또는 2급 이상의 군무원 중 위원장이 지명하는 1명	• 입수된 경호 관련 첩보 및 정보의 신속한 전파·보고 • 군내 행사장에 대한 안전활동 • 군내 위해가능인물에 대한 안전조치 • 행사 참석자 및 종사자의 신원조사 • 경호구역 인근 군부대의 특이사항 확인·전파 및 보고 • 이동로 주변 군시설물에 대한 안전조치 • 취약지에 대한 안전조치 • 경호유관시설에 대한 보안지원 활동 • 그 밖에 국내·외 경호행사의 지원
16. 수도방위사령부 참모장	• 입수된 경호 관련 첩보 및 정보의 신속한 전파·보고 • 수도방위사령부 관할지역 내 진입로 및 취약지에 대한 안전조치 • 수도방위사령부 관할지역의 경호구역 및 그 외곽지역 수색·경계 등 경호 활동 지원 • 그 밖에 국내·외 경호행사의 지원

| 구 분 | 경호객체
(대상자) | 경호주체 | | 유관기관(조직) |
		경호기관	경호요원의 신분	
미 국	전·현직 대통령과 부통령 및 그 직계가족	국토안보부 산하 비밀경호국(SS)	특별수사관	• 연방수사국(FBI) • 중앙정보국(CIA) • 연방이민국(USCIS) • 국가안전보장국(NSA) • 국방정보국(DIA) 등
	영부인 및 그 가족(대통령과 동행 시 SS가 경호), 국무부 장·차관, 외국대사, 기타 요인	국무부 산하 요인경호과	경호요원	
	미국 내 외국정부 관료	국방부 육군성	미육군 경호요원	
	민간인	경찰국, 사설 경호용역업체	경찰관, 사설 경호요원	
영 국	• (여)왕 등 왕실가족 • 총리, 각부의 장관 등	경호국 내 왕실 및 특별요인 경호과	런던수도 경찰청 소속 요인경호본부 (경호국·안 전국·대테 러작전국)	경찰관	• 내무부 보안국(SS, MI5) • 외무부 비밀정보국(부) (SIS, MI6) • 정부통신본부(GCHQ) • 국방정보부(DIS) 등
	영국 내 외교관과 사절단, 의회(국회의사당)	경호국 내 의회 및 외교관 경호과		
독 일	대통령, 수상, 장관, 외국의 원수 등 국빈, 외교사절	연방범죄수사국(청) (BKA) 내 경호안전과	경찰관	• 연방경찰청(BPOL) • 연방정보국(BND) • 연방헌법보호청(BFV) • 군정보국(군방첩대, MAD) 등
프랑스	대통령과 그 가족, 수상, 각부 장관, 기타 국내외 요인	내무부 산하 국립경찰청 소속 요인경호국(SPHP, 구 V.O)	별정직 국가 공무원	• 대테러조정통제실 (UCLAT) • 경찰특공대(RAID) • 내무부 일반정보국(RG) • 국방부 해외안전총국 (DGSE) • 군사정보국(DRM) 등
	대통령과 그 가족, 특정 중요 인물(전직 대통령, 대통령 후보 등)	국방부 산하 국립헌병대 소속 공화국경비대 (GSPR, 관저경비)	국가헌병 경찰(군인)	

	일본천황 및 황족	황궁경찰본부	경찰관	• 공안조사청
일 본	내각총리대신 등	경찰청 경비국 공안 제2과	경호요원	• 내각정보조사실 • 외무성 조사기획국 • 방위청 정보본부 등
	민간인	경찰청, 시설 경비업체	경찰관, 시설 경호요원	

22 경호의 객체 기출 23 · 22 · 21 · 20 · 19 · 18 · 13 · 07 · 01

경호대상(대통령 등의 경호에 관한 법률 제4조)
① 경호처의 경호대상은 다음과 같다.
1. 대통령과 그 가족(배우자와 직계존비속)
2. 대통령 당선인과 그 가족(배우자와 직계존비속)
3. 본인의 의사에 반하지 아니하는 경우에 한정하여 퇴임 후 10년 이내의 전직대통령과 그 배우자. 다만, 대통령이 임기 만료 전에 퇴임한 경우와 재직 중 사망한 경우의 경호 기간은 그로부터 5년으로 하고, 퇴임 후 사망한 경우의 경호 기간은 퇴임일부터 기산(起算)하여 10년을 넘지 아니하는 범위에서 사망 후 5년으로 한다.
4. 대통령권한대행과 그 배우자
5. 대한민국을 방문하는 외국의 국가원수 또는 행정수반(行政首班)과 그 배우자
6. 그 밖에 처장이 경호가 필요하다고 인정하는 국내외 요인(要人)

23   **경호작용의 기본 고려요소** `기출` 23 · 22 · 21 · 20 · 18 · 16 · 15 · 11 · 09

계획수립	모든 형태의 경호임무는 사전에 신중하게 계획되어야 하며, 예기치 않은 변화의 가능성 때문에 경호임무를 계획함에 있어 융통성 있게 수립되어야 한다.
책 임	경호임무는 명확하게 부여되어야 하며, 경호요원들은 각각의 임무형태에 대한 책임이 부과되어야 한다.
자 원	경호대상자를 경호하는 데 소요되는 자원은 경호대상자의 행차, 즉 경호대상자의 대중 앞에서의 노출이나 제반여건에 의해서 필연적으로 노출을 수반하는 행차의 지속시간과 사전 위해첩보 수집 간 획득된 내재적인 위협분석에 따라 결정된다.
보 안	경호대상자와 수행원, 행사 세부일정, 경호경비상황에 관한 보안[정보(註)]의 유출은 엄격히 통제되어야 한다. 경호요원은 이러한 정보를 인가된 자 이외의 사람에게 유출하거나 언급해서는 안 된다.

관리단계	주요 활동	활동 내용	세부 활동
1단계 예방단계 (준비단계)	정보활동	경호환경 조성	법과 제도의 정비, 경호지원시스템 구축, 우호적인 공중(公衆)의 확보(홍보활동)
		정보 수집 및 평가	정보네트워크 구축, 정보의 수집 및 생산, 위협의 평가 및 대응방안 강구
		경호계획의 수립	관계부서와의 협조, 경호계획서의 작성, 경호계획 브리핑
2단계 대비단계 (안전활동단계)	안전활동	정보보안활동	보안대책 강구, 위해동향 파악 및 대책 강구, 취약시설 확인 및 조치
		안전대책활동	행사장 안전확보, 취약요소 판단 및 조치, 검측활동 및 통제대책 강구
		거부작전	주요 감제고지 및 취약지 수색, 주요 접근로 차단, 경호 영향요소 확인 및 조치
3단계 대응단계 (실시단계)	경호활동	경호작전	모든 출입요소 통제 및 경계활동, 근접경호, 기동경호
		비상대책활동	비상대책, 구급대책, 비상시 협조체제 확립
		즉각조치활동	경고, 대적 및 방호, 대피
4단계 학습단계 (평가단계)	학습활동	평가 및 자료 존안 행사	행사결과 평가(평가회의), 행사결과보고서 작성, 자료 존안
		교육훈련	새로운 교육프로그램 준비, 교육훈련 실시, 교육훈련의 평가
		적용 (피드백)	새로운 이론의 정립, 전파, 행사에의 적용

25 **경호임무 수행단계** 기출 21·19·10·08

계획단계 (현장답사)	• 경호임무 수령 후 선발대가 행사장에 도착하기 전의 경호활동이다. • 경호조치를 위한 취약요소 분석, 병력 운용 규모 판단, 기동수단 및 거리를 산정한다. • 주최 측과 협조하여 지리적 여건을 고려하고 진입로, 주통로, 기동수단 및 승·하차 지점을 판단한다.
준비단계	• 경호원이 행사장에 도착한 후부터 행사가 시작되기 전까지의 경호활동으로, 행사장 안전검측, 취약요소 분석, 최종적인 대안이 제시되는 단계이다. • 선발대는 도착 즉시 총괄기능을 담당하는 경호지휘소를 개설·운용하고, 현장답사 를 통해 출발 전에 작성된 분야별 세부계획과 실시 간의 타당성 여부를 재검토한다.
행사(실시)단계	경호대상자가 집무실을 출발해서 행사장에 도착하여 행사를 진행한 후 출발지까지 복귀하는 단계이다.
결산단계 (평가 및 자료 존안단계)	경호행사가 종료되고 경호요원이 행사장을 철수한 후 결과를 보고하는 단계이다.

26 **경호계획 수립 시 유의사항** 기출 09

• 경호규정, 표준 경호경비계획 및 연도경호지침 등을 완전히 숙지한 후 경호계획을 수립한다.
• 사전 현지답사는 가능한 한 도보로 하고 꼭 필요한 장소에 배치 예정될 병력을 표시한다.
• 안전검측을 실시하여 완벽한 계획이 되도록 하며, 계획에 있어서의 통일을 기한다.
• 사전에 관계기관 회의를 개최하여 문제점을 검토한 후 현지 실정에 맞고 실현가능한 경호계획을 수립하
  며 경호계획의 실천·추진상황 등을 계속 확인·점검한다.
• 경호경비원의 수송, 급식 및 숙소에 관한 계획을 세운다.
• 검색장비, 통신장비, 차량 등의 동원 장비에 관한 계획을 검토한다.
• 행사계획의 변경이나 비상사태에 대비하여 예비병력을 확보하는 등 융통성 있는 계획을 세운다.
• 경호원에 대한 교양과 상황에 따른 예행연습의 실시계획을 세운다.
• 책임구역과 책임자를 지정하고, 계획서 도면에 책임의 한계를 명시한다.
• 수립된 계획의 실천·추진사항을 계속적으로 확인하며, 미비한 사항은 즉각 보완하여 변경하여야 한다.
• 해안지역 행차 시의 경호경비에 있어서는 육·해·공의 입체적 경호경비가 이루어지도록 계획을 세운다.
• 경호경비계획에는 그 실시에 착오가 없도록 하며 주관 부서, 행사장 수용능력, 행사장 병력배치, 비상통로
  확보, 비표 패용, 교통통제, 주차장의 관리, 예행연습 등을 포함시킨다.
• 안전에 영향을 미칠 수 있는 악천후 기상, 가능성 있는 위협, 어떤 사람의 불손행위 등과 같은 경호환경을
  극복하기 위해서는 예비 및 우발계획이 준비되어야 한다.

행사일정 및 임무수령에 포함될 사항	• 출발 및 도착 일시, 지역(도착공항 등)에 관한 사항 • 공식 및 비공식 수행원에 관한 사항 • 경호대상자의 신상에 관한 사항 • 의전에 관한 사항 • 방문지역이나 국가의 특성(기후, 지리, 치안 등)에 관한 사항 • 방문지역에서 수행원 등이 숙박할 숙박시설의 명칭과 위치 등에 관한 사항 • 이동수단 및 방법에 관한 사항 • 경호대상자가 참석해야 할 모든 행사와 활동 범위에 관한 사항 • 방문지에서 경호대상자와 접촉하게 되는 의전 관련자, 관료, 기업인 등에 관한 사항 • 방문단과 함께 움직이는 취재진에 관한 사항 • 관련 소요비용에 관한 사항 • 경호안전에 영향을 줄 수 있는 행사주최나 방문국의 요구사항
연락 및 협조체제 구축 시 고려사항	• 기후변화 등의 악천후 시를 고려한 행사스케줄과 행사관계자의 시간계획에 관한 사항 • 모든 행사 장소와 행사에 참석하는 손님, 진행요원, 관련 공무원, 행사위원 등의 명단 • 경호대상자의 행사 참석 범위, 행사의 구체적인 성격 • 경호대상자와 수행원의 편의시설(휴게실, 화장실, 분장실 등) • 행사 시 경호대상자가 관여하는 선물증정식 등 • 취재진의 인가 및 통제상황 등

28 신변보호의 예방작용 수행단계 [기출] 18 · 13 · 10

예견(예측)단계	신변보호대상자에게 영향을 줄 수 있는 각종 장애요소 또는 위해요소에 대하여 정 · 첩보를 수집하고 분석하는 단계
인식(인지)단계	수집된 정 · 첩보 중에서 위해 가능성이 있는지를 확인하고 판단하는 과정으로서 정확하고 신속하며 종합적인 고도의 판단력을 필요로 하는 단계
조사(분석)단계	위해 가능성이 있다고 판단된 위해요소를 추적하고 사실 여부를 확인하는 단계로, 과학적이고 신중한 행동이 요구되는 단계
무력화(억제)단계	예방경호작용의 마지막 단계로서, 이전 단계에서 확인된 실제 위해요소를 차단하거나 무력화하는 단계

29 경호안전작용 [기출] 23 · 22 · 20 · 18 · 17 · 09 · 08 · 07 · 06 · 04 · 99

경호안전작용(두 : 정 · 보 · 안)
경호대상자의 절대안전을 도모하기 위하여 모든 수단과 방법을 이용하여 사전에 각종 위해요소를 탐지 · 봉쇄 · 제거하는 예방업무를 말한다. 경호안전작용은 크게 경호보안작용, 경호정보작용, 안전대책작용으로 구분할 수 있다.

경호정보작용	경호작용의 원천적 사전지식을 생산 · 제공하는 것으로 경호대상자의 신변안전을 위협하는 인적 · 물적 · 지리적 취약요소를 사전에 수집 · 분석 · 예고함으로써 예방경호를 수행하는 활동이다. 경호정보작용은 정확성, 적시성, 완전성의 요건을 구비해야 한다.
경호보안작용	경호와 관련된 인원, 문서, 시설, 지역, 자재, 통신 등에 대하여 불순분자로부터 완벽한 보호대책을 수립하여 지속적으로 보안을 유지해 나가는 작용을 말한다.
안전대책작용	경호대상자 신변의 위해요소를 사전에 제거하는 통합적 안전작용으로, 안전점검, 안전검사, 안전유지를 3대 작용원칙으로 한다.

안전대책작용

의 의			행사지역 내·외부에 산재한 인적·물적·지리적 취약요소에 대한 안전대책 강구, 행사장 내·외곽 시설물에 대한 폭발물 탐지·제거 및 안전점검, 경호대상자에게 제공되는 각종 음식물에 대한 검식작용 등 통합적 안전작용을 말한다.
	위해 요소	인적 위해 요소	경호대상자에게 위해를 가할 소지가 있는 사람
		물적 취약 요소	경호대상지역 주변에 위치하면서 경호대상자에게 직접 위해를 가할 수 있는 인공물이나, 경호대상자에게 위해를 가할 수 있도록 여건을 제공할 수 있는 자연물
		지리적 취약 요소	경호행사장 및 연도주변의 지리적 여건이 경호대상자에게 위해를 가할 수 있는 근거를 제공하는 경우
안전 대책의 3대 작용 원칙	안전점검		폭발물 등 각종 유해물을 탐지·제거하는 활동
	안전검사		이용하는 기구, 시설 등의 안전상태를 검사하는 것
	안전유지		안전점검 및 검사가 이루어진 상태를 계속 유지하기 위해 통제하는 것
안전조치			경호행사 시 경호대상자에게 위해를 줄 수 있는 위해물질을 안전하게 관리하는 것
안전검측			경호대상자에게 위해여건을 제공할 수 있는 자연 및 인공물에 대하여 위해를 가할 수 없는 상태로 전환시키는 작용

30 보안업무의 원칙 `기출` 12

알 사람만 알아야 하는 원칙	보안의 대상이 되는 사실은 전파할 때 전파가 꼭 필요한가 또는 피전파자가 반드시 전달받아야 하는 것인가를 검토하여야 한다(꼭 필요한 사람에게만 전달되어야 한다).
적당성의 원칙	사용자가 필요한 만큼 적당한 양의 정보를 전달하도록 하는 것으로, 정보가 부족하면 임무수행에 장애가 되지만 정보가 너무 많아도 임무수행에 혼란을 줄 수가 있다.
부분화의 원칙	내용과 가치의 정도에 따라 다른 비밀과 관련되지 않게 독립시켜야 한다는 것으로, 한 번에 다량의 비밀이나 정보가 유출되지 않도록 하여야 한다.
보안과 능률의 원칙	보안을 지나치게 강조할 경우 생산된 정보가 사용자에게 제대로 전달되지 않아 정책결정에 사용하지 못할 수 있다는 것으로, 보안과 능률(업무효율)은 반비례 관계가 있으므로 양자의 적절한 조화를 유지하는 방법을 강구해야 한다.

31 정보와 첩보 `기출` 16

구 분	정보(Information)	첩보(Intelligence)
정확성	객관적으로 평가된 정확한 지식	부정확한 견문지식
완전성	특정한 사용목적에 맞도록 평가·분석·종합·해석된 완전한 지식	기초적·단편적·불규칙적·미확인된 지식
적시성	정보사용자가 필요로 하는 때에 제공되어야 하는 적시성이 특히 요구됨	시간에 구애받지 않고 과거와 현재의 것을 불문
사용자의 목적성	사용자의 목적에 맞도록 작성된 지식	사물에 대해 보고 들은 상태 그 자체의 묘사이므로 목적성이 없음
생산과정의 특수성	첩보의 요구·수집 및 정보의 생산·배포 등의 과정을 거치면서 여러 사람의 협동작업을 통하여 생산	단편적이고 개인의 식견에 의한 지식

정보요구단계	정보요구자 측에서의 주도면밀한 계획과 수집범위의 적절성, 수집활동에 대한 적절한 감독 등이 요구되는 단계이다. 정보요구자(정보사용자)가 필요성의 결정에 따라 첩보의 수집활동을 집중 지시하는 단계로서 정보활동의 기초가 된다.
첩보수집단계	수집기관의 수집지시 및 요구에 의해 첩보를 수집하고 이를 지시 또는 요구한 사용자에게 제공하는 단계이다. 즉, 첩보를 수집 · 제공하는 단계이다.
정보생산단계	수집된 첩보를 기록 · 평가 · 조사 · 분석 · 결론 도출과정을 통해 정보로 전환하여 처리하는 단계로서 학문적 성격이 가장 많이 지배되는 단계이다. 즉, 첩보를 정보로 바꾸는 단계이다.
정보배포단계	생산된 정보가 정보를 필요로 하는 정보의 사용권자에게 구두 · 서면 · 도식 등의 유용한 형태로 배포되는 단계이다.

33 비 표 기출 23 · 22 · 21 · 16 · 14 · 06 · 04

비표의 종류	리본, 명찰, 완장, 모자, 배지 등이 있으며, 대상과 용도에 맞게 적절히 운용한다.
비표의 관리	경호대상자에게 위해를 가할 소지가 있는 사람으로서 시국불만자, 신원이 특이한 교포 및 외국인, 일반 요시찰인, 피보안처분자, 공격형 정신분자 등 인적 위해요소를 배제하기 위하여 비표 관리를 한다.
비표의 운용	• 비표를 제작할 때부터 보안에 힘쓰도록 해야 하는데, 비표 분실사고 발생 시에는 즉각 보고하고 전체 비표를 무효화하며, 새로운 비표를 해당자 전원에게 지급한다. • 비표의 종류는 적을수록 좋고 행사 참석자를 위한 비표는 구역별로 그 색상을 달리하면 식별 및 통제가 용이하다. • 비표는 모양이나 색상이 원거리에서도 식별이 용이하도록 단순하고 선명하게 제작하여 사용한다. • 비표는 재생이나 복제가 되어서는 안 된다. • 경호근무자의 경호안전활동 시에도 비표를 운영해야 한다. • 행사장 근무자의 비표는 경호 배치 전 · 교양 시작 후 지급하며, 행사 참석자에게도 행사 당일 배포하여야 한다.

- 검측은 타 업무보다 우선하며, 예외를 불허하고 선 선발개념으로 실시한다.
- 가용 인원 및 장소는 최대한 지원받아 활용한다.
- 범인(적)의 입장에서 설치장소를 의심하며 추적한다.
- 점검은 아래에서 위로, 좌에서 우로 등 일정한 방향으로 체계적으로 점검한다.
- 점과 선에서 실시하되 가까운 곳에서 먼 곳으로, 밖에서 안으로 끝까지 추적한다.
- 통로보다는 양 측면을 점검하고 책임구역을 명확히 구분하여 의심나는 곳은 반복하여 실시한다.
- 검측대상은 외부, 내부, 공중지역, 연도로 구분 실시한다.
- 장비를 이용하되 오감(오관)을 최대한 활용한다.
- 전자제품은 분해하여 확인하고, 확인이 불가능한 것은 현장에서 제거한다.
- 검측인원의 책임구역을 명확하게 하며, 중복되게 점검이 이루어져야 한다.
- 검측은 경호계획에 의거하여 공식행사에서 실시함을 원칙으로 하되, 비공식행사에서는 비노출 검측활동을 실시할 수 있다.
- 회의실, 오찬장, 휴게실 등 경호대상자가 장시간 머물러 있는 곳을 먼저 실시하고, 통로, 현관 등 경호대상자가 움직이는 경로를 순차적으로 실시한다.
- 검측실시 후 현장 확보상태에서 지속적인 안전유지를 한다.
- 행사 직전 반입되는 물품 등은 쉽게 소형 폭발물의 은폐가 가능하므로 계속적인 검측을 실시한다.

35 검 식 [기출] 23 · 22 · 21 · 20 · 18 · 16 · 14

검식업무	경호대상자에게 제공되는 음식물에 대하여 구매, 운반, 저장, 조리 및 제공되는 과정에서 위해요소를 제거하는 업무를 의미한다.
검식활동	• 음식물의 위해성, 위생상태는 물론이고 양과 맛, 모양까지도 확인 대상이다. • 사전에 조리담당 종사자에 대한 신원조사를 실시하여 신원특이자는 배제한다. • 음식물 운반 시에도 철저하게 근접감시를 실시한다. • 행사 당일에는 경호원이 주방에 입회하여 조리사의 동향을 감시한다. • 음식물은 전문요원에 의한 검사를 실시한다. • 식재료는 신선도와 안전 여부에 대해 확인 및 점검한다. • 각종 물품에 대해서도 철저히 검색하고 사용하기 전에는 열탕소독을 실시한다. • 주방종사자들에 대해 위생검사를 실시하여 질병이 있는 자는 미리 제외시킨다.

작전 담당	정보수집 및 분석을 통하여 작전구역별 특성에 맞는 인원 운용계획 작성, 비상대책체제 구축에 주력하며 부가적으로 시간사용계획 작성, 관계관 회의 시 주요 지침사항 · 예상문제점 · 참고사항(기상, 정보 · 첩보) 등을 계획하고 임무별 진행사항을 점검하여 통합 세부계획서 작성 등
출입통제 담당	행사 참석대상 및 성격분석, 출입통로 지정, 본인 여부 확인, 검문검색, 주차장 운용계획, 중간집결지 운용, 구역별 비표 구분, 안전 및 질서를 고려한 시차별 입장계획, 상주자 및 민원인 대책, 야간근무자 등의 통제계획을 작전 담당에게 전달 등
안전대책 담당	안전구역 확보계획 검토, 건물의 안전성 여부 확인, 상황별 비상대피로 구상, 행사장 취약시설물 파악, 비상 및 일반예비대 운용방법 확인, 최기병원(적정병원) 확인, 직시건물(고지) · 공중감시대책 검토 등
행정 담당	출장여비 신청 및 수령, 각 대의 숙소 및 식사장소 선정, 비상연락망 구성 등
차량 담당	출동인원에 근거하여 선발대 및 본대 사용차량 배정, 이동수단별 인원 · 코스 · 휴게실 등을 계획하여 작전 담당에게 전달 등
승 · 하차 및 정문 담당	진입로 취약요소 파악 및 확보계획 수립 후 주요 위치에 근무자 배치, 통행인 순간통제방법 강구, 비상 및 일반예비대 대기장소 확인, 안전구역 접근자 차단 및 위해요소 제거, 출입차량 검색 및 주차지역 안내 등
보도 담당	배치결정된 보도요원 확인, 보도요원 위장침투 차단, 행사장별 취재계획 수립 전파 등
주행사장 내부 담당	경호대상자 동선 및 좌석 위치에 따른 비상대책 강구, 행사장 내의 인적 · 물적 접근 통제 및 차단계획 수립, 정전 등 우발상황에 대비한 각 근무자 예행연습, 행사장의 단일 출입 및 단상 · 천장 · 경호대상자 동선 등에 대한 안전도의 확인, 각종 집기류 최종 점검 등
주행사장 외부 담당	안전구역 내 단일 출입로 설정, 외곽 감제고지 및 직시건물에 대한 안전조치, 취약요소 및 직시지점을 고려한 단상 설치, 경호대상자 좌석과 참석자 간 거리 유지, 방탄막 설치 및 비상차량 운용계획 수립, 지하대피시설 점검 및 확보, 경비 및 경계구역 내 안전조치 강화, 차량 및 공중강습에 대한 대비책 강구 등

구 분	주요 임무(업무)
내부 담당자	• 접견 예상에 따른 대책 및 참석자 안내계획 수립 • 경호대상자 동선 및 좌석 위치에 따른 비상대책 강구 • 행사장 내 인적 · 물적 위해요인 접근통제 및 차단계획 수립 • 정전 등 우발상황을 대비한 각 근무자 예행연습 실시(필요시 방폭요 · 역조명 · 랜턴 · 손전등을 비치) • 경호대상자의 휴게실, 화장실 위치 파악 및 안전점검 실시 • 행사장 내 단상 · 천장 · 각종 집기류를 최종 점검
외부 담당자	• 방탄막 설치 및 비상차량 운용계획 수립 • 경비 및 경계구역 내에 대한 안전조치 강화 • 차량 및 공중강습에 대한 대비책 수립 • 안전구역 내 단일 출입로 설정 • 외곽 감제고지 및 직시건물에 대한 안전조치 실시 • 지하대피시설 점검 · 확보 • 취약요소, 직시시점을 고려하여 단상 · 전시물 등을 설치

개 념	• 선발경호는 경호대상자보다 먼저 경호행사장에 도착하여 위해요소를 점검하고 안전을 확보하는 활동이다. 즉, 임시로 편성된 경호단위를 행사지역에 사전에 파견하여 제반 취약요소에 대한 안전조치를 강구하고 가용한 전 경호요원을 운용하여 경호대상자의 신변안전을 도모하는 일련의 작용을 의미한다. • 선발경호는 예방적 경호요소를 포함하며 완벽한 경호를 위한 준비활동으로 볼 수 있으며, 각종 사고의 가능성을 최소화하는 노력을 의미한다.
역 할	• 행사장소와 주변시설에 대한 자료를 이용하여 행사장에 대한 잠재적 위해요소를 판단하고, 행사장에 대한 인적·물적·지리적 정보를 수집하여 지원요소의 소요를 판단한 후 세부계획을 수립한다. • 각 근무지(자)별로 부여된 임무수행을 위한 활동계획을 세우고 점검활동을 위한 점검리스트를 작성하며, 근무지(자)별 세부 활동계획을 수립한다. • 경호계획서에 근거한 전체 일정과 행사장별 세부일정 등의 기본사항을 확인하고, 이동에 관한 기본계획을 수립한다. • 행사장 폭발물에 대한 안전검측을 실시하고 제반 취약요소를 분석하며 최종적인 대안을 제시한다. • 기동수단 및 승·하차 지점을 판단하고 행사장의 취약요소를 분석하고 안전점검 및 안전대책 판단기준을 설정하며, 행사장 비표 운용, 비상대피로 선정 및 출입자를 통제한다. • 경호계획 최종 확인 및 변동사항 정리, 비상대책 확인 등 종합적인 경호활동을 점검하고, 경호지휘소(상황실)를 운영하며, 변동사항 및 특이사항을 점검한다.

예방성	• 선발경호의 임무이자 경호의 목표라 할 수 있는 예방경호는 위해요소를 사전에 발견해서 제거하고 침투가능성을 거부함으로써 경호행사의 안전을 확보하는 것이다. • 직접적인 위해행위의 가능성뿐만 아니라 간접적인 시설물의 불안전성 및 많은 참석자로 인한 혼잡과 사고의 개연성에 대비한다.
통합성	선발경호에 동원된 모든 부서는 각자의 기능을 100% 발휘하면서 하나의 지휘체계 아래에 통합되어 상호보완적으로 임무를 수행해야 한다.
안전성	• 선발경호의 임무는 당연히 행사장의 안전을 확보하는 일이다. 그러기 위해서는 3중 경호의 원리에 입각해서 행사장을 구역별로 구분하여 그 특성에 맞는 경호조치를 강구하여야 한다. • 행사장의 안전상태는 행사가 종료될 때까지 지속될 수 있어야 한다.
예비성	경호행사가 항상 계획되고 예상된 대로만 진행되지는 않는다. 따라서 선발경호는 사전에 경호팀의 능력과 현지 지형과 상황에 맞는 비상대응계획과 비상대피계획을 수립하여 비상상황에 대비하여야 한다.

출동준비단계	24시간 출동태세 유지, 근무 편성, 출동차량 점검, 기상 및 특이사항 확인 및 전파
임무분석단계	행사 성격 및 특성 고려, 답사계획 수립, 근접경호계획 수립, 행사장 위치 파악, 행·환차로 결정
명령하달단계	행사 일반계획, 경호환경, 차량대형, 행·환차 코스 등 하달, 개인별 임무 부여, 행사장 비상대책 마련, 예행연습 실시
경호실시단계	근접경호원의 출동, 출동준비상태 점검, 기동 간 및 행사장 근접경호 실시
복귀 후 정리단계	차량 및 장비 확인, 행사결과에 대한 토의, 행사결과보고서 작성

사주경계의 의의
경호대상자를 중심으로 한 전 방향에 대한 감시로 직접적인 위해나 자연발생적인 위해요인을 사전에 인지하기 위한 경계활동을 말한다.

사주경계의 대상

인적 경계대상	경호대상자 주변의 모든 인원이 그 지위나 차림새 등에 상관없이 포함되어야 하고, 특히 행사 상황이나 분위기에 어울리지 않는 행동이나 복장을 착용한 사람들을 중점적으로 감시한다.
물적 경계대상	행사장이나 주변의 모든 시설물과 물체가 그 대상이다.
지리적 경계대상	위해기도자가 은폐하기 좋은 장소나 공격하기 용이한 장소가 해당된다.

사주경계요령
• 주위 사물에 대한 위기의식을 가지고 전체적인 상황과 어울리지 않는 부조화 상황을 찾아야 한다.
• 시각의 한계를 염두에 두고 사주경계의 범위를 선정해야 한다.
• 인접해 있는 경호원과 경계범위를 중첩되게 설정한다.
• 경호대상자로부터 가까운 곳에서 먼 곳 순으로 좌우 반복하여 경계를 실시한다.
• 주위경계 시 주위 사람들의 손과 눈을 집중하여 감시한다.
• 더운 날씨에 긴 코트를 입거나 추운 날씨에 단추를 푸는 등의 주변 환경과 어울리지 않는 복장을 착용하고, 주위상황과 어울리지 않게 행동하는 사람을 특히 주의 깊게 관찰한다.
• 위해를 가하려는 자는 심리적으로 대중들 가운데 둘째 열에 위치하는 경우가 많다.
• 복도의 좌우측 문, 모퉁이, 창문 주위 등에 관심을 두고 경계한다.
• 우발상황을 제외하고는 고개를 심하게 돌리지 않는다.
• 위해자는 공격목표 설정 시 목표에 집중하며, 웃지도 않고 몸을 움직이지도 않는다.

- 경호대상자 주위의 일반인에게 불편을 초래하지 않는 범위 내에서 경호원 자신의 활동 공간을 확보하고 경호원 각자 주어진 책임구역에 따라 사주경계를 실시한다.
- 돌발적인 위해 발생 시 인적 방벽을 형성하여 경호대상자를 완벽하게 보호하고, 대적 및 제압보다는 경호대상자를 방호하여 안전한 곳으로 대피시키는 것을 우선으로 해야 한다.
- 우발적인 공격을 당했을 때는 경호대상자에게 위해를 가하지 않을 것이라는 명백한 확신이 서기 전까지는 누구도 경호대상자의 주위에 접근시켜서는 안 된다.
- 경호대상자가 심리적 안정감을 느낄 수 있도록 항상 경호대상자가 볼 수 있는 최근접의 지점에 위치하여야 한다.
- 항상 경호대상자 주위의 모든 사람들의 손을 주의해서 관찰하고, 흉기를 소지하고 있다는 가정하에 대비책을 구상해야 한다.
- 복도, 도로, 계단 등으로 경호대상자를 수행할 때는 공간의 중간으로 유도하여 위해 발생 시 피난 공간을 여유 있게 확보하도록 한다.
- 위해자의 공격 가능성을 줄이고, 공격 시 피해 정도를 최소화하기 위하여 이동 속도를 가능한 한 빠르게 하여야 한다.
- 문을 통과할 경우에는 항상 경호원이 먼저 통과하여 안전을 확인한 후 경호대상자를 통과시켜야 하고, 경호원이 사전에 점검하지 않은 지역이나 장소에는 경호대상자가 절대 접근하지 않도록 한다.
- 도로의 휘어진 부분이나 꺾인 부분, 보이지 않는 공간 등을 통과할 때는 항상 경호원이 먼저 안전을 확인하고 경호대상자가 통과하도록 하여야 한다.
- 이동 속도는 경호대상자의 건강상태, 신장, 보폭 등을 고려하여 정하고, 상황에 따라 속도를 조절할 때는 경호원 상호 간에 연락하여 조절하도록 한다.
- 타 지역으로 이동 전에 경호원은 이동로, 소요시간, 경호대형, 주위의 특이상황, 주의사항 및 경호대상자의 이동 위치를 사전에 경호대상자에게 알려 주어야 한다.
- 경호대상자가 이동 시에는 항상 좌측 전방 경호원의 뒤쪽에서 이동할 수 있도록 사전에 알려 주어야 하고, 좌측 전방 경호원은 경호대상자의 시야를 가리지 않도록 하고 서로 손과 발이 부딪히지 않도록 주의해야 한다.
- 경호대상자가 대중의 가운데 있을 때, 군중 속을 통과하여 걸을 때, 건물 내로 들어갈 때, 공공행사에 참석할 때, 승·하차할 때 특히 위험하다는 것을 염두에 둔다.
- 이동 중 경호원 상호 간에 적절한 수신호나 무선으로 주위상황과 경호대상자의 상태 등을 연락할 수 있도록 한다.
- 이동 중 무기 또는 위해기도자가 시야에 나타나면 위해요인과 경호대상자 사이로 움직여 시야를 차단하고 무기 제압 시에는 총구의 방향에 주의하여 경호대상자 방향으로 향하지 않도록 한다.

근접경호의 특성 기출 23・22・21・20・19・18・15・13・11・10・07・06

노출성	다양한 기동수단과 도보대형에 따라 경호대상자의 행차가 시각적으로 외부에 노출될 뿐만 아니라, 각종 매스컴에 의하여 행사 일정과 장소 및 시간이 대외적으로 알려진 상태에서 업무를 수행해야 하는 특성을 의미
방벽성	근접 도보대형 시 근무자의 체위에 의한 인적 자연방벽효과와 방탄복 및 각종 방호장비를 이용하여 외부의 공격으로부터 방벽을 구축해야 하는 특성을 의미
기동 및 유동성	근접경호는 주로 도보 또는 차량에 의해 기동 간에 이루어지며 행사 성격이나 주변 여건, 장비의 특성에 따라 능동적(유동적)으로 대처해야 하는 특성을 의미
기만성	변칙적인 경호기법으로 차량대형 기만, 기동시간 기만, 기동로 및 기동수단 기만, 승・하차 지점 기만 등으로 위해기도자로 하여금 행사 상황을 오판하도록 실제 상황을 은폐하고 허위 상황을 제공하여 경호의 효율성을 높이려는 특성을 의미
방호 및 대피성	비상사태 발생 시 범인을 대적하여 제압하는 것보다 반사적이고 신속・과감한 행동으로 경호대상자의 방호 및 대피를 우선해야 한다는 특성을 의미

44 **도보이동 간 근접경호의 원칙** 기출 22・21・20・19・18・17・13・11

- 가능한 한 선정된 도보 이동시기 및 이동로는 수시로 변경되어야 하고 이동 시 위험노출 정도를 최소화하기 위해 최단거리 직선통로를 이용하고 주변에 비상차량을 대기시켜 놓도록 한다.
- 근접경호요원은 경호대상자에게 이르는 모든 접근로를 차단하기 위하여 분산되어야 한다.
- 옥외에서 도보이동을 하는 동안 경호대상자의 안전을 위협할 수 있는 차량이나 돌발사태 등에 대비하여 경호대상자의 차량도 근접해서 주행해야 한다.
- 도보이동 시 외부적인 노출도가 크고 방벽효과도 낮아서 불시의 위협이 있을 가능성이 많으므로 도보이동은 가급적 삼가는 것이 좋다.
- 근접경호대형은 전방위에 대한 사주경계와 신변안전을 담보할 수 있는 최소한의 인원으로 형성한다(근접에서 효과적으로 우발상황에 대처할 수 있는 최대한의 인원수는 5~6명이 적당하다).

45 근접경호에서 도보대형 형성 시 고려사항 기출 22 · 21 · 19 · 18 · 12 · 11 · 09 · 04

- 경호대상자의 취향(내성적 · 외향적 · 은둔형 · 과시형)
- 행사장 주변 감제건물의 취약성
- 행사장 사전예방경호 수준(행사장의 안전도 및 취약성)
- 행사의 성격(공식적 · 비공식적)
- 행사 참석자의 수 및 성향(우호적 또는 배타적)
- 근접경호원의 수
- 인적 취약요소와의 이격도
- 물적 취약요소의 위치

46 근접경호대형 기출 22 · 20 · 17 · 16 · 14 · 04

- 다이아몬드(마름모) 대형 : 혼잡한 복도, 군중이 밀집해 있는 통로 등에서 적합한 대형으로 경호대상자의 전후좌우 전 방향을 둘러싸고, 각각의 경호원에게는 기동로에 대해 360° 경계를 할 수 있도록 책임구역이 부여된다.
- 쐐기형 대형 : 무장한 위해자와 직면했을 때 적당한 대형으로, 다이아몬드 대형보다 느슨한 대형이 필요한 상황에서는 3명으로 쐐기형 대형을 형성하며, 다이아몬드 대형과 같이 각각의 경호원에게는 기동로에 대해 360° 경계를 할 수 있도록 책임구역이 할당되어야 한다.
  - 대중이 별로 없는 장소 통과 시, 인도와 좁은 통로 이동 시 유용하다.
  - 한쪽에 인위적 · 자연적 방벽이 있을 때 유용하다.
- 역쐐기형(V자) 대형 : 외부로부터 위협이 없다고 판단되며 안전이 확보된 행사장 입장 시와 대외적인 이미지를 중시하는 경호대상자에게 적합한 도보대형이다.
  - 전방에는 아무런 위협이 없다는 가정하에 경호대상자를 바로 노출시켜 전방에 개방된 대형을 취한다.
  - 후미의 경호원들은 자연스럽게 수행원과 뒤섞여 노출이 되지 않는다.
  - 경호팀장만 경호대상자를 즉각 방호할 수 있는 위치에서 경호 임무를 수행한다.
- 삼각형 대형 : 3명의 경호원이 삼각형 형태를 유지하여 이동하는 도보대형으로 행사와 주위 사람의 성격, 숫자, 주변환경의 여건에 따라서 이동한다.
- 역삼각형 대형 : 진행 방향 전방에 위해 가능성이 있는 경우 취하는 대형으로, 진행 방향의 전방에 오솔길, 곡각지, 통로 등과 같은 지리적 취약점이 있는 경우 유용하다.
- 원형 대형 : 경호대상자가 완전히 경호원에 의해 둘러싸여 있는 인상을 주게 되어 대외적인 이미지는 안 좋을 수 있으나 경호효과가 높은 대형으로, 평상시에는 잘 사용하지 않으나, 군중이 밀려오거나 군중에 둘러싸여 있을 경우와 같은 위험이 예상될 경우에 적합한 대형이다.
- 사다리형 대형 : 경호대상자의 진행 방향을 중심으로 양쪽에 군중이 운집해 있는 도로의 중앙을 이동할 때 적합한 대형으로, 경호대상자를 중심으로 4명의 경호원이 사다리 형태를 유지하며 이동하는 대형이다.

악수 시	• 경호대상자가 불특정 다수인과 악수하는 행위는 최근접 거리에서 신체적 접촉을 하는 관계로 위해의 기회가 가장 많이 노출된다. 따라서 경호원은 최근접하여 경계근무를 강화해야 한다. • 전방 경호원은 악수를 하기 위해 대기하고 있는 사람들의 수상한 행동, 눈빛, 손을 감시하면서 만일의 사태를 대비한다. 후방 경호원은 경호대상자의 최근접에서 악수하는 자와 악수를 마친 자들에 대한 경계근무를 수행하면서 우발상황 발생 시의 방어와 대적업무를 수행하여야 한다.
계단 이동 시	• 일반 도보대형과 동일한 대형을 취하되 경호대상자는 항상 계단의 중앙부에 위치하도록 한다. • 경호대상자가 노약자이거나 여성인 경우에는 계단 측면의 손잡이를 잡고 이동할 수 있도록 하며, 좌 · 우측 중 외부 노출이 적은 쪽의 손잡이를 이용하도록 유도한다. • 계단을 올라갈 때 전방 경호원은 계단이 끝나는 지점에서 평지에 대한 경계와 감시를 하고 안전이 확인된 후에 경호대상자가 올라오게 한 후 정상적인 도보대형을 형성한 후 이동하도록 한다.
에스컬레이터 이용 시	• 에스컬레이터는 사방이 노출되어 있고 이동속도가 느리기 때문에 우발상황 시 대피하기 어려운 면이 있으므로 가능하면 사용하지 않고 계단이나 엘리베이터를 이용하는 것이 안전하다. • 에스컬레이터에서도 걸음을 멈추지 않고 최대한 짧은 시간에 에스컬레이터를 벗어나도록 한다. • 전방 근무자는 이동로를 확보하여 에스컬레이터에서도 이동시간을 단축시킬 수 있도록 한다.
출입문 통과 시	• 문을 통과할 때는 항상 전방 경호원이 문의 상태를 파악하고, 미는 문일 경우 안으로 들어가서 문을 잡고 있어야 하며, 당기는 문일 경우에는 바깥에서 문을 잡아 경호대상자가 안전하게 통과할 수 있도록 하는 등 먼저 문의 안전상태나 위해 여부를 확인한 후 통과한다. • 경호대상자가 문을 통과하기 전에 좌측방 경호원이 먼저 문을 통과하여 들어갈 때는 내부, 나올 때는 외부에 대한 안전도를 확인한 후 경호대상자를 통과시키도록 한다. • 가능하면 회전문을 사용하지 않는 것이 좋다. • 내부 출입자는 내부의 일체 공간에 대한 위해자의 은닉 여부, 내부참석 인원, 독극물의 냄새, 시설상의 문제 등을 오각(五覺)을 통해 확인한다. • 경호대상자가 내부에 머물 때, 동석 이외의 경호원은 불순분자가 내부로 침입하지 않도록 외부에서 출입문에 대한 통제근무와 외부상황에 대한 경계업무를 수행하도록 한다.

엘리베이터 탑승 시	• 가능한 한 일반인과는 별도의 전용 엘리베이터를 이용하는 것이 좋다. • 전용 엘리베이터는 사전에 이동층 표시등, 문의 작동속도, 비상시 작동버튼, 이동속 도, 창문의 여부, 정원, 비상용 전화기 설치 여부와 작동상의 이상 유무를 조사해 두어 야 한다. • 엘리베이터의 문이 열렸을 때 경호대상자가 외부인의 시야에 바로 노출되지 않는 지 역에 위치하도록 하여야 한다. • 문이 열렸을 때 전방 경호원이 내부를 점검하고 목표층을 누르면 경호대상자를 내부 안쪽 모서리 부분에 탑승시킨 후 방벽을 형성하고 경계임무를 수행하도록 한다.
공중화장실 이용 시	• 행사장이나 이동로 주변에 공중화장실을 사전에 파악해두어야 한다. • 공중화장실 이용의 경우 약간 멀더라도 일반인이 많지 않고 격리된 곳이 좋다. • 소변기를 사용할 경우는 문을 열었을 때 바로 경호대상자가 시야에 노출되지 않는 쪽을 사용하도록 하고, 대변기를 사용할 때는 끝 쪽의 벽면이 붙어 있는 곳을 사용하 지 않도록 한다.

48 차량기동 간 사전준비 및 검토할 사항 기출 13 · 10 · 09

• 행차로와 환차로 등 주변 도로망 파악
• 대피소 및 최기병원 선정 등 주변 구호시설의 파악
• 주도로 및 예비도로의 선정
• 도로 및 교통상황의 사전점검(출발지점, 도착지점, 이동 소요시간, 이동형태, 기상, 교통흐름, 신호등
및 교통표지판 등)
• 취약요소(터널 또는 철도건널목, 교차로 및 곡각지, 도로공사장, 시위 및 각종 행사 등) 확인
• 차량대형 및 차종의 선택
• 의뢰자 및 관계자의 차량번호 숙지
• 현지에서 합류되는 차량번호 숙지 등
• 경호대상자의 성향 및 행사 성격 등

49 경호차량의 일반적 선정기준(선정방법) 기출 19 · 14

• 경호차는 경호대상자 차량의 성능에 필적할 만한 차량을 선정해야 한다.
• 경호대상자 차량은 물론이고, 경호차량도 외부의 시선을 집중시키는 차종이나 색상은 지양한다.
• 튼튼한 차체와 가속력을 갖춘 차량이어야 한다.
• 방향전환이 쉽고 엔진의 성능과 가속장치가 좋은 고성능 차량을 선정한다.
• 차체가 강하고 방탄능력이 있는 차량을 선정한다.
• 기만효과를 거두기 위해서는 경호대상자의 차량과 색상 및 외형이 동일하고 유리는 착색하는 것이 좋다.

- 경호대상자의 차량은 색상이 보수적이고 문이 4개인 차량으로 선정하며, 기사는 사전에 신원이 확인된 자로서 사복 무장경찰관이나 경호요원이어야 한다.
- 수행원이 다수일 경우는 버스를 이용하고 신용이 보증된 기사들의 명단을 획득하여 운행시킨다.
- 기사들의 그 지역에 대한 지식의 정도, 차량취급능력 등을 확인하기 위하여 기사와 함께 예정된 행차로를 시험 운행한다.
- 행사 지역의 행사주관부서와 협력하여 수화물 취급을 위한 차량 및 요원을 준비한다.
- 차량기동 간 사전준비 및 검토할 사항으로는 행차로와 환차로 등 주변 도로망 파악, 대피소 및 최기병원 선정 등 주변 구호시설 파악, 주도로 및 예비도로 선정, 차량대형 및 차종 선택, 의뢰자 및 관계자의 차량번호 숙지, 현지에서 합류되는 차량번호 숙지 등이다.
- 경호대상자 차량은 최고 성능의 차량을 선정하고 선도차량과 일정한 간격을 유지하면서 이동하며, 유사 시 선도차량과 같은 방향으로 대피한다.
- 선도경호차량은 행·환차로를 안내하고, 행사시간에 맞게 주행속도를 조절하며, 전방의 각종 상황에 대한 경계임무를 수행한다.
- 후미경호차량은 기동 간 경호대상자 차량의 방호업무와 경호지휘 임무를 수행하고, 후미에 접근하는 차량을 통제하고 추월을 방지하도록 한다.
- 경호대상자는 가장 먼저 차량의 뒷좌석 오른쪽에 탑승하고(뒷좌석에 경호대상자, 경호원 1명일 때), 경호책임자의 안내에 따라 가장 마지막에 하차한다. 뒷좌석에 경호대상자, 경호원 2명일 때는 경호대상자가 가운데 앉는 것이 통상적이다.
- 경호대상자 차량 운행 시 항상 차 문은 잠가 두어야 하고, 선도차량과 일정한 간격을 유지하면서 이동한다.
- 하차지점에 도착하기 위한 접근로는 가능한 한 변경하는 것이 좋다.
- 주차 장소는 자주 변경하는 것이 좋으며, 특히 야간에는 밝은 곳에 주차해야 한다.
- 경호차량은 주차나 정차해 있는 차량 가까이에는 정지하지 않는다.
- 의심스러운 지점에서 멀리하고, 경호대상자가 차를 타고 내릴 때 눈에 잘 띄지 않는 지점을 선택한다.
- 승차 시 차량은 안전점검 후 시동이 걸린 상태에서 대기한다.
- 목적지에 도착하면 경호책임자는 가장 먼저 하차하고 출발 시에는 가장 나중에 승차하며 경호대상자 승·하차 시 차량문의 개폐와 잠금장치를 통제한다.
- 경호대상자 차량의 운전석 옆에는 경호원이 탑승하는 것이 바람직하다.
- 한 대의 경호차량을 운용할 경우 일반적으로 후미차로 운용하지만, 상황에 맞게 적절히 변형하여 운용할 수 있다.
- 속도는 경호상 중요한 요소이므로 위해기도자의 표적에서 쉽게 벗어날 수 있도록 가능한 한 빠르게 이동한다.

51 교차 회전 시의 기동차량 운전방법 기출 21·10

- 회전 시에는 길 바깥쪽으로 원심력이 작용하여 차량이 전복되거나 전도되는 사고 등의 가능성에 유의해야 한다.
- 회전 시에는 진입하기 전에 충분히 감속해서 커브에 맞는 속도로 조절하면서 직선에 가까운 코스를 유지하는 것이 바람직하다.
- 회전 시 선도차량은 중앙선에 접근하여 회전하면서 반대 방향의 과속차량에 대한 견제 임무를 수행하고 경호대상자 차량과 간격을 유지하며 속도를 조절한다.
- 경호대상자 차량은 선도차량과 일정 간격을 유지하면서 좌·우회전 시 각각 선도차량의 후미 우측이나 좌측 차선을 이용하여 회전한다.
- 후미 경호차량은 좌회전 시에는 경호대상자 차량의 우측 후미차선, 우회전 시에는 좌측 후미차선을 이용하여 회전하면서 접근 차량에 대한 방호임무를 수행한다.

52 출입자 통제대책 기출 23·22·21·20·19·18·17·16·15·14·12·11·07·04

출입통제	행사장에 대한 출입통제는 3선 경호개념에 의거한 경호구역의 설정에 따라 각 구역별 통제의 범위를 결정한다. 특히 1선인 안전구역은 행사와 무관한 사람들의 행사장 출입을 통제 또는 제한하고, 그 효과를 극대화하기 위해서 가능한 한 출입구를 단일화하거나 최소화한다. 출입구에는 금속탐지기 등을 설치하여 출입자와 반입물품을 확인한다. 2선인 경비구역은 행사 참석자를 비롯한 모든 출입요소의 1차 통제점이 되어, 상근자 이외에 용무가 없는 사람들의 출입을 가급적 제한한다. 안전구역에 대한 출입통제대책은 다음의 조치를 수반한다. • 모든 출입요소에 대한 인가 여부를 확인한다. • 참석자가 시차별로 지정된 출입통로를 통하여 입장토록 한다. • 비표 운용을 통하여 비인가자의 출입을 통제한다. • MD(금속탐지기) 검색을 통하여 위해요소의 침투를 차단한다.
입장계획	• 현장에서의 혼잡 예방을 위해서는 중간집결지를 운영하여 단체로 입장토록 하는 방법이나 시차별 입장을 통하여 인원을 분산시킨다. • 차량출입문과 행사 참석자의 도보출입문을 구분하여 운영한다. • 참석자 입장계획은 철저한 신분확인 및 검색과 직결된 문제로 시차별 입장계획과 출입구별 인원 배분계획을 수립하여, 참석자가 일시에 몰리거나 특정 출입구로 몰리는 혼란을 미연에 방지한다.

주차계획	• 입장계획과 연계하여, 주차장별로 승차입장카드를 구분 운영하고, 참석자들이 하차하는 지점과 주차장소에 대한 안내표지판을 설치하고 안내한다. • 행사장에서의 혼잡상황을 예방하거나 행사장 주변에 주차장이 충분치 않을 경우에는 중간집결지를 운용하여 단체버스로 이동시키고, 개별 승용차의 행사장 입장을 가급적 억제한다.	
비표 운용계획	• 비표의 종류에는 리본, 배지, 명찰, 완장, 모자, 조끼 등이 있으며, 비표는 대상과 용도에 맞게 적절히 운용한다. • 행사 참석자를 위한 명찰이나 리본은 구역별로 그 색상을 달리하여 식별 및 통제가 용이하도록 하면 효과적이다.	
금속탐지 운용계획	• 행사장의 배치, 행사 참석자의 규모 및 성향 등을 고려하여 통제가 용이하고 공간이 확보된 장소에 설치 운용한다. • 금속탐지기를 통한 검색능력은 대략 초당 1명 정도인 점을 감안하여 금속탐지기의 설치장소 및 대수를 판단하고, 행사의 성격에 따라 X-RAY나 물품보관소를 같이 운용한다.	
통제수단	**비 표**	• 모든 인적·물적 출입요소의 인가 및 확인 여부를 표시하기 위하여 사용되는 중요한 수단이다. • 비표는 모양이나 색상이 원거리에서도 식별이 용이하도록 단순하고 선명하게 제작하여 사용함으로써 경호조치의 효율성을 증대시키고, 재생이나 복제가 되어서는 안 된다.
	금속 탐지기	• 크게 문형 금속탐지기와 휴대용 금속탐지기로 구분할 수 있다. • 인적·물적 출입요소의 이상 유무와 위해물품 반입 여부를 확인하기 위한 금속탐지기는 금속성 물질에만 제한적으로 반응하는 특징이 있다.

의 의		• 경호대상자가 평소에 거처하는 관저뿐만 아니라 임시로 외지에서 머무는 장소에 대한 경호경비활동을 말하며, 안전도모를 위해 물적·인적 위해요소를 사전에 배제해야 한다. • 주로 단독주택과 호텔 등이 그 대상으로 경비계획 수립 시 체류가 장기화된다는 점과 야간에도 경계를 해야 한다는 점(피로누적 가능성)을 고려해야 한다.
특 징	혼잡성	숙소의 특성상 출입이 빈번하고 숙소를 이용하는 일반인 이용객들이 많아 통제가 용이하지 않다.
	보안의 위험성	매스컴을 통한 경호대상자의 거취의 보도나 보안차량과 인원의 이동 시 주변에 알려지기 쉬워 보안상에 위험이 많다.
	방어의 취약성	호텔 등 유숙지의 시설물은 일반 업무용 숙박시설의 기능을 가지고 있어 숙소의 종류 및 시설물들이 복잡하고 많은 위험요소가 내포되어 있기 때문에 경호적 개념의 방어에 취약하다.
	고정성	경호대상자의 동일 장소 장기간 체류는 범행 기도자에게 기회와 시간을 제공하게 될 수 있다.
근무요령		• 경비배치는 내부·내곽·외곽으로 구분해서 실시하며 숙소의 외곽은 1·2·3선으로 해서 경계망을 구축하고 출입문에 출입통제반을 설치해 방문자 통제체계를 확립한다. • 근무는 평상시, 입출 시, 비상시로 구분하여 실시하고, 도보순찰조와 기동순찰조를 운용한다. • 출입구, 비상구와 통로, 주차장, 계단, 복도, 전기시스템, 엘리베이터 등을 확실히 점검하고 경계를 강화한다. • 정복근무자는 출입문 쪽에 배치하여 출입하는 인원의 경계를 강화하고 숙소 주위를 순찰하게 한다. • 사복근무자는 숙소 주위에 유동적으로 배치하여 교대로 근무하게 한다. • 주변 민가지역 내 위해분자 은거, 수림지역 및 제반 감제고지 고층건물의 불순분자 은신, 숙소주변 차량, 행·환차로 등의 위해요소를 확인한다. • 호텔 유숙 시 위해물 은닉이나 위장침투 등이 가능하기 때문에 일반인, 면담요청자, 호텔업무종사자, 투숙객 등을 관리하여 위해기도에 대비한 안전대책을 면밀히 수행한다. • 경호에 만전을 기하기 위해서 숙소주변의 인근 주민들도 경계대상에 포함시켜야 한다.

우발상황의 유형

계획적 우발상황	위해기도자에 의해 의도되고 계획된 우발상황이다.
부주의에 의한 우발상황	실수로 전기스위치를 잘못 건드려 전기가 나간다거나, 엘리베이터 정지버튼을 눌러서 엘리베이터가 정지하는 등의 상황을 말한다.
자연발생적 우발상황	갑자기 소나기가 내려 군중이 한군데로 몰리면서 혼잡상황이 발생하거나, 차량의 고장 등으로 인하여 도로에 정체현상이 발생하는 경우 등을 말한다.
천재지변에 의한 우발상황	홍수 등으로 인하여 도로가 유실되거나, 폭설로 인하여 도로가 차단되는 경우 등을 말한다.

우발상황의 특성

불확실성 (예측곤란성)	우발상황의 발생 여부가 불확실하고 사전예측이 곤란하여 대비가 어렵다.
돌발성	사전예고 없이 돌발적으로 발생한다.
시간제약성	돌발성으로 인해 우발상황에 대처할 충분한 시간적 여유가 없다.
중대성	우발상황은 경호대상자의 신변에 중대한 결과를 초래할 수 있다.
현장성	우발상황은 현장에서 발생하고 이에 대한 경호조치도 현장에서 이루어져야 한다.

55 즉각조치의 개념 및 단계 [기출] 23 · 22 · 21 · 19 · 16 · 15 · 14 · 13

즉각조치는 경호활동 중 위해기도나 행사 방해책동과 관련하여 발생 시기나 발생 여부 및 피해 정도를 모르는 우발적 상황에서의 즉각적 행동원칙을 말한다.

• 즉각조치의 과정은 경고와 방호 및 대피, 대적이 포함되며, 이는 순차적인 개념이라기보다 우선순위 없이 동시에 이루어지는 일체적 개념이다.

• 경고(Sound off)는 위해상황을 가장 먼저 인지한 사람이 주변 근무자에게 상황을 간단명료하게 전파하는 것으로, 상황발생을 인지한 경호원이 가장 먼저 취해야 할 조치이다.

• 방호(Cover)는 위협상황을 알리는 경고를 인지하는 즉시, 경호대상자 주변 근무자가 자신의 신체로 방벽을 형성하여 경호대상자의 노출을 최소화함으로써 직접적인 위해를 방지하는 행위를 말한다.

• 대피(Evacuate)는 우발상황 발생 시 위해자의 표적이 되는 경호대상자를 안전지역으로 이동시키는 행위를 말한다. 대피는 방호와 동시에 공격자의 반대 방향으로 신속히 이동하여야 하며, 방호대형을 형성하여 비상대피소나 비상대기차량이 있는 안전지역으로 이동한다.

• 즉각조치과정은 일단 경고 - 방호 - 대피의 순으로 전개된다. 대적 여부는 촉수거리의 원칙에 따라 판단한다. 대적의 목적은 위해자의 공격선을 차단하여 경호대상자를 보호하는 것이다. 대적 시에는 우선 경호대상자를 등지고 위험발생지역으로 향한 다음, 몸을 최대한 크게 벌려 방호범위를 확대하고, 경호대상자와 위해기도자 사이의 일직선상에 위치하여 위해자의 공격을 차단한다.

56 **우발상황 시 근접경호원의 대응요령** 기출 23 · 22 · 20 · 18 · 17 · 15 · 14 · 10 · 08 · 06 · 05

- 자기희생의 원칙에 따라 체위를 확장하여 경호대상자의 노출을 최소화하고 최대의 방호벽을 형성한다.
- 경호원은 자신의 생명을 보호하기 위하여 자세를 낮추거나 은폐 또는 은신해서는 안 되며, 자신보다 경호대상자를 먼저 육탄방어할 수 있는 자세로 임해야 한다.
- 육성 경고와 동시에 비상조치계획에 따라 경호대상자를 우선 대피시킨다.
- 대피 시 적 공격의 반대 방향이나 비상구 쪽으로 대피한다.
- 공범에 의한 양동작전에 유념해야 하고, 경호원의 주의를 다른 곳으로 전환하도록 하기 위한 위해기도자의 전술에 휘말려서는 안 된다.
- 근접경호요원 이외의 경호요원들은 자기담당구역 책임의 원칙에 따라 맡은 지역에서 계속 임무를 수행하며 대적은 불가피한 경우에만 하고 보복공격을 하지 말아야 한다.

57 **우발상황 시 비상대피소의 선정방법** 기출 19 · 04 · 02

- 상황이 길어질 경우를 고려하여 잠시 동안 머물러 있을 수 있는 장소를 선정해야 한다.
- 경호대상자의 노출을 최소화하고 30초 이내의 시간이 소요되는 장소를 선정해야 한다.
- 불필요한 출입자를 통제하기 용이한 장소로 미리 사전에 확보해 두는 것이 좋다.
- 비상상황 시에는 안전한 장소도 중요하지만 무엇보다 빨리 대피하는 것이 우선이다.

58 **우발상황 시 경호 대형** 기출 23 · 22 · 20 · 17

함몰형 대형	• 수류탄 또는 폭발물과 같은 폭발성 화기에 의한 공격을 받았을 때 사용되는 방호 대형으로 경호대상자를 지면에 완전히 밀착시키고 그 위에 근접경호원들이 밀착하며 포개어, 경호대상자의 신체가 외부에 노출되지 않도록 해야 한다. • 경호대상자에게는 근접경호원에 의해 신체적인 통제와 완력이 가해지는데, 경호대상자의 신변을 보호하기 위해서는 체면이나 예의를 고려치 않는 과감한 행동이 요구된다.
방어적 원형 대형	• 위해의 징후가 현저하거나 직접적인 위해가 가해졌을 때 형성하는 방어 대형이다. • 경호행사 시 최소 안전구역의 확보에 실패하여 경호대상자가 군중 속에 갇혀 있는 상황에서 현장이탈을 시도할 때 사용하는 대형으로, 경호원들이 각자의 왼쪽에 있는 경호원의 벨트 뒤쪽을 꽉 잡아서 원형의 인간고리를 형성하여 강력한 스크럼을 형성하는 대형이다. • 군중심리에 따라 지지자들이 광적으로 변하거나 일순간에 적대적으로 변할 수도 있으므로 우발상황 발생 시 신속하게 현장에서 경호대상자를 이탈시켜야 한다.

59 경호복장 선택 시 고려사항 기출 23 · 22 · 21 · 20 · 19 · 18

• 경호복장은 기능적이고 튼튼한 것이어야 한다.
• 행사의 성격과 장소에 어울리는 복장을 착용한다.
• 경호대상자보다 튀지 않아야 한다.
• 어두운 색상일수록 위엄과 권위가 있어 보인다. 주위의 시선을 끌 만한 색상이나 디자인은 지양한다.
• 셔츠는 흰색 계통이 무난하며, 면소재의 제품이 활동하기에 편하다.
• 양말은 어두운 색으로, 발목 위로 올라오는 것을 착용한다.
• 장신구의 착용은 지양한다. 여자 경호원의 경우 장신구를 착용한다면 평범하고 단순한 것으로 선택한다.
• 신발은 장시간 서 있는 근무상황을 고려하여 편하고 잘 벗겨지지 않는 것을 선택한다.

60 경호장비의 기능에 따른 분류 기출 23 · 22 · 21 · 20 · 19 · 18 · 17 · 12

호신장비	일반적으로 자신의 생명이나 신체가 위험상태에 놓였을 때 스스로를 보호하는 데 사용하는 장비를 말한다. 여기에는 총기, 경봉, 가스분사기, 전자충격기 등이 있다.
방호장비	경호대상자나 경호대상자가 사용하는 시설물을 보호하기 위한 장치를 말한다. 적의 침입 예상경로를 차단하기 위하여 방벽을 설치 · 이용하는 것으로 경호방법 중 최후의 예방경호방법이라 할 수 있다. 방호장비는 크게 자연적 방벽과 물리적 방벽으로 나뉜다(단순히 방폭담요, 방폭가방 등을 방호장비로 분류하는 견해도 있다).
기동장비	경호대상자의 경호를 위하여 운용하는 차량 · 항공기 · 선박 · 열차 등의 이동수단을 말한다.
검색 · 검측장비	검색장비는 위해도구나 위해물질을 찾아내는 데 사용하는 장비를 말하고, 검측장비는 위해물질의 존재 여부를 검사하거나 시설물의 안전점검에 사용하는 도구를 말한다. 일반적으로 검측장비로 통칭하며, 검측장비는 탐지장비, 처리장비, 검측공구로 구분하여 사용한다.
감시장비	위해기도자의 침입이나 범죄행위를 사전에 감시하기 위한 장비(전자파, 초음파, 적외선 등을 이용한 기계장비)를 말한다. 경호임무에 있어 인력부족으로 인한 경호 취약점을 보완하는 수단으로, 감시장비에는 드론, CCTV, 열선감지기, 쌍안경, 망원경, 포대경(M65), TOD(영상감시장비) 등이 있다.
통신장비	경호업무를 수행하는 데 필요한 보고 또는 연락을 위한 통신장비(유선 · 무선)를 말한다. 경호통신은 신뢰성, 신속성, 정확성, 안전성이 고려되어야 한다. 유선통신장비에는 전화기, 교환기, FAX망, 컴퓨터통신, CCTV 등의 장비가 있으며, 무선통신장비에는 휴대용 무전기(FM-1), 페이징, 차량용 무전기(MR-40V, KSM-2510A, FM-5), 무선전화기, 인공위성 등이 있다.

61 방호장비 [기출] 22 · 21 · 17

방호장비의 개념

적의 침입 예상경로를 차단하기 위하여 방벽을 설치 · 이용하여 적의 심리상태를 불안 · 좌절시키는 효과를 가진 장비로, 최후의 예방경호방법이다.

방호장비의 분류

자연적 방벽		산악 · 절벽, 계곡, 강, 바다, 늪 등의 기능을 살려 설치한다.
물리적 방벽	시설방벽	울타리, 담벽, 출입구 설치 등
	인간방벽	청원경찰, 민간경비원, 자체경비원, 군사시설경비원 등
	동물방벽	공격견, 경비견, 거위 등
	전기방벽	방호조명, 전류방벽, 기계경비 등
	조 명	시설 내부와 부근 활동상황을 관찰할 수 있도록 설치하며, 침입자에게는 강한 조명이 되어야 한다. 즉, 침입자에게 심리적 부담감을 주어야 한다.
	방탄망	수류탄이나 화염병 등의 투척이 용이한 창문과 도로 외부 부분에 적절한 지형과 환경에 맞도록 위장하여 설치한다.
	연막차단	초당 17m의 강력한 연기를 분사하여 불법침입자, 위해자 등을 순식간에 제압할 수 있다.

62 검측장비의 세분 [기출] 21 · 17

탐지장비	금속탐지기(문형, 봉형, 휴대용), X-RAY(X-RAY 검색기, 전신 검색기), 폭약탐지기, 액체폭발물탐지기, 방사능탐지기, 독가스탐지기, 독극물탐지기, 청진기, 화이버스코프, 서치탭, 검색경, 폭발물탐지견, 소방점검장비 등
처리장비	폭발물처리키트, 물포(Water Cannon), X-RAY 촬영기 등
검측공구	탐침, 손전등, 거울, 개방공구, 다용도칼 등

05 경호의전과 구급법

63 경호 · 경비원의 직원윤리 정립 기출 21 · 20 · 16

경호윤리에 대한 문제점을 해결하기 위해서 다음과 같은 경호 · 경비원 및 경비지도사의 직업윤리 방안이 정립되어야 한다.

- 성희롱 유발요인 분석 철저 및 예방교육 강화
- 총기안전관리 및 정신교육 강화
- 정치적 논리지양 등 경호환경 조성 및 탄력적 경호력 운영
- 사전예방경호활동을 위한 경호위해 인지능력 배양
- 경호교육기관 및 경호관련학과의 '경호윤리' 과목 개설 운영
- 경호지휘단일성의 원칙에 의한 경호임무수행과 위기관리대응력 구비
- 집단지성 네트워크 사이버폴리스 자원봉사시스템 구축
  ※ 사이버 및 경호위해 범죄에 실시간 대응할 수 있도록 각 사회분야의 집단지성이 자발적으로 참여할 수 있는 사회적 시스템을 구축하여 사이버공간에서의 범죄를 예방하고 사회적 공감대를 형성할 수 있는 대책방안이 강구되어야 한다.
- 경호원 채용 시 인성평가 방법 강화 및 자원봉사 활성화

64 정부 의전행사의 예우 기준 기출 22 · 16

현재 정부 의전행사에서 적용하고 있는 주요 참석인사에 대한 예우 기준은 다음과 같이 하고 있으나, 실제 공식행사의 적용에 있어서는 그 행사의 성격, 경과보고, 기념사 등 행사의 역할과 당해 행사와의 관련성 등을 감안하여 결정하여야 한다.

직위에 의한 예우 기준	공적지위가 없는 인사의 예우 기준
• 직급(계급) 순위 • 헌법 및 정부조직법상의 기관순서 • 상급기관 • 국가기관	• 전 직 • 연 령 • 행사 관련성 • 정부산하단체, 공익단체 협회장, 관련민간단체장

65 청와대 의전서열 기출 23 · 22

대한민국은 국가 의전서열을 직접적으로 공식화하지는 않았다. 다만, 정부수립 이후부터 시행해 온 주요 국가행사를 통해 확립된 선례와 관행을 기준으로 한 공직자의 관례상 서열은 있다. 외교부 의전실무편람 상 의전서열은 '대통령 ⇨ 국회의장 ⇨ 대법원장 ⇨ 헌법재판소장 ⇨ 국무총리 ⇨ 중앙선거관리위원장' 순이다.

66 외교관 및 영사의 서열 기출 22 · 11 · 09 · 05

- 공관장은 그 직책에 따라 교황청 대사(천주교 국가), 특명전권대사, 특명공사, 대리대사, 대사대리 등의 서열이 정해진다.
- 공관장인 대사 및 공사 상호 간의 서열은 신임장 제정 순서에 따른다. 경우에 따라서는 신임장 사본 제출 순위에 따르는 나라도 있다.
- 대사대리 상호 간의 서열은 그 계급에 관계없이 지명통고가 접수된 순서에 따른다.
- 공관장 이외의 외교관 서열도 외교관 계급에 따르고, 동일 계급 간에는 착임(着任, 취임) 순서에 따르며, 각국은 재외 공관에 근무하는 직원(외교직, 무관, 일반직) 상호 간의 서열에 관한 별도규정을 가지고 있는 것이 관례이다.
- 같은 계급에 있어서는 외교관은 무관보다 앞서고, 무관은 타 주재관보다 앞선다.
- 공관장인 영사는 그의 계급과 관계없이 외국 영사관원에 우선하며, 직업영사는 같은 계급의 명예영사에 우선하고, 공관장인 명예총영사는 공관장인 직업총영사보다 하위에 온다.
- 공관장인 직업영사는 계급에 따라 서열이 정해지며, 같은 계급인 경우에는 영사 인가장 발급 일자에 따라, 인가장 발급일자가 같은 경우 영사 위임장이 주재관에 제출된 일자를 기준으로 한다.
- 임시 영사 인가장 발급은 정식 영사 인가장 발급과 같은 효력을 가지는 것으로 간주되고, 공관장 대리인 영사는 공관장인 영사 다음에 온다.
- 외교관으로서 영사직을 겸하는 자 간의 서열은 외교관 간의 서열에 따르면 되나, 영사직 근무만을 하는 자와 외교관 간의 서열은 일정하지 않다.

상대에 대한 존중(Respect)과 배려(Consideration)	의전의 바탕은 상대 생활양식 등의 문화와 상대방에 대한 존중과 배려에 있다. 의전의 출발점은 서로가 다름을 인정하는 것이며, 의전의 종결점은 다름을 효과적으로 조율하는 것이다.
문화의 반영(Reflecting Culture)	의전은 문화와 시대의 소산이며, 세상이 변화하면 문화도 변하고 의전 관행도 바뀔 수 있는 것이다. 그래서 의전의 기준과 절차는 때와 장소에 따라, 처해진 상황에 따라 늘 가변적이다.
상호주의(Reciprocity)	상호주의는 상호 배려의 다른 측면이기도 하다. 하지만 의전의 상호주의가 항상 등가로 작용되는 것은 아니며 엄격히 적용되기 어려운 측면도 많다. 상호주의에 대한 지나친 집착은 오히려 족쇄로 작용할 수 있다.
예우기준(Rank)	정부행사에서 공식적으로는 헌법, 정부조직법, 국회법, 법원조직법 등 법령에서 정한 직위 순서를 기준으로 하고, 관례적으로는 정부수립 이후부터 시행해 온 정부 의전행사를 통하여 확립된 선례와 관행에 따른다.
오른쪽(Right)이 상석	문화적, 종교적 이유로 오른쪽이 상석이라는 기준이 발전되었다. 행사 주최자의 경우 손님에게 상석인 오른쪽을 양보한다. 다만, 국기의 경우는 우리나라를 비롯한 대부분의 국가에서 상석을 양보치 않는 관행이 있다.

68 국가원수의 외국 방문 시 각 주관부서의 업무분장 [기출] 12

• 일정 확정 : 대통령실, 외교부
• 항공기 결정 : 대통령실, 외교부
• 공보활동 계획 : 문화체육관광부
• 연설문, 성명서 작성 : 대통령실, 외교부
• 방문국에 대한 의전 설명 : 외교부
• 예산 편성 : 외교부
• 선물, 기념품 준비 : 대통령실, 외교부
• 회담 및 교섭 자료 작성 : 외교부, 관계 부처
• 훈장 준비, 교환 : 외교부, 행정안전부
• 국내 공항 행사 : 행정안전부
• 기념우표 : 과학기술정보통신부

국기의 게양일 등(대한민국국기법 제8조)

① 국기를 게양하여야 하는 날은 다음 각호와 같다.
1. 「국경일에 관한 법률」 제2조의 규정에 따른 국경일
2. 「각종 기념일 등에 관한 규정」 제2조의 규정에 따른 기념일 중 현충일 및 국군의 날
3. 「국가장법」 제6조에 따른 국가장기간
4. 정부가 따로 지정한 날
5. 지방자치단체가 조례 또는 지방의회의 의결로 정하는 날

② 제1항의 규정에 불구하고 국기는 매일·24시간 게양할 수 있다.

③ 국가, 지방자치단체 및 공공기관의 청사 등에는 국기를 연중 게양하여야 하며, 다음 각호의 장소에는 가능한 한 연중 국기를 게양하여야 한다. 이 경우 야간에는 적절한 조명을 하여야 한다.
1. 공항·호텔 등 국제적인 교류장소
2. 대형건물·공원·경기장 등 많은 사람이 출입하는 장소
3. 주요 정부청사의 울타리
4. 많은 깃대가 함께 설치된 장소
5. 그 밖에 대통령령이 정하는 장소

④ 각급 학교 및 군부대의 주된 게양대에는 국기를 매일 낮에만 게양한다.

⑤ 국기가 심한 눈·비와 바람 등으로 그 훼손이 우려되는 경우에는 이를 게양하지 아니한다.

⑥ 국기의 게양 및 강하 시각, 시각의 변경 등에 관하여 필요한 사항은 대통령령으로 정한다.

국기의 게양방법 등(대한민국국기법 제9조)

① 국기는 다음 각호의 방법으로 게양하여야 한다.
1. 경축일 또는 평일 : 깃봉과 깃면의 사이를 떼지 아니하고 게양함
2. 현충일·국가장기간 등 조의를 표하는 날 : 깃봉과 깃면의 사이를 깃면의 너비만큼 떼어 조기(弔旗)를 게양함

② 국기의 게양 및 강하 방법, 국기와 다른 기의 게양 및 강하 방법, 국기의 게양위치, 게양식·강하식 등 그 밖에 필요한 사항은 대통령령으로 정한다.

> **국기의 게양위치(대한민국국기법 시행령 제18조)**
> ① 국기는 다음 각호의 위치에 게양한다. 다만, 건물 또는 차량의 구조 등으로 인하여 부득이한 경우에는 국기의 게양위치를 달리 할 수 있다.
> 1. 단독주택의 대문과 공동주택 각 세대의 난간에는 중앙이나 앞에서 바라보아 왼쪽에 국기를 게양한다.
> 2. 제1호의 주택을 제외한 건물에는 앞에서 바라보아 지면의 중앙이나 왼쪽, 옥상의 중앙, 현관의 차양시설 위 중앙 또는 주된 출입구의 위 벽면 중앙에 국기를 게양한다.
> 3. 건물 안의 회의장·강당 등에서는 그 내부의 전면을 앞에서 바라보아 그 전면의 왼쪽 또는 중앙에 국기가 위치하도록 한다.
> 4. 차량에는 그 전면을 앞에서 바라보아 왼쪽에 국기를 게양한다.

항공기	• 상급자가 나중에 타고 먼저 내린다. • 창문가 좌석이 상석, 통로 쪽 좌석이 차석, 상석과 차석 사이가 말석이다.
선 박	• 객실의 등급이 정해져 있을 때는 지정된 좌석에 앉고, 지정된 좌석이 없는 경우 선체의 중심부가 상석이 된다. • 일반적 선박의 경우 승선 시 상급자가 나중에 타고 하선 시에는 먼저 내린다. • 함정의 경우 승선 시 상급자가 먼저 타고 하선 시에도 먼저 내린다.
기 차	• 두 사람이 나란히 앉는 좌석에서는 창가 쪽이 상석이고 통로 쪽이 말석이다. • 네 사람이 마주 앉는 자리에서는 기차 진행 방향의 창가 좌석이 가장 상석이고 그 맞은편, 상석의 옆좌석, 그 앞좌석 순이다. • 침대차에서는 아래쪽 침대가 상석이고 위쪽 침대가 말석이다.
승용차	• 운전기사가 있을 경우 자동차 좌석의 서열은 뒷좌석 오른편이 상석이고 왼쪽과 앞자리(조수석), 가운데 순이다(뒷좌석 가운데와 앞자리의 서열은 바뀔 수 있다). • 자가운전자의 경우 자진해서 운전석 옆자리에 앉는 것이 통례이며 그곳이 상석이다. 그리고 뒷좌석 오른편, 왼쪽, 가운데 순이다.
엘리베이터	• 안내하는 사람이 있을 때에는 상급자가 먼저 타고 먼저 내린다. • 안내하는 사람이 없을 때에는 하급자가 먼저 타서 엘리베이터를 조작하고 내릴 때에는 상급자가 먼저 내린다.
에스컬레이터	• 올라갈 때는 상급자가 먼저 올라가고 내려올 때는 하급자가 먼저 내려온다. • 남녀가 올라갈 때는 여성이 먼저 올라가고, 내려올 때는 남성이 먼저 내려온다.

71 응급처치원이 지켜야 할 사항 `기출` 23 · 21 · 18 · 16 · 14 · 13 · 09

• 응급처치를 실시하는 처치원 자신의 안전을 확보한다.
• 환자나 부상자에 대한 생사의 판정은 하지 않는다.
• 원칙적으로 의약품을 사용하지 않고, 되도록 손이나 물건을 상처에 대지 않는다.
• 어디까지나 응급처치에 그치고, 그 다음은 전문 의료요원의 처치에 맡긴다.
• 먼지나 세균에 의한 2차 감염을 방지한다.
• 출혈이 있는 환자는 지혈을 해야 한다.
• 응급환자 발생 시 현장에서 응급처치 후 곧바로 이송하여야 한다.
• 부상자의 상태를 확인하고 편안한 자세를 유지하도록 한다.
• 병원에 이송되기 전까지 부상자의 2차 쇼크를 방지하고 생명을 유지하도록 한다.
• 맥박과 호흡이 없을 경우 빠른 시간에 심폐소생술(CPR)을 실시하여야 한다.

72

외부출혈 시 응급처치 요령 기출 21 · 18 · 13 · 12 · 11 · 08 · 01

출혈이 심한 경우	• 출혈이 심하면 즉시 지혈을 하고 출혈 부위를 심장부위보다 높게 하여 안정되게 눕힌다. • 출혈이 멎기 전에는 음료를 주지 않는다. • 지혈방법은 직접압박, 지압점압박, 지혈대사용 등의 방법이 있다. • 소독된 거즈나 헝겊으로 세게 직접압박한다. • 환자를 편안하게 눕히고 보온한다.
출혈이 심하지 않은 경우	• 출혈이 심하지 않은 상처에 대한 처치는 병균의 침입을 막아 감염을 예방하는 것이다. • 상처를 손이나 깨끗하지 않은 헝겊으로 건드리지 말고, 엉키어 뭉친 핏덩어리를 떼어내지 말아야 한다. • 더러운 것이 묻었을 때는 깨끗한 물로 상처를 씻어 준다. • 소독한 거즈를 상처에 대고 드레싱을 한다. • 의사의 치료를 받게 한다.

73

쇼크의 종류, 증상·징후 및 처치법

쇼크의 종류 기출 09

종 류	발생원인
심장성 쇼크	심장이 충분한 혈액을 박출하지 못할 경우 발생
출혈성 쇼크	대량출혈이나 혈장손실로 인하여 체액량이 감소할 경우 발생
신경성 쇼크	혈관의 이완으로 인하여 심장으로 유입되는 혈액량이 적은 경우 발생
저체액성 쇼크	체액이 부족하여 혈압이 저하되는 경우 발생
호흡성 쇼크	호흡장애에 의하여 혈액 내에 산소공급이 원활치 못할 경우 발생
정신성 쇼크	정신적 충격으로 발생
패혈성 쇼크	감염증에 의한 패혈증으로 발생
과민성 쇼크	알레르기 반응에 의한 발생

쇼크와 관계된 증상 및 징후 기출 19

- 불안감
- 차고 축축한 피부
- 창백한 얼굴
- 심한 갈증
- 점차적인 혈압하강
- 빠르고 깊이가 얕으며 힘들어 보이는 호흡
- 말초혈관 재충혈 시간의 지연 등
- 약하고 빠른 맥박
- 발 한
- 초점 없는 눈과 확장된 동공
- 오심 또는 구토
- 졸 도

쇼크의 처치법

환자의 자세	• 머리와 몸을 수평이 되게 하여 눕힌다. • 머리에 부상이 없으면, 뇌로 피가 흐르는 것을 한층 더 많이 하기 위하여 하체를 20~30cm 정도 높여준다. • 가슴에 부상을 당하여 호흡이 힘든 환자의 경우에는 부상자의 머리와 등을 받쳐 줄 수 있는 상자나 베개 또는 담요에 반쯤 기댈 수 있는 자세로 해준다. • 의식이 없으면 기도를 개방하고 편안한 자세로 눕힌다. • 출혈부위 지혈은 직접압박법에 의하는 것이 좋다. • 골절부위는 부목으로 고정한다.
보온의 유지	부상자의 몸이 식으면 충격이 악화되므로 부상자의 체온을 유지하기 위해 잘 덮어 주고 잘 닦아준다.
음 료	• 음료가 기관으로 잘못 들어가 질식할 위험이 있기 때문에 의식불명이거나 의식이 희미한 환자에게는 원칙적으로 음료를 주지 않는다. • 수술을 요하는 환자에게는 음료 공급을 절대 금지한다. • 환자가 심하게 원할 때에는 깨끗한 손수건에 물을 적셔 입 언저리에 대어 준다.
응급처치	• 최소 10분 간격으로 생체징후를 계속 측정한다. • 구강대 구강 인공호흡 및 심폐소생술을 실시한다. • 폐와 위에 들어있는 물을 제거한다.

74 유형별 응급처치 요령

원인불명의 인사불성 환자에 대한 응급처치 요령 기출 19 · 11

얼굴이 붉은 인사불성 환자	• 주요 증상은 얼굴이 붉고 맥박이 강한 것이다. • 환자를 바로 눕히고 머리와 어깨를 약간 높여 안정시킨다. • 목의 옷깃을 풀어 주고 머리에 찬 물수건을 대어 열을 식혀 준다. • 환자를 병원에 이송할 경우 눕힌 상태로 주의해서 운반하고, 운반 중 구토를 하면 얼굴을 옆으로 돌려준다.
얼굴이 창백한 인사불성 환자	• 주요 증상은 얼굴이 창백하고 맥박이 약한 것이다. • 충격에 대한 응급처치를 한다. • 환자의 머리를 수평으로 하고, 다리를 높여 안정되게 눕히고 보온조치를 한다. • 환자를 옮길 필요가 있으면 눕힌 상태로 주의해서 옮긴다.
얼굴이 푸른 인사불성 환자	• 주요 증상은 얼굴이 창백하고 호흡이 부전되어 얼굴색이 파래진다. • 응급처치로써 인공호흡과 충격에 대한 처치를 실시한다.

타박상의 경우 응급처치 요령
• 출혈이 멈추고 부기가 가라앉으면 더운물 치료나 온찜질을 해준다.
• 8~10시간 동안 얼음찜질을 해준다.
• 상처부위는 심장보다 높게 해서 출혈을 예방한다.
• 상처주위에 탄력붕대를 감아주어 출혈과 부종을 막는다.

골절환자의 응급처치 요령 기출 19 · 11
• 의사나 구급대원이 도착할 때까지 함부로 움직이거나 부러진 뼈를 맞추려고 해서는 안 된다.
• 골절환자를 함부로 옮기거나 다친 곳을 건드려 부러진 뼈끝이 신경, 혈관 또는 근육을 손상시키거나 피부를 뚫어 복합골절이 되게 하는 일이 없도록 조심한다.
• 골절 부위에 출혈이 있으면 직접압박으로 출혈을 방지하고 부목을 대기 전에 드레싱을 먼저 시행한다.
• 뼈가 외부로 노출된 경우 억지로 뼈를 안으로 밀어 넣으려 하지 않는다. 만약 뼈가 안으로 다시 들어간 경우에는 반드시 의료진에게 알려주어야 한다.
• 골절환자는 가능한 한 움직이지 말아야 한다. 환자를 편안하게 해주고 손으로 지지하고 더 이상의 외상 과 통증을 유발시키지 않는다.

화상 깊이에 따른 화상의 분류

1도 화상	열에 의하여 피부가 붉어진 정도의 화상으로 표피에만 손상이 있는 경우를 말한다(표피의 손상).
2도 화상	피부 발적뿐만 아니라 수포(물집)가 생기고, 심한 통증이 나타나는 경우를 말한다(표피+진피의 손상).
3도 화상	화상의 정도가 매우 심하여 조직의 파괴까지 동반된 경우를 말한다(표피+진피+조직의 손상).
4도 화상	최근에 사용되는 개념으로 근육, 힘줄, 신경 또는 골조직까지 손상받은 경우를 말한다.

화상의 분류에 따른 치료방법

구 분	치료방법
1도 화상	시원한 물수건 등으로 화상을 입은 부위를 식혀 준다.
2도 화상	화상을 입은 면적이 크지 않으면 물수건 등으로 부위를 덮어주도록 한다.
3도 화상	쇼크나 생명의 위험이 있을 수 있으므로 가능한 빨리 병원으로 이송하도록 하며, 소독약 등을 사용할 경우 병원에서 상처를 진단하는 데 시간이 걸리는 경우가 있으므로 사용하지 않도록 한다.
4도 화상	직접적인 피부이식 수술이 필요하므로 감염에 주의하면서 가능한 많은 조직을 살려 후유증을 줄이도록 한다.

정 의		심폐소생술이란 의식장애나 호흡, 순환기능이 정지되거나 현저히 저하된 상태로 인하여 사망의 위험이 있는 자에 대하여 즉시 기도를 개방하고 인공호흡과 심장압박을 실시해서 즉각적으로 생명유지를 도모하는 처치방법이다. 특히 질병관리청 · 대한심폐소생협회는 인공호흡에 대해 거부감을 가진 경우에도 인공호흡을 하지 않고 가슴압박만 하더라도 아무것도 하지 않을 때보다 심장정지 환자의 생존율을 높일 수 있으므로 2011년 가이드라인부터 '가슴압박소생술(Compression—Only CPR)'을 권장하였다.
심폐소생술 실시 시 확인사항		• 호흡운동 및 발작성 호흡 유무 • 청색증, 경련증 및 간질 발현 유무 • 통증에 대한 반응 유무 • 심폐소생술을 실시할 때에는 쇼크를 예방하기 위해 가슴을 따뜻하게 해주어야 한다. • 심폐소생술을 실시하는 가운데 출혈이 심하다면 심폐소생술 실시자 이외의 보호자는 지혈을 실시한다.
시 기	적용 시기	심정지 환자의 경우 기본 인명구조술이 심정지 후 4분 이내에 시작되고, 전문 인명구조술이 8분 이내에 시작되어야 높은 소생율을 기대할 수 있다.
	종료 시기	• 환자의 맥박과 호흡이 회복된 경우 • 구조자(경호원)가 육체적으로 탈진하여 더 이상 할 수 없는 경우 • 다른 구조자(응급구조요원)와 교대한 경우 • 의사가 종료하라고 지시했을 경우 • 사고현장이 처치를 계속하기에는 위험할 때 • 심폐소생술의 실시 여부와 관계없이 30분 이상 심정지상태가 계속될 때(단, 심한 저체온증의 경우는 제외)

77 자동심장충격기(AED) 사용방법(진행 순서에 따라 서술) `기출` 22

- 자동심장충격기(AED)를 심폐소생술에 방해가 되지 않는 위치에 놓은 뒤에 전원 버튼을 눌러 전원을 켠다.
- 준비된 자동심장충격기(AED)의 패드를 부착부위(패드1 : 오른쪽 빗장뼈 바로 아래 부착 / 패드2 : 왼쪽 젖꼭지 옆 겨드랑이 부착)에 정확히 부착한다. 만약 패드와 자동심장충격기 본체가 분리되어 있는 경우 연결하며, 패드 부착 부위에 이물질이 있다면 제거한다.
- "분석 중…" 이라는 음성 지시가 나오면 심폐소생술을 멈추고 환자에게서 손을 뗀다. 자동심장충격이 필요 없는 경우에는 "환자의 상태를 확인하고, 심폐소생술을 계속하십시오" 라는 음성 지시가 나온다.
- "쇼크 버튼을 누르십시오" 라는 음성 지시가 나오면 점멸하고 있는 쇼크 버튼을 눌러 자동심장충격을 시행한다. 그러나 쇼크버튼을 누르기 전에는 반드시 다른 사람이 환자에게서 떨어져 있는지 확인하여야 한다.
- 자동심장충격을 시행한 뒤에는 즉시 가슴압박과 인공호흡 비율을 30 : 2로 심폐소생술을 다시 시행한다.
- 자동심장충격기는 2분마다 심장리듬 분석을 반복해서 시행하며, 자동심장충격기 사용과 심폐소생술 시행은 119구급대가 현장에 도착할 때까지 지속되어야 한다.

78 경호의 환경 기출 22 · 21 · 17 · 16 · 14 · 13 · 10

일반적 환경요인	• 국제화 및 개방화 • 경제발전 및 과학기술의 발전 • 정보화 및 범죄의 광역화 • 수출소득의 증대 • 생활양식과 국민의식의 변화 • 범죄의 다양화와 증가
특수적 환경요인	• 경제전쟁 • 지역이기주의 • 한국의 국제적 지위 향상 • 북한의 위협 • 해외에서 우리 국민의 테러위협 증가 • 증오범죄의 등장

암살의 개념

암살은 일반적으로 근대적 테러리즘의 전형이라 할 수 있으며, 특정한 지위에 있는 사람을 대상으로 한다. 암살의 개념에 대해서는 "정치적·개인적 동기 등 각종 동기에 의해 공적인 지위에 있는 사람을 불법적으로 살해하는 행위"라고 할 수 있다.

암살의 동기

개인적 동기	분노, 복수, 원한, 증오 등 극히 개인적 동기에 의해 암살이 이루어진다.
경제적 동기	금전적 보상 혹은 경제적 어려움을 해소하기 위하여 피암살자의 희생이 필요하다는 신념에 의해 암살이 이루어진다.
적대적 (전략적) 동기	전쟁 중이거나 적대관계에 있는 지도자를 제거하여 승전을 유도하거나 사회혼란을 조성하기 위해 암살이 이루어진다.
정치적 동기	정권을 바꾸거나 교체하려는 욕망으로 암살이 이루어진다.
심리적 동기	정신분열증, 조울증, 편집증, 노인성 치매 등 정신병력 증세를 갖고 있는 사람들에 의해 암살이 이루어진다.
이념적 동기	어떠한 개인 혹은 집단이 주장·신봉하는 이념이나 사상을 탄압하거나 방해한다고 여겨지는 때 그 대상을 제거하기 위한 목표로 암살이 이루어진다.

심리적 특징	• 자기 자신을 학대하고 대개가 무능력자임 • 대개 인내심이 부족함 • 허황적인 사고와 행동에 빠지기 쉬움 • 적개심과 과대망상적인 사고를 소유한 자들이 많음
신체적 특징	일반적인 특징은 없으나, 이하는 암살범 및 암살 기도자들을 대상으로 한 연구결과를 토대로 한 특징이다. • 대략 30세 미만의 미혼으로 불안정하며, 고정된 이성친구가 없는 경우가 많음 • 범행 시점에는 정상적인 생활습관에서 벗어난 정신적 무질서 상태임 • 자기 자신을 정치적 또는 종교적 운동과 동일시하며, 암살목적은 인물보다는 직위를 목표로 함이 다수임 • 외모에 의해 식별하기 곤란할 정도로 단정. 외모에 의한 순간적인 식별은 곤란하나, 심리적 측면에서의 불안감과 동요로 인한 행동의 불안징은 반드시 외부로 표출됨

정 의	미국의 뉴욕 세계무역센터 테러사건처럼 공격 주체와 목적이 없으며, 테러의 대상이 무차별적인 새로운 개념의 테러리즘을 가리키는 용어이다.
주요 특징	• 불특정 다수를 공격대상으로 한다. • 동시다발적 공격이 가능하다. • 주체가 없고('얼굴 없는 테러') 요구조건과 공격조건이 없다. • 경제적 · 물질적 피해 규모가 천문학적인 수준이다. • 과학화 · 정보화의 특성을 반영하여 조직이 고도로 네트워크화되어 있다. 이에 따라 조직 중심이 다원화되어 조직의 무력화가 어렵다. • 테러행위에 소요되는 시간이 짧아 예방대책 수립이 어렵다. • 언론매체를 이용하여 공포가 쉽게 확산된다. • 사회적으로 지식층과 엘리트층이 테러리스트로 활동하여 테러가 보다 지능화되고 성공률이 높아지고 있다. • 증거인멸이 쉬운 대량살상 무기가 사용될 가능성이 많다.

구 분	역 할
지도자 조직	지휘부의 정책수립, 계획, 통제 및 집행 임무 수행, 테러조직의 정치적 또는 전술적 두뇌를 제공
행동 조직	공격현장에서 직접 테러행위를 실시, 폭발물 설치, 실제적으로 테러행위에 있어 가장 중요한 요소
직접적 지원조직	대피소, 차고, 공격용 차량 준비, 핵심요원 훈련, 무기 · 탄약 지원, 테러대상(테러목표)에 대한 정보제공, 전술 및 작전지원
전문적 지원조직	체포된 테러리스트 은닉, 법적 비호, 의료지원 제공, 유리한 알리바이 제공
수동적 지원조직	테러집단의 생존기반, 정치적 전위집단, 후원자, 반정부 시위나 집단행동에서 다수의 위력 구성을 지원
적극적 지원조직	선전효과 증대, 자금획득, 조직의 확대에 기여함으로써 테러활동에 주요한 역할

83 테러리즘의 증후군 [기출] 23·10

스톡홀름 증후군 (Stockholm Syndrome)	인질이 인질범에게 정신적으로 동화되어 자신을 인질범과 동일시하는 현상
리마 증후군 (Lima Syndrome)	인질사건에서 인질범이 인질의 문화에 익숙해지고 정신적으로 동화되면서 자신을 인질과 동일시하고 결과적으로 공격적인 태도가 완화되는 현상으로, 1996년 12월 페루 리마(Lima)에서 발생한 일본대사관저 점거 인질사건에서 유래
런던 증후군 (London Syndrome)	인질사건의 협상단계에서 통역이나 협상자와 인질범 사이에 생존 동일시 현상이 일어나는 것
항공교통기피 증후군	9·11 테러 이후 사람들이 항공기의 이용을 기피하는 사회적 현상

84 테러방지법상 용어의 정의 [기출] 22·20·17·16·12

정의(국민보호와 공공의 안전을 위한 테러방지법 제2조)
이 법에서 사용하는 용어의 뜻은 다음과 같다.
  1. "테러"란 국가·지방자치단체 또는 외국 정부(외국 지방자치단체와 조약 또는 그 밖의 국제적인 협약에 따라 설립된 국제기구를 포함한다)의 권한행사를 방해하거나 의무 없는 일을 하게 할 목적 또는 공중을 협박할 목적으로 하는 다음 각목의 행위를 말한다.
     [각목] 생략
  2. "테러단체"란 국제연합(UN)이 지정한 테러단체를 말한다.
  3. "테러위험인물"이란 테러단체의 조직원이거나 테러단체 선전, 테러자금 모금·기부, 그 밖에 테러 예비·음모·선전·선동을 하였거나 하였다고 의심할 상당한 이유가 있는 사람을 말한다.
  4. "외국인테러전투원"이란 테러를 실행·계획·준비하거나 테러에 참가할 목적으로 국적국이 아닌 국가의 테러단체에 가입하거나 가입하기 위하여 이동 또는 이동을 시도하는 내국인·외국인을 말한다.
  5. "테러자금"이란 「공중 등 협박목적 및 대량살상무기확산을 위한 자금조달행위의 금지에 관한 법률」 제2조 제1호에 따른 공중 등 협박목적을 위한 자금을 말한다.
  6. "대테러활동"이란 제1호의 테러 관련 정보의 수집, 테러위험인물의 관리, 테러에 이용될 수 있는 위험물질 등 테러수단의 안전관리, 인원·시설·장비의 보호, 국제행사의 안전확보, 테러위협에의 대응 및 무력진압 등 테러 예방과 대응에 관한 제반 활동을 말한다.
  7. "관계기관"이란 대테러활동을 수행하는 국가기관, 지방자치단체, 그 밖에 대통령령으로 정하는 기관을 말한다.
  8. "대테러조사"란 대테러활동에 필요한 정보나 자료를 수집하기 위하여 현장조사·문서열람·시료채취 등을 하거나 조사대상자에게 자료제출 및 진술을 요구하는 활동을 말한다.

국가테러 대책위원회	국가테러대책위원회는 다음의 사항을 심의·의결한다(국민보호와 공공안전을 위한 테러방지법 제5조 제3항). • 대테러활동에 관한 국가의 정책 수립 및 평가(제1호) • 국가 대테러 기본계획 등 중요 중장기 대책 추진사항(제2호) • 관계기관의 대테러활동 역할 분담·조정이 필요한 사항(제3호) • 그 밖에 위원장 또는 위원이 대책위원회에서 심의·의결할 필요가 있다고 제의하는 사항(제4호)
대테러센터	대테러활동과 관련하여 다음의 사항을 수행하기 위하여 국무총리 소속으로 관계기관 공무원으로 구성되는 대테러센터를 둔다(국민보호와 공공안전을 위한 테러방지법 제6조 제1항). • 국가 대테러활동 관련 임무분담 및 협조사항 실무 조정(제1호) • 장단기 국가대테러활동 지침 작성·배포(제2호) • 테러경보 발령(제3호) • 국가 중요행사 대테러안전대책 수립(제4호) • 대책위원회의 회의 및 운영에 필요한 사무의 처리(제5호) • 그 밖에 대책위원회에서 심의·의결한 사항(제6호)

86 외국인테러전투원에 대한 규제 기출 20

외국인테러전투원에 대한 규제(국민보호와 공공안전을 위한 테러방지법 제13조)
① 관계기관의 장은 외국인테러전투원으로 출국하려 한다고 의심할 만한 상당한 이유가 있는 내국인·외국인에 대하여 일시 출국금지를 법무부장관에게 요청할 수 있다.
② 제1항에 따른 일시 출국금지 기간은 90일로 한다. 다만, 출국금지를 계속할 필요가 있다고 판단할 상당한 이유가 있는 경우에 관계기관의 장은 그 사유를 명시하여 연장을 요청할 수 있다.
③ 관계기관의 장은 외국인테러전투원으로 가담한 사람에 대하여 「여권법」 제13조에 따른 여권의 효력 정지 및 같은 법 제12조의2에 따른 재발급 제한을 외교부장관에게 요청할 수 있다. 〈개정 2023.8.8.〉

87 국가테러대책위원회 기출 11

대책위원회의 운영(국민보호와 공공안전을 위한 테러방지법 시행령 제4조)
① 대책위원회 회의는 위원장이 필요하다고 인정하거나 대책위원회 위원(이하 "위원"이라고 한다) 과반수의 요청이 있는 경우에 위원장이 소집한다.
② 대책위원회는 재적위원 과반수의 출석으로 개의(開議)하고, 출석위원 과반수의 찬성으로 의결한다.
③ 대책위원회의 회의는 공개하지 아니한다. 다만, 공개가 필요한 경우 대책위원회의 의결로 공개할 수 있다.
④ 제1항부터 제3항까지에서 규정한 사항 외에 대책위원회 운영에 관한 사항은 대책위원회의 의결을 거쳐 위원장이 정한다.

테러대책 실무위원회의 구성 등(국민보호와 공공안전을 위한 테러방지법 시행령 제5조)
① 대책위원회를 효율적으로 운영하고 대책위원회에 상정할 안건에 관한 전문적인 검토 및 사전 조정을 위하여 대책위원회에 테러대책 실무위원회를 둔다.

위원의 대리출석 등(국가테러대책위원회 및 테러대책실무위원회 운영규정 제5조)
① 대책위원회 위원 중 부득이한 사유가 있는 때에는 해당 위원이 지명한 자를 대리출석하게 할 수 있으며, 이 경우 대리출석한 공무원은 의결권을 가진다.

88 대테러 인권보호관 기출 11

인권보호관의 직무 등(국민보호와 공공안전을 위한 테러방지법 시행령 제8조)
① 인권보호관은 다음 각호의 직무를 수행한다.
  1. 대책위원회에 상정되는 관계기관의 대테러정책·제도 관련 안건의 인권 보호에 관한 자문 및 개선 권고
  2. 대테러활동에 따른 인권침해 관련 민원의 처리
  3. 그 밖에 관계기관 대상 인권 교육 등 인권 보호를 위한 활동
② 인권보호관은 제1항 제2호에 따른 민원을 접수한 날부터 2개월 내에 처리하여야 한다. 다만, 부득이한 사유로 정해진 기간 내에 처리하기 어려운 경우에는 그 사유와 처리 계획을 민원인에게 통지하여야 한다.
③ 위원장은 인권보호관이 직무를 효율적으로 수행할 수 있도록 필요한 행정적·재정적 지원을 할 수 있다.
④ 대책위원회는 인권보호관의 직무 수행을 지원하기 위하여 지원조직을 둘 수 있으며, 필요한 경우에는 관계 중앙행정기관 소속 공무원의 파견을 요청할 수 있다.

89 대테러특공대 등 기출 22 · 21 · 16

대테러특공대 등(국민보호와 공공의 안전을 위한 테러방지법 시행령 제18조)
① 국방부장관, 경찰청장 및 해양경찰청장은 테러사건에 신속히 대응하기 위하여 대테러특공대를 설치
· 운영한다.
② 국방부장관, 경찰청장 및 해양경찰청장은 제1항에 따른 대테러특공대를 설치·운영하려는 경우에는
대책위원회의 심의·의결을 거쳐야 한다.
③ 대테러특공대는 다음 각호의 임무를 수행한다.
1. 대한민국 또는 국민과 관련된 국내외 테러사건 진압
2. 테러사건과 관련된 폭발물의 탐색 및 처리
3. 주요 요인경호 및 국가 중요행사의 안전한 진행 지원
4. 그 밖에 테러사건의 예방 및 저지활동
④~⑤ 생략

90 테러경보의 4단계 기출 23 · 21 · 17 · 13

발령 4단계	→	관심	→	주의	→	경계	→	심각

등 급	발령기준	조치사항
관 심	실제 테러발생 가능성이 낮은 상태 • 우리나라 대상 테러첩보 입수 • 국제 테러 빈발 • 동맹·우호국 대형테러 발생 • 해외 국제경기·행사 이국인 다수 참가	테러징후 감시활동 강화 • 관계기관 비상연락체계 유지 • 테러대상시설 등 대테러 점검 • 테러위험인물 감시 강화 • 공항·항만 보안 검색률 10% 상향
주 의	실제 테러로 발전할 수 있는 상태 • 우리나라 대상 테러첩보 구체화 • 국제테러조직·연계자 잠입기도 • 재외국민·공관 대상 테러징후 포착 • 국가중요행사 개최 D-7	관계기관 협조체계 가동 • 관계기관별 자체 대비태세 점검 • 지역 등 테러대책협의회 개최 • 공항·항만 보안 검색률 15% 상향 • 국가중요행사 안전점검
경 계	테러발생 가능성이 높은 상태 • 테러조직이 우리나라 직접 지목·위협 • 국제테러조직·분자 잠입활동 포착 • 대규모 테러이용수단 적발 • 국가중요행사 개최 D-3	대테러 실전대응 준비 • 관계기관별 대테러상황실 가동 • 테러이용수단의 유통 통제 • 테러사건대책본부 등 가동 준비 • 공항·항만 보안 검색률 20% 상향
심 각	테러사건 발생이 확실시되는 상태 • 우리나라 대상 명백한 테러첩보 입수 • 테러이용수단 도난·강탈 사건 발생 • 국내에서 테러기도 및 사건 발생 • 국가중요행사 대상 테러첩보 입수	테러상황에 총력 대응 • 테러사건대책본부 등 설치 • 테러대응 인력·장비 현장 배치 • 테러대상시설 잠정 폐쇄 • 테러이용수단 유통 일시중지

2024 SD에듀 경비지도사 달달달 외우는 관계법령 암기노트

개정7판1쇄 발행	2024년 05월 07일(인쇄 2024년 04월 04일)
초 판 발 행	2017년 08월 10일(인쇄 2017년 07월 06일)
발 행 인	박영일
책 임 편 집	이해욱
편 저	SD에듀 경비지도사 교수진
편 집 진 행	이재성 · 백승은
표 지 디 자 인	박종우
편 집 디 자 인	김민설 · 채현주
발 행 처	(주)시대고시기획
출 판 등 록	제10-1521호
주 소	서울시 마포구 큰우물로 75 [도화동 538 성지 B/D] 9F
전 화	1600-3600
팩 스	02-701-8823
홈 페 이 지	www.sdedu.co.kr
I S B N	979-11-383-7005-9 (13350)
정 가	20,000원

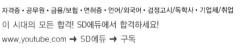

경비지도사
합격을 꿈꾸는 수험생들에게...

**이론 파악으로
기본 다지기**

**기출문제 정복으로
실력 다지기**

1단계

기본서 + 종합본

시험의 중요개념과
핵심이론을 파악하고
기초를 잡고 싶은 수험생!

2단계

기출문제집

최신 기출문제와 상세한
해설을 통해 학습내용을
확인하고 실전감각을
키우고 싶은 수험생!

정성을 다해 만든 경비지도사 도서들을
꿈을 향해 도전하는 수험생 여러분들께 드립니다.

도서 및 동영상 강의 안내

1600 - 3600

www.**sdedu**.co.kr

관계법령+기출지문
완벽 공략

꼼꼼하게
실전 마무리

고난도 문제로
완전 정복

경비지도사 합격

3단계

관계법령집
+ 핵지총

관계법령과 기출지문을
달달달 외우면서 완벽히
공략하고 싶은 수험생!

4단계

최종점검
FINAL모의고사

모의고사를 통해 기출문제를
보완하고 시험 전 완벽한
마무리를 원하는 수험생!

5단계

고득점 심화
모의고사

고난도의 심화 모의고사를 통해
실력을 최종 점검하고 확실하게
합격하고 싶은 수험생!

※ 본 도서의 세부 구성 및 이미지는 변동될 수 있습니다.

SD에듀 최강교수진!

합격에 최적화된 수험서와 최고 교수진의 名品 강의를 확인하세요!

SD에듀만의 경비지도사 수강혜택

1:1 맞춤
학습 제공

모바일강의
서비스 제공

기출문제
특강 제공

한눈에 보이는 경비지도사 동영상 합격 커리큘럼

1차		2차	
기본이론	과목별 필수개념 수립	기본이론	과목별 필수개념 수립
문제풀이	예상문제를 통한 실력 강화	문제풀이	예상문제를 통한 실력 강화
모의고사	동형 모의고사로 실력 점검	모의고사	동형 모의고사로 실력 점검
기출특강	기출문제를 통한 유형 파악	기출특강	기출문제를 통한 유형 파악

※ 과정별 커리큘럼 및 강사진은 내부사정에 따라 변경될 수 있습니다.